Rüdiger Nehberg und Annette Nehberg-Weber

Karawane der Hoffnung

PIPER

Zu diesem Buch

Weibliche Genitalverstümmelung – ein Verbrechen, das jede Vorstellungskraft sprengt. Rüdiger Nehberg und Annette Nehberg-Weber gründen ihre eigene Menschenrechtsorganisation TARGET und die Pro-Islamische Allianz. Nehberg, der den Islam von vielen Reisen kennt, setzt eine »Karawane der Hoffnung« in Gang, und das Unfassbare geschieht: Sultane und Großsheikhs öffnen den beiden Türen und Herzen, gestatten Konferenzen, erklären den Brauch zur Sünde. Der Großsheikh von Mauretanien lässt beide seine Fatwa mit Kamelen in die Wüste zu den Nomaden tragen, der Großmufti von Al-Azhar übernimmt die Schirmherrschaft. Doch die Karawane ist erst dann am Ziel, wenn auch das letzte Mädchen nicht mehr grausam verstümmelt wird. Dieses Buch erzählt von Verbrechen, Ohnmacht, Rebellion und der Umsetzung einer Vision. Es macht Gänsehaut und Hoffnung.

Rüdiger Nehberg, geboren 1935, Deutschlands bekanntester Menschenrechtler und Überlebenskünstler, wurde für sein humanitäres Engagement vielfach ausgezeichnet. Mit TARGET setzt er sich gemeinsam mit seiner Frau Annette Nehberg-Weber erfolgreich gegen Weibliche Genitalverstümmelung ein und veröffentlichte mit ihr das Buch »Karawane der Hoffnung«. Zuletzt erschienen »Die Autobiographie« und »Überleben ums Verrecken«. Weitere Informationen unter: www.nehberg.de und www.target-human-rights.com

Rüdiger Nehberg, Annette Nehberg-Weber

Karawane der Hoffnung

Mit dem Islam gegen den Schmerz und das Schweigen

Mit den aktuellen Ergebnissen der TARGET-Gelehrtenkonferenz in Kairo

43 farbige Fotos, 25 Schwarzweißfotos und zwei Karten

Erweiterte Ausgabe

Piper München Zürich

Mehr über unsere Autoren und Bücher:
www.piper.de

Von Rüdiger Nehberg liegen bei Piper vor:
Überleben in der Wüste Danakil
Abenteuer am Blauen Nil
Drei Mann, ein Boot, zum Rudolfsee
Survival – Abenteuer vor der Haustür
Medizin Survival
Survival-Lexikon
Mit dem Baum über den Atlantik
Überleben ums Verrecken
Die Yanomami-Indianer
Echt verrückt!
Abenteuer Urwald
Die Autobiographie
Karawane der Hoffnung
Sir Vival blickt zurück

Die Fotos stammen von Rüdiger Nehberg und Annette Weber.

Kursiv gesetzte Kapitel und Passagen im Buch stammen von Annette Weber.

FSC
Mix
Produktgruppe aus vorbildlich bewirtschafteten Wäldern und anderen kontrollierten Herkünften
www.fsc.org Zert.-Nr. GFA-COC-001223
© 1996 Forest Stewardship Council

Erweiterte Taschenbuchausgabe
1. Auflage Juli 2008
2. Auflage September 2010

erschienen im Verlagsprogramm Malik
Umschlagkonzept: semper smile, München
Umschlaggestaltung: Birgit Kohlhaas, Egling
Umschlagabbildung: Composing Birgit Kohlhaas unter Verwendung von Fotos von Annette und Rüdiger Nehberg und eines Motivs von fotolia (Wüstenfond)
Karten: Eckehard Radehose, Schliersee
Satz: EDV-Fotosatz Huber/Verlagsservice G. Pfeifer, Germering
Papier: Munken Print von Arctic Paper Munkedals AB, Schweden
Druck und Bindung: CPI – Clausen & Bosse, Leck
Printed in Germany ISBN 978-3-492-25209-6

Dieses Buch widmen wir allen Opfern
Weiblicher Genitalverstümmelung und jenen
muslimischen Autoritäten und Freunden,
die den Mut aufgebracht haben, das Tabu
des Schweigens zu brechen und sich dem
menschenverachtenden Brauch
beispielhaft entgegenzustellen.

Rüdiger Nehberg und Annette Weber

Ein alter Mann, der früh am Morgen am Strand entlangging, sah ein Kind, das Seesterne aufhob und sie ins Meer zurückwarf.

»Warum tust du das?«, fragte der alte Mann.

»Weil die Seesterne sonst sterben werden, wenn sie nachher in der Sonne liegen«, antwortete das Kind.

»Aber der Strand ist viele Kilometer lang, und da liegen Tausende von Seesternen!

Was macht das nun für einen Unterschied, wenn du von den vielen ein paar ins Meer zurückwirfst?«

Das Kind sah auf den Seestern in seiner Hand, und während es ihn zurückwarf ins Meer, antwortete es: »Für diesen ist es ein Unterschied, ob er leben oder sterben wird.«

nach Marie Hüsing

Inhaltsverzeichnis

Vorwort

> Eine Idee, die nicht gefährlich ist, verdient es nicht, überhaupt eine Idee genannt zu werden.
> *Oscar Wilde*

Meine lieben Leserinnen und Leser,

das vorliegende Buch deprimiert und macht Hoffnung. Es deprimiert, weil von dem Brauch der Weiblichen Genitalverstümmelung 150 Millionen der lebenden Frauen betroffen sind, weil der Brauch bereits seit wahrscheinlich 5000 Jahren Frauen mit aberwitzigen Begründungen tötet oder zu Wracks macht und weil auch heute noch *täglich* 8000 Mädchen neue Opfer werden. Alle elf Sekunden eins.

Und es macht Hoffnung, weil das Unrechtsbewusstsein wächst, weil immer mehr Menschen dem Brauch den Kampf angesagt haben und den betroffenen Frauen und Männern in aller Welt Mut machen, sich in diesen Kampf einzubringen. Niemand ist dazu zu gering, jedes Engagement ist wichtig. Nur Schweigen ist schlimmer. Denn Schweigen heißt Mitmachen. Mitmachen heißt, der Schöpfung Einmaligkeit, Perfektion, Unfehlbarkeit und Genialität zu bezweifeln und sich selbst für etwas Besseres zu halten. Gottesanmaßung.

Kein Engagement gegen diese Tradition kann für sich beanspruchen, das allein Erfolg versprechende zu sein. Auch das unsere nicht. Aber immerhin ist es *ein* Beitrag. Dazu noch einer, zu dem sich bisher niemand entschließen konnte, weil Unkenntnis, Vorurteile und Angst stärker waren. Es ist der Weg, das Verbrechen mit der Kraft hochrangiger muslimischer Autoritäten als unvereinbar mit der Ethik des Islam und zur Sünde zu erklären, wohl wissend, dass auch in anderen Religionen verstümmelt wird.

Das vorliegende Buch ist kein Sachbuch, sondern ein Erlebnisbericht. Es erzählt unsere sehr persönliche Geschichte mit diesem Thema. Es möchte das Anliegen einem neuen Kreis von Menschen zur Kenntnis bringen, sie ermutigen zum Mitmachen.

Bewusst haben wir auf Tabellen, Statistiken und die Aufzählung von Gesetzen verzichtet. Das machen kompetente Organisationen besser. Im Internet unter dem Stichwort »Female Genital Mutilation« (FGM) gibt es diese Informationen zuhauf.

Unser Buch ist auch ein Dank an unsere Informanten. Wir danken ihnen für das Vertrauen. Mit Rücksicht auf sie haben wir, wenn erforderlich, Namen und Orte verändert. Auch die Namen der Täterinnen haben wir verändert, wenn sie nicht in krimineller Absicht handelten, sondern aus Gründen der Tradition, aus Fehlinterpretation ihrer heiligen Schriften, unter gesellschaftlichem Druck.

Entsprechend der Unvorstellbarkeit des Verbrechens sind manche Fallbeispiele sehr drastisch. Man mag bedenken, dass man als Leser »nur« den Text und die revoltierende Fantasie ertragen muss. Die Opfer müssen das Geschilderte körperlich und psychisch ertragen. Und das nicht nur ein paar Lesestunden, sondern ein Leben lang.

Auf die Abbildung »chirurgischer« Nahaufnahmen haben wir verzichtet mit Rücksicht auf die Würde der Opfer. Zwar besitzen wir solch drastische Dokumente, aber wir haben sie vor allem beschafft, um Verantwortliche damit zu konfrontieren, die kaum jemals Zeugen der Verstümmelungen werden und die deshalb das Ausmaß der Verbrechen völlig unterschätzen.

Ich danke auch meiner Mitstreiterin und Lebenspartnerin Annette Weber. Ohne sie wären uns manche Dokumente und Informationen niemals zugänglich geworden. Wo ich meist nur Ohrenzeuge war, war sie Augenzeugin, der Ohnmacht nahe, von Albträumen verfolgt.

Aber genau diese Schockwirkung ist es, die unser Leben von Grund auf verändert und uns bestärkt hat, den Weg unserer Vision wider alle Hindernisse unbeirrt zu gehen.

Vielleicht gelingt es uns, die Macht dieser Vision auf unseren Leserkreis zu übertragen. Als Gebrauchsanweisung zu eigenem Engagement oder als Ermutigung, bei uns mitzumachen. Denn noch ist das Ziel, die weltweite Ächtung und Beendigung längst nicht erreicht.

Rüdiger Nehberg
April 2008

MorgenGrauen

Die Zukunft hat viele Namen:
Für Schwache ist sie das Unerreichbare.
Für Furchtsame ist sie das Unbekannte.
Für Mutige ist es die Chance.
Victor Hugo

Äthiopien, Februar 2001

NEIN!!!

Ich hätte es nicht verhindern können. Man hätte mich nicht fliehen lassen mit dem Kind. Sie hätten mein Nein nicht verstanden. Sie hätten mich verjagt und dann ihr grausames Werk vollbracht. Wie schon seit Tausenden von Jahren. Und ich hätte nichts gehabt, um denen die unfassbare Wirklichkeit vor Augen zu führen, die die Verantwortung dafür haben, dass täglich Tausende Mädchen dies erleben oder ersterben müssen.

Es ist früher Morgen. In der Hütte ist es dunkel und stickig. Ich erkenne kaum etwas. Der Fensterladen wird geöffnet und die gleich aufgehende Sonne lässt mich Menschen im Raum erkennen. Fatima, vielleicht acht Jahre. Neben ihr eine Alte. Vor ihr eine Schüssel mit einer milchigen Flüssigkeit. Eine Rasierklinge. Eine Stopfnadel. Mit Faden. Ich vermute, der Faden sei zum Zunähen der Scheide. Ich irre mich. Dieser soll helfen, die Nadel später im Blut wiederzufinden und aus dem abgeschnittenen Fleisch herauszuziehen.

Ich kann kaum atmen. Die Stickigkeit des auch in diesen frühen Morgenstunden schon heißen Raumes, das Kind in seiner Ahnungslosigkeit, die Alte kurz vor ihrem vernichtenden Werk nehmen die Luft. Ich weiß, was gleich geschehen wird. Aber ich weiß es nicht wirklich. Ich denke nur: Das

darf nicht sein. Ich muss einen Fluchtweg für mich und das Kind finden. Aber ich weiß um meine Chancenlosigkeit eines Rettungsversuches. Ich würde festgehalten, das Kind verstümmelt werden, weil es so in den Köpfen der Menschen drin ist. Seit 5000 Jahren.

Mein Herz rast. Zwei Männer und eine Frau kommen mit der Mutter in den Raum. Fatima hat ein grün geblümtes Kleid. Neu. Das erste neue Kleid in ihrem kargen Leben hier in der Wüste Äthiopiens. Noch jetzt, während ich diese Zeilen tippe, klopft mein Herz, habe ich einen Druck im Kopf, zittere.

Dass Männer zugegen sind, ist unüblich. Lange hatten die Frauen mit ihnen geredet. Sie verstehen nicht, warum ich dabei sein will. Man misstraut mir. Das spüre ich. Zwei sind draußen geblieben bei Rüdiger. Er hält sich in Sichtweite auf, um mir notfalls beizustehen. Dabei kann er im Ernstfall gar nichts ausrichten. Die Männer sind bewaffnet. Sie tragen Maschinenpistolen. Wie fast jeder hier.

Auf einen Zuruf der Alten hin packen die Männer, die Frau und die Mutter das Mädchen, drücken es zu Boden, rufen ihm etwas zu, was ich nicht verstehe. »Filme, Annette, filme alles. Zeige denen, die die Verantwortung für das alles hier tragen, die gesamte Brutalität. Das ist die einzige Chance, zu helfen, etwas zu ändern. Fatima kannst du nicht helfen. Sie ist gefangen in der uralten Tradition der Verstümmelung!«

Nennt man das Selbsthypnose? Autosuggestion? Keine Ahnung.

Als die Alte sich zwischen die Beine des Kindes kniet, als sie mit der Stopfnadel langsam und sorgfältig beginnt, die eine kleine Schamlippe »aufzufädeln«, ohne Betäubung, wie sie in die Klitoris sticht und ich nur noch Schreien höre, weiß ich nicht, ob ich die Kamera eingeschaltet habe. Die dicke Stopfnadel dient dazu, die kleinen Schamlippen anzuheben und sie einfacher abzuschneiden. Die Alte kann nicht mehr gut sehen. Die Nadel dient ihr als Brillenersatz. Ich denke NEIN und fühle NEIN mit jeder Faser meines Körpers. Sehe die Erwachsenen, die das sich heftig wehrende Mädchen halten, ihm den Mund zudrücken, den sich aufbäumenden Körper auf den Boden drücken; sehe die zitternden Schenkel des Kindes, die Rasierklinge, die schneidet, kleine Schamlippe weg, die Klitoris, dann die zweite Seite. Blut, Schweiß, Schreien, die Alte, die langsam, bedächtig und völlig ungerührt ihr grausames Werk vollbringt. Die irgendetwas zu Fatima sagt. Fleischteile werden beiseite geworfen. Immer wieder wird die milchige Flüssigkeit über die Wunde geschüttet.

»Vorbei,« denke ich, »vorbei«. Da kommt die Großmutter. Blut verhindert klare Sicht. Die milchige Flüssigkeit spült dieses für eine Sekunde weg. Mit bloßen dunklen Fingern fühlt jetzt die Großmutter in der Wunde des Mädchens, fordert tiefere Schnitte. Und die Verstümmlerin schneidet erneut. Bis die Großmutter zufrieden ist, nickt und wieder geht. Dann die Dornen. Akaziendornen. Vier Zentimeter lang. Sie wachsen überall hier in der Wüste. Angespitzt sind sie. Sie werden in die Wundränder gesteckt, von rechts nach links. Von links nach rechts. Im Zickzack. So wird die Wunde verschlossen. Nur eine kleine Öffnung bleibt. Damit sie nicht zuschwillt oder völlig zuwächst, wird ein Strohhalm hineingesteckt.

Das neue Kleidchen wird Fatima ausgezogen. Wie tot hängt sie in diesem Stückchen Stoff. Sämtliche Kraft zur Gegenwehr ist einer Bewusstlosigkeit gewichen. Mit dem Kleidchen wischt die Alte das Blut vom Körper. Das grün geblümte Kleid ist blutdurchtränkt. Fatimas neues Kleid für ihr heutiges erstes großes Fest. Das Fest, das sie zur Frau machen sollte, zur ehrbaren Frau. Die Mutter bringt ein langes Stoffband. Fatima wird auf die Seite gedreht. Sie wimmert nur noch. Von der Hüfte an werden nun die Beine bis unterhalb der Knie eng zusammengewickelt. Wie eine Roulade. Die Scheide soll zusammenwachsen.

Am Fenster erscheinen einige neugierige Gesichter. Kinder und Erwachsene. Die Mutter verscheucht sie. Lachen von draußen. Das Band wird an den Kniekehlen festgeknotet. Die Verstümmlerin gibt Fatima einen Klaps auf den Po, wie Hebammen bei Neugeborenen. Das Gesicht der Alten zeigt Zufriedenheit. Fünfzehn Minuten hat die »Operation« gedauert. Das Werk ist vollendet. Sie wird ihren Lohn von der Großmutter bekommen und weitergehen. In ihre Hütte. Oder zum nächsten Opfer.

Die Mutter trägt Fatima auf das einzige Bett in der Hütte. Hier wird sie nun liegen. Vier Wochen oder sechs. Oder solange, bis sie tot ist. Ich weiß es nicht. Jedes dritte Kind stirbt bei dieser Pharaonischen Verstümmelung. Fatimas Blick geht ins Leere. Ihr Schmerz und diese Einsamkeit in den Augen brechen mir das Herz.

Wankend verlasse ich die Hütte. Rüdiger schaut mich entsetzt an. Er muss mich stützen. Die Maschinenpistolenmänner gucken verständnislos. Ich übergebe mich. Ich wiederhole Rüdiger meinen Schwur. Ich versuche, in Worte zu fassen, was sich eben wortlos in mein Gehirn gebrannt hat: »Mädchen, Opfer, Gequälte bis zum Wahnsinn: ich, wir werden erst aufhören, gegen diese Unglaublichkeit zu kämpfen, bis kein Mädchen sie mehr erleiden muss!«

Der »Vertrag« von Amsterdam

Wenn man sich eingesteht, dass man schwach ist,
dann ist das ein Zeichen von Stärke.
Patricia Kaas

Amsterdam, August 1999

Meine Tränen verkleben die Buchseiten. Ich will sie vor Annette verbergen, aber sie hat sie längst gesehen. Es ist mir doppelt peinlich, weil wir gleich eine Besprechung im *Greenpeace*-Europabüro an der Herrengracht haben. Dabei geht es um mein Vorhaben, mit einer massiven Tanne den Atlantik zu überqueren. Eine Störaktion anlässlich des 500. Jahrestages Brasiliens im Jahre 2000. Heute soll überlegt werden, ob Greenpeace sich dabei einbringen möchte. Zur besseren Erklärung habe ich mein Baumstamm-Modell mitgebracht.

Was werden die Umweltschützer von jemandem denken, der sich allein auf einem Baumstamm den Gewalten eines Weltmeeres aussetzen will und der aufgrund dessen, was er in einem Buch liest, rumflennt, die Grachten mit Tränen zum Überlaufen bringt. Aber es ist eben kein alltägliches Buch. Es ist *Wüstenblume* von Waris Dirie. Eine mir unbekannte junge Frau namens Astrid Bergob-Christ hatte es mir nach meinem Vortrag in Heidelberg geschenkt. Es war in unserem Gepäck als Reiselektüre. Es sollte mein Leben verändern, unser Leben.

Um gleich bei dem Gespräch nicht als Heulsuse dazustehen, gebe ich das Buch an Annette weiter. Dann haben die Tränen noch Zeit zu trocknen.

Wüstenblume erzählt das schlimme Schicksal einer jungen somalischen Frau. Es dokumentiert das Verbrechen der Verstümmelung ihrer Genitalien. Dabei kenne ich das, was dort beschrieben wird. Ich kenne es, seit ich Aischa begegnet bin, einer jungen Nomadenfrau. Sie hatte mir davon berichtet. Das war vor mittlerweile dreißig Jahren, 1977. Damals eher eine Zufallsbegegnung während meiner viermonatigen Durchquerung der Danakilwüste in Äthiopien. Doch zu jener Zeit verdrängte ich das Wissen. Was Aischa da erzählte, war zwar eine unvorstellbare Tradition, aber letztlich erfuhr ich nur einen weiteren von vielen mir unverständlichen schlimmen Bräuchen auf dieser Erde.

Besonders in Äthiopien hatte ich davon einige kennengelernt. Da riss man den Kindern die Rachenzäpfchen heraus. Da feilte man die Schneidezähne zu Reißzähnen. Da übersäte man sich mit Brandmalen und Narben. Da schnitt man Männern den Penis ab, um selbst heiraten zu dürfen. »Herrenschneider« nannte man das zynisch. Oder humorig. Je nachdem, auf welcher Seite man stand. Auf der des Beschnittenen oder der des Schnitters.

Hinzu kam, dass wir uns damals in Gefangenschaft befanden, als wir Aischa begegneten. Ihr Problem wurde von unserem überlagert. Wir waren Gefangene der *Eritrean Liberation Front* in einem erbitterten Krieg zwischen Eritrea und Äthiopien. Überall Minen, Kanonen, Panzerfäuste und brennende Dörfer. Überall Tote und schwer Verwundete. Überall Gnadenlosigkeit, Verwesungsgestank zum Ersticken. In dieser Apokalypse verspürten damals nur einen Drang: Wir wollten ihr lebend entkommen.

Aischas Lebensbericht ging deshalb in jener erdrückenden Fülle der Ereignisse unter. Ein Frauendrama, reduziert auf ein Kapitel in meinem Buch *Überleben in der Wüste Danakil.*

»Eine uralte, tief verwurzelte Tradition,« hörte ich die Leute sagen. »Daran kann man nichts ändern. Schon gar nicht, wenn man ein Ausländer ist.« Das war seither auch meine feste Überzeugung. Niemals wäre mir in den Sinn gekommen, mich dagegen zu engagieren.

Nun dieser Weltbestseller *Wüstenblume*. Er weckt schlagartig Erinnerungen. Er zeigt mir, dass der Brauch noch viel erbarmungsloser ist, als ich bereits wusste. Er kommt einem Schlachten bei lebendigem Leibe gleich. Die noch so treffendsten Worte werden immer hinter der Realität zurückbleiben. Unbeschreibbar in seinem maßlosen Grauen. Unvorstellbar, dass Menschen ihn überhaupt überleben.

Bei *Wüstenblume* kommen mir nicht nur die Tränen. Ich zittere am ganzen Leib fühle mich ohnmächtig, bin außer mir vor unglaublicher Wut. Ich möchte aufspringen und dazwischenschlagen.

Annette ergeht es kaum besser. Wir sind nun beide gleichermaßen so sehr betroffen, dass wir den Termin bei *Greenpeace* glatt vergessen und sieben Minuten zu spät kommen, obwohl wir seit einer Dreiviertelstunde vor der Tür an der Gracht hocken.

Das Gespräch mit *Greenpeace* ist kurz und erfolgreich. Sie sponsern mein Segel für THE TREE zur Rettung von Urwald und Indianern, sie sponsern die Aufschrift, das gewaltige Ruder, testen den Baum auf der Elbe. Sie beraten mich strategisch.

Kaum ist die Besprechung beendet, ist sie schon wieder in den Hintergrund gedrängt. Wir hocken uns in ein Café und diskutieren *Wüstenblume*. Unsere Seelen rebellieren, und es ist ein körperlicher Schmerz. Draußen gleiten die Sightseeingboote vorbei, vollgepackt mit sorglosen Touristen. »Die haben Glück. Sie sind zufällig hier in Europa geboren und brauchen niemals eine Verstümmelung zu befürchten«, murmle ich in meinen

Dreitagebart. »Wir müssen unbedingt etwas dagegen unternehmen!«

»Dass das auch von Christen praktiziert wird, kann ich kaum glauben. Über den Papst und die koptischen Patriarchen wären auch sie alle zu erreichen. Ein Machtwort von ihnen, etwa ›Schluss damit oder Exkommunizierung‹, müsste den Brauch doch auf der Stelle stoppen.« Annette sieht es also genauso.

»Über die UNO und Politiker sehe ich auch wenig Chancen. Seit Jahren verabschieden und unterzeichnen sie Resulotionen. Konferenz hier, Konferenz da. Aber nichts tut sich wirklich. Wer sich in seiner afrikanischen Heimat gegen den Brauch stellt, bekommt Probleme. Und die Politiker? Gesetze werden mehr oder weniger westlich gefällig und fein demokratisch verabschiedet, unterzeichnet – und dann gut weggepackt. Theorie und Praxis. Zwei Welten, zwei Wirklichkeiten, Gegensätze oft. Die eine bequem, die andere grausam. Man hält lieber die Klappe und überlässt die Probleme den Frauen. Und wenn sie dabei verrecken.

Wir steigern uns in eine Kampfstimmung. Je wütender wir werden, desto einfallsreicher werden wir. Brainstorming und Kreativität pur.

»Wenn wir erfolgreicher sein möchten, müssen wir die Sache ganz anders angehen, survivalmäßig!« Was auch immer das im Moment heißen soll.

»Du meinst, nicht vom grünen Tisch aus, sondern mit Aktionen vor Ort? Wie in deiner Yanomami-Zeit?«

Genau das kann ich mir vorstellen. Zwei Gegebenheiten kommen mir dabei zu Hilfe. Mein zwei Jahrzehnte währender Kampf für das Überleben der Yanomami-Indianer gegen eine Übermacht marodierender Goldsucher in Brasilien ist soeben von Erfolg gekrönt und für mich erst einmal beendet. Unter dem Druck einer internationalen ausreichend erstarkten Pro-Yanomami-Lobby hatten die mafiösen Politiker nachgeben müssen. Gegen Ende der Neunzigerjahre erhielten die Ureinwohner einen akzeptablen Frieden. Dieser zwanzigjährige Kampf hat mir reichlich Erfahrungen beschert, wie man sich Problemen unkonventionell entgegenstellen kann. Unbewusst suche ich längst eine solche neue Herausforderung. Jetzt ist sie da! Ohne die Erfahrung hätte ich mich gewiss nicht an das Thema rangewagt.

Die zweite Gegebenheit, die mich für dieses Vorhaben prädestiniert, liegt schon einige Jahrzehnte länger zurück. Es sind meine alten positiven Erfahrungen mit dem Islam. Ohne sie wäre ich längst nicht mehr am Leben. Zweimal geschah es 1977 in Äthiopien, dass Freunde und ich überfallen wurden. Chancenlos. Unser Ende schien greifbar. Aber wir hatten unser voreiliges gedankliches Testament ohne unsere Gastgeber gemacht. Mit ihren Körpern als lebende Schilde stellten sie sich schützend vor uns.

»Das sind unsere Gäste!«, drohten sie den Angreifern. »Wenn ihr sie töten wollt, müsst ihr durch uns hindurchschießen. Und wir schwören euch hier vor allen Zeugen: Unser Clan wird uns rächen! Wallahi! So wahr uns Allah helfe!«

Ein menschlicher Schild! Für uns, die Fremden! In keiner anderen der mir bekannten Kulturen habe ich eine vergleichbare Ethik der Gastfreundschaft erfahren. Seither fühle ich mich dem Islam verpflichtet. Ich schulde ihm Dank. Endlich könnte ich ihn abstatten. Auf diese positive Erfahrung mit dem Islam will ich bauen. Sie ist mein Fundament.

»Auch bei *Wüstenblume* haben die Muslime das Verbrechen unrichtig mit dem Koran begründet. Ich frage mich, wie sich die Weltreligion Islam ein solches Verbrechen in die Schuhe schieben lassen kann? Er könnte es ändern. Er ist in den betroffenen 28 Ländern die weitaus stärkste Religion. Da möchte ich ansetzen.«

Natürlich wurden und werden im Namen von Religionen noch ganz andere Verbrechen begangen. Das ist mir klar. Hexenverbrennungen, Kreuzzüge, Indianerausrottungen bei den Christen. »Heilige Kriege«, Selbstmordattentate, Geiselhinrichtungen bei den Muslimen. Schattenseiten der Religionen. Frauenverstümmelung ist also nur eine weitere Schande unter vielen.

Doch schon qualitativ und quantitativ kann man die genannten Verbrechen nicht vergleichen mit denen Weiblicher Genitalverstümmelung. Was hier geschieht, ist schlimmer. Denn es wird nicht nur seit fünftausend (!) Jahren praktiziert. Es passiert bis in die Gegenwart. Täglich kommen achttausend Opfer hinzu. Alle elf Sekunden ein weiteres. Davon betroffen sind nach UNO-Angaben insgesamt bis zu 150 Millionen Frauen. Wohlgemerkt: es sind die, die das Verbrechen überlebt haben. Das Drittel, das bei der Pharaonischen Verstümmelung verblutet und die Opfer, die den Folgeleiden erliegen, gar nicht mitgerechnet. Mit den Tränen der Opfer ließen sich Wüsten begrünen.

Klar auch, dass mein solches proislamisches Bekenntnis in unserer Gesellschaft nicht opportun sein wird. Längst haben fanatische Minderheiten es geschafft, Terrorismus und Islam zu Synonymen werden zu lassen. Ich werde belächelt und angegriffen werden. Das ist mir sofort klar. Ich freue mich sogar darauf. Denn das bedeutet *action* pur. Vielleicht kann meine Kampagne aber auch dazu beitragen, diese Verallgemeinerung zu relativieren. Ein denkbarer Nebeneffekt. Auf jeden Fall sind Bedenken irgendwelcher Art in gar keiner Weise ein Grund, die aufkeimende Vision sterben zu lassen. Im Gegenteil! Sie soll die Herausforderung meines Lebens werden. Gegen den Strom zu schwimmen bedeutet, gesund sein. Meine Erfahrung mit den Yanomami hat mich gelehrt, dass selbst Zwerge siegen können. Diese Erkenntnisse will ich mir nun zunutze machen. Einen möglichen Fehlschlag kompensiere ich mit Bertolt Brecht: »Wer kämpft, kann verlieren. Wer nicht kämpft, hat schon verloren.« Oder mit »Viel Feind', viel Ehr'«.

Meine Fantasie schlägt Purzelbäume. Annette spürt meine Revolution. Sie greift meine Hand und drückt sie.

»Ich sehe das genau wie du. Ich mache mit. Du kannst mit mir rechnen.«

Ich erwidere den Druck. Ich weiß, dass sie eine große Kämpferin ist. Später nennen wir diesen Moment den »Vertrag von Amsterdam«.

Wir klappen die letzte Seite der *Wüstenblume* zu und schlagen die erste des Konzepts unserer neuen Vision auf. Die »Karawane der Hoffnung« beginnt.

Wir ahnen nicht, wie sie unser Leben verändern wird.

Das Verbrechen
Fallbeispiele

Die Weisheit hat ihre Grenzen,
die Dummheit aber ist grenzenlos.
Janis Rainis

Um einen Eindruck von der erdrückenden Wucht des Verbrechens zu vermitteln, will ich – nach Annettes MorgenGrauen-Bericht – mit fünf Fallbeispielen fortfahren. Fünf von vielen, die uns bei der Recherche zu Augen und Ohren gekommen sind. Fünf von 150 Millionen Fällen weltweit. Fünf von täglich achttausend neuen. Sie zu lesen, bedarf starker Nerven. Aber sie sind Tatsache. Und sie zu verschweigen hieße, sie zu ignorieren, zu tolerieren, sich zum Mittäter zu machen.

Dazu sollte man sich bewusst sein, dass die Verstümmelungen von Menschen durchgeführt werden, die keine Ahnung haben von Hygiene, keine Kenntnis von Anatomie und die keine Möglichkeit einer Betäubung kennen. Manchmal hilft die Natur aus. Mit einer gnädigen Ohnmacht. Oder einem noch gnädigeren Tod.

Beim Schreiben des Manuskripts bin ich sicher, dass kein Papier die Druckerschwärze entgegennehmen wird. Wir werden das Papier mit modernster Chemie austricksen müssen.

Wir schämen uns nicht zuzugeben, dass uns bei der Aufarbeitung der Erlebnisse die Tränen kommen.

I.

Das Werk ist vollbracht. Die Beschneiderin ist gegangen. Die Katze hat sich das soeben abgeschnittene Fleisch geholt. Sie liegt unterm Bett und schnurrt. Latifa hört das nicht. Sie ist noch ohne Bewusstsein. Erst gegen Mittag kommt sie langsam wieder zu sich. Nur dunkel erinnert sie sich an das, was da geschehen ist. Zunächst will sie es als Albtraum verdrängen. Aber der grauenhafte Schmerz, der ihren gesamten Unterleib außer Kontrolle bringt, lässt sie ahnen, dass der Traum Wirklichkeit war. Ihre Hand tastet sich leibabwärts. Alles ist geschwollen. Wo sie auch hinfasst, es schmerzt. Sie ist zerstört an Körper und Seele. Beraubt auch jeglicher Würde.

Sie will sprechen. Der Mund ist ausgetrocknet, die Lippen sind geplatzt.

Mama sitzt neben ihr und hält die Hand. Immerhin betupft sie die Lippen ihrer Tochter mit Wasser, kühlt ihren Kopf mit feuchten Tüchern, fächelt Luft.

Latifa verspürt den Drang zu urinieren. Es geht nicht.

»Mama, ich muss Pipi«, formt sie ihre ersten Worte.

Mamas Hand tastet sich durch die stramme Umwicklung der Beine hindurch, um ihrer Tochter Erleichterung zu verschaffen. Vorsichtig zieht sie den Strohhalm heraus, den die Alte in die Wunde gesteckt hat, um dem Kind eine letzte Öffnung zu lassen. Der Halm zerbricht. Stechender Schmerz. Der Strohhalm war mit dem Blutschorf verwachsen.

Nur tropfenweise entleert sich die Blase. Es brennt wie Feuer. Blut mischt sich mit Urin. Latifa will schreien. Mama hält ihr den Mund zu. Der Schmerz geht die Nachbarn nichts an. Damit muss ihre Tochter ab jetzt allein fertig werden.

Die Entleerung dauert eine halbe Stunde. Statt des Strohhalms steckt Mama ihrer Tochter ein dünnes Stöckchen in die Scheide. Die letzte Öffnung muss gesichert werden. Sonst schwillt sie völlig zu.

Nimmt man das lange Stoffseil zu früh ab, könnte die mit Dornen zusammengesteckte Scheide wieder aufreißen. Dann wäre die ganze Operation vergeblich gewesen. Die Alte müsste erneut kommen. Das überleben die meisten Mädchen nicht.

Von Latifa aus war die Alte zu den Nachbarn gegangen. Drei weitere Operationen hatte sie heute noch zu erledigen gehabt. Leila, Naadya und Moushira. Leila hatte es nicht überlebt. Sie war verblutet noch am selben Tage. Wahrscheinlich hatte die Mutter den falschen Zeitpunkt gewählt. Oder die Kleine hatte irgendwann heimlich gesündigt und gedacht, Allah würde die Sünde nicht sehen. Dumm von den Menschen. Denn Allah sieht alles. Nun hatte er sie dafür bestraft.

Für die Alte kein Grund zur Aufregung. Das kam halt vor und war nicht mehr ihr Problem. Niemand würde sie zur Rechenschaft ziehen.

Wenn sie die operierten Mädchen verließ, waren sie jedenfalls noch am Leben. Und nur das war entscheidend. Schließlich hatte sie schon Hunderte von Referenzen vorzuweisen.

Ein Urinieren wie früher gibt es seither nie mehr.

»Das ist gut, mein Kind«, verrät ihr Mama. »Je länger ein Mädchen auf der Toilette sitzt, desto besser ist es verschlossen, desto größer sind die Chancen, einen guten Mann zu bekommen.«

Latifa geht alles, was Mutter erzählt, an einem Ohr rein, am anderen raus. Sie hat Fieber. »Wie konnte sie mich so belügen? Warum hat sie das getan?«, mag sie denken. Sie weiß nicht, dass Mama gar nicht anders konnte. Mädchen, die nicht verstümmelt werden, werden von der Gesellschaft gemieden. Sie gelten später als triebhaft, als Prostituierte. Ihnen bleibt nur, das Dorf zu verlassen und irgendwo in der fernen großen Stadt unterzutauchen. Mädchen, die nicht verstümmelt sind, sind nicht nur eine Schande für die Familie, sondern für den ganzen Clan. Manchenorts laufen sie sogar Gefahr, getötet zu werden.

Latifa hätte viele Fragen, aber der Schmerz verschließt ihr tagelang den Mund, und das Vertrauen zu Mama ist gestört. Nie wieder wird sie jemandem glauben können. Latifa denkt nur noch an eins: Wann hören die Schmerzen auf? Wann werde ich wieder gehen können? Werde ich überhaupt wieder gehen können? Sie haben mir doch den Unterleib herausgeschnitten. Genau das ist es, was sie gefühlt hat, an was sie sich erinnert.

Nicht einmal ihr Kleidchen für zwei Euro kommt ihr in Erinnerung. Man hatte es zum Blutstillen benutzt. Achtlos war es beiseite geworfen worden. Anfangs hatten sich noch hungrige Fliegen dafür interessiert. Inzwischen haben auch sie das Interesse verloren. Blutverkrustet liegt es in der Ecke.

Mama macht sich Vorwürfe, als sie Latifa so lange leiden sieht. Hatte sie etwa doch einen falschen Zeitpunkt gewählt? Hätte sie sie nicht lieber gleich vier Wochen nach der Geburt ›beschneiden‹ lassen sollen wie die Mutter von Moushira? Deren Tochter hatte die Operation offenbar am besten überstanden. Sie schien schon wieder mopsfidel und wirkte wie ein Baby, an dem nichts Auffälliges war. Durch den frühen Zeitpunkt der Operation hatte Moushira zudem den Vorteil gegenüber Latifa, dass sie sich später an die Operation nicht erinnern würde. Allenfalls unterbewusst. Sie würde denken, alle Mädchen seien wie sie. Alle bräuchten eben etwas länger auf der Toilette. Alle hätten Probleme mit dem Unterleib.

Anders Latifa. Die würde den Tag und den Grund ihrer Leiden nie im Leben vergessen. Genau wie Mama. Doch darüber sprach man nicht. Nicht einmal mit Papa.

So vergeht die Zeit. Der Verband ist ab. Latifa kann wieder gehen. Anfangs muss sie noch einen Stock zu Hilfe nehmen. Inzwischen geht es ohne.

Jetzt ist sie also Frau. Dass das mit solchem Horror verbunden ist, hätte sie niemals gedacht. Ganz, ganz langsam »normalisiert« sich ihr Leben.

Latifa möchte über ihr Leid sprechen. Doch das darf sie nicht. Sie will nicht, dass Mama dann stirbt, wie man ihr angedroht hat, falls sie das Redetabu bricht. Denn trotz allem ist Mama der liebste Mensch auf der Welt.

Latifa ahnt nicht, dass der Schrecken damit nicht beendet ist. Was sie erlebt hat, ist der Anfang.

II.

Auch Saada gehört zu den Mädchen, die die Pharaonische Verstümmelung überlebt haben. Sie ist zwölf. Sie wiegt 33 Kilo. Kürzlich hat sie erstmals ihre Regel bekommen. Plötzlich waren da diese Bauchschmerzen gewesen. Sie waren anders als die Bauchschmerzen, die sie sonst so oft gehabt hatte, seit diese Frau bei ihr gewesen war. Dann hatte es sogar geblutet. Nicht nur einmal, sondern immer wieder war sie zwischen den Beinen blutig. Viele Tage hatte das gedauert, und immer diese Bauchschmerzen. Es war wie die volle Blase, die man nur schwer entleeren konnte. Bis die Mutter ihr erklärt hatte, dass sie das ab jetzt alle vier Wochen zu erwarten hätte. »Das ist normal«, hatte sie die Tochter getröstet. »Ab jetzt kannst du Kinder kriegen. Nun können wir dich verheiraten.«

Hilfe oder Rat durch einen Arzt darf sie nicht erwarten. Zum einen wohnt der einzige Arzt sehr weit entfernt. Außerdem ist er teuer. Und drittens dürfen Mädchen nicht zum Arzt. Und von Ärzt*innen* hatte man noch nie gehört.

Die gibt es gar nicht. Mädchen haben Ziegen zu hüten, Brennholz und Wasser heranzuholen.

Die Vorstellung, selbst Mutter zu werden, liegt Saada noch fern. Im Moment wird dieser Gedanke zudem vom Druck im Bauch verdrängt. Er scheint wie angeschwollen. Und er bereitet ihr Angst. Mal ganz abgesehen davon, dass sie den Mann, den die Eltern für sie ausgesucht haben, nicht mag. Er heißt Abd-El-Khader Mohamed und ist viel älter als sie.

Saada vertraut sich ihrer besten Freundin an. Sie ist genauso alt wie sie selbst und heißt Aziza. Aziza weiß Rat. »Ich habe einmal gesehen, wie eine Frau, die auch diese blutigen Schmerzen hatte, sich hat eingraben lassen. Danach soll der Druck nachgelassen haben.«

Die beiden Mädchen gehen hinaus in die Sandwüste. Weit genug entfernt vom Dorf. Ihr Vorhaben geht niemanden etwas an.

Das Loch muss tief sein. »Du musst darin breitbeinig knien. Nur der Kopf darf noch herausschauen.«

Mit bloßen Händen und einem angespitzten Stock lockern beide den Sand und scharren ihn beiseite. Das ist sehr mühsam. Je tiefer das Loch wird, desto schneller rutscht der Sand nach. Sie müssen den Aushub weit beiseite schieben.

Schließlich ist es geschafft. Saada kniet sich hinein, und Aziza schiebt den ausgehobenen Sand wieder zurück ins Loch.

»Jetzt trete ich den Sand fest. Dann drückt er das Blut aus deinem Körper.«

Zunächst tut sie das sehr behutsam. Als es Saada nicht schmerzt, sondern sogar irgendwie gut tut, hüpft sie sogar drauf herum.

Schließlich gräbt Aziza ihre Freundin wieder aus. »Sind die Schmerzen weg?«

Saada ist sich unschlüssig. Benommen steht sie auf wackeligen Beinen, braucht ihre Freundin als Stütze.

»Ich weiß nicht. Etwas besser ist es schon. Aber es ist nicht ganz weg.«

III.

Saafia lebt an der Grenze zu Somalia. Sie gehört zum Volk der Issa. Saafia ist pharaonisch verstümmelt, zwölf Jahre alt.

Heute ist sie verheiratet worden. Es hat eine große Feier gegeben. Gegen Mitternacht sind die Gäste heimgekehrt. Sie ist mit ihrem Mann allein. Er heißt Moussa, ist 19 Jahre alt. Es ist das erste Mal, dass sie in ihrem Leben mit einem Mann allein ist. Und für Moussa ist es ebenfalls das erste Mal, dass er mit einem Mädchen allein ist. Nun ist Saafia seine Frau. Er weiß, was die Familie erwartet. Seine Onkel haben mit ihm manches Mal darüber gesprochen. Er muss Saafia mit seinem Penis öffnen. Sie muss schwanger werden, sie soll einen Sohn gebären.

Verständlich, dass beide aufgeregt sind. Onkel Mahmoud hat ihm Vaseline gegeben. »Damit musst du den Penis einfetten. Dann geht es leichter.«

Auch Saafia weiß so ungefähr, was sie erwartet. Trotz Schweigepflicht zu diesem Thema hört jemand, der »lange« Ohren hat, mitunter hier und dort etwas munkeln. Sie zittert wie ein Eukalyptusblatt im Wind. Nur zu deutlich erinnert sie sich der Operation vor vielen Jahren. Seitdem ist sie nie mehr schmerzfrei gewesen. Ständig hat sie Bauchschmerzen, und oft kommen Blut und Eiter aus der winzigen Öffnung, die man ihr gelassen hat. Ihr ist das peinlich. Denn es riecht unangenehm. Ständig muss sie sich säubern. Sie bekommt Panik bei dem Gedanken, dass jemand ihren wunden Unterleib berühren wird.

Doch heute wird es geschehen. Sie wird es nicht verhindern können. Die Angst schnürt ihr den Hals zu. Sie ist keines Wortes fähig.

Auch Moussas Nervosität steigt. Auch er muss seiner Familienpflicht nachkommen. Er hat sich entkleidet. Saafia auch. Sie liegt auf dem Bett. Ihr Gesicht hat sie mit einem Handtuch zugedeckt. Einen Zipfel steckt sie sich in den Mund. Das Licht ist aus.

Moussa versucht, in sie einzudringen. Saafia verbeißt sich im Handtuch. Es erstickt ihren Schrei. Ihre Finger verkrallen sich in Moussas Armen. Auch sie weiß, was man von ihr erwartet. Sie darf sich den Schmerz nicht anmerken lassen. Die Nachbarn dürfen nichts mitbekommen.

So sehr sich Moussa müht, es ist vergeblich. Schließlich sackt er erschöpft neben seiner jungen Frau aufs Bett. Schweißgebadet vor Aufregung.

Er weiß genau, wie das weitergehen wird. Die Onkel haben es ihm gesagt. Wenn es auch in den nächsten Tagen nicht klappt, muss er nachhelfen. Dann muss er das Messer nehmen. Er kann sich das kaum vorstellen. Noch nie hat er eine Frau gesehen. Er weiß nicht, wie und wo genau er schneiden muss. Saafia wird sich bewegen, gar aufbäumen. Eine Horrorvision.

Aber unaufschiebbar rückt dieser Tag näher. Irgendwann sticht er zu.

Saafia wird schwanger. Richtig erinnern kann sie sich nicht mehr an den Moment. Der Schmerz lähmte den Verstand.

IV.

Seit ihr Mann sie mit dem Messer geöffnet hat, ist Amina dominiert vom Schmerz. Die Wunde will nicht mehr heilen. Hatte sie vorher schon viel mit Schmerzen zu kämpfen, seit der Hochzeitsnacht sind sie auf andere Weise unerträglich geworden. Hamid, ihr Mann, steht unter dem Druck der Familie. Seine Frau muss schwanger werden. Die Familie erwartet Nachwuchs. Vor allem erhofft sie einen Sohn. Erst dann ist Amina richtig anerkannt. Doch noch ist sie nicht schwanger. Dabei sind sie schon vier Wochen verheiratet.

»Das fühlt eine Frau sofort«, hat Aminas Mutter ihrer Tochter gesagt. Amina fühlt keine Schwangerschaft. Sie fühlt nur Schmerz. Heute Abend wird Hamid es wieder versuchen. Wieder wird er die frischen Wunden aufreißen. Es wird eine lebenslängliche Qual. Sie wälzt sich zur Seite, überkreuzt die Beine, will und kann ihn nicht ertragen. Sie hat hohes Fieber. Doch Hamid versuchte es weiter. Kaum vermag sie anschließend zu sitzen, geschweige denn zu gehen.

Nie hätte Hamid gedacht, dass der Zeugungsakt eine solche Tortur ist. Ganz anders hat er sich das vorgestellt. In Liedern, Gedichten und Romanen wurde die Liebe so verherrlicht. Offenbar logen die Autoren, oder sie schilderten das Leben *nach* dem Tod. Das Leben im Paradies. Das hier jedenfalls war eher die Hölle, weit entfernt von jeder Freude.

Als Amina endlich schwanger ist, lässt Hamid sie in Ruhe. Sie gibt vor, sich nicht gut zu fühlen. Das respektiert er notgedrungen. Hauptsache, er bekommt ein Kind und ist als Mann in der Sippe anerkannt. Für Amina eine Verschnaufpause.

Angst und Abwehr beherrschen Aminas Gefühle. Nie hat sie auch nur die Spur eines Verlangens nach körperlicher Nähe. Hamid spürt das, wird gereizt und bezweifelt ihre Liebe. Immer häufiger kommt es zu Streit.

Die Wehen setzen ein. Zwei Nachbarinnen haben sich bereit erklärt, Amina zu helfen. Das beruhigt die junge Frau ungemein.

»Hock dich hin, dann geht es leichter«, rät die eine, als der Kopf des Kindes sichtbar wird. Aber es geht nicht wirklich leichter. Das Kind verharrt in seiner Position.

»Der Kopf ist zu dick«, stellt die eine Helferin fest.

»Du musst stärker pressen«, mahnt die andere.

Mit Druck und Massage versuchen sie, Aminas Bemühungen zu unterstützen. Vergeblich. Der kleinen Nomadendickkopf will partout nicht zur Welt kommen.

Es ist nicht nur die Folge der Komplikationen durch die Verstümmelung, welche die Geburt behindert. Es sind die Jugend der jungen Frau und ihr schmales Becken. Kaiserschnitt, Dammschnitt sind unbekannt, undenkbar, Fremdworte.

Bis zum nächsten Tag ist alles unverändert. Amina ist längst kraftlos und ausgelaugt von den Anstrengungen. Die Helferinnen haben Verstärkung herbeigeholt. Sie sind jetzt zu viert. Zwei haben ein Handtuch in der Hand.

»Sie ist bei der Hochzeit nicht weit genug geöffnet worden. Wir müssen das Messer nehmen, sonst stirbt sie uns«, hört Amina eine der Frauen sagen. Kaum noch nimmt sie die Bedeutung der Worte wahr. Erst der Schmerz des Schnittes lässt sie hochfahren. Was sie für einen kurzen Augenblick wahrnimmt, ist das Blutbad, sind die vielen Hände, die das Kind aus dem Leib befreien und ins Dämmerlicht der Hütte zerren.

Aminas Sohn ist tot.

V.

Annette und ich stehen wie angewurzelt und stumm staunend in einem Paradies. Hinter uns schließt sich das schwere Eisentor.

Eigentlich hätten wir diese Idylle erwarten können, denn viel Lob eilte dem Fistula-Hospital voraus. Doch was sich unseren Augen jetzt darbietet, übertrifft alle unsere Erwartungen. Es ist ein kleiner Garten Eden, ein kleiner Park am Rande einer weniger paradiesischen Hauptstadt namens Addis Abeba. Eben noch waren wir über endlose staubige Straßenbaustellen gestapft, vorbei an Gräben voller Müll und zertrampelten Pflanzen. Und nun stehen wir unvermittelt und staunend inmitten grüner Bäume, bunter Blumen, zwitschernder Vögel und eines putzmuntereren Baches. Freundliche Krankenschwestern in blütenweißen Uniformen huschen hin und her. Sie grüßen kurz, lächeln dazu, lassen sich aber nicht aufhalten. Offenbar gibt es viel zu tun. In der Wäscherei rotieren die Trommeln, nebenan wird gebügelt. Helferinnen hängen Wäsche zum Trocknen auf. In der Küche dampfen die Kessel. Auf einigen Bänken sitzen junge dunkelhäutige Mädchen und plappern munter miteinander.

Eine hohe Mauer schirmt die hier lebenden Bewohner gegen die Gefahren von außen ab. Hier hört man nicht einmal den Lärm der Stadt.

Das Fistula-Hospital ist spezialisiert auf eine bestimmte Art von »Unfällen«, nämlich auf Fisteln. Das sind Verbindungen von Organen, die normalerweise voneinander getrennt sind. Wie zum Beispiel Scheide und Darm. Viele Fisteln entstehen infolge zu früher Verheiratungen von jungen, körperlich unterentwickelten Mädchen mit schmalen Becken.

Die australische Schwester Ruth Kennedy nimmt sich die Zeit, uns herumzuführen. Besonders beeindruckend: der große Krankensaal. Ein Bild wie im Märchenbuch. Da stehen in zwei parallelen Reihen viele schneeweiß bezogene Betten auf picobello sauberem Fußboden. Und aus jedem dieser schneeweißen Laken lugt ein braunes Köpfchen heraus mit schwarzem Haar, oft zu bizarren Zöpfchen verflochten. Ausnahmslos Mädchen. Wir schätzen sie zwischen acht und vierzehn Jahren. Alles schlanke, zartgliederige Geschöpfe. Einige schlafen. Andere unterhalten sich. Als wir den Saal betreten, schauen sie zu uns herüber.

»Tenastilin! Guten Tag!«, ruft Schwester Ruth.

»Tenastilin!«, echot es aus den Betten zurück. Manche winken.

»Nur so, in der großen Gemeinschaft, fühlen sich diese Mädchen wohl«, erklärt uns die Australierin und lächelt zufrieden. »Das sind sie von ihren Großfamilien gewohnt.«

Vor uns auf einer Bettkante hockt ein auffallend schlankes Mädchen. Treffender müsste man es als mager bezeichnen. Das Alter ist schwer zu schätzen. Ein Kind noch. Es ist milchkaffeebraun, mit wunderschönem fein geschnittenen Gesicht. Dunkle Augen, auffallend lange Wimpern, schneeweiße Zähne, dunkellilafarbene Lippen und eine kleine gerade Nase. Ein typisches Nomadenmädchen. In der Hand hält sie eine angebissene Banane.

Offenbar haben wir die Kleine in der Unterhaltung mit dem Mädchen im Bett gestört.

Wir wollen an ihr vorübergehen, als Ruth irgendetwas auffällt. Staunend schaut sie die Kleine an. »Habiba, das ist ja schon deine zweite Banane heute!«

Habiba verharrt im Kauen, schaut ungläubig und ganz erschrocken auf ihre Banane. Nur die Schale bewegt sich noch. Sie hängt in drei Streifen an ihrer kleinen Hand herunter.

»Ja,« staunt sie selbst, »das ist meine zweite Banane!«

Die Frau klopft dem Mädchen anerkennend auf die Schulter. »Das ist ja toll. Dann wirst du bald auch wieder stark und ganz gesund sein.«

Habiba lächelt unentschlossen zwischen der Banane und uns hin und her. Dann beißt sie erneut und zaghaft in die Frucht.

Wir gehen weiter. An der Ausgangstür zum Park hält die Frau uns zurück. Wir folgen ihren Blicken, schauen noch einmal zurück in den Saal, hin zu Habiba.

»Das Mädchen hat ein grauenhaftes Schicksal hinter sich«, sagt sie. »Sie muss sehr lange nichts zu essen bekommen haben. Ihr Magen ist geschrumpft. Mehr als einen kleinen Happen konnte sie bisher noch nicht zu sich nehmen.«

Dann zieht sie uns auf eine Gartenbank, und wir erfahren Habibas Geschichte. Nicht nur unsere Augen sind anschließend tränennass, auch die der Australierin.

Habiba ist geschätzte zwölf Jahre alt. Ihr wirkliches Alter kennt hier kaum jemand.

»Als die Kleine hier eingeliefert wurde, gab ihr kaum jemand eine Überlebenschance. Sie war nur noch ein Bündel Haut und Knochen.«

Was war geschehen?

Habiba wurde vor vier Wochen mitten in der Nacht eingeliefert. Von einer Ausländerin, die in Äthiopien in einem Entwicklungshilfeprojekt tätig war. Sie sprach leidlich Amharisch, die offizielle Landessprache. Sie hat die Kleine in einem Nomadendorf vor der somalischen Grenze entdeckt und keine Mühe gescheut, das Mädchen hierher nach Addis zu bringen. Sie kannte die Fistula-Klinik.

Dass sie dem Mädchen überhaupt begegnet ist, war mehr als Zufall. Nein, es war Fügung. Die Frau hatte sich verfahren, war von der Schotterstraße abgekommen und irgendwo in der Wildnis gelandet. Wassermangel zwang sie, eine in der Ferne entdeckte Strohhütte anzusteuern und um Wasser zu bitten.

In der Hütte waren nur zwei Frauen und ein kleiner Junge. Der Rest der Familie schien mit den Ziegen und Kamelen unterwegs zu sein. Die Fremde wurde freundlich aufgenommen. Sie sollte sich ausruhen im Schatten. Man bot ihr Tee an.

Die Hütte war ganz einfach eingerichtet. Zwei Matratzen zum Schlafen, ein paar Kartons für die Garderobe. Kein Tisch, kein Stuhl. In der Ecke ein kleines Holzfeuer für das Teewasser. Die Menschen waren bettelarm. Trotzdem der Tee. Die Ausländerin wollte sich erkenntlich zeigen. Sie verschenkte ihre unnötige Garderobe, ein paar Sandalen und Bananen. Angesichts der Armut mochte sie selbst gar keine Banane verzehren, tat es schließlich doch, weil die Leute sie dazu drängten.

Sie mochte die Schalen nicht einfach am Boden liegen lassen und entdeckte neben dem Eingang eine Art Müllgrube. Dort hinein warf sie die Schale. Dann wollte sie heimfahren.

Die Schale fiel auf einen verrotteten Sack. Und dieser Sack bewegte sich plötzlich. Ratten? Eine Schlange? Einen kurzen Moment war die Frau erschrocken. Dann sah sie zwei kleine Füße unter dem Sack hervorlugen, die sich bewegten.

»Da ist jemand in die Grube gefallen,« rief sie den Frauen zu.

»Nein«, kam die Antwort. »Das ist nur Habiba. Die stinkt.«

»Die stinkt???«

Mit einem Sprung war die Frau in der Müllgrube, hob den Sack an und erschrak. Vor ihr ein Bündel Mensch. Ein Mädchen, das mehr tot als lebendig aussah. Und das tatsächlich übelst nach Kot und Urin roch.

»Die muss sofort zu einem Arzt!« Die Fremde war außer sich.

»Hier gibt es keinen Arzt. Außerdem haben wir kein Geld.« Die beiden Frauen konnten die Aufregung der Fremden nicht verstehen, blieben ganz gelassen.

»Was ist mit ihr passiert!«

»Ihr Mann hat sie zurückgebracht, weil sie nicht gut riecht.«

»Warum riecht sie denn nicht gut? Habt ihr kein Wasser?«

»Das nutzt nichts«, erklärten die Frauen endlich. »Sie stinkt von innen.«

Jedes Wort musste man den Alten einzeln aus der Nase ziehen. Waren sie gefühllos oder dumm oder hatten sie einfach im Laufe des Lebens resigniert, weil sie erfahren hatten, dass ein armer Mensch nur von selbst gesund wird oder stirbt?

Kurz und gut: Habiba war vor kurzem verheiratet worden und zwar an einen älteren Mann, und obwohl Kinderheirat in Äthiopien offiziell verboten ist. Doch wen scheren hier im Abseits des Landes schon Gesetze aus der fernen Hauptstadt? Niemanden. Schon gar nicht eine bettelarme Familie, wenn sich ihr die Gelegenheit bietet, ein bescheidenes Brautgeld zu kassieren und einen Esser weniger in der Familie zu haben.

Doch die Freude wurde alsbald getrübt. Der alte Mann brachte das Mädchen nach wenigen Tagen zurück. Es konnte nicht selbst gehen. Er musste es tragen.

»Die stinkt!«, reklamierte er den Kauf und legte sie vor der Hütte ab. Das Mädchen selbst sprach nicht. Es lag wie leblos.

Und es stank tatsächlich. Man konnte unmöglich neben ihr in den Schlaf kommen. Deshalb hatte man sie in der Grube abgelegt, wo sie appetitlos und apathisch vor sich hin vegetierte. Seit Wochen ohne richtige Nahrung.

Habiba war pharaonisch verstümmelt worden. Der Mann hatte sie mit dem Messer geöffnet und in seiner Aufregung dem vor Schmerzen sich wie wahnsinnig gebärdenden Mädchen unabsichtlich so tief in die Scheide gestoßen, dass der Dickdarm getroffen wurde. Nun trat der Stuhl aus der Scheide – ein infernalischer Gestank.

Im Fistula-Hospital war die Kleine sofort gewaschen und dann unter Vollnarkose operiert worden. Die Operation gelang nur zum Teil. Habiba wird ein Leben lang einen künstlichen Darmausgang behalten.

»Normalerweise müssen die Patientinnen nach spätestens vier Wochen wieder nach Hause. Aber Habibas

Schicksal hat uns so entsetzt, dass wir beschlossen haben, das Mädchen nicht mehr zurückzuschicken. Es wäre ihr auch schwer möglich, auf Dauer die richtige Pflege des künstlichen Ausgangs zu übernehmen im Schmutz der Hütten. Sie wäre eine unnütze zusätzliche Esserin. Chancenlos. Bei ihr machen wir eine Ausnahme. Dabei kommt uns ein Glück zu Hilfe. Die Kleine ist eine fantastische Märchenerzählerin. Sie erzählt den genesenden Patienten, sofern sie sich sprachlich verständigen können, Märchen.«

Die Vision

Vision ist die Kunst,
unsichtbare Dinge zu sehen.
Jonathan Swift

Seit der Initialzündung von Amsterdam rotieren unsere Gedanken nur noch um das neue Projekt, die neue Lebensaufgabe: Weibliche Genitalverstümmelung muss aufhören. Und immer wieder kreisen sie um die Frage: Wie wollen wir vorgehen, was können wir tun, was kann wirklich etwas verändern? Sind wir im großen Weltgefüge nicht viel zu gering, um einer solchen Aufgabe gewachsen zu sein? Überschätzen wir uns?

Ohne uns mit ihnen vergleichen zu können, macht uns die Erinnerung an Menschen wie Nelson Mandela, Gorbatschow, Nehru, Luther King, Jesus und Mohammed Mut. Eine Liste, die sich endlos fortsetzen ließe. Auch sie alle sind Menschen, die einmal klein angefangen und es dann durch des Geschickes Gefüge geschafft haben, der Welt neue Dimensionen aufzuzwingen.

Dass wir nicht Politik studiert haben oder Theologie, weder Militär- noch oder Werbeexperten sind, spielt keine Rolle. Jesus war Zimmermann, Mohammed war Kaufmann, ich war Bäcker, Annette Arzthelferin. Die bodenständigen Voraussetzungen sind also gegeben. Und weil Annette und ich auf Dauer allein zu schwach sind, brauchen wir Verbündete. Sie müssen wir gewinnen durch überzeugende Leistung. Sie müssen unsere stärkste Waffe werden. Und die Medien müssen den Part der Multiplikation übernehmen.

Dabei haben wir alle Vorteile auf unserer Seite. Ich bin

kein Amerikaner, sondern Deutscher. Das ist in der arabischen Welt ein Bonus von großer Bedeutung.

Ich bin ein alter Mann und kein Twen mehr. Auch das ist wichtig. Alter bedeutet Lebenserfahrung und Weisheit, auch, wenn ich da eher eine nicht rühmliche Ausnahme bin. Aber das muss ja niemand erfahren.

Wir sind Mann und Frau. Auch das wird hilfreich werden, wenn es darum geht, mit den betroffenen Frauen ins Gespräch zu kommen. Das wird Annettes Part werden. Meiner ist der Dialog mit den Männern, die hier die Gesetze machen.

Hinzu kommt, dass wir keine Missionare sind und dem Islam offen und respektvoll gegenüberstehen.

Hinzu kommt meine besondere Motivation, den Kampf in erster Linie mit dem Islam als Partner zu führen. Wegen meiner Dankesschuld.

Und ich traue dem Islam diese Kraft zu. Ich möchte denjenigen Araber sehen, der nicht strahlende Augen bekommt, wenn wir ihn erinnern an epochale Glanzleistungen seiner Vorfahren, die sich bereits an Sternen orientierten, die Pyramiden errichteten, die Afrika auf dem Seeweg umrundeten und die vom Nil zum Roten Meer einen Kanal bauten, als unsere Altgermanen noch in Höhlen hausten. Oder jene Vorfahren, die im Zweistromland Mesopotamien die Schrift erfanden.

Ich vermag gar nicht so schnell zu sprechen, wie ich in solchen Fällen denke und mir Beispiele einfallen. Aber immer mit der Ruhe. Irgendwann bringe ich auch das auf einen Nenner. »Es wäre doch gelacht, wenn die Nachfahren dieser Menschen nicht in der Lage sein sollten, an die Leistungen ihrer Vorfahren anzuknüpfen und alle Welt zu überraschen mit epochalen Umbrüchen in Sachen Weibliche Genitalverstümmelung.«

Annette fühlt sich überfordert. Wir sind nur zwei Personen und können uns nicht teilen. »Ist dir klar, dass wir dann die meiste Zeit in Arabien verbringen werden? In Afrika vor Ort der Verbrechen? Wer soll denn dann die politische Hintergrundarbeit in Deutschland verrichten?«

»Darüber habe ich auch schon nachgedacht. Da du vor Ort genauso wichtig bist wie ich, machen wir es wie zu meiner Yanomami-Zeit. Wir verbünden uns mit einer bereits existierenden Menschenrechtsorganisation. Die leistet die politische Hintergrundarbeit, wir zaubern Aktionen. So einfach ist das.« Ich lasse dezent den Profi raushängen.

»Wer käme denn da in Frage?«

»Einige.« Ich zähle ihr die auf, die ich kenne. Den Worten folgen bald die Taten. Telefonate, Brainstorming, persönliche Treffen hier und da. Unter anderem mit der Vorsitzenden eines solchen Vereins und ihrer »Referentin Weibliche Genitalverstümmelung«. Die Namen der Vereine und der Mitarbeiterinnen tun hier nichts zur Sache. Es geht um Stile und Ansichten.

Der angesprochene Verein besteht im Jahre 2000 zwanzig Jahre und träumt davon, zu seinem Jubiläum endlich auch 2000 »Mitfrauen« vorweisen zu können. Um die Chance zu erhöhen, trete ich ihm spontan bei. Ich kenne zwar noch nicht die Satzung, aber ich weiß, der Kampf gegen Weibliche Genitalverstümmelung ist ihm ein besonderes Anliegen. Deswegen ja auch unser Treffen. Ich werde Mitglied unter »Mitfrauen«.

Zunächst sind die beiden Gesprächspartnerinnen von meiner Strategie angetan. Wenngleich mit seriöser Zurückhaltung.

»Es ist ein völlig neuer Ansatz. Das muss man mal überschlafen. Rechnest du dir damit wirklich Erfolge aus? Meinst du nicht, dass fanatische Glaubensverfechter Probleme bereiten werden? Denk an Salman Rushdie.«

Ich denke an Salman Rushdie, aber ich kann die Sorge nicht teilen.

»Entweder man kämpft, oder man lässt es. Ich verlasse mich auf meine Kenntnis des Islam, auf seine positiven Seiten und meine Intuition. Schließlich bin ich schon jetzt nicht allein. Hinter uns stehen der heilige Koran und all jene Muslime, für die Verstümmelung genauso unverständlich ist wie für uns. Dort will ich ansetzen. Diese Menschen werde ich für meine Idee zu begeistern versuchen. Gemeinsam mit ihnen werden wir die Verfechter der Tradition überzeugen, dem menschenunwürdigen Ritual abzuschwören. Ohne Kompromisse. Im Namen Allahs, des perfekten Schöpfers. Im Namen des Islam, der Mädchenverstümmelung nirgends fordert. Damit könnte man gleichzeitig erreichen, dass der Islam sich durch die Beendigung des Brauches aller Welt deutlich mit seinen *positiven* Kräften präsentiert, statt sich weiterhin von einigen Fanatikern als kriminelle Institution vorführen zu lassen.«

»Der Kampf für die Yanomami hat Rüdiger bewiesen, wie groß die Bedeutung von Filmbeweisen ist«, mischt sich Annette ein, »Worte allein genügen nicht, um das Grauen darzustellen. Niemand würde den Massenmord in den Konzentrationslagern der Nazizeit glauben, gäbe es da nicht die Bilder. Wir werden als Erstes optische Beweise beschaffen.«

Ich pflichte ihr bei.

»Ich bin sicher, dass die höchsten Autoritäten des Islam sich des Umfangs der Verbrechen gar nicht bewusst sind. Nie sind sie Augenzeugen. Man muss sie ihnen zeigen, sie zu Augenzeugen machen. In Bild und Ton. Sollten sie sich partout dem Thema verschließen, werde ich in den Verstümmelungsländern Szenen des Verbrechens auf Leinwände vor Moscheen projizieren. Ich werde vor der UNO in New York die Fahnen der Täterländer auf Halbmast setzen, ich werde …«

Ich muss mich bremsen, um nicht gleich alles rauszuposaunen. Dabei sind die beiden Beispiele nur eine kleine

Kostprobe. Längst quelle ich über vor Ideen. Innerhalb der letzten Tage habe ich mir genau 43 solcher Aktionen ausgedacht. Sie warten sehnsüchtig auf ihre Realisierung. Ich komme mir vor wie ein Agent, der nur noch auf seinen Einsatz wartet.

»Die finale Vision ist, Saudi-Arabien für den Kampf zu gewinnen und zu erreichen, dass auch das saudische Königshaus und die strenggläubigen Wahhabiten* Saudi-Arabiens den Brauch der Verstümmelung von Frauen zur Sünde erklären. Bis hin zur offiziellen Verkündung in Mekka. Im Geiste sehe ich bereits das Transparent mit der neuen Botschaft zwischen den Minaretten flattern. Hoch über den Köpfen der alljährlichen millionenstarken Pilgerschar.«

Die Gesichter der beiden Vereinsfrauen verraten Zweifel an meinem Geisteszustand. Deshalb komme ich zurück auf bodenständigere Dinge.

»Natürlich kosten die Aktionen Geld. Das werde ich über meine Vorträge und Sponsoren zusammentragen. Ihr müsstet es auf einem Sonderkonto verwalten, den Spendern die Spendenbescheinigungen ausstellen. Aber nur wir dürfen das Verfügungsrecht über das Geld haben. Es soll bestmöglich zielorientiert eingesetzt werden.«

Wenn ich mich schon als Rund-um-die-Uhr-Aktivist ehrenamtlich engagiere und das Geld für geplante eigene Projekte selbst beschaffe, will ich darüber auch allein verfügen und mir nicht von Theoretikern reinreden lassen, wie es in meiner Yanomami-Zeit mit der »Gesellschaft für bedrohte Völker« war und was mich schließlich zum Austritt veranlasste. Deshalb jetzt klare Fronten von Anbeginn.

* Wahhabiten gelten als besonders strenggläubige Muslime, die alle nachkoranischen Neuerungen strikt ablehnen. Sie praktizieren z. B. im Strafrecht auch heute noch die Gebote der Scharia.

Dass es möglich ist, Spenden zusammenzutragen, weiß ich aus ebendieser meiner Vergangenheit. Wer glaubwürdige Arbeit leistet, gewinnt das Vertrauen und die Unterstützung von Spendern relativ leicht.

Wir vereinbaren, morgen zu telefonieren. Das tun wir.

Dann die Enttäuschung.

»Wir haben noch einmal Rücksprache genommen mit den Frauen des Vorstandes. Wir fürchten, dass deine Ideen Fundamentalisten auf die Barrikaden locken werden und man unser Büro in die Luft sprengen könnte.«

Die Vorsitzende holt hörbar Luft. Ich speichere dieses verständliche Argument sofort ab, finde es überdenkbar und beschließe kurzerhand, dann auf jeden Fall ein besonders kleines Büro zu nutzen. Damit sich der Schaden in Grenzen hielte.

»Dann das Problem mit der Spendenverwaltung. Das bedeutet sehr viel Aufwand. Wir sind jetzt schon randvoll mit Arbeit und haben keine Gelder für eine weitere Arbeitskraft.«

»Dann könnte man ja so verbleiben, dass jeweils zehn Prozent für die Bürokraft verwendet werden dürfen.« Bei den zu erwartenden Summen ein fairer Kompromiss aus meiner Sicht.

»Zehn Prozent decken nicht die Selbstkosten.«

Das will ich nicht begreifen. Ich vermisse unsere Begeisterung. Sie springt nicht über. Und *wir* sind nicht bereit, weitere Zugeständnisse zu machen.

Wir konsultieren andere Vereine und Einzelpersonen. Die Reaktionen sind ähnlich.

»Was, du willst Schamlippen retten?«

Zynismus und Dummheit oder Vorurteile und Angst in Sachen Islam prägen die Reaktionen. Die Antworten reichen von »Das ist doch eher Frauensache« über »Du wirst senil« bis zu »Der Islam ist nicht dialogfähig«. Uns beweisen die Antworten mangelnde Kompetenz und Überforderung. Für uns sind sie eine Herausforderung.

Wieder andere lieben Diskussionen, um der Diskussionen willen. Wie jene studierte Medizinerin aus Eritrea, die sich für einen anderen Verein engagiert. In einem Ärzteblatt möchte sie den Begriff *Verstümmelung* (mutilation) geändert wissen in *Beschneidung* (cutting). Mit Rücksicht auf die Psyche der Betroffenen. Seitenlang.

Dass man im Einzelfall gegenüber einer Betroffenen im persönlichen Gespräch natürlich vermeidet, sie *verstümmelt* zu nennen, versteht sich von selbst. Verstümmelt wird schnell gleichgesetzt mit verkrüppelt. Aber weltweit *cutting* statt *mutilation* zu verwenden – selbst für die der pharaonisch Verstümmelten? Da bäumt sich bei mir alles auf. *Beschneidung* ist eine unverantwortliche Verharmlosung. Sie ist kontraproduktiv, weil sie den Glauben festigt, Frauenbeschneidung sei harmlos wie Männerbeschneidung. Und das ist sie nun wirklich nicht. Dem Mann bleiben die Gefühle erhalten, der Frau werden sie genommen, zumindest reduziert. Der Schmerz ist beim Mann bald vergessen und beeinträchtigt seine Lebensqualität nicht, die Frau leidet ein Leben lang und ist bei der Verstümmelung der Todesgefahr ausgesetzt. *Beschneidung* hört sich für mich an wie das Beschneiden, das *Veredeln* von Obstbäumen.

Unvergessen auch eine Somalierin derselben Organisation in einer öffentlichen Diskussion mit mir in Oberhausen nach einem Vortrag. »Wenn ich diese UNO-Erhebung *›98 Prozent der somalischen Frauen sind verstümmelt‹* schon höre! Ich habe eine Freundin in Somalia. Sie ist Hebamme. In einem somalischen Dorf hat sie keine einzige verstümmelte Frau angetroffen! Diese UNO-Zahl ist völlig unglaubwürdig.«

Aber andere als die UNO-Zahlen habe ich nicht. In Somalia war ich noch nicht. Also orientiere ich mich an solchen Vorgaben. Wie alle Organisationen. Außer dieser Somalierin. Bis eine Zuschauerin die Diskussion unterbricht: »Ist nicht ein Prozent mehr oder weniger völlig unwichtig?«

»Natürlich«, gibt die Afrikanerin da zu. »Selbst ein einziges Prozent wäre unannehmbar.«

Hauptsache diskutieren.

Als wollten sich die emigrierten Somalierinnen gegenseitig übertrumpfen, krönte Fadumo Korn, 3. Vorsitzender einer weiteren Organisation, die Statements ihrer Landsmänninnen während einer Diskussion im Hamburger Rathaus mit geradezu revolutionären Lösungskonzepten. »TARGETs Idee, mit dem Islam und der Azhar-Universität in Kairo zu arbeiten, bringt überhaupt nichts. Kein Mensch in Afrika interessiert sich für die Azhar.«

»Was ist denn Ihr Vorschlag?«, fragte jemand aus dem Publikum. Den hatte sie schnell parat.

»Das einzige, was den Brauch auf der Stelle beenden würde, wäre, wenn der Hunger in Afrika abgeschafft würde. Und wenn der Papst ein Machtwort spräche.«

TARGET-Gründung

Wer einen Eiffelturm baut,
sollte beim Fundament nicht pfuschen.
Alexander Christiani

Irgendwann ist mir klar, dass meine eigene überschaubar knapp gewordene Restlebenszeit für solche rein akademischen Diskussionen zu schade ist. Sie beenden den Brauch nicht. Sie erhalten ihn. Sie sind für mich Ausdruck mangelnder Eigenstrategien. Auch Annette wird unruhig.

Ich rufe Uwe Kirchner an, Ex-Vorstandssprecher von *amnesty international* (ai) Deutschland. Er kennt mich und meine Aktivitäten aus der Yanomami-Zeit. Ich habe viele Vorträge für *amnesty* gehalten.

»Deine Strategie ist super. Aber wenn du sie mit uns durchsetzen willst, würdest du dich sicher gebremst fühlen. Aktionen deines Stils müssten zunächst jeweils mit unserem Vorstand in Bonn abgestimmt werden. Wenn man dort die Idee gutheißt, muss auch London noch alles absegnen. Dort sitzt die Zentrale. Das dauert insgesamt mehrere Monate. Wie ich dich kenne, wirst du die erforderliche Geduld nicht aufbringen. Du hast eine Idee, und schon vorgestern beginnst du mit der Realisierung. Habe ich recht?«

Er scheint mich gut zu kennen.

»Was hältst du denn davon, einfach deine eigene Menschenrechtsorganisation zu gründen?«

Bautz! Diesmal bin ich es, der Bedenkzeit braucht.

»Hallo, bist du noch da?«

Ja ich bin sogar ganz und gar da! Ein solcher Gedanke ist mir noch nie im Leben in den Kopf gekommen. Vereinsarbeit war nie mein Ding. Zwar war ich früher in der Bäckerinnung. Aber mehr auch nicht. Und nun einen eigenen Verein? Eine Organisation mit allen Formalien und Schränken voller Papier? Davor hatte es mir bisher immer gegraut.

Ich rufe *Greenpeace* an. Meinen alten Freund Gerhard Wallmeyer, bekannter unter dem Spitznamen »Walli«, Urgestein aus der Gründerzeit.

Ich erzähle ihm von Kirchners Vorschlag. Walli hackt sofort in dieselbe Kerbe. Keine Sekunde muss er überlegen.

»Das habe ich dir schon seit Jahren geraten. Du hast nur nie richtig zugehört. Du bist der geborene Individualist. Du passt in kein Schema. Außer in dein eigenes. Und dann hast du ja noch Annette an deiner Seite. Die wird das schon managen, das traue ich ihr zu. Ich werde euch gern beraten.« Und das tut er. Er ist Experte für Vereinsdinge.

Als schließlich auch Thomas Frankenfeld vom *Hamburger Abendblatt* dieser Auffassung ist, bin ich weichgeklopft. Die kennen mich alle besser als ich mich selbst, gestehe ich mir ein. Thomas ist Redakteur, Philosoph, Orientkenner, Freund und Berater.

»Der Idee mit dem Islam als Partner gebe ich sehr große Chancen. Da darfst du dich nicht bremsen lassen von Leuten, für die der Islam nicht dem Zeitgeist entspricht. Gründet euren eigenen Verein. Bleibt unabhängig. Und vor allem Rüdiger: bleib dir treu.«

Annette ist von der Vereinsidee sofort angetan. Unsere nächste Frage: Wo finden wir die erforderlichen weiteren fünf Vertrauten? Sieben Personen müssen es sein, die nach deutschem Vereinsrecht einen Verein gründen können.

Innerhalb nur einer halben Stunde haben wir sie zusammen. Es ist Burkhard Bühre, Rechtsanwalt aus

TARGET-Gründungsmitglieder bei der Abstimmung der Satzung (Annette macht das Foto)

Oldenburg. Es ist Bertel Bühring, Chef von Radio GONG in Würzburg. Es ist Klaus Denart, mein langjähriger Freund und Weggefährte aus der Danakilzeit, Gründer von »*Globetrotter-Ausrüstung*«, Hamburg. Es ist meine Schwester Ingeborg Oettinger aus Nürnberg und zu guter letzt Harald Benz aus Schutterwald bei Offenburg, Annettes Herzensbruder und Allroundkönner.

Alle fünf sind Leute unseres Vertrauens. Jeder von ihnen hat uns seine Zuverlässigkeit im Laufe des Lebens mehrfach unter Beweis gestellt. Es sind Leute, bei denen ein Anruf genügt, wenn man ihre Hilfe braucht.

Wir treffen uns bei uns in Rausdorf und besprechen die nächsten Schritte. Es ist der 5. August 2000.

Bertel als Werbeexperte hat gleich eine Idee. »Was haltet ihr vom Vereinsnamen ›TARGET‹? Das ist Englisch und heißt *Ziel*. Und zwar *Ziel* in seiner Doppelbedeutung. Nämlich der ideellen und der kämpferischen. Ich finde, das passt zu euch beiden am besten.« Damit meint er wohl Annette und mich. Und es deckt ab, was wir planen:

gezielte Aktionen für Menschenrechte – das soll unsere Visitenkarte werden.

Wir finden das auf Anhieb gut. Ähnlich wie die »Grünhelme« von Rupert Neudeck (»Kap Anamur«). Auch daraus sprechen Idealismus und Kampfbereitschaft.

Bertel schmeißt auch gleich ein Logo nach. »Ein stilisiertes Auge mit Augenbraue. Das typische Fadenkreuz eines Zielfernrohrs wäre zu militärisch.«

Da hat er recht. Niemand hat eine bessere Idee. Also heißen wir nun TARGET und zielen mit Auge und Augenbraue gegen Weibliche Genitalverstümmelung.

»Und die Betreuung der Waiapí-Indianer machen wir auch weiter unter dem TARGET-Dach!«, wirft Annette noch ein. Das sind Indianer in Nordbrasilien. Unsere Freunde. Wir hatten sie kennengelernt, als ich mit dem Baumstamm in Südamerika gelandet war. Ein kleines Volk in Nordost-Brasilien. Bei Annette war es Begeisterung auf den ersten Blick. Wie bei mir und den Yanomami im Jahre 1980. Schon als Jugendliche hatte sie sich vorgenommen, dem Unrecht, das den Indianern geschieht, entgegenzuwirken.

»Ich hätte *noch* einen Vorschlag!« Schon wieder Bertel. »Gründet einen Förderkreis und nehmt nur 29 Deutsche Mark pro Jahr. Wer mehr geben will, gibt mehr. Aber bei einem solchen Betrag machen auch schon viele Jugendliche mit. 29 DM – das entspricht einer Zigarettenkippe pro Tag.«

Zigarettenkippe. Weiß der Teufel, woher er solchen Blödsinn hat. Aber die Idee mit nur 29 DM gefällt uns. »Dann habt ihr bald Tausende von Förderern. Das seid ihr politisch ganz anders präsent als ein Verein mit ein paar hundert Luxusmitgliedern.«

Mensch, der Bertel kann argumentieren. Der würde mir glatt eine Melkmaschine andrehen, obwohl ich keine Kuh besitze. Aber die würde er mir dann noch zusätzlich aufschwatzen.

Und Burkhard Bühre gibt sich als Prophet. »Viele werden gern viel mehr bezahlen. Sofern wir mit der Arbeit überzeugen und erste Erfolge vorweisen können.«

Damit alles reibungslos funktioniert, wird er uns juristisch zur Seite stehen.

»Von mir könnt ihr alles bekommen, was ihr an Ausrüstung braucht. Zelte zum Beispiel, wenn ihr nach Afrika fliegt. Egal was. Und ich werde darüber in unserem Katalog berichten. Bei einer Auflage von 700 000 Exemplaren werdet ihr sicher einen guten Start haben«, bietet Klaus Denart mit seiner Firma »*Globetrotter-Ausrüstung*« an.

Harald Benz will uns helfen bei jeglichem technischen Bedarf. Und meine Schwester Ingeborg Oettinger, »falls im Büro Not an der Frau ist«.

Danach keine weitere Diskussion. Gern also auch weiterhin Indianer und Regenwald im Vereinsprogramm.

Annette versucht ein Schlusswort. »Das Ziel Mekka mag einerseits vielen utopisch erscheinen. Andrerseits kennt ihr Rüdiger. Aber ich würde mich schon glücklich schätzen, wenn wir auch nur ein einziges Mädchen vor der Verstümmelung bewahren könnten. Schon dafür lohnt sich jeder Einsatz.« Wir nicken. Lieber süddeutsches Understatement als realitätsferne Überheblichkeit. Die Arbeit kann beginnen.

Rechtsanwalt und Notar Adolf Schmidt in Trittau von der Kanzlei Neitzel kümmert sich um das behördliche Prozedere. Amtsgericht, Finanzamt. »Wir brauchen die Gemeinnützigkeit. Bei Ihren Zielen ist die zwar gewährleistet. Aber leider dauert das alles seine Zeit. Stellen Sie sich vorsichtshalber auf ein halbes Jahr ein.«

Wir versuchen uns gerade darauf einzustellen, da hat Herr Schmidt die Bewilligungen bereits auf seinem Schreibtisch.

»Gute Kontakte«, strahlt er, um dann zu relativieren. Denn bei den Behörden wird bekanntlich niemand bevorzugt. »Man war allerorts begeistert von Ihrer Idee und der Strategie. Hätten Sie einen weiteren Tierschutzverein aufgemacht, hätte es entschieden länger gedauert.«

Wir werten das als ermutigendes Omen.

»Und was machen wir mit deiner Mitgliedschaft in dem Frauenverein?«, fragen Annette und ich uns nun gleichzeitig. Den Jahresbeitrag können wir dann lieber TARGET, uns selbst zugute kommen lassen. *Nicht verzetteln*! – eine weitere unserer Devisen.

Da liefert der uns dankenswerterweise zwei Entscheidungshilfen. Wir erhalten die Satzung. Sie verrät, dass er vor allem ein reiner Frauenverein ist. »... Männer ... können den Verein als *Förder*mitglieder unterstützen«, heißt es da. Und es ist die Rede von »Mitfrauen« statt Mitgliedern, von »Vereinsfrauenversammlung«.

Überraschend kommen in der Satzung dennoch die Vokabeln »*Mitglied*« und »*Vorstand*« vor. Sogar »*Vorstandsmitglieder*«.

Durch die Satzung wird mir eine ausgeprägte feministische Tendenz klar. Das hat mir beim Eintritt niemand gesagt. Dennoch zögere ich. Soll ich Förderer bleiben?

Dann die zweite Entscheidungshilfe. Der Verein plant, eine Imagekampagne. Er will von möglichst vielen deutschen Rathäusern Vereinsfahnen mit dem Vereinslogo flattern lassen. Anlass ist das zwanzigjährige Bestehen im Jahre 2000. Das Ziel: im Jahre 2000 endlich 2000 Frauen als Mitfrauen im Verein zu haben. Dreimal war die Idee jedoch von der Vereinsfrauenversammlung abgelehnt worden. Warum?

»Fahnen sind Machosymbole!«, so die Vorsitzende.

»Machosymbole? Jeder Eisverkäufer hat eine Fahne«, entgegne ich.

»Das haben wir Vorstandsfrauen der Vereinsfrauenversammlung auch gesagt. Zuletzt ging es dann nur noch um die Fahnen*stange. Sie* vor allem sei das Machosymbol.«

Nach drei Vereinsfrauenversammlungen schließlich der Kompromiss! Er lautet: Fahne ja, Stange nein. Statt ihrer, nach Hausfrauenart, ein Besenstiel quer.

Am selben Tag trete ich aus.

Obwohl selbst Feminist, komme ich mit solchem Gedankengut nicht klar. Auch unserer Strategie, den Weg vor allem mit dem Islam zu gehen, wäre solches Gedankengut abträglich. Da halte ich es lieber mit Anita Ekberg: »Die vollkommene Gleichberechtigung der Frau wäre ein kolossaler Rückschritt für die Frau.«

Ich ahne nicht, dass mir der Austritt treue Brieffreundinnen beschert.

Recherche

Die Welt ist ein Buch.
Wer nicht reist, sieht nur eine Seite davon.
Aurelius Augustinus

TARGET ist gegründet.

Da es in den USA eine Unterhosenfabrik gleichen Namens gibt, müssen wir uns von ihr unterscheiden. Wir erweitern den Vereinsnamen *TARGET* um *Ruediger Nehberg*.

Die Gemeinnützigkeit ist wichtig, weil dann das Finanzamt mit aufpasst. Und wegen der Ausstellung von Spendenbescheinigungen. Die ist für solche Spender von Bedeutung, die uns mit höheren Beträgen unterstützen möchten als hundert Euro pro Jahr.

15 Euro sind nun also der Mindestjahresbeitrag, wenn man Fördermitglied werden möchte. Nur einmal jährlich gibt es ein Jahresrundschreiben, keine weiteren Drucksachen oder Spendenbitten. Der Spender soll wissen, wofür er sein Geld angelegt hat, und das kommt dann jährlich Ende November mit der Post. Ist er mit unserer Arbeit unzufrieden, kann er sich begründungs- und fristlos wieder abmelden. Mail oder Anruf genügt. Kaufmännische Fairness.

Die Büroarbeit versuchen wir bestmöglich gering zu halten. Wir wollen die Spenden vor Ort einsetzen. Das werden zuerst Gespräche mit Betroffenen sein und denen, die die Gesetze machen. Wer Afrika kennt, weiß, wer das ist. Es sind die Männer. Diese Männer müssen erfahren, was ihren Frauen angetan wird, während sie irgendwo unter Freunden eine Zigarette rauchen. Sie müssen das Verbrechen im Film sehen und hören. Dieser Schock wird das

Tabu des Schweigens brechen. Der Irrglaube, der Brauch sei von Gott angeordnet, muss revidiert werden.

Ich werde problemlos den Zugang zu den Männern bekommen. Da hilft mir meine Erfahrung früherer Reisen auf nichttouristischen Wegen. Annette wird leicht Kontakt zu den Frauen schaffen. Das hat sie bei den Buschleuten in Namibia und Indianern in Brasilien jedes Mal unter Beweis gestellt. Ich denke, wir werden ein brauchbares Duo sein. Zwei Aktivisten für Menschenrechte. Slogan:

Direct Actions for Human Rights
Gezielte Aktionen für Menschenrechte

Bevor wir mit der Beschaffung von Filmdokumenten beginnen, suchen wir erste Kontakte. Wir schreiben Joschka Fischer an. Seines Zeichens Außenminister der Bundesrepublik Deutschland. Wir erklären unsere Islamstrategie und bitten ihn um Unterstützung, wenn wir hochrangige islamische Autoritäten kontakten möchten.

Die Antwort aus dem Auswärtigen Amt ist prompt und positiv. Wir können nicht nur mit des Außenministers Hilfe rechnen, sondern erhalten gleich zwei Ansprechpartner. Sie helfen uns beispielsweise, Briefe an hochgestellte Persönlichkeiten zu optimieren.

»Schon eine falsche Anrede genügt«, lehren uns Helmut Kulitz und Isabel Lorenz, »um einen Brief im Papierkorb enden zu lassen.« Bei der Gelegenheit erfahren wir auch, wer eine Exzellenz, wer eine Eminenz ist.

Das bedeutet, mein Ex-Bäckerdeutsch wird von den neuen Beratern ins Diplomaten- und ins Islamdeutsch übersetzt. Manchmal erkenne ich die Schreiben gar nicht mehr wieder. Aber was kann uns Neulingen Besseres widerfahren?

Befreundete Muslime raten, auf jeden Fall und wie gewohnt, jedes Schreiben »Im Namen Allahs, des Gnädigen und Barmherzigen« zu beginnen.

»Sonst ist es wertlos. Denn in der Sunna heißt es: ›Jedwede Angelegenheit, die nicht mit den Worten ›Im Namen Allahs, des Allerbarmers, des Barmherzigen‹ beginnt, darf nicht mit Allahs Segen rechnen.« So habe es ein gewisser Tafsir Ibn Katiir überliefert. »Und grüßt jeden Moslem mit Salaam alaykum, obwohl das ein Gruß nur unter Gleichgläubigen ist.«

Okay – das mache ich ohnehin bereits seit inzwischen 71 Jahren.

»Bist du konvertiert?«, fragen viele von ihnen. Dann antworte ich mit dem islamischen Glaubensbekenntnis. »Ich bekenne, dass es keinen anderen Gott gibt als Gott und ich bekenne, dass Mohammed sein Prophet ist.«

Dieses Glaubensfundament aller Muslime von nur einem einzigen und einzigartigen Schöpfer und von Jesus und Mohammed als Propheten, aber *Menschen*, kommt meinem Verständnis vom Universum entschieden näher als das Familiendrama um Gott, seinen Sohn Jesus und den Heiligen Geist.

»Söhne und Töchter Gottes sind wir alle«, füge ich noch hinzu.

Neben dem Auswärtigen Amt bitten wir auch das Deutsche Orient-Institut in Hamburg um Beratung, namentlich die Islamkoryphäe Professor Dr. Udo Steinbach. Von Muslimen wissen wir, dass er in der gesamten islamischen Welt ein hohes Ansehen genießt wegen seines überragenden Sachverstandes. Steinbach ist Dauergast in allen TV-Sendungen, wenn es um islamische Fragen geht.

Das sind unsere ersten vorsichtigen Schritte in die Richtung auf das hoch gesteckte Ziel Mekka.

Interessant die Reaktionen, wenn ich die Mekka-Vision anspreche. Sie reichen von Sprachlosigkeit über Staunen,

Lachen und Zweifel bis hin zu Mitleid. Eine aufschlussreiche Palette menschlicher Gefühlsregungen. Erstaunlicherweise jedoch nie ein böses Wort in Richtung »Anmaßung«. Auch nicht von Muslimen. Ich werte das hoffnungsvoll als stillen Zuspruch.

Dann der nächste Schritt: die Beschaffung der Bilder. Dokumente jenseits aller Worte. Unverzichtbar. Wir wissen nach vielem Umherfragen, dass sie Mangelware sind. Nirgends können wir Material auftreiben, dass für unsere Zwecke geeignet und verwendbar wäre, das bedingungslos frei wäre von Auflagen und Copyrights. Also bleibt uns nur, eigene Bilder zu machen.

Wir fliegen nach Addis Abeba. Ein äthiopischer Bekannter hat uns eine erste Kontaktadresse gegeben. »Meine Schwester ist Frauenärztin. Sie hat in Russland und den USA studiert. Wenn jemand Ihnen etwas über Verstümmelung erzählen kann, dann sie.«

Das sehen wir genauso. Doch sogleich die erste Enttäuschung. Wir stehen am Flughafen der äthiopischen Hauptstadt Addis Abeba. Sie wollte uns abholen. Sie ist nicht da. Ihr Telefon ist ständig besetzt. Nach einer Stunde des vergeblichen Wartens nehmen wir uns ein Taxi und fahren ins Hotel. Addis Abeba kenne ich bestens aus meiner Jugendzeit – die Erstbefahrung des Blauen Nils, die Durchquerung der Danakilwüste. Addis hat mich also wieder.

Am nächsten Tag taucht die Frauenärztin auf. Es täte ihr leid, sie habe so viel zu tun gehabt. Aber sie wisse ja, dass ich die Stadt kenne. »Haben Sie gut geschlafen im Hotel?«

Ein durchgehendes Gespräch gestaltet sich schwierig. Denn ständig klingelt eins ihrer beiden Handys. Dafür benötigt sie logischerweise ihre beiden Hände. Leider braucht sie die aber auch für ihre Schuhe. Es sind zwei elegante Teile, modisch wie die gesamte Person. Und diese

Schuhe haben nadelspitze Absätze, die ständig irgendwo steckenbleiben und dann der Hände bedürfen, um gelöst zu werden. Wir sind ihr behilflich und halten derweil die Handys.

Unser Gespräch ist also auffallend aktionsbetont. Insofern passt die Frau zu uns. »Direct Actions for Human Rights«, scherzt Annette leise.

Ja, hören wir, sie wisse da einen Arzt, der sich mit allem auskenne. Der sei aber erst in vier Wochen wieder aus Europa zurück. Ob wir denn überhaupt so lange Zeit hätten.

Solche Ideen hat sie einige. Dabei wollten wir gleich heute mit der Arbeit beginnen. Das Treffen mit ihr war verbindlich vereinbart. Dann krönt sie alles mit einer Frage.

»Gestatten Sie mir eine sehr persönliche Einschätzung?«

Natürlich gestatten wir ihr das. Was bleibt uns schließlich anderes übrig? Ihretwegen sind wir hergekommen. Sie ist unsere Hoffnungsträgerin.

»Ich glaube, Sie jagen da einer Utopie nach. Zwar habe ich meinem Bruder in Hamburg versprochen, Ihnen zu helfen. Aber wen ich auch unter meinen Kollegen gefragt habe, alle sind der gleichen Meinung wie ich. Und ich weiß, wovon ich rede. Ich bin jetzt zwanzig Jahre als Frauenärztin tätig. Noch nie in meiner gesamten Praxis habe ich eine beschnittene Frau gesehen! Das gibt es in Äthiopien nicht.«

Originalton Frau Doktor Yeworkwoha M. Wir sind sprachlos. Alle Statistiken der UNO usw. also gefälscht.

Hoffnungsträgerin ade!

Ähnliches erleben wir in einer deutschen Schule. Fünfhundert Mädchen. Alle munter wie ein Bienenschwarm zur Heideblütenzeit.

»Alle sind sie beschnitten. Mehr oder weniger.« Eine Lehrerin hatte uns darauf hingewiesen. Sie würde selbst gern dagegen kämpfen.

Annette packt sofort die Filmausrüstung aus. »Könnten Sie uns das bitte in die Kamera sagen?« Das wäre endlich ein erster Schritt auf unserem langen Weg.

Ängstlich schaut sich die Frau um. »Das darf ich leider nicht. Ich bin hier nicht kompetent. Das darf nur der Schulleiter.«

Umso besser. Das erhöht den Wert der Aussage. Also hin zum Schulleiter.

»Herr Nehberg! Glauben Sie doch nicht diese uralten Geschichten. Gewiss, früher hat es das gegeben. Aber schauen Sie! Wir sind ein modernes Land. Wir haben die UNO-Menschenrechtsresolution unterschrieben. Verstümmelung ist längst Geschichte. Das hier sind alles intakte Mädchen.«

Lächelnd zeigt er auf ein Mädchen. »Schauen Sie doch, wie sie lächelt. Die würde doch nicht lachen, wenn sie verstümmelt wäre. Oder dort die Kleine. Sie lächelt ebenfalls«

»Und die da?« Annette zeigt auf eine, die apathisch vor sich auf die Tischplatte blickt.

Der Schulleiter ist sich sicher. »Die wird nachher noch lachen.« Und weg ist er.

»Wenn sie nicht lacht, kriegt sie 'ne Tracht Prügel«, flüstere ich Annette zu.

Nur zu gern würden wir dem Direktor glauben. Wir wissen aber, dass die Realität anders ist. Unsere Beharrlichkeit zahlt sich aus. Wir werden fündig. Beim Hotelportier.

»Natürlich gibt es das noch! Es ist gang und gäbe. Wie eh und je. Da hat sich nichts geändert. Allenfalls macht man es ein wenig heimlicher. Aber das wäre nicht einmal nötig. Kein Hahn kräht danach.«

Er besorgt uns einen Führer. Mit dem Taxi und dann zu Fuß durch verwinkelte Marktgassen, gelangen wir an ein Haus. »Die Nachbarn nennen es *Haus der Schreie*«, behauptet unser Mann.

Die schwere Holztür ist verschlossen. Es ist still dahinter. Wir hören jedenfalls keine Schreie. Allenfalls spüren wir verstohlene Blicke der Passanten.

»Die Nachbarn haben das Haus so genannt, weil sie täglich erleben, wie Mütter ihre kleinen Mädchen hier reintragen. Dann hört man deren Entsetzens- und Schmerzensschrei und sieht, wie kurz danach die zitternden, schweißgebadeten und manchmal ohnmächtigen Körper rausgetragen werden. Ich werde versuchen, mit dem Doktor zu reden.«

Wir merken uns die Örtlichkeit sehr genau. Falls sich unser Guide nicht mehr blicken lässt. Aber er taucht schon sehr bald wieder auf. »Der Doktor möchte Sie morgen kennenlernen. Heute hat er keine Zeit. Er hat noch zwei Operationen. Er möchte wissen, warum Sie das interessiert. Es handelt sich nämlich um einen äthiopischen Brauch. Fremde sind da unerwünscht.«

»Ich bin Lehrerin in Deutschland«, erzähle ich, Annette, ihm. »Bei uns kennt man diesen Brauch nicht, der den Mädchen ihre angebliche Triebhaftigkeit nehmen soll. Ich möchte anderen davon erzählen. Besser noch: ich möchte ihnen Bilder davon zeigen.«

Der Operateur lässt sich überreden. Geschäftig blättert er in einem dicken Patientenbuch. Eintragung auf Eintragung. Seitenweise. Mit gewichtiger Patina aus Schweiß und Staub. Ein Addis-Konzentrat. Tausendmal durchblättert.

»Ja, da staunen Sie! Pro Tag habe ich etwa fünf Operationen. Meistens sind es Jungen. Ich beschneide nämlich auch Jungen. Das sind Muslime. Muslimische Mädchen kommen nicht zu mir. Die werden zu muslimischen Frauen gebracht. Die Mädchen, die zu mir gebracht werden, sind Christinnen.«

Morgen sieht er eine Möglichkeit zum Filmen.

»Eine der Familien kenne ich. Ich rufe sie mal an.«

Das tut er. Ich verstehe kein Wort. Er legt auf.

»Der Familie ist es egal. Aber ich habe eine Bedingung. Weder mein Gesicht noch meine Praxis dürfen zu sehen sein. Auch nicht das Haus von außen. Ich werde meine Räume vorher ein wenig verändern.« Das versprechen wir.

Am nächsten Morgen sind wir pünktlich zur Stelle. Ich habe die halbe Nacht nicht schlafen können. Immer wieder habe ich mir vorgestellt, was ich morgen dokumentieren muss. Ich werde allein im Haus sein. Rüdiger wird draußen bleiben. Respekt vor der Würde des Mädchens.

Die Aufnahmen müssen gelingen. Ich erinnere mich, wie ich schon einmal wichtige dokumentarische Bilder verschossen habe. Das war vor zwei Jahren in Namibia. Von einer deutschen Ethnologin hatten wir erfahren, dass ein holländischer Farmer seine angestellten Buschleute folterte, wenn ihm danach zumute war. Er zerquetschte ihnen die Knie zwischen Autostoßstange und Wand, er ließ sie nachts ihr Grab schaufeln oder eine Drahtschlinge um den Hals legen, auf einen Stuhl steigen und den Draht am Baum befestigen.

Von diesem Sadisten brauchten wir ein Bild. Rüdiger hatte die Idee, mit dem ausgeliehenen VW-Bus eines Reiseunternehmens seinen Hof anzusteuern, ihn in ein Gespräch zu verwickeln, während ich vom Auto aus mit dem Teleobjektiv die Bilder schießen sollte.

Ein leichter Auftrag, dachte ich. Rüdiger stieg aus. Sechs Hunde stürzten ihm kläffend entgegen. Durch den Lärm alarmiert, trat der stiernackige Holländer aus der Tür seines blumenumrankten Hauses und kam Rüdiger entgegen.

Rüdiger stellte sich vor als Beauftragter des Reiseunternehmens, das noch idyllische Unterkünfte für Touristen suchte. Ob er freie Zimmer vermieten möchte. Nein, deutete ich seine Gesten, er nicht, aber der Nachbar im Süden. Er fuchtelte mit den Armen in Richtung Süden. Dann kniete er nieder und zeichnete mit dem Finger eine Skizze in den Sand. Rüdiger hockte sich seitlich daneben, damit ich die

Porträts schießen konnte. Ich war so aufgeregt, dass ich die Kamera nicht still halten konnte.

Meine Aufregung steigerte sich zu regelrechtem Herzflattern, als plötzlich die Frau des Folterers in der Tür erschien und ein Gewehr an den Pfosten lehnte.

»Wenn die sieht, dass ich fotografiere, wird sie schießen«, ging es mir durch den Kopf. Und prompt habe ich alle Bilder verwackelt.

Das geht mir ständig durch den Kopf. Das darf diesmal nicht wieder passieren. Mir ist überhaupt nicht wohl.

Ich bin sofort ins Haus eingelassen worden. Dreimal musste ich klopfen. Zweimal schnell hintereinander, einmal kurz nach kleiner Pause.

Ruth ist schon da. Kurze dunkle Haare, Jogginganzug. Ein munteres junges Ding. Sie ist fröhlich aufgeregt. Sie weiß, dass alle Verwandten zu ihrem Fest gekommen sind. Sie warten in einem der Vorräume. Dort wird sie nachher eine Fanta trinken dürfen. Es wird Popcorn und die Kaffeezeremonie zu ihren Ehren geben. Von dem, was sie erwartet, kann sie nichts wissen.

Das kleine Gebäude ist völlig verwinkelt. Wie ein kleines Labyrinth. Auf der Flucht würde ich hier niemals wieder rausfinden. Manche Räume sind keine sechs Quadratmeter groß. Kaum einer hat ein Fenster. In einem winzigen Innenhof stehen zwei Ziegen. Sie fressen eine Handvoll Grashalme. Ihre Henkersmahlzeit. Denn, wie sich herausstellt, sind sie das Festmahl. Zehn Minuten später sind sie geschlachtet.

Was ich mir gestern eingeprägt habe, ist heute nicht mehr wiederzufinden. Die Fenster sind mit dunklen Tüchern verhangen oder mit Pappen vernagelt. Möbel sind verrückt, Bilder abgehängt, Kartonagen übereinander gestellt. Mir ist unheimlich zumute. Dem Mann ist klar, dass er etwas Ungesetzliches tut. Mir zeigt es auch, dass Gesetze nichts bewirken hier in diesem Land. Dass sie vor allem die Kinder nicht schützen.

Mich überfällt Angst. Ich weiß nicht, ob ich dem allem hier gewachsen bin. Ich zittere. Deshalb baue ich zwei Stative auf.

Die Kleine ist völlig unbefangen. Sie ahnt nichts. Zwischenzeitlich sind noch mehr weibliche Verwandte eingetroffen. Sie alle sind äthiopisch-festlich gekleidet. Lange, leichte weiße Baumwollgewänder mit bunten Ornamentbändern gesäumt. Fast jede trägt ein loses Tuch um Kopf und Schultern. Es herrscht eine heitere, freudig-gespannte Stimmung.

Sie begrüßen mich ohne jegliche Vorbehalte. Sie geben mir das Gefühl dazuzugehören. Natürlich werde ich verstohlen gemustert. Das ist also diejenige Fremde, die diesen uräthiopischen Brauch filmen möchte, um ihn den Schülerinnen daheim in Deutschland zu zeigen. Verrückt, diese Touristinnen.

Ihre Natürlichkeit nimmt mir ein wenig meine Befangenheit. Aber ich fühle mich elend. Wie eine Verräterin.

Dann kommt der »Chirurg«. Weißer Kittel, breites Lächeln. Er begrüßt die Frauen, dann das Mädchen. Eine kräftige Tante setzt sich in der Operationsecke auf den Stuhl. Sie nimmt die kleine Ruth auf den Schoß. Eine andere Tante streut im Nebenraum frisches Gras aus. Dann röstet sie Kaffee, als wäre die Operation völlige Nebensache, etwas Alltägliches.

Ruth wird es unheimlich. Auf einer Ablage neben ihr sieht sie weiße Gummihandschuhe und eine Rasierklinge. Eine Schale mit einer Flüssigkeit und eine aufgeschnittene Zitrone. Die Tante heißt sie, die Hose auszuziehen. Ich muss mich konzentrieren, die Kamera eingeschaltet zu haben, denn mein Entsetzen lähmt mich. Mit nacktem Unterkörper setzt sich Ruth vertrauensvoll auf den Schoß der Frau. Bis diese ihre Beine grätscht und die Arme unter den Kniekehlen durchführt. Eine andere Tante tritt von hinten an den Stuhl und zieht die Unterarme des Kindes auf den

Rücken. Jetzt ist Ruth wie in einen Schraubstock eingeklemmt. Die Frauen scheinen den sichersten Griff zu kennen. Gänsehaut überzieht mich. Mein Mund ist trocken. Ruth beginnt leise zu weinen. Sagt etwas, was ich klar als Wehren, als Angst verstehe. Die Mutter spricht auf sie ein. Ich kann es nicht verstehen, denn alles läuft ohne Dolmetscher ab. Wahrscheinlich sagt sie ihr, es tue nicht weh, es wäre gleich vorbei.

Da tritt der Beschneider vor das Mädchen. Er streift die Klinikhandschuhe über. Eine der Frauen hält ihr die Augen zu. Er entnimmt dem Päckchen eine neue Rasierklinge. Immerhin arbeitet er aidsfrei.

Dann fasst er das Kind an. Ruth erschrickt sich und weint lauter. Sicher sagt sie »nein, lasst mich«. Aber niemand hört ihr zu. Eine Tante verriegelt den Mund mit der Hand. Die Filmkameras laufen automatisch. Ich vibriere, mir bricht der Schweiß aus allen Poren. Ich wäre unfähig, sie still zu halten, versuche, Fotos zu machen.

Die Gummihandschuhe bemühen sich, die Klitoris zu greifen. Die Hände rutschen jedoch ab. Die Finger greifen härter zu. Ruth gerät in Panik. Die Tanten müssen sich anstrengen, sie zu bändigen. Ein Gedanke blitzt auf, dass sie ihr die Arme brechen könnten. Die Mutter schaut weg, obwohl es doch ihre Tochter ist, obwohl sie das Mädchen hierher geführt hat. Sie will es nicht sehen, was ihr selbst vor vielen Jahren ebenfalls widerfahren ist. Auch die Tanten schauen weg. Der Mann ist zeugenlos.

Meine Zunge ist taub, ich spüre das Blut in meinen Ohren pochen. Nur nicht ohnmächtig werden, rede ich mir ein.

Dann der Schnitt! Und gleichzeitig der ohrenbetäubende Schrei des Kindes. »Haus der Schreie!« Weder die Tanten noch die Mutter vermögen, das sich aufbäumende Mädchen zu fixieren. Die Tantenhand, die den Mund verschlossen hat, blutet. Ruth hat hineingebissen. Das Kind wird neu festgehalten. Zitronensaft wird über die Wunde geträufelt. Ein

Ein Vaterunser nach der Verstümmelung

letzter Schrei, denn die Säure brennt in der offenen Wunde. Neben der Selbstreinigungskraft der stark blutenden Wunde, die einzige Desinfektion.

Entfernung der Klitoris – die einfachste Form der Weiblichen Genitalverstümmelung.

Die Operation ist vorbei. Sie hat keine drei Minuten gedauert. Ruth wird auf eine Liege gelegt.

Alle gehen in einen Nebenraum. Dort ist der Kaffee fertig. Auf großem silbernem Tablett türmen sich auf einem Berg von safrangelbem Reis das Fleisch der beiden Ziegen, die vorhin noch ahnungslos im Innenhof gegrast hatten. Dazu viele scharfe bunte Soßen. Ich muss mich dazusetzen, soll teilnehmen an diesem Fest. Ruth wird gerufen. Sie ist wieder angekleidet. Ihr Gesichtchen ist noch von den Tränen verschmiert. Langsam geht sie zu ihrer Mutter im Kreis. Sie hat eine Fanta bekommen. Die Mutter streichelt sie, drückt sie an sich. Sie scheint selbst aufzuatmen: Gott sei Dank überstanden, mag sie denken.

Bevor mit dem Essen begonnen wird, stehen alle im Kreis um das Mahl herum und beten. Ein Mann, vielleicht der

Vater, ist hinzugekommen. Er scheint jetzt der Zeremonienmeister des Festes zu sein. Auch er im Festtagskleid. Er beginnt, mit ausgebreiteten Händen zu beten. Alle fallen in die Worte ein. Auch sie breiten die Hände aus und schauen zu Boden. Mir wird klar, dass sie das Vaterunser beten. Mir wird schlecht. Zu viel verbinde ich persönlich mit diesem Gebet. In diesem Zusammenhang kann ich es nicht ertragen. Ruth hat sich auf eine Matratze gelegt. Nun gilt sie mit ihren sechs Lenzen als aufgenommen in den Kreis der ehrbaren Frauen. Nun steht fest, dass sie nicht triebhaft, sondern eine »anständige« Frau werden wird. Nun ist gesichert, dass sie einen Mann bekommen wird. Unbeschnittene bleiben unbegehrt. Allenfalls begehrt als Ausgestoßene, als frei verfügbare Prostituierte. Davon gibt es in Addis Abeba mehr als genug. Ruth bleibt dieser Weg erspart. Sie wird also einen Mann bekommen und ihm viele Kinder gebären. Und wenn darunter Mädchen sind, wird auch sie diese Mädchen beschneiden lassen. Sie hat gar keine andere Wahl. Es sei denn, unsere »Karawane der Hoffnung« hat zu dem Zeitpunkt auch bereits die Christen erreicht. Mögen sie sich in diesem Falle an den Muslimen, die wir noch kennenlernen, ein Beispiel nehmen.

Ich verabschiede mich beiläufig vor dem Essen. Ich halte dieses Fest einfach nicht aus. Ich entschuldige mich wegen der Hitze. Jeder kann mir ansehen, dass es mir nicht gut geht. Sie sind sogar besorgt um mich! In meinem Nacken scheint sich ein schweres Etwas niedergelassen zu haben. Ich fühle mich erdrückt. Ich will nur noch raus aus diesem Haus. Als ich im Flur an einer anderen Mutter mit ihrer kleinen Tochter vorbeikomme, möchte ich schreien. Die nächste Operation steht an. Ich fliehe regelrecht. Mit mir habe ich Dokumente, die Veränderung bewirken sollen. Wie lange mich das Erlebnis noch in Träumen bei Tag und Nacht verfolgen wird, ist mir in diesem Moment nicht bewusst. Selbst jetzt überkommt mich noch Hilflosigkeit, Gänsehaut und Herzflattern, wenn ich die Geschichte erzählen, niederschreiben oder im Film anschauen muss.

Dass diese und weitere Beweise aber tatsächlich so viel im Bewusstsein der Religionsführer verändern würden, ahne ich in diesem Moment nicht.

Draußen treffe ich auf Rüdiger. Der erschrickt. »Was ist passiert? Du bist ja ganz nass geschwitzt und blass!«

Später werde ich immer wieder gefragt, wie ich das ausgehalten habe. Ob ich die Verstümmelung nicht hätte verhindern können.

Ausgehalten habe ich es nur mit dem Gedanken daran, dass die vielleicht gelingenden Bilder die Verantwortlichen für diese Barbarei dazu bewegen, sich gegen sie zu stellen. Dass diese Bilder ein Aufschrei in der Welt bewirken – und dann die Töchter dieser »meiner« Mädchen die Verstümmelung nicht mehr erleiden müssen. Dafür, und nur dafür, habe ich die Bilder gemacht. Retten hätte ich die Kinder nicht können. Das wäre unmöglich. Für mich wie für andere. Mich hätte man bestenfalls hinausgeworfen, dann wäre die Verstümmelung fortgesetzt worden. Chancenlos für das Mädchen, aber auch chancenlos für deren Töchter. Und für diese Töchter werde ich kämpfen. Das habe ich den Mädchen schweigend geschworen.

Hoffnungsvoller Anfang

Es scheitert jegliches Bemühen,
wenn einer bremst, wo andre ziehen.
Hans Menzel

Frau Professor Dr. Annemarie Schimmel wohnt in Bonn. Sie ist Expertin für den Islam. Sie hat sogar einen Lehrstuhl in Teheran. Eine ungewöhnliche Frau. Wir hatten sie um Rat gebeten.

»Warum wenden Sie sich mit Ihrer tollen Strategie nicht an Dr. Nadeem Elyas? Er ist der Vorsitzende des »Zentralrats der Muslime«. Ein weltoffener integrer Mann. Der wird Ihnen bestimmt weiterhelfen. Er ist übrigens Arzt und Saudi-Araber.«

Dr. Elyas gibt uns tatsächlich sofort einen Termin. »Wenn es noch in dieser Woche sein muss, geht es nur am Donnerstag in der Lobby des Kölner Hauptbahnhofs. Sagen wir um 16 Uhr.«

Wir sind pünktlich. Elyas auch. Wir bitten ihn um eine Einschätzung unserer Idee, den Brauch mit der Kraft des Islam zu beenden.

Er findet sie ohne Einschränkung gut. »Was da mit den Frauen gemacht wird, ist sogar *gegen* unsere Religion. Nirgends im Koran wird das gefordert. Ganz im Gegenteil! In Sure 95, ›Die Feige‹, heißt es in Vers 4: ›Wahrlich, WIR haben den Menschen in schönstem Ebenmaß erschaffen‹. Das heißt mit anderen Worten, Mann und Frau sind perfekt. Da bedarf es keiner Korrektur durch den Menschen.«

Ich schreibe mir die Sure sofort auf. Sie wird wichtig werden. Der Koran in Deutsch steht bei mir zu Hause. Da kann ich dann nachschlagen.

»Im Übrigen ist der Brauch für die meisten meiner Schwestern und Brüder im Islam genauso unvorstellbar wie für Sie hier in Deutschland. Betroffen sind die bedauernswerten Menschen in den Ländern der Sahelzone und einigen anderen Ländern. Meist sind es Analphabeten, die sich nie davon überzeugen können, dass der Koran diesen Brauch nicht fordert. Ein sehr wichtiger Weg zur Beendigung der Tradition wäre eine Bildungskampagne. Übrigens: auch bei uns in Saudi-Arabien ist der Brauch völlig undenkbar.«

Das ist gut, denke ich. Es erleichtert den Weg nach Mekka.

»Was wir noch suchen, ist eine Art These, mit der wir Muslime überzeugen können, dem Brauch abzuschwören. Eine These, die klarmacht, dass das mit der Ethik des Islam nicht vereinbar ist.«

Elyas überlegt kurz.

»Sie kommen aus Hamburg. Da mache ich Ihnen einen Vorschlag. In Hamburg gibt es den Gelehrten Dr. Ali Emari. Ich kenne ihn gut. Ich werde ihm Ihr Anliegen vortragen. Er wird Ihnen helfen, eine solche These zu formulieren.«

Genauso ist es. Dr. Emari nimmt sich viel Zeit, und es gibt viel Tee. Dann seine Fangfrage. »Wollen Sie auch die männliche Beschneidung abschaffen?«

»Nein, sie wird vom Koran gefordert und ist der Gesundheit des Mannes nicht abträglich, sondern in wasserlosen Gebieten eher dienlich. Bei den Frauen hingegen ist es eine grobe körperliche und psychische Schädigung.«

Nach zwei Stunden ist das Werk vollbracht, eine These gefunden. Mit ihr wollen wir in die islamische Welt hinausziehen.

»Weibliche Genitalverstümmelung ist mit dem Koran und der Ethik des Islam unvereinbar. Sie ist Gottesanmaßung und Diskriminierung des Islam.«

»Sicherlich wird man irgendwann noch das eine oder andere Wort verbessern können. Aber das hier können Sie jedem Moslem getrost vorweisen.«

Das Gespräch mit Dr. Ali Emari inspiriert uns, die Arbeit gegen FGM noch deutlicher zu machen. Wir schaffen innerhalb TARGETs eine »Pro-Islamische Allianz gegen Weibliche Genitalverstümmelung«. Das erscheint uns wichtig, um skeptischen Muslimen von vornherein jegliches aufkeimendes Misstrauen zu nehmen und uns klar zum Islam als Partner zu bekennen.

Wir lassen die Unvereinbarkeitsthese auf Pergament drucken und wollen zweihundert solcher Bogen zu einem Buch in Leder binden lassen. Möglichst stilvoll auf antik. Eine Binderei in Hamburg-Hummelsbüttel, auf dergleichen spezialisiert, wittert das Geschäft des Jahres. Nach dem Motto »Organisationen haben Geld wie Heu« verlangen sie siebentausend Deutsche Mark! Solche Pappenheimer sollen wir noch zuhauf kennenlernen.

»Dafür fertigen wir Ihnen aber auch zunächst ein Minimodell.« Grußlos verlasse ich den Neppbetrieb und rufe Hugo Hagen-Naeger an. Er hat eine Galerie und Buchbinderei in Offenburg, ist ein Bekannter von Annette.

Als er hört, wofür das Werk gedacht ist, kommt seine Antwort spontan: «Das ist mir eine Ehre.«

Trotz unserer Hochstimmung ist die Akzeptanz dieser Idee nicht automatisch gewährleistet. Da wäre das Gespräch mit »Milli Görüş«, der größten türkischen Organisation in Deutschland. Auch wenn Türken ihre Mädchen nicht verstümmeln, erhoffen wir uns von Görüş' Unterstützung eine andere Glaubwürdigkeit für TARGET im Islam.

Annette und ich werden orientalisch freundlich empfangen. Drei Herren hören sich unserer Idee an. Verstohlene Blicke von einem zum anderen. »Ich hätte mal gleich eine grundsätzliche Frage. Warum nennen Sie Ihre Allianz ›*Pro-Islamische* Allianz gegen FGM‹? Warum *Pro*?« Der Erste Vorsitzende.

»Damit jedem Interessenten sofort klar ist, dass es hier um etwas *Pro*-Islamisches geht und nicht *Anti*islamisches.«

»Man kann das auch anders deuten. *Pro* hört sich so an, als wäre eine ›Islamische Allianz gegen FGM‹ *nicht* automatisch *pro*, nicht automatisch positiv. Als wäre der Islam als solcher *nicht* positiv und man müsste es ausdrücklich dazusagen.«

Ich muss diesen komplizierten Gedankengang erst einmal verinnerlichen.

»Ein Argument, über das wir gern nachdenken können. Wir fanden die Silbe *Pro* wichtig für die üblichen Skeptiker in unserer westlichen Welt.«

Eigentlich ist der weitere Gesprächsverlauf nun sehr positiv, sehr *pro*. Oder gar pro-positiv.

Schließlich bedankt man sich für die Initiative, möchte am liebsten auf der Stelle Mitglied im Fördererkreis werden. »Lassen Sie uns bitte ein paar Beitrittserklärungen hier!« Nichts lieber als das.

Man chauffiert uns zum Kölner Hauptbahnhof. »Ich brächte Sie gern bis an den Zug. Aber um 19 Uhr habe ich einen wichtigen Termin.«

Dann nie wieder ein Lebenszeichen. Auch nicht nach Rückfrage.

Das macht uns den Entschluss leicht. Wir bleiben bei der »*Pro*-Islamischen Allianz«. Weil es nicht nur gegen FGM gut ist, sondern gleichzeitig auch *für* den Islam.

Ein anderes Beispiel. Eins, von dem wir uns noch einiges mehr erhofft hatten.

Thoraya Obaid sei die erste saudi-arabische Frau, die im Ausland bei den Vereinten Nationen in New York ein Amt bekleidet. So hatte man sie uns beschrieben. Bei ihr erhoffen wir offene Ohren für unserer Strategie, Zugang zum saudischen Königshaus zu finden. Renate Bähr von der »*Deutschen Stiftung Weltbevölkerung*« will den Kontakt herstellen und der Abgeordneten unsere proislamische Idee antragen.

Deren spontane Reaktion: keine Antwort.

Unmittelbar vor der Abreise wiederholt Renate Bähr ihre Frage in einem Vieraugengespräch. Diesmal erhält sie Antwort. Sie ist brüsk und sie ist abschlägig.

»Das ist der völlig falsche Ansatz!« Punktum. Keine Diskussion.

Für mich eine interessante Erfahrung, die ich später wiederholt auch anderweitig erlebe. Ich werte sie als Ausdruck von Feigheit vor dem Thema und als Überheblichkeit derer, die eine Beschneidung nie befürchten müssen, weil sie auf der sicheren Seite der Welt leben.

Mit der Unvereinbarkeitsthese des *Zentralrats der Muslime* fliegen Annette und ich erneut nach Äthiopien. Mit Hilfe vieler Taxifahrer finden wir nach langem Fragen das Haus Seiner Eminenz Sultan Ali Mirah Hanfary, erfahren seine Telefonnummer. Problemlos gibt er uns für den nächsten Tag einen Gesprächstermin.

Ali Mirah kenne ich vom Hörensagen, seit ich 1977 sein Land zusammen mit dem TARGET-Mitgründer Klaus Denart die Danakilwüste durchquerte. Damals war der Sultan wegen des Bürgerkrieges für fünfzehn Jahre nach Saudi-Arabien ins Exil geflohen und unterstützte die *Afar Liberation Front* von dort aus mit seinen Möglichkeiten. Überall hörten wir seinen Namen. Er ist religiöses Oberhaupt und oberster Richter des 1,6 Millionen Nomaden zählenden Afarvolkes.

Wir sind aufgeregt. Dieses erste Gespräch mit einer ranghohen geistlichen Autorität wird sehr entscheidenden

Einfluss haben auf TARGETs weitere Arbeit. Überpünktlich sind wir dort.

Die Residenz des Sultans liegt im Stadtteil Bota'yto am Ende einer Sackgasse. Eine hohe Mauer und ein Eisentor sichern ihm Ruhe. Der Bau ist aus behauenen Sandsteinblöcken, eine Steintreppe mit grünem Kunststoffteppich führt zum Eingang. Wir ziehen die Schuhe aus und stellen sie vor die Tür. Annette hat ihr Haar mit einem Tuch bedeckt.

Der Sultan empfängt uns mit Tee und unvergesslichen Datteln der First-Class-Qualität. Als Dattelfan bin ich sofort automatisch auch Sultanfan.

Der Empfangsraum ist dick mit Teppichen ausgelegt. An den Wänden Allah-Schriftzüge und Koranverse. Das geistliche Oberhaupt thront auf weißem gepolstertem Stuhl mit goldenen Zierleisten. Vor ihm eine Klingel für die stets dienstbereiten Geister. Hinter ihm ein Dolmetscher für Deutsch und Afaraf.

Ein bisschen fühlen wir uns wie in Tausendundeiner Nacht.

»In welcher Sprache möchten Sie sich unterhalten?«, hatte er gestern am Telefon gefragt.

Wir berichten von unserem Vorhaben. Ich erzähle ihm, dass Leute seines Volkes mir und Freunden vor fast dreißig Jahren zweimal das Leben gerettet haben, dass ich tief in der Schuld des Islam und seines Volkes stehe, und wir ihn um Vertrauen und Hilfe bitten.

Wir schenken ihm eines meiner Hardcover-Danakilbücher. Zwar kann er den deutschen Text nicht selbst lesen. Aber er sieht die Bilder, und das nötigt ihm Bewunderung ab. Denn welcher Fremde hat schon die ganze Danakil durchquert? Von Süd nach Nord, tausend Kilometer. Und die auch noch zu Fuß während des Bürgerkrieges. Das haben nicht einmal 99 Prozent der Afar gemacht. Auch Sultan Ali Mirah nicht. Ehe man das freiwillig täte, müsste es ihnen schon sehr schlecht gehen. Oder sie müssten einen sehr triftigen Grund haben.

»Wir möchten eine Stammeskonferenz einberufen und die Clanführer zur Abkehr von der Verstümmelung bewegen.«

Wir wissen, dass Ali Mirah in Saudi-Arabien erfahren hat, dass der Brauch nicht weltweit praktiziert wird. Das weiß er unter anderem von seiner Tochter. Sie hat als erste Afar-Frau in den USA studiert.

»Das Hauptproblem ist, dass auf dem Brauch eine Art Schweigepflicht lastet. Ich sehe Ihre Verbundenheit zu meinem Volk. Wenn Freunde einen Moslem um Hilfe bitten, muss er dem Gast die Bitte erfüllen. Ich erlaube Ihnen, meine 58 Stammesführer zusammenzurufen und darüber öffentlich zu sprechen. Ich vertraue Ihnen.«

Uns verschlägt es die Sprache. Unser erster wirklich messbarer Erfolg! Fast verschlucken Annette und ich uns gleichzeitig an einer Dattel! Lange Verhandlungen und viel Überzeugungsarbeit hatten wir erwartet. Da sagt der Mann, »Legen Sie los!«

Fast könnte man meinen, das hätte man von Deutschland aus auch am Telefon vereinbaren können. Natürlich hätte man das nicht. In der arabischen, in der islamischen Welt zählt die Begegnung, zählt das persönliche Wort, der Blick in die Augen, der Händedruck.

Wir kehren zurück nach Deutschland. Sichtlich beeindruckt vom Erlebten. Da spielt uns ein Zufall in die Hände. Ein Zufall, der einen an Fügung glauben lässt. Blödsinn natürlich, weil alles Fügung ist. Nennen wir es also Glück. Oder zufällig zugefügtes Glück.

Ich habe einen Diavortrag in Osnabrück. Da kommt ein braunhäutiger Mann an die Kasse. Er könnte ein Äthiopier sein, denke ich, macht einen sympathischen, intelligenten Eindruck.

»Sind Sie Äthiopier?«, gehe ich auf ihn zu.

Er lächelt, schaut mich direkt an. »Ja! Ich bin sogar ein Afar!«

Das haut mich um. Klar, dass er freien Eintritt hat. Wir kommen ins Gespräch. Er heißt Ali Mekla Dabala, hat die deutsche Staatsangehörigkeit.

»Ich wollte schon früher einmal in Ihren Vortrag kommen. Doch da musste ich arbeiten. Ich habe nämlich Ihr Buch über mein Volk gelesen. Darin verbreiten Sie unwahre Geschichten.«

Hey, denke ich spontan und hitzig. Bestimmt eine Oberpfeife vom Typ »Nicht 98, sondern 97,5 Prozent unserer Frauen werden beschnitten«. Aber ich halte mich zurück. Gebremster Schaum.

»Was meinen Sie denn?«

Ja, sagt er, ich hätte da berichtet, dass Afarmänner ihre Ehefrauen in der Hochzeitsnacht aufschneiden müssten. Mit dem Messer. Das täten sie nicht. Das täten sie erst und nur dann, wenn sie nach längeren Versuchen die Scheide der Frau nicht mit dem Penis öffnen könnten. Aber den meisten gelänge das.

Dann hätte ich geschrieben, dass Männer, die heiraten möchten, zuvor einen Gegner töten, dessen Penis abschneiden und die Trophäe dem Schwiegervater in spe präsentieren müssten. Das käme allenfalls vereinzelt vor. Es sei kein Brauch, sondern es handle sich um Einzelfälle, die andere Völker auch praktizierten. »Mit solchen Geschichten will ein Volk das andere diskriminieren.«

Das alles erzählt er mir betont ruhig und in perfektem Deutsch. Im Stillen entschuldige ich mich für die voreilige »Oberpfeife«.

Ich erzähle ihm von unserem Besuch bei Ali Mirah, seinem Chef. Er ist begeistert und bietet sich sofort an, diese Stammesführerkonferenz vor Ort zu organisieren. »Das muss hundertprozentig klappen. Denn ein zweites Mal kann man das nicht machen. Und mir als Landsmann werden sie alle vertrauen.«

Aufgrund seiner Erfahrungen in Deutschland ist er aus Überzeugung gegen jede Art Weiblicher Genitalverstümmelung.

Ali ist in einer Metall verarbeitenden Fabrik beschäftigt. Als sein Chef hört, um welch hehres Vorhaben es geht, gibt er seinem Mitarbeiter sofort unbezahlten Urlaub. Ali fliegt nach Äthiopien. Ali wird unser erster Mitarbeiter auf Zeit.

Heimlich hatte ich ihn schon am Abend unserer ersten Begegnung engagiert.

»Du kannst mir die Diakästen am Projektor wechseln.« Beim anschließenden Kaffee erzählt mir Ali seine Lebensgeschichte.

»Während des Bürgerkrieges, als du unser Land durchquert hast, bin ich allein nach Dschibuti geflohen. Ich war damals 15. Von Dschibuti brachte mich und viele andere Flüchtlinge ein Schiff heimlich übers Rote Meer nach Saudi-Arabien. Dort würden wir in Sicherheit sein, hatte es geheißen. Nachts wurden wir an der Küste bei Dschidda am Strand ausgesetzt. Wir warteten an der Straße auf ein Auto. Das kam auch sehr bald, stoppte und nahm mich und zwei andere Flüchtlinge mit. Wir sagten dem freundlichen Fahrer, dass da noch mehr Männer auf ein Auto warteten. Er meinte, kein Problem, ich rufe meine Freunde, die sind hier irgendwo in der Nähe. Hilfsbereit telefonierte er. Die Freunde kamen auch prompt, packten alle Männer in ihre drei Wagen. Da erst sahen wir, dass sie alle Polizisten waren. So landeten wir im Gefängnis.«

Dort war es ihnen jedoch gut ergangen. Erstmals im Leben bekam Ali satt zu essen. »Fast jeden Tag gab es Hähnchen!« Noch heute verdreht er die Augen, wenn er an die saudische Gastfreundschaft denkt.

Auf weiteren verschlungenen Pfaden hatte ihn der Weg

dann über Ägypten und die DDR schließlich nach Osnabrück geführt. Er hatte ein deutsche Frau geheiratet, mit ihr einen Sohn, war jedoch inzwischen geschieden und mit Amina, einer Frau seines Volkes verheiratet, die er in Dschibuti kennengelernt hatte.

Ali ist ein Sprachgenie. Er spricht nicht nur die Sprache seines Volkes, nämlich Afaraf, sondern auch die äthiopische Regierungssprache Amharisch, die Sprache seines Nachbarvolkes Tigrinya, Arabisch, Englisch und Deutsch. Und nicht etwa bruchstückhaft, sondern perfekt. Und, wenn nötig, in fliegendem Wechsel vom einen ins andere Idiom. Eine Begabung, vor der jemand wie ich, ein Schwersthöriger, nur neidvoll erblassen kann.

Ali ist und bleibt ein Glücksgriff. Ohne Ali wären wir heute längst nicht dort, wo wir sind. Und Annettes bescheidener Wunsch, zumindest *ein* Mädchen vor dem Horror der Verstümmelung zu bewahren, ist längst übertrumpft worden von den Ereignissen, an denen Ali Mekla Dabala einen bedeutenden Anteil hat. Wir ernennen ihn zum »TARGET-Sonderbotschafter«. Mit entsprechender Visitenkarte. Titel werden in unserer neuen Welt wichtig.

Das bekomme auch ich hier und da zu spüren. Viele unserer Gesprächspartner in der islamischen Welt haben Internetzugang. Sie flöhen unsere Homepage, erfahren von Auszeichnungen wie dem Weitsichtpreis des Diafestival-Veranstalters Dieter Glogowski und vom »Bundesverdienstkreuz am Band«, und lesen eine der Begründungen des Bundespräsidialamtes (unter Johannes Rau): »Das Besondere an Ihrem Verein (TARGET) ist, dass er den Dialog mit den islamischen Führern sucht ... Dauerhafte Veränderungen lassen sich nur mit den Menschen dort erreichen, mit Respekt vor ihren Werten und Traditionen.«

Überreicht wird mir das Bundesverdienstkreuz von Heide Simonis, Ministerpräsidentin meines Bundeslandes Schleswig-Holstein. Sie würdigt die Arbeit mit einer langen Rede als »herausragendes Beispiel für einen gelungenen Dialog der Kulturen … dass humanitäres Engagement und die Erfüllung individueller Träume keine Gegensätze sind … Nehberg verbindet seine Leidenschaft für extreme Naturerlebnisse mit dem Einsatz für Schwache, Unterdrückte und Vergessene. Sie entsprechen gar nicht dem Bild eines Menschenrechtsaktivisten, weil Sie einen ganz eigenen Ansatz haben. Sie nennen es *aktionsorientierte* Arbeit und erreichen damit ein riesiges Publikum. Allerdings muss ich sagen, dass ich ›aktionsorientiert‹ bei einigen Ihrer halsbrecherischen Aktionen für ein krasses Beispiel norddeutschen Understatements halte.«

Und weil sie mich kennt, heftet sie mir das Kreuzchen an meinen Mittagsanzug, in den ich mich zum feierlichen Anlass fälschlicherweise gekleidet habe. »Eigentlich muss ich es an einen Abendanzug heften«, meint Frau Simonis. Und zeigt mir die Gebrauchsanweisung, die jeder Verdienstkreuzträger kennen muss.

Amina 1

Drei Dinge sind uns aus dem Paradies geblieben:
die Sterne der Nacht, die Blumen des Tages
und die Augen der Kinder.
Dante Alighieri

Januar 2001

In der Danakilwüste finden wir ein Dorf und in dem Dorf eine winzige »Bäckerei«. Da schlägt nicht nur Rüdigers Bäckerherz höher. Auch mir läuft das Wasser vom Duft der frischen Brote im Munde zusammen. Nach Tagen von nur gequetschtem Mais, zu Fladen verbacken, und Kamelmilch, freuen wir uns über jede kulinarische Abwechslung. Wie überall in den Hütten, ist es auch hier dunkel und verqualmt vom ewig brennenden Feuer. In der Mitte des Raumes ist ein großer Lehmofen. Darauf backen die runden Fladenbrote. Unermüdlich formen Frauenhände aus dem Teig kleine runde Teigteller, die zu duftenden Kostbarkeiten werden. Kunden kommen und Kinderhände packen die bestellten Mengen in dünne grüne Plastiktüten.

Wir sitzen an der Hüttenwand und genießen das bunte Treiben. Trotz des warmen Ofens empfinden wir es als erträglich warm. Die Wände der Hütte bestehen nur aus einem Astgeflecht. Das lässt genügend kühlenden Wind hindurch.

Vor mir sitzen zwei Mädchen von vielleicht sieben Jahren. Die eine schwatzt lustig auf die andere ein. Doch die antwortet nicht. Sie sitzt still da und knautscht ein Tuch zwischen ihren Händen im Schoß.

»Schau mal die Kleine dort in der Ecke!«, mache ich Rü-

diger auf sie aufmerksam. Wir schauen ihr eine Weile zu. Als ich die Kamera aus der Tasche hole, blickt sie zum ersten Mal auf. Große, dunkle Augen, endlos lange Wimpern, verdunkelter Blick. Feuchte Augen sind es, traurige Augen. Mir geht ein Stich durchs Herz.

»Die sitzt ja nur da und spricht nicht mit der anderen, obwohl die so munter auf sie einplappert. Dieser Blick!«

Rüdiger ist genauso berührt wie ich. »Sieht mir nach großem Kummer aus.«

Ich lege dem Mädchen meine Hand auf den Kopf. Keine Reaktion. Nicht einmal ein Lächeln. Genauso wenig ein Wort. Da ist nur dieses stille Knautschen des Tuches in ihrem Schoß.

Wir nehmen unsere Brote und bezahlen. Ich lege ihr ein warmes Brot auf die Hände und tippe zart ihre Nasenspitze an. Auch der Freundin gebe ich ein Brot. Die bedankt sich überschwenglich. Die andere bleibt stumm.

Noch wissen wir nicht, warum sie stumm ihr Tuch knautscht.

Die »Erste Wüstenkonferenz«
Äthiopien

Ein Kritiker ist ein Mensch,
der andere laufen lehrt.
Channing Pollock

29. Januar 2002, Äthiopien, Danakilwüste

Es ist heiß in Assayta. Wir tricksen uns von Schatten zu Schatten, produzieren Schweiß und spenden ihn den gierigen Handtüchern, die wir ständig bei uns führen. Manchmal erfahren wir das Streicheln eines sanften Windhauchs. Dann rotieren unsere Gedanken augenblicklich. Und sie drehen sich um nur eine Frage: Werden die Clanführer morgen überhaupt kommen? Morgen ist die Konferenz, und der kleine Ort hoch über dem Awash River liegt um diese Mittagszeit wie ausgestorben. Noch haben wir keinen der 58 geladenen Gäste gesehen. Kein Einziger ist hier im Hotel aufgetaucht. Wir fürchten einen Riesenreinfall.

Wir warten nervös auf Ali Mekla, unseren TARGET-Sonderbotschafter. Er ist unterwegs im Ort. Vielleicht hat er heute schon jemanden getroffen und kann uns beruhigen.

Wir – das ist neben Annette und mir noch Jens, der Kameramann. Ein junger Mensch aus Schwerin. Mit der Hitze wird er fertig. Er hat im Moment ganz andere Probleme. »Ich hatte mir etwas zu essen bestellt. Weil das wohl noch eine Weile dauerte, hat man mir ein Tablett voller hübsch aufgerollter Erfrischungstücher aufs Zimmer gebracht. Für den Schweiß. Sie erinnerten mich an die heißen Erfrischungstücher, die man nach langem Nachtflug manchmal bei der Lufthansa bekommt, um wach zu werden.«

»Na und?«, fragen wir.

»Das waren gar keine Erfrischungstücher. Es waren kalte graue Lappen. Kann das sein, dass das mein bestelltes Essen war?«

Vor Lachen vergessen wir die Hitze. Jens hatte sich tatsächlich das traditionelle Indschera-Fladenbrot, sein Mittagessen, ins Gesicht geschmiert!

»Ich hab's dann doch mal vorsichtig gekostet. Aber es schmeckte wie Batteriesäure. Brrr.«

Während ich mich frage, woher er wissen will, wie Batteriesäure schmeckt, hat Annette einen anderen Vorschlag.

»Dann versuch es doch mit einem Omelette. Die schmecken hier richtig gut. Da kann man kaum etwas falsch machen. Gebraten, steril, lecker.«

Jens bestellt sich ein Omelette.

Das Omelette kommt. Es sieht tatsächlich lecker aus. Jens strahlt und beginnt es genüsslich zu essen. Plötzlich sieht Annette hinter Jens eine schmucke Kakerlake den Balken hochklettern. Braun, glänzend und unbeeindruckt von der Hitze. »Da, eine Kakerlake!«, entfährt es ihr.

Jens bleibt der Bissen im offenen Mund stecken. Annette bereut ihren unvorsichtigen Ausruf. Auf Sensibelchen wie Jens sind wir noch nicht eingestellt. Er braucht eine angemessene Frist zur Eingewöhnung. Und heute braucht er ein Omelette, um uns nicht zusammenzuklappen.

»War ein kleiner Scherz von mir«, berichtigt sie sich deshalb schnell, »ich wollte dich nur mal testen.«

»Hab ich mir doch fast gedacht«, atmet Jens auf und kaut munter weiter. »Aber bei euch weiß man ja nie.« Da hat er gewiss recht.

Wir blicken hinab vom Hotel auf den Awash-Fluss. Fünfzig Meter unter uns zieht er seine Windungen. Ruhig, ohne Hektik. Wahrscheinlich schwitzt sogar das Wasser. Genau wie die beiden Krokodile, die nur mit den Augen aus dem Wasser schauen.

Einigen Meerkatzen scheint die Hitze nichts auszumachen. Sie toben quer durchs Hotel. Eine hat mir soeben die Zahnpasta stibitzt, während zwei andere mich abgelenkt hatten. Teamwork. Jetzt hockt der Affe in einer stacheligen Akazie, lacht sich einen ins Fäustchen und isst sie auf. Diebesgesindel!

Endlich kommt Ali Mekla. Die Hitze scheint auch ihm nichts anzuhaben. Wüstensohn. Er strahlt übers ganze Gesicht. Er braucht weder Schatten noch ein kühles Getränk. Vielleicht hat er ja heimlich getrunken, um hier vor uns den harten Mac raushängen zu lassen, das menschliche Dromedar, das tagelang ohne Wasser klarkommt.

»Wie oft soll ich euch das noch sagen«, beruhigt er uns, »alle werden sie kommen! Kein Einziger unserer Gäste wird fehlen. Die übernachten nicht im Hotel. Jeder hat irgendwo einen Verwandten. Den würden sie beleidigen, wenn sie im Hotel schliefen.«

Vor vier Monaten hat Ali die Buschtrommeln angeschmissen und die Nachricht von der Konferenz in alle Richtungen verbreitet. Jeder der 29 Clans musste es rechtzeitig erfahren. Einige der Gäste haben Telefon. Dann ging es schnell. Aber viele erfahren es nur durch Kuriere oder den Wind.

Die Männer kommen aus dem gesamten Afarland. Sie repräsentieren 1,6 Millionen Nomaden. Manche haben einen Weg von über 400 Kilometern hinter sich. Sie kommen mit Bussen über Pisten am Rande der lang gestreckten Wüste. Im Land selbst existiert kein Busverkehr. Da reist man zu Fuß, die Lasten auf Kamelen. Mancher Gast wird bis zu einer Woche durch diesen Glutofen unterwegs sein. Dabei ist jetzt die kühlere Jahreszeit. Januar.

Kein Zweifel: wir Autoreisenden sind offenbar Weicheier, Krokodileier.

»Ihr werdet euch wundern. Da kommen bestimmt noch viele mehr. Noch nie hat es eine Konferenz zu diesem Thema gegeben. Nicht einmal zu Hause spricht man über Verstümmelung, geschweige denn in der Öffentlichkeit und in solch großem Rahmen. Die sind alle ausnahmslos neugierig.«

Als die Sonne gegen 15 Uhr beginnt, die Ofentemperatur zu drosseln, machen wir uns auf den Weg zum Tagungsort. Zeit für die Vorarbeiten. Es ist der Garten des Hauses von Sultan Ali Mirah, unserem Schirmherrn. Es liegt am Ufer des Awash-Flusses. Etwa drei Kilometer Wegstrecke von unserer Unterkunft aus. Die Lasten haben wir auf ein Kamel geladen.

Ali Mirah selbst wird nicht kommen.

»Ich fühle mich nicht stark genug für den weiten Weg von Addis Abeba«, hatte er sich entschuldigt. »Mein Sohn Osama wird mich vertreten.«

Wir reinigen den Platz unter den beiden riesigen Bäumen, spannen unsere Transparente, besorgen Teppiche für die Gäste. Unser Gepäck dürfen wir im Haus lagern. Ein alter Mann wacht darüber.

Ein Eselskarren liefert die Getränke an. Fanta und Cola. Zwei Frauen bauen eine Art Feldküche auf. Zwei Kochherde und Tische. Drum herum säckeweise Holzkohle, Tonnen voll Wasser, Geschirr, Bestecke.

Ich bastle an meiner Rede, Annette zählt die Tagesgelder für die Delegierten. Sie sind nach Wegstrecken gestaffelt. Wer eine Woche unterwegs ist, bekommt mehr als jemand, der gleich in der Nähe wohnt.

In zwei großen Kartons verstecken sich die Geschenke. Sie soll es als Überraschung geben und nur, wenn die

Konferenz ein Erfolg wird. Damit niemand dadurch beeinflusst wird, weiß auch niemand davon. Nur wir drei – Annette, Ali und ich. Ursprünglich hatten wir an Lebensmittelpakete gedacht. Zum Glück fragten wir Ali Mekla.

»Worüber würden sich deine Leute am meisten freuen?«

Er musste keinen Moment überlegen. »Über Armbanduhren. Sie sind das absolute Statussymbol.«

Also hatten wir hundert Uhren bestellt. Messingdesign. Ab hundert Stück pro Auftrag kann man das Zifferblatt selbst gestalten. Das haben wir getan.

»Wahrlich, WIR schufen den Menschen in schönstem Ebenmaß«, steht da in Arabisch, »Sure 95, Vers 4«. Umrahmt von einem grünen Halbmond.

Das sollen die Träger hundertmal am Tag lesen, wenn sie auf die Uhr schauen, und sich an den von uns erhofften Beschluss dieser Konferenz erinnern.

Als die Sonne sich hinterm Horizont verstecken will, gehen wir heim. Ein mildes Licht liegt über den abgeernteten Maisfeldern. Kein Windhauch ist mehr zu spüren. Ziegen, Rinder und Kamele, von Kindern heimgetrieben, hinterlassen endlose Staubfahnen. Die Tiere werden in hohen Dornenkralen eingeschlossen. Denn gleich, wenn es dunkel wird, beginnt die Zeit der Hyänen. Ihr Ruf dringt schon jetzt zu uns herauf auf die »Hotelterrasse«. Dort schlafen wir, geschützt durch ein Moskitonetz. Im kleinen Zimmer ist es nicht auszuhalten. Die Mauern verschnaufen und atmen die gestaute Tageswärme aus. Backöfen, Saunen.

Über uns der klare Sternenhimmel. Ein Tausendsternehotel.

Anderntags sind wir früh auf den Beinen. Die Aufregung hat uns geweckt, noch bevor die Sonne eine Chance hatte, uns wachzukitzeln. Und noch bevor die Meerkatzen-Diebesbande das Hotel unsicher macht.

Abmarsch zum Tagungsort. Wir tragen unsere schneeweißen Hemden mit der Aufschrift »Pro-Islamic Alliance against Female Genital Mutilation«.

Alles ist vorbereitet. Es ist halb acht. Um neun Uhr soll es losgehen. Noch ist niemand da. Puuh!, stöhnen wir wie jeder Gastgeber, der nicht genau weiß, wer da kommen wird und wer nicht. Ob die Party ein Erfolg oder ein Misserfolg wird. Im Gegensatz zu Deutschland müssen wir zumindest nicht fürchten, dass die Party wegen Regens ausfallen muss. Im Gegenteil: würde es regnen, kämen garantiert noch mehr Gäste.

Mehrere große Gruppen Frauen ziehen langsamen Schrittes an der Sultansresidenz vorüber. »Wahrscheinlich gibt es noch ein anderes Ereignis«, vermutet Annette.

Immerhin sind die emsigen Köchinnen schon da. Sie treiben vier Schafe vor sich her und laden von mehreren Kamelen säckeweise Mehl, weitere Töpfe, Plastiktischdecken und Bottiche ab. Es sieht so aus, als erwarteten sie eine ganze Armee von Gästen. Oder sie haben ihre weitverzweigten kompletten Familien eingeladen, den ganzen Clan, um sich die Gelegenheit eines opulenten Mahles nicht entgehen zu lassen.

Ali Mekla macht Smalltalk mit ihnen. »Die Frauen da hinten«, ruft er plötzlich rüber, »kommen alle zu unserer Versammlung! Die trauen sich noch nicht her, weil es zu früh ist.«

Mein Gott! Inzwischen sind es Hunderte. Frauen und Mädchen, wunderschön herausgeputzt.

Geländewagen kommen herangeholpert. Mengen von Männern springen ab. Auch sie alle in Festgewändern. Manche mit der traditionellen Maschinenpistole. Unsere Gäste!

Wir stehen fassungslos. Der geräumige Platz ist auf einmal überfüllt von Menschen. Jeder kennt jeden. Man begrüßt sich, umarmt einander, knuddelt Ali Mekla. Der wiederum stellt uns einige der Umarmer vor. »Sheikh Darassa und Sheikh Moussa Idris vom Obersten Rat für Islamische Angelegenheiten«, hören wir. »Sheikh Haji Saleh, Ali Mirahs Sohn Osama, Mohamed Ibrahim vom Gesundheitsministerium, der Bürgermeister …«

Wir können die Ehre und die Namen nicht mehr fassen.

»Salaam alaykum, Allah sei Dank, wir sind sehr glücklich«, murmele ich immer wieder. Und zu Annette: »Heute werden wir das verdammte Tabu des Schweigens brechen.«

Wir als Einbrecher oder als Team wie Ein Brecher.

Schließlich schätzen wir den Menschenstrom auf tausend Personen. Eher mehr. Die Abgeordneten haben ihre Frauen mitgebracht, Behördenvertreter erscheinen.

»Wir brauchen unbedingt ein Mikrofon!«, wird uns plötzlich klar.

Ali Mekla schmunzelt. »Bleibt cool. Hab ich alles längst besorgt. Da drüben steht eine Musikgruppe. Ich dachte, etwas Musik kann nicht schaden. Die Musikgruppe soll in den Pausen ein bisschen aufspielen. Sie hat zwei Mikrofone, einen Verstärker und ein Stromaggregat. Jeder wird jede Silbe verstehen.«

Ali Mekla, wir könnten dich knutschen! Du hast Talent zum Manager.

Endlich ist es so weit. Sheikh Darassa, eine beeindruckende Persönlichkeit mit positiver Ausstrahlung, sowie vier andere Autoritäten haben auf dem »Vorstandsteppich« Platz bezogen. Hinter ihnen unsere TARGET-Fahnen. Annette und ich neben ihnen. Ali Mekla steht hinter uns. Er macht den Dolmetscher und muss hin und herspringen.

Osama Ali Mirah, des Sultans Sohn, hat sich mit Freunden ein wenig abseits niedergelassen. Alle sitzen in großem Halbkreis vor uns. Männer links, Frauen mit ihren Kindern rechts, strikt getrennt. Im Hintergrund weiden

Kamele, die beiden riesigen Bäume streicheln uns mit ihrem Schatten.

»Im Namen Allahs, des Gnädigen und Barmherzigen! Lasst uns diesen wichtigen Tag mit einem Gebet beginnen!« Sheikh Darassa.

Wir beten. Ich mache mit.

Danach soll ich sprechen, als Gastgeber die Menschen begrüßen. Alle schauen gespannt zu uns herüber. Ich beginne mit Arabisch, denn die Sprache der Afar, Afaraf, kann ich nicht. Die Menschen applaudieren. Sie nehmen es mir nicht übel, dass ich dann auf Deutsch weiterspreche, Ali Mekla übersetzt.

Ich danke allen, dass sie trotz des schwierigen Themas den Mut zusammengerafft haben und hergekommen sind. Dann erzähle ich ihnen, warum genau wir hier erschienen sind.

»Dass ich heute noch am Leben bin, dass ich heute hier stehe, verdanke ich eurem Volk. Ein Dank, den man eigentlich niemals tilgen kann. Denn zweimal haben eure Väter mir und meinen Freunden unter Einsatz des eigenen Lebens das unsere gerettet. In keiner anderen Kultur haben wir eine vergleichbar hohe Ethik der Gastfreundschaft erfahren. Seither fühle ich mich eurem Volk und dem Islam aufs Tiefste verbunden.«

Durch das Dolmetschen habe ich Zeit, den jeweils nächsten Satz zu formulieren.

»Lange habe ich überlegt, wie ich mich bei euch bedanken kann. Nun ist mir eine Idee gekommen. Erlaubt mir, sie euch vortragen zu können.«

Zustimmendes Nicken. »Sprich, Fremder!«

»Es geht um den Brauch der Weiblichen Genitalverstümmelung. Ich hörte, Ihr glaubt, diese schlimme Operation, die man an Frauen durchführt, stünde im Koran, Allah habe sie angeordnet. Aber das stimmt nicht. Ganz im Gegenteil: Allah hat den Menschen in höchster Vollendung geschaffen. So steht es in Sure 95, Vers 4.«

Ich zitiere die Sure, gelte sofort als Korankenner.

Viele schauen zu uns, manche zu den Imamen und Sheikhs. Als sie zustimmend nicken, nicken auch die anderen. Die meisten sind Analphabeten. Sie *ahnen* nur, was im Koran steht. Sie wissen es nicht. Mit Sheikh Darassa hatten wir uns vorher abgesprochen und ihn um sein Einverständnis für meine Worte gebeten.

»Nun werdet ihr denken, der Fremde kann uns ja viel erzählen. Denn ihr wisst aus Erfahrung, dass Fremde oft lügen. Deshalb bitte ich Sheikh Darassa zu bestätigen, dass die Verstümmelung nirgends im Koran gefordert wird.«

Das tut er sofort, emotional und sehr überzeugend. Ungläubigkeit, Staunen, Sympathie, Tuscheln, verhaltenes Lachen – das sind die Reaktionen, die wir wahrnehmen. Dann klatschen sie. Ich drücke verstohlen Annettes Hand.

Dass sie Fremden grundsätzlich misstrauen, weiß ich von Ali. »Sie werden alle kommen. Sie werden alle klatschen und sie werden euch alle freundlich anlachen. In Wirklichkeit aber denkt jeder: Was wollen diese beiden Blassen hier? Denn grundsätzlich misstrauen sie jedem Fremden. Denn entweder entpuppen sie sich als Missionare oder sie wollen Geld abzocken.« Das lehrt die Geschichte.

Es ist gut, das zu wissen. Dann deutet man das Lachen mit gebührender Distanz. Über den Verdacht der Missionierung sind wir erhaben. Und Geld wollen wir nicht abzocken, sondern wir *bringen* Geld, indem wir die aufwendige Konferenz finanzieren. Das hat Ali vor allem den Führern klargemacht, und die haben es weitererzählt. Es hat sie beeindruckt. Es schaffte Vertrauen.

»Es ist Geld, das von vielen Menschen in Deutschland gespendet wurde. Es ist Geld von manchmal ganz jungen Mädchen, die helfen möchten, den kleinen Afarmädchen, unseren Töchtern, das schlimme Schicksal zu ersparen. Rüdiger hat ihnen in Lichtbildervorträgen davon erzählt. Es sind Gelder von Erwachsenen, die das Vertrauen in den Islam haben, mit diesem Problem aus eigener Überzeugung und Stärke fertig zu werden.«

Ich wende mich wieder an die Versammlung.

»Allah ist viel zu groß, er ist perfekt und unfehlbar. Fünfmal täglich loben wir seine Größe im Gebet. Warum sollte er dann ausgerechnet bei der Schaffung der Frau einen Fehler begangen haben, bei der Hälfte der Bevölkerung?

Außerdem glaubt ihr, dass sämtliche Frauen auf der Welt verstümmelt werden, dass alle Völker diesen Brauch praktizieren. Auch das stimmt nicht. Es sind 28 Länder hier in Afrika und mehrere in Asien.

Schlaue Menschen haben ausgerechnet, dass es auf der ganzen Welt drei Milliarden Frauen gibt. Davon sind 150 Millionen verstümmelt. Der Rest ist unverstümmelt. Sie sind so, wie Gott sie geschaffen hat. Das heißt mit anderen Worten: von hundert Frauen sind nur etwa vier Frauen verstümmelt. Alle anderen sind *nicht* verstümmelt. Hinzu kommt die Tragik, dass viele eurer Töchter bei der Operation sterben.«

Mir ist klar, dass ich in unserer Kultur auf die Formulierung »nur« vier Prozent verzichtet hätte.

Bewusst lasse ich ein paar Sekunden verstreichen. Zahlen in dieser Größenordnung sind für die Nomaden gar nicht vorstellbar. Nicht mal für den Sultan. Sie müssen das untereinander diskutieren. Aber fünf von hundert verstehen sie.

»Ich bin den weiten Weg von Deutschland zu euch gekommen, um euch zu bitten, diesen Brauch im Namen Gottes zu beenden. Ihr habt mir zweimal das Leben gerettet. Nun möchte ich euren Töchtern das Leben retten.« Dabei blicke ich jedes der mehreren hundert Mädchen an. Das dauert.

Frauen brechen ihr Schweigen und erzählen von ihrem Schmerz

Ich setze mich wieder hin. Nun soll Annette etwas sagen, das wollte Ali unbedingt. Sie spricht zu den Frauen. Sie erzählt von der Hochzeitsnacht, auf die sich alle Frauen in Deutschland freuen. Und davon, dass man ihr erzählt hat, dass die Afarfrauen genau davor panische Angst haben. Sie versichert, dass sie trotz ihrer Unbeschnittenheit treu sei und nicht den Drang verspüre, sich möglichst vielen Männern an den Hals zu werfen, wie die Afar es über nicht verstümmelte Frauen sagen. Sie berichtet, dass die nicht verstümmelten Frauen ihre Kinder meist leicht gebären. »Ich habe zwei Kinder. Einen Sohn und eine Tochter. Meine Tochter ist nicht verstümmelt. Ihre Freundinnen sind nicht verstümmelt. Kein Mädchen in Europa ist verstümmelt. Wir kennen nicht die Schmerzen, von denen mir die Frauen hier erzählt haben. Wir möchten, dass es euren Frauen gut geht. Wir möchten, dass eure Töchter leben.« Auch Annette bekommt Applaus.

Sheikh Darassa fährt fort. »Wir danken unserem deutschen Gast Rüdiger, seiner Frau Annette und unserem

Landsmann Ali Mekla für die großartige Idee, uns zu helfen. Ich darf euch, liebe Brüder und Schwestern im Islam sagen, dass die Gäste recht haben. Der Brauch wird weder vom Koran gefordert, noch wird er in der ganzen Welt praktiziert. Es ist die Zeit gekommen, wo wir alle miteinander darüber sprechen müssen. Das Tabu des Schweigens muss beendet werden. Der Brauch schadet unseren Frauen und damit unserem Volk. Lasst uns nun eure Meinung hören!«

Es ist, als hätte der Sheikh eine Schleuse geöffnet. Oder als hätte es im fernen Hochland geregnet, und plötzlich käme die Flutwelle mit Getöse den AwashrRiver heruntergespült. Jeder spricht mit jedem. Einige springen auf, um mit ihren entfernt sitzenden Verwandten Mitteilungen auszutauschen. Frauen umarmen sich still, einige kommen zu unserem Teppich. Eine umhalst Annette, weint, zittert. Keines Wortes fähig. Ihre Lippen formen Worte, aber sie bleiben tonlos.

Eine andere kommt. Sie bittet Ali Mekla, unbedingt zu dolmetschen. Aber leise, damit es niemand hört. Sie ist fürchterlich aufgeregt. »Sag den Deutschen, sie sollen nicht darauf beharren, dass der *ganze* Brauch abgeschafft wird. Dann werden die Männer möglicherweise stur, und es bleibt alles beim Alten. Wir haben eben mit einigen Frauen darüber diskutiert. Es wäre schon ein großer Erfolg, wenn nur das Abschneiden der Schamlippen und das Verschließen der Scheide beendet werden könnte. Die Klitoris opfern wir dann gern. Das kriegen wir vielleicht in zwei Jahren durchgesetzt.«

Zunächst bleibt uns die Sprache weg. Die Frauen sind bereit, die Klitoris zu »opfern«, wenn damit das Brutale der Pharaonischen Verstümmelung beendet werden könnte! Das Leid, der Schmerz, die Seelenpein, die Höllenangst, die Todesqualen – alles wird durch diesen schnell und flehentlich hingeworfenen Satz deutlich. Er spricht Bände.

Annette drückt die Frau an sich. Beiden laufen die Tränen herunter.

»Wir tun unser Allerbestes. Verlasst euch auf uns. Wir stehen hier, als würden wir selbst beschnitten.«

Es ist ein bewegender Moment. Kameramann Jens hat gar nicht so viele Hände und Optiken, wie er nun gebrauchen könnte. Neben dem Filmen muss er fotografieren. Wir brauchen diese Dokumente. Sonst glaubt uns das kein Mensch. Er macht einen hervorragenden Job.

Dann bittet der Sheikh um Ruhe. Alle setzen sich.

»Unser Freund Abdallah Mustafa Mohammed hat einen Einwand. Bitte trag ihn vor!«

Wir reichen ihm ein Mikrofon. »Ein Konservativer«, raunt Ali Mekla uns zu.

»Im Namen Allahs, des Gnädigen und Barmherzigen, unser aller Schöpfer! Brüder und Schwestern! Es wird stimmen, dass der Koran die Beschneidung nicht verlangt. Der Sheikh hat es soeben gesagt. Aber es gibt ja auch noch die Hadithe. Und in einem dieser Hadithe heißt es ausdrücklich, dass der Prophet – gelobt sei sein Name! – die Beschneidung angeordnet hat. Sheikh Darassa, was sagst du dazu?«

Nicht nur Darassa will antworten. Auch die übrigen vier anwesenden Mitglieder des Obersten Rates für Islamische Angelegenheiten greifen unwillkürlich zum Mikrofon. Darassa spricht für sie. Sheikh Moussa Idris gibt ihm körperliche Schützenhilfe und nähert sich ebenfalls mundnah dem Mikrofon.

»Du hast recht, mein Bruder. Das steht irgendwo geschrieben. Aber du weißt ja auch, dass die Hadithe erst *nach* dem Tode des Propheten aufgeschrieben wurden. Da wurde vieles verfälscht. Und dieser Hadith muss unwahr sein, denn er steht in krassem Widerspruch zur Ethik unserer Religion. Kein Moslem darf grundlos einem anderen körperlichen Schaden zufügen.«

Er zitiert abermals die 95. Sure, die auch auf einer großen Fahne hinter uns steht.

Ein anderer Mann erhebt seine Hand.

»Der Prophet, gelobt sei sein Name, hat doch seine eigenen Töchter auch verstümmelt. So steht es geschrieben.«

»Davon weiß ich nichts. Oder kannst du mir sagen, wo das geschrieben steht?«

»Nein, das weiß ich nicht.«

»Dann glaube es uns. Wir wissen von keinem Text, der das berichtet.«

Eine Frau meldet sich zu Wort. Laut, deutlich und mutig. Nur die Augen schauen durch den Schlitz in ihrem schwarzen Schleier.

»Ich muss jetzt etwas sagen. Es bedrückt mich seit langem. Aber immer galt, über Verstümmelung darf nicht gesprochen werden. Heute brechen wir das Tabu und reden endlich darüber.«

Sie macht eine kurze Pause. Sie muss sich den letzten Ruck geben. Das Reden fällt ihr sichtlich schwer.

»Ihr denkt alle, meine Tochter Fatuma habe sich kürzlich versehentlich mit dem Gewehr ihres Vaters getötet. Versehentlich, weil ein Schuss sich löste. Das entspricht nicht der Wahrheit. In Wirklichkeit hat sie den Schmerz ihrer Beschneidung nicht mehr ertragen. Sie kam, wie schon öfter, zu mir und klagte ›Mama, ich halte den Schmerz nicht mehr aus. Mein ganzer Körper ist zerrissen, und es reißt immer weiter. Ich kann nicht mehr gehen, es blutet und tut so fürchterlich weh. Ich will nicht mehr leben.«

Sie macht eine Pause. Gebannt starren alle zu ihr hin.

»Das hatte sie schon ein paar Mal gesagt. Deshalb habe ich sie nur getröstet und gesagt, Fatuma, das wird bald heilen. Dabei wusste ich, dass es noch sehr lange dauern würde, vielleicht nie wirklich verheilen wird. Das weiß ich, weil es bei mir so war. Dann hörte ich plötzlich den Schuss. Das wollte ich euch sagen.«

Sofort melden sich andere Frauen. Sie erzählen ähnliche Geschichten. Sie berichten von ihren Töchtern, die sich aufgehängt und mit Benzin überschüttet hatten.

Die Männer sitzen plötzlich stumm, kauen Fingernägel und verharren sprachlos. Es ist, als hörten sie das zum ersten Mal.

Der Beauftragte des Gesundheitsministeriums meldet sich zu Wort.

»Inzwischen gibt es eine Krankheit, die es zu Zeiten unseres Propheten nicht gab. Sie heißt Aids. Manche von euch haben davon gehört. Sie ist leider auch zu unserem Volk vorgedrungen. Sie überträgt sich durch Blut und durch Samen. Sie überträgt sich durch Rasierklingen, die immer wieder benutzt werden. Und es gibt kein Heilmittel dagegen. Wer an Aids erkrankt, muss sterben. Denkt bei eurer Entscheidung auch daran. Beschneidung erhöht die Gefahr von Aids. Die Regierung in Addis Abeba lehnt den Brauch strikt ab.«

Der Sheikh hat eine Idee.

»Ich schlage vor, wir beenden unsere Versammlung für heute. Die Köchinnen haben das Essen fertig. Die Delegierten sind dazu herzlich eingeladen. Denkt heute Nacht darüber nach. Morgen versuchen wir, zu einem Entschluss zu kommen.«

Kaum jemand erhebt sich. Alle reden lebhaft miteinander. Die Macht des Themas hat sie gebannt.

Ali Mekla kommt und umarmt uns. »Ich habe ein sehr gutes Gefühl. Gegen die Argumente der Sheikhs gibt es keine Alternativen.«

Wir sind aufgeregt und nicht so sicher wie Ali. Tausend Gedanken gehen durch den Kopf. Wir schlafen kaum. Immer wieder fällt uns beiden etwas ein, was wir dem anderen noch sagen müssen.

Am nächsten Tag ist die Abstimmung. Ali Mekla sollte recht behalten. Es wird der größte Tag in unserem Leben. Da musste ich so alt werden (damals 67), um das zu erleben! Keine Gegenstimme. Keine Enthaltung. Selbst die, die gar nicht stimmberechtigt sind, reißen beide Arme hoch. Damit ist der Brauch von einer Minute auf die andere abgeschafft. Nach fünftausend Jahren. Per Stammesentscheid. Die Frauen klatschen, die Männer schließen sich an. Wir zittern vor Aufregung und Glück. Wir können es nicht fassen. Wir sehen die kleinen Mädchen und wissen, dass sie eine neue Zeit erleben werden. Frauen kommen zu Annette gestürmt und wollen sie umarmen. Ich muss aufpassen, dass sie nicht erdrückt wird. Ich bin richtig neidisch. Sie bringen ihr ihre Mädchen. Sie soll sie anfassen, und Annette streichelt und lacht und umarmt und spricht mit Händen und Füßen.

Ich umarme Darassa. Man merkt ihm seine Freude an. Wir strahlen um die Wette. Das macht immerhin Annette neidisch, denn so wie ich die Frauen nicht anfassen darf, darf sie dem Sheikh nicht einfach um den Hals fallen.

»Sonst glaubt mir keiner meine Worte von wegen Treue und nicht jeden Mann anfallen …« Also begnügt sie sich mit mir. Wir lachen uns die Erlösung vom angestauten Druck aus den Seelen.

Wer Afrika und den Islam kennt, der weiß um die Bedeutung der Stammesentscheide. Der weiß, dass letztlich nur das, was die Völker sich selbst als Gesetz auferlegen, vor ihnen Gültigkeit und Bestand hat. Und nicht etwa die gut gemeinten Empfehlungen der fernen UNO. Sie ist den meisten dieser Menschen nicht einmal vom Gerücht her bekannt. Ebenso wenig Gültigkeit haben hier die Gesetze korrupter, oft verfeindeter Regierungen in fernen Hauptstädten.

Wir bitten die Leute, unser Allianz-Dokument zu unterzeichnen. Sie stürzen sich darüber her. Jeder will sich bei diesem historischen Ereignis verewigen. Die, die nicht schreiben können, drücken ihren Daumen auf das Papier, malen ein Zeichen oder lassen sich die Hand führen.

Irgendwann lässt der Andrang nach. Eine junge Frau wagt es endlich, näher zu treten. Seit einer viertel Stunde hat sie bereits neben uns gestanden. Wir dachten, sie wolle sich das Schauspiel aus der Distanz anschauen. Sie mag 25 Jahre alt sein, hat sehr feine Gesichtszüge, ist unter den Augen tätowiert. Ihr Kopftuch ist beiseite geschoben. Einen Zipfel hat sie in den Mund gesteckt und kaut verlegen darauf herum.

»Darf ich auch unterschreiben?«

»Aber na klar doch. Die Unterschriften der Frauen sind uns genauso wichtig. Du machst uns damit eine große Freude!«

Mit großen Augen schaut sie uns wortlos an. Sie ergreift Annettes Hände und will sie gar nicht mehr loslassen. Ihre Augen sind feucht.

»Wo darf ich denn unterschreiben?«

»Irgendwo, wo noch Platz ist.«

Sie malt einen Kringel aufs Blatt. Ganz langsam tut sie das. So als hätte sie Angst, dass der Moment zu schnell vorbei sein könnte. Dann noch einen Kringel. Es ist für sie und uns ein heiliger Moment.

»Danke«, sagt sie immer wieder. »Danke.«

Jetzt bricht ein Fest los, wie wir es noch nicht erlebt haben. Frauen in traditionellen Gewändern fallen in einen schrillen Gesang. Eine Trommel ist da. Männer mit Krummschwert und Kalaschnikows formieren sich zu traditionellen Tänzen. Alle klatschen und feuern die Tänzer an. Frauen wechseln sie ab. Es ist ein buntes, lautes, fröhliches Treiben. Auch Musik aus der mitgebrachten Anlage kreischt laut dazwischen. Spontan wird ein Stück eines

Hochzeitsspiels aufgeführt. Hierbei wird die Braut in die Hütte des Bräutigams verschleppt. Sie wehrt sich scheinbar wie von Sinnen. Ein Spiel zwar, aber sehr authentisch. Alle wissen, was sie in der Hochzeitsnacht erwartet und warum sie sich so wehrt.

Währenddessen formulieren die Sheikhs das neue Gesetz. Sie erklären Verstümmelung zur Sünde und schreiben das in ihre Scharia. Später wird Sultan Ali Mirah das Gesetz in Gegenwart des deutschen Botschaftsrates Dr. Pohl unterschreiben und mit seinem Siegel versehen.

»Dürfen wir euch noch einmal um Gehör bitten?«, rufe ich ins Mikrofon. Na klar dürfen wir.

Feierlich hat Annette einen verschlossenen Karton aus unserem Lager geholt und vor uns auf den Tisch gestellt. Während ich weiterspreche, beginnt sie, ihn langsam zu öffnen.

»Euer mutiger Beschluss hat uns sehr glücklich gemacht. Er wird auch anderen Völkern Mut machen. Auch sie werden den Brauch irgendwann abschaffen. Und ich hoffe, es noch vor meinem Tod zu erleben, dass kein wirklich gläubiger Moslem es mehr wagen wird, seine Töchter zu verstümmeln. Da es aber immer eines besonderen Mutes bedarf, als Allererster eine solch epochale Entscheidung zu treffen, haben wir hier noch ein ganz besonderes Geschenk mitgebracht.«

Nun greift Annette in den Karton und holt ein Modell hervor. Es zeigt einen weißen Unimog mit Rotem Halbmond darauf und ein kleines Toyota-Begleitfahrzeug. Das alles schön dekoriert mit einer Schirmakazie, Kamelen, Ziegen und zwei kleinen Mädchen auf dem Dach. Modellbau war immer schon mein Hobby.

»Dies ist eine *Fahrende Krankenstation.* In wenigen Monaten werden wir sie euch nach Äthiopien bringen. Zwei deutsche Ärztinnen werden euch dann medizinische Hilfe

Die Afar feiern den großen Beschluss

bringen, vor allem aber sollen sie den jungen Mädchen und Frauen beistehen.«

Die Menschen sind begeistert und schenken uns einen Riesenapplaus. Abdulkader, gealterter Freiheitskämpfer aus der Zeit des Bürgerkrieges, scheint besonders bewegt. Er nimmt uns wortlos beiseite, schenkt Annette einen bunt gewebten, mit Goldfäden durchwirkten Rock, die Tracht der Afar. Mir überreicht er eine Gille, das traditionelle Afarkrummschwert

»Ich danke euch für das, was ihr für mein vergessenes Volk getan habt und tun werdet.« Er spricht Englisch. Uns wird's warm ums Herz.

Als die Hyänen zu rufen beginnen, gehen wir nach Hause. Wir kriegen in dieser Nacht kaum ein Auge zu. Ich erinnere mich der vielen Bedenkenträger und ihrer Meinung, der Islam sei nicht dialogfähig. Oder an Annettes anfängliches Tiefstapeln, dass alle Mühe sich schon lohne, wenn auch nur ein einziges Mädchen vor der Verstümmelung gerettet werden würde. Oder an unsere Angst der letzten Nacht. Und an die unglaubliche Freude der Frauen.

»Als hätten sie die Freude über das gewonnene Leben ihrer Töchter aus der Seele geschrien.« Annette kann es noch immer nicht fassen.

Morgens sind wir wieder früh auf den Beinen. Wir wollen zu einer Familie außerhalb des Ortes. Ihr fünfjähriger Sohn wurde kürzlich von einer Hyäne gebissen. Das Tier hatte ihn in der Nacht aus dem Bett der Eltern (!) geholt und in den Schädel gebissen. Dabei sprang ein Auge aus seiner Augenhöhle. Es scheint für immer verloren. Auch das andere ist gefährdet. Es eitert stark. Der Vater erhofft sich von uns Hilfe. Unsere Idee ist, Bilder des Kindes in Nahaufnahme deutschen Augenärzten zu zeigen und nach einer Hilfe zu fragen. Annette macht Fotos.

Da ruft jemand »Anna! Anna!« Gemeint ist Annette. Eine Frau kommt aus der Nachbarhütte. Auf ihren Händen trägt sie ein Tuch. Ich ahne, was es ist: »Frisches warmes Brot.« Mein Bäckerherz beschleunigt.

Sie hält Annette das »Brot« hin. Hoffentlich lässt Annette mir was übrig von der Kostbarkeit. Denn sie lechzt genauso gierig danach.

Aber es ist kein Brot. »Das ist ein Baby!«, höre ich sie überrascht rufen.

Rosabraunrot, mit geschlossenen Augen und strubbeligen schwarzen Haaren, legt die Frau es Annette in die Hände. Ein Mädchen. Es wurde in der letzten Nacht geboren. Die Mutter lächelt schüchtern. »Dies ist das erste Mädchen, dass nach der Konferenz von gestern nicht mehr verstümmelt wird«, lässt sie Ali Mekla übersetzen. »Sie hat das Mädchen nach dir benannt. Es soll Anna heißen. Denn du bist ihre zweite Mutter.«

Die Frau lächelt Annette an und nimmt das Baby wieder an sich. Wir bekommen Gänsehaut in der heißen Wüste. Welch ein Tag! Welche Menschen! Am liebsten möchten wir hierbleiben. Doch die Vernunft sieht das anders. Sie befiehlt: »Weiter! Es gibt viel zu tun. Mekka ist noch weit.«

»Da draußen stehen mehrere ältere Herren. Sehen imammäßig aus. Die wollen zu euch. Sie haben einen Zettel in der Hand.« Es ist Kameramann Jens, der uns die Nachricht überbringt.

Zu uns? Ist das ein Bittbrief? Nach der gestrigen Geldauszahlung meinen sie womöglich, wir verfügten über eine Geldmaschine. Wir lugen vorsichtig durch einen Türspalt und können es zunächst gar nicht fassen. Da stehen fünf ehrwürdige Honoratioren. Andächtig aufgereiht. Vornweg unser guter Sheikh Darassa. Er hält uns den Brief hin. Ali liest ihn vor.

»Es ist ein Dankschreiben des Obersten Rates für Islamische Angelegenheiten. Die Männer möchten sich bei euch bedanken, weil ihr dieses wichtige Thema angesprochen habt und sie nun alle stolz sind auf den gemeinsamen Erfolg.«

Wir umarmen einander. Es wird ein rührender Abschied.

Das Schreiben erhält später einen Ehrenplatz bei uns daheim. Es ist die erste schriftliche Anerkennung unserer Bemühungen durch unsere muslimischen Partner, ein erstes Zeugnis. Es macht uns mordsstolz und vor allem glücklich.

Es soll nicht das einzige bleiben. Das ahnen wir in diesem Moment nicht. Um zehn kommt ein Wagen und bringt uns die achtzig Kilometer über die Sandpiste* zurück an die Bundesstraße. Von dort sind es knapp zwei Tage bis Addis.

* Heute ist die Straße asphaltiert. Die damalige Afarhauptstadt Assayta wurde an die Straße verlegt. Sie heißt nun Samara.

Frauengespräche

Es gibt keine großen Entdeckungen und Fortschritte, solange es noch ein unglückliches Kind auf Erden gibt.
Albert Einstein

Die Wüstenkonferenz ist beendet. Was wir erhofften für die Frauen und Mädchen dieses Afarvolkes, ist Wirklichkeit geworden. Wir sind zutiefst bewegt. Frauen ziehen mich zu sich. Ich muss Bunna, den frisch gerösteten äthiopischen Kaffee, trinken. Viele möchten Fotos mit mir. Eine Frau wünscht sich ein Symbolbild. Die Idee kommt ihr, als sie meine weiße Hand zwischen den Händen ihrer Freundin sieht. Fasziniert schaut sie hin und packt ihre Hände dazu. »Miteinander« – dolmetscht Ali Mekla. Die Tiefe dieser Begegnungen beglückt mich. Klar, dass irgendwann die Journalistin in mir wach wird.

»Darf ich euch ein paar Fragen stellen?« Ali Mekla muss mir beistehen.

»Kein Problem, du kannst sie alles fragen.«

Die Konferenz zeigt Wirkung. Wir sind uns nicht mehr fremd, das Thema ist ausgesprochen. Was ich nicht ahne, ist, wie sehr die Frauen es drängt, über ihre Probleme mit der Verstümmelung zu reden. Wir ziehen uns zurück in den Schatten unseres Hotels. Kaltes Mineralwasser und eine gekühlte Dickmilch tun gut.

»Erinnerst du dich an deine eigene Verstümmelung?«, frage ich Leila. Sie hat eine wettergegerbte Haut, knochendürre Arme, ein bunt gemustertes Kleid. Vielleicht ist sie so alt wie ich, geht es mir durch den Kopf. Ich beobachte genau, ob sie eine Regung zeigt bei meiner Frage, möchte herausspüren, wie weit ich nachhaken kann.

»Ja, ich war noch klein, aber ich erinnere mich. Das vergisst niemand in seinem Leben. Am deutlichsten ist mir in Erinnerung geblieben, dass wir drei Mädchen waren und nur ich überlebte.«

»Wie war es dann, als deine Tochter beschnitten wurde, was hast du da gedacht?«

»Oh, das war ganz schlimm für mich. Ich habe das Mädchen seiner Großmutter gegeben und bin weinend in die Wüste gelaufen. Dort habe ich die ganze Zeit laut zu Allah gebetet, er möge mein Mädchen leben lassen.«

»Deine Tochter ist jetzt eine erwachsene Frau. Wie hast du sie auf die Menstruation vorbereitet und wie auf die Hochzeit? Hast du ihr Tipps gegeben, die vielleicht helfen, dass alles leichter wird?«

»Nein, darüber sprechen wir nicht. Sie muss selbst merken, was gut ist und was nicht.«

»Was tut ihr denn gegen die Beschwerden?«

»Manchmal graben wir uns bis zur Brust in den heißen Wüstensand. Der Druck des Sandes lindert den Schmerz, und manchmal läuft das Blut besser ab. Oder wir formen aus Blättern kleine spitze Trichter, die wir dann in die Öffnung tun, damit das Blut einen Weg nach draußen findet.«

»Wie war deine Hochzeitsnacht?«

»Ich erinnere mich nur mit großem Schrecken. Da musste mein Mann mich öffnen. Er schaffte es nicht mit seinem Penis. Auch nicht nach vielen Versuchen. Irgendwann hat er ein Messer genommen. Die Wunde ist nie mehr richtig verheilt. Sie reißt immer wieder auf.«

»Hatten deine Freundinnen es einfacher?«

»Ich weiß es nicht. Du weißt ja, dass wir darüber nicht sprechen.«

Da meldet sich eine andere Frau zu Wort. »Dann will ich dir erzählen, wie es bei mir war. Ich wurde an den vier Pfosten unseres Bettes festgebunden und aufgeschnitten. Ich habe mich so aufgebäumt, dass ein Pfosten abgebrochen ist.

Annette erzählen die Frauen ihr Leid

Noch heute wiederholt sich die Tortur in immer wiederkehrenden Albträumen. Aber auch tagsüber, in Tagträumen, wiederholt sich die Erinnerung. Immer, wenn ich irgendwo höre, wie Holz gebrochen wird, durchfährt es mich wie ein Schock.«

Mir läuft bei den Erzählungen schon wieder eine Gänsehaut über den Körper. Unvorstellbar, was diese Frauen aushalten müssen. Ist Ehe da eine lohnende Perspektive, überlege ich? Wie sehr freuen sich unsere jungen Frauen in Europa auf die Hochzeit. Hier möchte man den Zeitpunkt so weit wie möglich hinausschieben.

Ali Meklas alte Mutter setzt sich zu uns. Sie hatte nur Jungen geboren. Sechs sind es, und sie träumt noch heute von einer Tochter. Am liebsten würde sie eine adoptieren. Ali bekommt plötzlich Hemmungen.

»Frag sie bitte nicht so direkt aus. Sie ist nicht gewohnt, zu Fremden zu sprechen. Schon gar nicht zu solch einem Thema.«

Dennoch. Ich will wissen, was sie über die Konferenz denkt. Mühsam formt sie ihre Sätze.

»Bisher wurden alle Mädchen beschnitten in meinem Volk. Wir dachten, es wäre so richtig. Wir dachten, es steht so im Koran. Jetzt ist es anders. Es ist gut, dass sich das geändert hat.«

Eine Mutter, deren Tochter bei der Verstümmelung gestorben war, kann ich auch vorsichtig befragen.

»Was hat man dir gesagt, warum das Mädchen gestorben ist? Habt ihr euch darüber Gedanken gemacht?«

»Ja, aber die Beschneiderinnen sagen dann immer, der Zeitpunkt der Operation sei zu früh oder zu spät gewesen. Oder sie sagen, wir hätten die Kinder nicht richtig vorbereitet. Oder das Mädchen hätte zu früh oder zu spät etwas getrunken. Oder es habe heimlich gesündigt. Es gibt viele Gründe.«

Eine weitere Frau meldet sich. »Mir hat die Beschneiderin nach dem Tode meiner Tochter gesagt ›Als ich deine Hütte verlassen habe, hat deine Tochter noch gelebt. Du kannst mir nicht vorwerfen, ich hätte meine Arbeit nicht ordentlich gemacht. Schau dich um im Dorf. Du weißt selbst, wie viele Mädchen ich zur Frau gemacht habe. Keine Einzige ist während der Operation gestorben.«

Klar, nie ist es Schuld der Beschneiderinnen, wenn die Mädchen sterben. Es liegt an den Umständen, an den Müttern oder sogar den Opfern selbst. Damit hat man eine Rechtfertigung und in keinem Fall einen Grund, nicht mehr zu verstümmeln.

»Gott! Allah!«, geht es mir in den Kopf, »lass die Konferenz Früchte tragen, schnell, ganz schnell.«

Amina II

Der beste Weg, sich selbst eine Freude zu machen, ist zu versuchen, einem anderen eine Freude zu bereiten.
Mark Twain

Zurück zur Wüstenkonferenz. Januar 2002. Morgen soll das Ereignis stattfinden. Wir sind dabei, unsere TARGET-Transparente zwischen die Bäume zu hängen. Darauf, als unübersehbarer Blickfang, das Bild jenes Mädchens, das wir vor einem Jahr in der Bäckerei getroffen hatten. Das Kind, das uns durch sein Schweigen und seine feuchten Augen aufgefallen war. Das Mädchen, das immer nur das Tuch im Schoß knautschte und kein Wort gesprochen hatte.

»Kennt einer von euch dieses Mädchen?«, radebrecht Rüdiger in Arabisch.

Die umstehenden Männer schütteln den Kopf. Die Frage macht die Runde. Wir knoten derweil an unserer Fahne und richten alles für die Konferenz her.

»Das ist ja die Tochter von Abdallah!«, ruft da plötzlich jemand. Auf einmal erkennen sie alle das Mädchen. »Ja, das ist Amina!«

Aufgeregt diskutieren sie, wie das Kind auf die Fahne gekommen ist. Ein Junge wird losgeschickt, Abdallah zu suchen.

Wir müssen nicht lange warten. Da kommt ein spindeldürrer, gut aussehender Mann. Er blickt sehr ernst drein. Vielleicht überlegt auch er zusammen mit den Umstehenden, wie sein Mädchen auf das Tuch gelangt ist, wo er sie doch eben noch zu Hause gesehen hat.

»Ja, das ist meine Tochter«, bestätigt er uns schließlich ganz ruhig und immer noch ein wenig fassungslos.

Ich werde richtig kribbelig. Ich möchte das Mädchen wiedersehen. Immer wieder ist mir ihr Bild seit unserer Begegnung ins Bewusstsein zurückgekehrt, erinnerte ich mich ihrer Augen, ihrer Traurigkeit, ihres Schweigens.

»Ich würde sie gern wiedersehen«, sage ich dem Vater. Der Junge, der schon den Vater aus dem Busch geholt hatte, saust erneut los.

Als sie dann wieder vor uns steht, noch immer dieser verdunkelte Blick aus diesen großen Augen, werden sämtliche Beschützerinstinkte aktiviert. Sogar die aus dem allerletzten Winkel meines Gehirns.

Amina staunt über ihr großes Bild auf unserem Transparent. Alle behaupten, das sei sie. Sie kann das nicht bestätigen. Denn außer in der kleinen Spiegelscherbe daheim, hat sie noch nicht viel von sich selbst gesehen.

Wieder ist sie zunächst still, sagt kein Wort. Aber plötzlich deutet sie aufgeregt auf die Fahne. »Das ist ja mein Kleid!«

Wir vereinbaren mit dem Vater, seine Familie nach der Konferenz in ihrem Haus zu besuchen. Im Moment und während der nächsten beiden Tage, hat unsere Veranstaltung Vorrang vor allem. Ich bin im Moment froh, sie wiedergefunden zu haben.

Und dann stehen wir schließlich vor Aminas Zuhause. Eine Lehmhütte mit kleinem Vorhof, ein Kälbchen an der Leine, auf einer Liege aus Knüppelholz und Kuhhautgeflecht vor dem Eingang die Großmutter. Sie wirkt schwach und krank. Daneben ein Dach, unter dem sich das Kochfeuer befindet. Die Küche.

Die Mutter kommt aus der Hütte, einen Säugling auf dem Arm. Wir werden in den dunklen, heißen Raum gebeten.

Der Schweiß läuft in Strömen. Wenig Licht dringt herein. Die Augen brauchen eine Weile, bis sie den Raum erkennen können. Es gibt hier keinen einzigen Gegenstand, der über-

Rüdiger und Annette haben die scheue Amina wieder gefunden

flüssig wäre. Da ist ein hölzernes Bettgestell. Die Schlafstelle der Eltern. Die »Matratze« ist aus Lederriemen geflochten. Aminas kleiner Bruder, ein munterer, aufgeweckter Bengel, hört auf den kennzeichnenden Namen Saddam Hussein. Wir wünschen uns frische Luft.

Und es gibt eine alte Kommode, auf der eine Emailleschüssel zum Waschen steht. Im Balken, der das Dach trägt, steckt die kleine vergilbte Spiegelscherbe. Darüber, mit einem Akaziendorn befestigt, ein Hochzeitsbild, 13 mal 18. Alles ist ordentlich und zeigt die Bemühung der Hausfrau, dem allgegenwärtigen Sand und Staub die Stirn und den Sandbesen zu bieten. Mehr ist nicht erkennbar. Ach doch! Hinter uns hängen bunte Plakate und Prospekte von unserer gestrigen Konferenz. Darunter auch ein staatliches Plakat gegen Verstümmelung. Der Gesundheitsbeauftragte hatte sie auf unserer Konferenz verteilt. Druckfrisch und farbenfroh.

Während wir das bestaunen, macht Ali Mekla Konversation. »Ich habe den Vater gefragt, warum seine Tochter so still und scheu ist«, flüstert er uns zu. Dabei ist der Flüster-

ton gar nicht nötig. Wer versteht hier schon Deutsch? Ali flüstert weiter.

»Schaut jetzt nicht so direkt hin, damit sie nicht merkt, dass von ihr die Rede ist. Die Kleine war damals, etwa drei Monate zuvor, beschnitten worden. Das muss besonders schlimm gewesen sein. Seitdem hatte das Mädchen vor Schock wochenlang nicht mehr gesprochen. Die Eltern hatten schon Angst, sie wäre völlig verstummt. Inzwischen spricht sie wieder, aber nur wenig und zaghaft.

Ich hole eine Puppe aus meinem Gepäck. Schon in Hamburg hatte ich gehofft, das Kind wiederzusehen. Aminas erste Reaktion: Sie erschreckt sich. So ein Spielzeug hat sie noch nie gesehen, geschweige denn angefasst. Sie selbst besitzt nur ein persönliches Kleidchen, ein Kopftuch und ausgetretene Sandalen. Ob sie jemals ein Geschenk bekommen hat? Ich beginne selbst mit der Puppe zu spielen, wiege sie im Arm, lege sie Amina in die Arme. Sie beginnt zu lächeln!! Hurra!! Wir haben ein Lächeln auf ihr Gesicht gezaubert! Der ernste Blick ist froher Neugier gewichen. Ich ziehe der Puppe die Kleider an und aus und ermuntere das Mädchen, mitzutun. Da ist die Angst gewichen, und wir puppeln unter Begleitung von Kichern der Nachbarkinder, die plötzlich da sind.

Ali Mekla hat für (heute, umgerechnet) 20 Eurocent (!) Kaffeebohnen holen lassen und eine Handvoll Zucker. Ich sitze mit der Mutter im Nebenverschlag, der Küche. Sie röstet die grünen Bohnen auf einem kleinen Blech, bis diese fast schwarz sind und herrlich duften. Im Holzmörser zerstampft sie die Röstprodukte staubfein und schüttet sie in die mit kochendem Wasser bereitstehende Tonkanne. Jetzt duftet es nach dem weltbekannten und von Rüdiger heiß geliebten äthiopischen »Bunna«.

Ali kommt, ich frage die Frau, was damals mit Amina geschehen ist. So von Frau zu Frau ist ein Gespräch immer besser möglich. Dass Ali notgedrungen dabei zugegen sein muss, scheint die Frauen nie zu stören. Er scheint einfach nur die geschlechtslose Übersetzungsmaschine zu sein.

»Als Amina beschnitten wurde, wurde es so gemacht, wie es bei den Afar Tradition ist. Sie lag danach nur da und sprach sehr lange kein einziges Wort mehr. Ich glaube, sie hatte große Schmerzen. Aber das ist eben so.«

»Aber Amina sprach ja viele Wochen nicht. Was für ein Problem hatte sie denn durch die Beschneidung?« Mir brannte das Herz vor Mitleid mit diesem Kind. Auch wenn ich weiß, dass Tausende Mädchen Gleiches erleiden, achttausend täglich, so ist es doch anders, wenn man eines persönlich kennt und zu ihm eine, wenn auch kurze, Beziehung hat.

»Ich weiß es nicht. Da schaut keiner nach. Sie musste allein damit fertig werden.«

Es macht mich stumm. Ich denke an die vergleichsweise kleinen Verletzungen meiner Kinder und daran, wie wir deutschen Mütter dann Liedchen zum Trost singen, verpflastern, versalben, zum Doktor rennen – eben die ganze Palette unserer Möglichkeiten. Und hier leidet ein kleines Kind Höllenqualen, auch noch von den eigenen Leuten verursacht – und muss selbst damit fertig werden. Wie wird so das Vertrauen zu den Eltern und in ihre kleine Welt zerstört! Welche Einsamkeit wird da in einer Kinderseele geboren!

Gratulanten

Reisen ist tödlich für Vorurteile.
Mark Twain

Wieder daheim in Rausdorf, erwarten uns zwei Überraschungen. Karl-Heinz Böhm ist in Hamburg. Er hat von unserem Erfolg in Äthiopien gehört und lässt es sich nicht nehmen, uns zu Hause aufzusuchen, persönlich zu gratulieren und Erfahrungen auszutauschen.

»Ich bin wie Sie der Meinung, dass man die Leute, die ja alle sehr gläubig sind, vor allem über die Religion erreichen kann. Besonders, wenn sie den Brauch fälschlich mit der Religion begründen. Gerade wegen der sattsam bekannten Vorbehalte gegen den Islam, ist mein Rat: Machen Sie unbedingt genauso weiter!«

Solche Zustimmung tut gut, weil sie aus berufenem Mund kommt. Wie viele Leser wissen werden, kämpft Karl-Heinz Böhm mit seiner Stiftung »Menschen für Menschen« auf vorbildliche Weise für die hungernden Menschen in Äthiopien und ebenfalls gegen die Weibliche Genitalverstümmelung. Er ist Annettes großes Vorbild seit Jugendtagen. Seit *Sissi,* aber noch mehr seit seinem Einsatz für die Ärmsten von Äthiopien. Sogar ihre beiden Kinder hat sie damit angesteckt. Sein Besuch ist für alle ein großer Tag.

Kurze Zeit später meldet sich der Journalist Joseph Husch vom *Hamburger Abendblatt.* Anlässlich ihrer Promotiontour für ihr Buch *Nomadentochter* weilt die Autorin Waris Dirie im Hotel Atlantic in Hamburg. Er hat ihr von unserer proislamischen Strategie und dem Erfolg bei ihrem Nachbarvolk in Äthiopien berichtet. Sie möchte uns treffen!

Nur zu gern nehmen wir die Einladung an und werden auf ihr Zimmer gebeten. Sie hat einen straffen Zeitplan, denn die Journalisten stehen Schlange, um sie zu interviewen. »Bitte keine Filmkamera«, bedingen sich die Managerinnen des Verlages aus. Wir beschränken uns auf einen Fotoapparat. »Und bitte nicht über 15 Minuten.«

Wir stehen vor ihrer Suite und klopfen an. Ich bin aufgeregt. Schließlich war Waris' Buch *Wüstenblume* die Initialzündung für unseren neuen Lebensabschnitt, unser Engagement und die Gründung TARGETs. Sie ist mein Vorbild.

Eine exotische Frau öffnet die Tür. Vor Aufregung begrüße ich sie mit »Salaam alaykum, ya Waris«.

Sie lächelt. Wahrscheinlich ist sie Verwechslungen gewöhnt. »Ich bin nicht Waris. Ich bin die Schwester. Ich bin Shurla.«

Dabei ähnelt sie ihrer Schwester nur hinsichtlich der Hautfarbe. Sonst sind die Frauen verschiedene Typen. Verwirrung des ersten Augenblicks.

Waris bewohnt die Suite mit ihrem Sohn Aleeke. Der ist wild und zappelig und muss ständig beschäftigt werden. Im Moment versorgt ihn ein Videoband. Bis Shurla ihn ins andere Zimmer holt, damit wir reden können.

In Stichworten bestätigen wir Waris, was sie vom *Abendblatt*-Korrespondenten bereits weiß. Um unsere Worte zu belegen, haben wir einen Fünfminutenvideo dabei. Der Film ist gedacht für die Präsentation vor religiösen Autoritäten und den Abgeordneten der African Union (AU). Er zeigt unsere Arbeit und eine Verstümmelung. Mit ihm wollen wir den Männern die Augen öffnen, sie zu Augenzeugen machen, sie schocken und Reaktionen gegen FGM auslösen und sie motivieren, bei unserer Pro-Islamischen Allianz mitzuwirken.

Von Waris Dirie erhoffen wir uns Unterstützung. Kraft ihres Ehrenamtes »*Sonderbotschafterin der UNO gegen FGM*« trauen wir ihr den erforderlichen Einfluss zu.

»Diesen Film würde ich gern vorführen und kommentieren und du, als die Vorreiterin und Lichtgestalt im Kampf gegen FGM sowie in deiner Eigenschaft als Sonderbotschafterin der UNO, könntest dabei zugegen sein. Und du als mein Vorbild«, füge ich noch hinzu.

»Kann ich den Film sehen?«

Nichts einfacher als das. Die zugebilligte viertel Stunde ist längst überschritten. Wir weisen sie darauf hin.

»Wie lange ein Gespräch dauert, entscheide ich selbst.«

Also schmeißen wir Aleekes Mickey-Mouse-Video, das immer noch läuft, raus und unseren African-Union-Appell rein. Waris sitzt zwischen Annette und mir auf dem Bett. Der Film beginnt und kommt auch schnell zur Sache. Als die Verstümmelungsszenen kommen, ruft Waris nur »Nein, oh nein.«

Wer kann besser nachvollziehen, wie es dem Kind im Film ergeht, als sie, die das alles selbst als Siebenjährige durchgemacht hat. Erinnerungen werden bei ihr wach, sie zittert am ganzen Körper. Tränen stürzen, sie verdeckt ihre Augen. Sie fällt mir in die Arme.

Auch uns berührt dieser Film immer wieder aufs Neue. Dabei haben wir ihn schon dreißig Mal gesehen und müssen die Verstümmelung niemals persönlich erleiden.

Dann springt Waris auf: »Das ist so schrecklich, das ist so grauenhaft!« Sie ringt mir ihrem Entsetzen. »Ihr habt recht. Den müssen wir unbedingt vor der AU zeigen! Es ist wichtig, dass auch Männer das sehen und dann dagegen kämpfen. Es ist so gut, dass du, Rüdiger, als Mann dagegen kämpfst. Wir müssen unbedingt zusammen arbeiten.«

Afrikanisches Temperament. Wenn nur alle so entschlossen wären, die etwas tun könnten.

»Könnt ihr mir dieses Video mitgeben, damit ich das Anliegen beim zuständigen Referenten der AU vorstellen kann? Die werden ja sicher sehen wollen, was wir da vorführen möchten.«

Ohne Bedenken gebe ich ihr das Band. Mein Vertrauen ist stärker als die Vernunft. Wir tauschen Adressen aus.

»Du wirst von mir hören, sobald ich weitergekommen bin. Es wäre toll, wenn wir auch einmal etwas Größeres gemeinsam machen könnten. Ich möchte ein Hospital in Somalia bauen.«

Wir erzählen ihr noch kurz von unserer geplanten Fahrenden Krankenstation für die Afar.

»Das ist gut. Das ist sehr gut. Aber woher bekommt ihr das Geld?« Sie staunt, dass die Menschen in Deutschland dafür ihr Geld spenden. »Wir müssen unbedingt etwas zusammen machen«, wiederholt sie. Nichts ist mir lieber als das.

Damit verabschieden wir uns, gehen runter in die Lobby und begießen diesen vermeintlichen Schritt in Richtung African Union mit einem Espresso.

»Ich hätte ihr das Band *nicht* gegeben«, gibt Annette zu bedenken. »Irgendwie habe ich ein komisches Bauchgefühl. Wenn die AU grundsätzlich Interesse an dem Film hat, kannst du ihn auch jederzeit selbst probevorführen.«

»Du und dein Bauchgefühl!« Ich bin sauer, ich bin euphorisch. »Waris ist Sonderbeauftragte der UNO. Das hat etwas mit persönlicher Ehre zu tun. Die kann sich doch kein krummes Ding leisten. Ich habe absolutes Vertrauen zu ihr. Das Band ist bei ihr in besten Händen. Und was die Urheberrechte betrifft, ist der Film von Thomas Reinecke und seiner Firma Tele News* deutlich gekennzeichnet und geschützt.«

Annette und ihr Bauchgefühl! Sie hat die Verstümmelung gedreht und grausam miterlebt. Sie will die Bilder einfach nicht aus ihrer Hand wissen.

Leider sollte sie recht behalten mit ihren Befürchtungen. Viel ernüchternder noch als in jenem Moment denkbar.

* heute: UCTV

Beim Grand Sheikh der Al-Azhar

Man muss vieles übersehen,
um weit schauen zu können.
Emanuel von Bodmann

»Der Religionsminister erwartet Sie um elf Uhr.«

Wolfgang Bindseil von der deutschen Botschaft in Kairo hat uns die gute Nachricht soeben telefonisch durchgegeben. Wir halten uns im Flamenco-Hotel in Kairo auf. Stadtteil Zamalek. Wir schreiben den 13. Juli 2002.

Lange hatten wir diesen Termin herbeigesehnt. Die üblichen Berufsskeptiker hatten ihn bereits »abgelehnt«, bevor wir ihn überhaupt beantragt hatten. Sie gaben uns keine Chance. »Mindestens ein halbes Jahr vorher muss man solch ein Interview im Voraus anmelden. Die Fragen müssen genau formuliert werden, und man darf nicht davon abweichen. Wenn der Minister dann liest, dass Fremde ihn zur Weiblichen Genitalverstümmelung befragen wollen, landet euer Brief im Papierkorb.«

Na, das kann ja heiter werden.

Gut, dass wir auf solche Leute nicht hören! Längst haben wir gelernt, echte Bedenken von vorgeschobenen zu unterscheiden. Und diesmal vertrauen wir vielmehr dem guten Ruf, der Religionsminister Professor Dr. Mahmoud Hamdi Zakzouk vorauseilt. Wir wissen, dass er in München Philosophie studiert und eine deutsche Frau geheiratet hat. Er ist Autor mehrerer Bücher und er ist gegen Verstümmelung. Beste Voraussetzungen also für ein Gespräch mit jemandem, dessen Rat uns sehr wertvoll ist.

Nun haben wir also den Termin.

Religionsminister Prof. Dr. Mahmoud Hamdi Zakzouk öffnet uns Türen

Es ist mordsheiß. Wir schwitzen pflichtgemäß. Annette im knöchellangen Kleid mit langen Ärmeln, ich in Anzug mit Krawatte. Wegen des starken Stadtverkehrs in Kairo fahren wir eine Stunde vorher los. Auf keinen Fall dürfen wir zu spät kommen.

Ausgerechnet heute aber kommen wir gut durch und stehen viel zu früh vor dem Gebäude. »The Supreme Council for Islamic Affairs« steht auf dem Messingschild in der Shaar'a Nabataat. Hier hat der Minister seinen Hauptarbeitsplatz.

Selbst im Schatten ist es unerträglich. »Ob wir schon hineingehen?«, frage ich Annette. »Bestimmt gibt's drinnen eine Klimaanlage. Wenn wir hier noch lange stehen, sind wir schweißgebadet. Keine guten Voraussetzungen für ein wichtiges Gespräch.«

Der Portier scheint bereits auf uns gewartet zu haben. Dass es noch 45 Minuten Zeit sind bis zur Verabredung, tut er ab mit einer Handbewegung und einem Lächeln. »Das ist kein Problem. Kommen Sie herein, nehmen Sie schon mal Platz. Ich bringen Ihnen einen Tee. Der Minister ist noch in einer Konferenz.« Keinerlei Kontrolle von Taschen und Kleidung. Wir sind erstaunt über das Vertrauen, das man uns mit dieser Geste entgegenbringt.

Es ist tatsächlich angenehm kühl. Wir atmen tief durch.

Und da steht der Minister schon vor uns. Er reicht uns beiden die Hand. »Kommen Sie in mein Zimmer!« Ein sympathischer Mann, leger gekleidet mit hellbraunem Anzug und Krawatte.

Wir entschuldigen uns, weil wir zu früh sind. »Wegen des Verkehrs.«

»Das macht nichts. Die da drinnen können auch ohne mich diskutieren«, meint er mit einem Kopfnicken in Richtung Besprechungsraum.

Es ist ein gepflegtes Büro mit schwerem Holzschreibtisch, Teppich, Polstersesseln und einem Sofa zum Reinplumpsen. Eine ägyptische Fahne, ein übergroßes Gemeinschaftsbild mit Staatspräsident Mubarak, Großsheikh Tantawi und Minister Zakzouk. Ein eindrucksvolles Foto.

Als Gastgeschenk, Arbeitsnachweis und Referenz habe ich mein Danakilbuch mitgebracht und mein aktuelles Yanomami-Buch.

Mit knappen Worten erkläre ich unsere Strategie, den Brauch der Verstümmelung mit der Kraft des Islam beenden zu wollen. »Das Thema gewinnt in unseren ›westlichen‹ Ländern immer mehr an Bedeutung. Und in gleichem Maße wächst das Unverständnis, wenn man hört, dass die Betroffenen den Brauch unrichtig mit dem Koran begründen. Natürlich wissen wir, dass die Christen ebenfalls verstümmeln.«

Das, gemeinsam mit den führenden Autoritäten des Islam richtigzustellen, hätten wir uns vorgenommen, weil wir ihm die erforderliche Kraft zutrauen. »Stärker als die Kraft der UNO oder die des Militärs. Und es würde dann nicht nur den Frauen helfen, sondern auch das

Ansehen des Islam in aller Welt von vielen Vorurteilen befreien.«

Wir erzählen von unserer Pro-Islamischen Allianz und zeigen ihm unser viersprachiges Dokument. Jenes mit der Kernaussage: »Weibliche Genitalverstümmelung ist mit dem Koran und der Ethik des Islam unvereinbar. Sie ist Gottesanmaßung und eine Diskriminierung des Islam.«

Ob man das noch optimieren könne, um in der islamischen Jurisprudenz Gehör und Unterstützung zu erreichen. Und ob er uns dabei helfen könnte.

Der Minister hat den Text mit einem schnellen Blick erfasst. »Wer hat denn das da noch drunter geschrieben?« Er deutet auf ein paar handgeschriebene Worte. Beinahe hatten wir sie in der Aufregung vergessen. Gestern Abend hatte ein Gelehrter sie hinzugefügt. Eine ägyptische Bekannte hatte uns mit ihm zusammengebracht: »Er ist ein hochrangiger Wissenschaftler. Vielleicht hat er noch einen Tipp, bevor Sie damit zum Minister gehen.«

Wir waren für jeden Rat dankbar. Also zeigten wir dem Gelehrten das Dokument. Er hatte es kaum gelesen, da stand sein Urteil bereits fest.

»Das wird Ihnen kein einziger Moslem unterschreiben!«

Verächtlich schob er es uns zurück über den Tisch. Da saßen wir dann und nagten an den selbst gebackenen Laugenbrezeln unserer wohlmeinenden Gastgeberin Elena. Die brüske Ablehnung durch ihren Schwager war ihr peinlich.

»Wer hat Ihnen denn das bloß geschrieben?«, murrte der weiter.

»Ein Gelehrter des Zentralrats der Muslime in Deutschland.«

»Und was geht Sie als Fremde diese uralte Tradition überhaupt an? Unsere Frauen sind stolz darauf, beschnitten zu sein.«

Bautz! Der zweite Schlag in die Magengrube.

»Ob die Gastgeberin auch zu den stolzen Frauen zählt?«, flüsterte mir Annette leise zu. Ich schüttelte den Kopf. Wir können es uns keinesfalls denken. Sonst hätte sie dieses Gespräch niemals arrangiert.

Oder sie hat es gerade deshalb eingerichtet.

»Erstens glaube auch ich an nur einen einzigen Gott und an Mohammed als seinen Propheten, und zweitens wird der Brauch inzwischen auch in Deutschland von Migranten praktiziert«, erklärte ich die Einmischung.

Peinliches Schweigen. Lautes Brezelkauen. Er misstraut mir weiter. Bleichgesichter sind niemals gute Muslime, verrät sein Gesichtsausdruck und sein Mund sagt: »Das muss man ganz anders formulieren!«

Aha, immerhin hat er eine Idee.

»Und wie?«

»Hol mal die Hadithe, Elena. Da steht etwas geschrieben, das viel besser ist.«

»Welchen Hadith meinst du?«, wollte die Gastgeberin wissen. Immerhin war ihr Schwager ja Profi. Dann könnte sie gezielt den richtigen Band mitbringen.

»Bring sie alle her. Ich weiß es nicht ganz genau.«

Die Frau verließ den Raum. Nach einer Weile kam sie wieder. Vor sich her schob sie einen vierrädrigen Handwagen. Er war voll beladen mit dicken Büchern

»Hier sind die Hadithe!«

Er zog sich diesen Band und jenen hervor, blätterte, notierte, verwarf, kam nicht voran.

Er rief seinen Freund an. Der wusste auch nicht weiter.

Da mischte Annette sich ein. »An welcher Stelle in den Hadithen steht eigentlich, dass der Prophet zur Verstümmelung sagte, dass man schneiden darf, wenn es nötig wäre, aber dass man nicht zerstören solle?«

Erstaunt und sichtlich erleichtert schaute er sie an. »Die erste vernünftige Frage heute Abend!« Leider konnte er die Frage aber nicht beantworten, die Stelle nicht finden.

Annette notierte sich im Stillen stolz eine Eins und schob gleich noch eine weitere Frage hinterher. »Wenn Sie unseren Text schlecht finden – mögen Sie ihn dann nicht anders formulieren?«

»Das ist ja schon die zweite gute Frage heute Abend!«, überschlug er sich vor Lob.

So besänftigt, strich er unsere Unvereinbarkeitsthese kurzerhand durch und ersetzte sie durch eine Formulierung seiner Wahl.

Mit sich voll und ganz zufrieden, lächelte er zum ersten Mal. »Würde mich interessieren, was der Minister dazu sagt.«

Und nun sitzen wir beim Minister und er fragt »Wer hat denn das da noch drunter geschrieben?«

»Ein islamischer Gelehrter, den wir gestern getroffen haben. Er hielt den Text des Zentralrats für schlecht und inakzeptabel.« Kaum weiß ich, wie ich das formulieren soll.

Zakzouk gibt uns das Dokument zurück. »Das können Sie gern wieder streichen. Die Urform ist völlig in Ordnung und allemal besser.«

Ich muss mir meine Schadenfreude mit großer Beherrschung verkneifen. Nachher werde ich den Schwager aber gleich anrufen.

»Ich finde Ihre Idee sehr gut. Aber ich bin dafür der völlig falsche Ansprechpartner«, fährt der Minister dann fort. »Mein Einfluss endet an den Grenzen Ägyptens. Damit müssen Sie zum Großsheikh, zum Grand Sheikh. Er erreicht alle Sunniten. Und die sind es ja, die in den entsprechenden Ländern verstümmeln.«

»Das wäre natürlich großartig. Aber wie komme ich Ex-Vorstadtbäcker an den Grand Sheikh?«, frage ich verunsichert, aber tapfer lächelnd. Ich habe Angst, dass der mühsam errungene Termin damit beendet ist und ein zeitraubender neuer Anlauf erforderlich würde. Ich denke wieder an das angebliche halbe Jahr Wartezeit, das einem solchen Gespräch vorauszugehen habe.

»Ganz einfach. Weil ich Ihnen helfen werde«, sagt Zakzouk mit größter Selbstverständlichkeit. Dabei greift er bereits zu einem besonderen Telefon (War es eigentlich rot? Ich glaube, ja.), wählt eine Nummer und hat den Grand Sheikh augenblicklich am Apparat. Nach kurzem Gespräch legt er auf.

»In einer halben Stunde erwartet er Sie!«

Zakzouk quittiert unsere Verblüffung mit einem Lächeln.

Während der Wagen vorgefahren kommt, schenkt er uns zwei seiner Bücher: *Einführung in den Islam* und *Fragen zum Thema Islam* von Professor Dr. Mahmoud Hamdi Zakzouk.

Dann sitzen wir in einer vornehmen Limousine, abgedunkeltes Glas, garantiert schusssicher, haben einen eigenen Chauffeur und glauben zu träumen.

»Das kann nicht wahr sein«, wiederholen wir immer wieder. Ich kneife Annette in den Arm. Sie kneift zurück. Also ist es kein Traum.

Der Chauffeur und ein Bodyguard bringen uns zum Hintereingang der neuen ehrwürdigen Al-Azhar-Universität, intellektuelles Zentrum des Islam. Seit vielen Jahrhunderten wird der Islam hier erforscht, gepflegt, verteidigt, gelehrt.

Mit einem Fahrstuhl geht es in die zweite Etage. Wir nehmen Platz in einem großen Besprechungsraum. Ein Dolmetscher kommt. Englisch-Arabisch.

»Ich soll Ihr Anliegen erfragen und es Seiner Eminenz gleich kurz vortragen.«

Also erzählen wir ihm von unserer Vision. Er staunt. Trotz Klimaanlage läuft sein Schweiß in Strömen. Er ist aufgeregt. Wir tun es ihm nach. Da kommt der Großsheikh auch schon herein. Im Sauseschritt, wehenden Gewandes, mit weißer, rotgerandeter Kopfbedeckung und kurzem grauen Viereinhalbtagebart: Seine Eminenz Dr. Muhammad Sayyid Tantawi, religiöses Oberhaupt der Sunniten. Für sie ist er in etwa das, was der Papst für die Katholiken ist. Seit dem Gespräch mit Minister Zakzouk sind nicht mehr als 45 Minuten vergangen. Staunend denken wir »Arabien!«, aber wir sagen »Salaam alaykum, Eminenz!«

»Wa alaykum salaam!«

Der Großsheikh hört sich die Worte des Dolmetschers an. Wir möchten unter anderem wissen, wie der Sheikh zu jenem Hadith steht, demzufolge der Prophet die Verstümmelung angeordnet haben soll. »Beschneidet, aber zerstöret nicht«, soll er gesagt haben.

Wenn wir mit anderen Muslimen über diese Formulierung gesprochen hatten, wurde das in verschiedener Weise interpretiert.

»Damit hat der Prophet gesagt, dass er gegen die *zerstörerische* Form der Verstümmelung ist«, hörten wir. »Also, dass er gegen die pharaonische Form ist. Die milde Form, die Sunna, hat er toleriert.«

Oder: »Er hat das nur gesagt, weil ihm klar war, dass man nicht gleich die gesamte althergebrachte Verstümmelungsart abschaffen könnte.«

Und schließlich: »Er war gegen die Verstümmelung, denn er hat ja seine eigenen Töchter nicht beschnitten.«

Annette hat ganz andere Sorgen. Sie muss die Begegnung unbedingt als Filmdokument festhalten. Sie muss Fotos machen. Nie bekommen wir eine zweite Chance. Und ohne Fotos glaubt uns das mal wieder niemand.

»Dürfen wir das Gespräch filmen?« Die Frage gilt dem Dolmetscher.

Der kriegt einen neuen Schweißschub. »Das soll ich den Grand Sheikh fragen?«

»Ja, bitte.«

Er fragt.

Der Sheikh blickt nicht einmal auf. »Von mir aus.« Dann redet er weiter. Schließlich ist er fertig.

»Können wir ihre Worte auch schriftlich haben?«

Auch das ist kein Problem. Er nimmt ein Blatt Papier, schreibt und liest gleichzeitig und laut.

> Im Namen Allahs, des Gnädigen und Allerbarmers! Die Beschneidung von Frauen ist ein Brauch, keine religiöse Pflicht. Sämtliche überlieferte Hadithe sind schwach (d.h. nicht authentisch).
>
> Grand Sheikh von El-Azhar Muhammad Sayed Tantawi 13.07.2002

Das Blatt Papier ist ohne Briefkopf oder Initialen. Erneut weiß ich »Das wird uns niemand glauben!« Langsam artet diese Befürchtung bei mir zu einem Komplex aus. Dennoch spreche ich es aus.

»Dürften wir Sie noch um einen Stempel bitten? Das glaubt uns sonst niemand.«

Er nickt dem Dolmetscher zu. »Gehen Sie mit den beiden runter ins Büro und lassen Sie ihnen den Stempel geben.«

Der Großsheikh erhebt sich. Wir verlassen den Raum

Wie ist es möglich, so schnell einen Termin mit einer solch ranghohen Persönlichkeit zu bekommen, fragen wir uns in diesem Moment beide gleichzeitig. Als hätte der Sheikh nichts zu tun und nur auf uns gewartet.

Das hat er natürlich nicht. Das wird uns klar, als wir den Raum verlassen und diesmal nicht wieder über den Hintereingang, sondern durch den Vordereingang hinausbegleitet werden. Da sitzen in seinem Vorzimmer etwa 25 Männer und warten geduldig auf ein Gespräch mit dem Sheikh. Viele von ihnen werden heute gar nicht mehr an die Reihe kommen. Vielleicht warten sie schon drei Tage. Aber sie harren aus. Alle erwidern freundlich unser »Salaam alaykum«. Niemand scheint verärgert über uns fremde Vordrängler. Die Entscheidungen des Großsheikhs sind eben unantastbar.

»Wohin möchten Sie den Stempel?«, fragt der Bürovorsteher hilfsbereit.

»Rechts neben die Unterschrift. Nicht *auf* die Unterschrift. Man muss sie lesen können.«

Der Mann öffnet die Aktentasche auf seinem Schreibtisch, entnimmt ihr einen Stempel. Rund und amtlich. Er schaut ihn an. Ja, es ist der richtige. Er drückt ihn auf ein trockenes Stempelkissen. Lange und ausgiebig. Behutsam legt er das Schreiben auf die Aktentasche. Dann setzt er den Stempel auf dem Dokument an. Er drückt ausdauernd, kräftig, rotierend.

Stolz reicht er uns die »Fatwa«, das Rechtsgutachten, zurück. Doch das Resultat ist eher enttäuschend. Der Stempel wirkt blass und desinteressiert. Es wird seiner Bedeutung nicht gerecht. Der ägyptische Staatsadler ist nur schemenhaft zu erkennen.

Wir bedanken uns artig und verlassen das Gebäude durch den Haupteingang. Im Gegensatz zum Hintereingang summt es hier wie im Bienenstock. Es herrscht geschäftige Hektik.

»Irgendwie gefällt mir der Stempel nicht«, mosere ich schon im Taxi. Und daheim im Flamenco-Hotel steigert sich mein Unwohlsein noch weiter. Das alte Problem: Man könnte die Echtheit anzweifeln. Wir brauchen klare Belege.

»Ich gehe noch einmal zurück und bitte ihn um einen weiteren Stempel. Diesmal nicht auf seiner weichen Tasche als Unterlage, sondern auf der Tischplatte.«

»Meinst du nicht, dass es am trockenen Stempelkissen liegt?«, fürchtet Annette. »Kauf lieber ein neues Stempelkissen. Dann bist du auf der sicheren Seite.«

So tauchen wir am nächsten Tag erneut im geweihten Gebäude auf.

»Der Bürovorsteher ist gerade in einer größeren Sitzung«, heißt es am Empfang. »Aber kommen Sie mal mit. Wir bitten ihn einfach vor die Tür.«

Man ist sehr zuvorkommend. »Das sind die beiden, die gestern beim Chef waren«, meine ich herauszuhören. Aha, man kennt uns.

Der Stempelmann kommt nicht vor die Tür. Statt dessen bittet er uns hinein, stellt uns lautstark den übrigen zwanzig Personen vor. Alle blicken auf. Bereitwillig kramt er das Insignium seiner Autorität aus der Aktentasche.

»Bitte auf der festen Tischplatte und mit dem neuen Stempelkissen. Man muss den Stempel gut lesen können.«

Dennoch ist das Resultat kaum besser. Der Stempel selbst ist das Problem. Er ist abgenutzt. Wie ein alter Autoreifen.

»Noch einen dritten?« Der Mann scheint plötzlich von der Stempelitis befallen.

»Ja, gern.« Schon deshalb, weil aller guten Dinge drei sind.

Und alle drei zusammen erfüllen schließlich doch ihren Zweck. Amtlicher geht's kaum noch.

Euphorisch kehren wir heim ins Hotel. »Sollen wir noch raus nach Giseh und unser Transparent spannen?« Ich möchte unsere gehobene Stimmung nutzen. Der Tag soll eine weitere Krönung erfahren.

Ein Taxi bringt uns an die geschichtsträchtigen Stätten vor den Toren Kairos. Hier irgendwo mag sich in grauer Vorzeit ein geistesgestörter, sadistischer Wahnsinniger den Brauch der Verstümmelung ausgedacht haben. Deshalb Pharaonische Verstümmelung. Deshalb müsste man ihn hier, so unser Traum, eines Tages symbolisch wieder zu Grabe tragen. Verscharren in den Gräbern der Pharaonen. Gemeinsam mit Repräsentanten aller Religionen, der ägyptischen Regierung, den Botschaftern der Welt und Kofi Annan von der UNO. Und mit einem Lied von Sting vielleicht.

»Melden Sie sich, sobald es soweit ist«, hatte uns Stings Büro auf unsere entsprechende Anfrage mitgeteilt.

Wir heuern einen Pferdevermieter und drei Pferde an und reiten hinaus in die Wüste. Bis Perspektive und Licht stimmen. Hier entfalten wir das Transparent, das wir eigens dafür mitgebracht haben. Das Gleiche in hundert Metern Länge soll dann später zwischen den Pyramiden flattern. Es ist unsere Unvereinbarkeitsthese.

Der Ägypter macht die Fotos.

»Da kommt Polizei!« Annette hat zwei Männer auf Kamelen entdeckt, die auf uns zugeprescht kommen. Jetzt gibt's Ärger. Bestimmt braucht man auch hier eine Genehmigung, wenn man solche Demos inszeniert.

»Heute morgen beim Großsheikh, heute Abend im Knast«, prophezeit sie.

Schnell, aber ohne sichtbare Hektik, rollen wir das Tuch zusammen. Es soll harmlos aussehen, was es ja auch ist. Dann sind die Polizisten heran. Auf ihrer Brust ein Fernglas. Sie haben alles gesehen.

Unseren Begleiter begrüßen sie mit Handschlag. »Hallo, Ibrahim!«

»Kollegen von mir«, erklärt uns Ibrahim. »Ich arbeite bei der Polizei. Mit der Touristenführung verdiene ich mir etwas Geld nebenbei.«

Sportlich springen die Männer von ihren Kamelen. Aha, jetzt wollen sie bestimmt das Transparent sehen. Unser Führer hat uns verraten.

Weit gefehlt! Der eine nimmt mich beiseite. Er druckst herum, lobt Deutschland. Dann spricht er es aus.

»Habt ihr nicht ein Trinkgeld für uns?« Na gut. Besser als Gefängnis.

Wir nutzen unseren Aufenthalt in Kairo und konsultieren Frau Moushira Khattab. Sie zählt zu den engsten

Beraterinnen von Frau Suzanne Mubarak, First Lady Ägyptens.

Die Deutsche Botschaft hat uns auch diesen Kontakt hergestellt. Unter der Schirmherrschaft der Frau des Staatspräsidenten soll vom 21. bis 23. Juni 2003 im Conrad-Hotel zu Kairo eine *Internationale Konferenz gegen FGM* stattfinden. Titel: »Legal Tools for the Prevention of Female Genital Mutilation«. Unterstützt von der Europäischen Kommission.

Als Frau Khattab von unserer Strategie und den ersten Erfolgen hört, ist sie völlig begeistert. »Sie sollten dringend auf der Konferenz sprechen! Darf ich Sie dazu einladen?«

Wir sollen unsere Arbeit vorstellen und vor allem unsere Strategie mit dem Islam. Frau Khattab wünscht, dass Frau Mubarak das hört.

Nichts lieber als das. Vereinbarungsgemäß stehen Annette und ich auf der Matte. Wir haben uns gut vorbereitet: Fünfzehn Minuten Diavortrag, Rede in Englisch, Rede hundertfach kopiert für alle Konferenzteilnehmer was uns beinahe Übergepäck gekostet hat. Nun sind wir im vornehmen Conrad-Hotel, luxuriöses Appartement, viel bunt gekleidetes Volk aus aller Welt. Stolz wie einen Orden präsentieren alle am Revers ihr Konferenzteilnehmerschild.

Diskussionsgrüppchen hier und dort. Im Foyer endlos lange Tische mit Unmengen von Werbematerial der einzelnen Teilnehmer und ihrer Organisationen. Auch wir erhalten ein solches Namensschild und das Veranstaltungsprogramm.

»Wann sind wir denn an der Reihe?«, will Annette wissen. Ich schaue das Programm genauer an. Tatsächlich – wir sind immer noch nicht aufgeführt. Dabei hatten wir das Fehlen doch bereits vor Wochen per Mail bei Moushira Khattab moniert. Und sie hatte versichert, das sei kein Problem, der uns vorab geschickte Ablauf sei nur ein erster Entwurf.

Da stehen wir jetzt mit dem Projektor unterm Arm und meiner Rede auf Englisch im Kopf und überlegen, wann unser Auftritt überhaupt sein *könnte.* Das Zeitfenster ist prallvoll. Eigentlich gar kein Platz mehr für Quereinsteiger und Querdenker.

Annette hat schon wieder ihr berüchtigtes Bauchgefühl.

»Kannst du mir sagen, wo da bei all den Reden noch Zeit sein sollte? Die haben uns ausgetrickst.«

Wir brauchen dringend Klarheit und erkundigen uns bei den Empfangstischen. Da wieseln allerhand wichtige Frauen umher. Sie sind leicht auszumachen an den vielen Aktenmappen, die sie ständig unterm Arm tragen. Je mehr Aktenmappen, desto bedeutungsvoller. Es sind vor allem Repräsentantinnen dreier europäischer Organisationen namens AIDOS, NPWJ und ESPHP – was auch immer die Abkürzungen bedeuten. Sie sollen unter anderem aus Belgien und Italien stammen.

»Was haben Sie denn da auf ihren Hemden stehen?«, will die eine mit unübersehbar geringschätziger Mimik wissen.

»Pro-Islamic Alliance against Female Genital Mutilation« lesen wir ihr vor, was dick auf dem Rücken in Gold und Grün eingestickt ist. Vorn auch unsere Namen. Im Grunde brauchen wir die amtlichen Schilder gar nicht.

»Pfhhh«, reagiert sie und wendet sich ab.

Endlich finden wir in dem Gedränge unsere direkte, unsere ägyptische Ansprechpartnerin. Sie beruhigt uns. »Machen Sie sich keine Sorgen. Frau Khattab ist es sogar sehr wichtig, dass Sie sprechen. Keiner der Teilnehmer hat eine vergleichbare Strategie und Erfolge vorzuweisen.«

Das ist beruhigend. Zumal sie es in Gegenwart des uns begleitenden Botschaftsrepräsentanten Wolfgang Bindseil versichert. Auf jeden Fall spüren wir, dass wir die 15-minütige Redezeit kürzen sollten auf fünf Minuten. Lieber kurz und knackig als lang und langweilig. Kein Problem. Im Office tippt Annette auf der arabischen Tastatur mühsam die englische Rede neu. Wieder hundertfach kopieren. Das Conrad-Hotel ist hilfsbereit.

Ich will's kurz machen. Weder am ersten noch am zweiten, noch am letzten Tag werden wir ins Programm genommen. Zum einen wird alles von der Fülle hochprominenter Redner erstickt. Zum Beispiel den Führern der Religionen. Auch Dr. Tantawi, der Grand Sheikh, ist darunter oder ein hoher koptischer Patriarch. Und selbstverständlich jemand von der UN, jemand von der Europäischen Gemeinschaft, jemand von hier, jemand von da. Viele Jemands. Uns Niemande ausgeschlossen.

Die Zeit zerfließt. Es wird nie pünktlich begonnen, aber sehr pünktlich und anhaltend pausiert. Die verbleibende Zeit wird gefüllt mit Wortmeldungen. Statt konstruktiver Vorschläge stellen sich die bunt betuchten Frauen aller Herren und Frauen Länder Afrikas persönlich vor. Alle Reden wirken identisch. Vielleicht gab es dafür heimlich einen Vordruck. »Mein Name ist Aida Bint Mohammed Idriss. Ich bin die Erste Vorsitzende der Sowieso-Organisation in Niger. Wir kämpfen seit x Jahren gegen Weibliche Genitalverstümmelung. Ich möchte zu allererst Ihrer Exzellenz, Frau Suzanne Mubarak für die Organisation dieser Konferenz danken, für ihr mutiges Engagement gegen diesen Brauch und die großartige Rede. Ich wünsche dem Kongress allen Erfolg!«

Setzen, Applaus, die Nächste. Den einzig erkennbaren Unterschied können wir nur in der Farbenpracht ihrer traditionellen Gewänder feststellen. Das Spektakel erinnert mich an die Oscar-Verleihungen, wo kein Oscar-Gewinner umhin kommt, in seine Dankesrede auch einzuflechten, dass er den Oscar nur »Thanks to Mom, thanks to Dad« errungen hat.

Die weltberühmten Türme von Al-Azhar

An keinem der Tage werden wir ins Programm genommen, aber immer vom Vormittag auf den Nachmittag und wieder auf den nächsten Tag verwiesen. Wenn dann Frau Mubarak käme, würde Frau Khattab uns das Wort erteilen. Schließlich sollen die höchsten des Landes unsere Arbeit kennen lernen.

Es sprach Frau Mubarak, es sprachen der Grand Sheikh Dr. Tantawi und ein hoher koptischer Patriarch. Es sprach jemand von der UN, jemand von der Europäischen Gemeinschaft, jemand von hier, jemand von da. Viele Jemands. Uns Niemande ausgeschlossen.

Am letzten Tag dann die Pressekonferenz. Pünktlich um elf Uhr soll sie stattfinden. Um sich gemeinsam auf ein Resultat zu einigen, ist der Beginn auf neun Uhr angesetzt. Doch um neun Uhr nichts als gähnende Saal-Leere. Haben wir uns in der Zeit geirrt? Oder in der Räumlichkeit? Mitnichten. Es ist allenorten still. Nur im Frühstücksraum wird's lebendig. Aber auch das nur sehr langsam. Dafür nachhaltig.

Um zehn Uhr trudeln schließlich die ersten Gäste ein.

Sie sind Routiniers. Berufskongressler. Sie kennen das Zeitprozedere. »Nur keine Hektik« ist das Motto und nicht irgendwelcher angeblicher Konsens. Denn der steht längst fest. Er wurde schon zu Beginn der Konferenz formuliert und kopiert. Er wird den Medien um halb zwölf übergeben. Die Kernaussage ist kurz und überzeugend. Sie lautet »Die Konferenzteilnehmer sind sich einig darin, dass sie noch entschiedener gegen die Weibliche Genitalverstümmelung aktiv werden müssen.«

Ein aufschlussreiches Resultat für eine solch teure Konferenz! Der Kellner, der uns soeben einen arabischen Kaffee nachreicht, muss schmunzeln. »Das haben sie doch schon Ende der Neunzigerjahre bei der letzten Konferenz gesagt.«

Wir sind wieder einmal in der Wirklichkeit gelandet.

Die Fahrende Krankenstation

Eine Handvoll Hilfe ist besser
als ein Lastwagen voll Rat.
Gehört auf Radio Niedersachsen

DaimlerChrysler schenkt uns ein Unimog-Chassis! Annettes Bruder Harald, Mitbegründer von TARGET, baut uns professionell einen sehr zweckmäßigen »Koffer« darauf, einen Aufsatz. Wir beschriften ihn mit »Afar Hospital. Ethiopia/Germany« und mit »Qafar Dacarsittoh Dayli-buxa«. Das ist dasselbe in der Afarsprache Afaraf.

Seit etwa dreißig Jahren haben die Afar nämlich eine eigene Schrift für ihre bis dahin ungeschriebene Sprache. Damals haben Stammesführer unkonventionell entschieden, sich lateinischer Buchstaben zu bedienen. Zur Debatte standen auch arabische und amharische (äthiopische) Schriftzeichen.

»Das Arabische wäre unserer Religion, das Amharische unserer Regierungssprache gerecht geworden«, erklärt mir später Abdulkader Redo, der entscheidende Initiator der Schriftreform. »Dass wir uns für die lateinischen Buchstaben entschieden haben, hatte zwei Gründe: sie sind, weltweit gesehen, bekannter, und es gibt in unserer Sprache Laute, für die es in beiden anderen Sprachen keine Entsprechung gibt. Wir hätten dann ohnehin neue Zeichen erfinden müssen. Da bot sich Latein als beste Lösung an.«

Um unsere Fahrende Station nicht zum Angriffsziel irgendwelcher Banditen zu machen, schmücken wir sie noch unübersehbar mit dem »Roten Halbmond«, dem »Roten Kreuz« des Islam.

»Ob man dafür eine Genehmigung aus dem Head Office des Roten Halbmonds braucht? Bestimmt kann nicht jeder ungefragt sein Auto damit schmücken.« Annette mal ganz anders. Als Bedenkenträgerin.

Wir überlegen hin, wir überlegen her. Wir möchten vermeiden, dass man uns Auflagen macht. Wir müssen unabhängig bleiben. Unabhängigkeit – die TARGET-Maxime.

Dann haben wir die rettende Idee. Wir klauen sie vom Roten Kreuz. Deren Logo ist ursprünglich aus der Schweizer Fahne entstanden. Mit vertauschten Farben. Genauso machen wir es. Aus dem *roten* Halbmond auf *weißem* Grund wird unser *weißer* Halbmond auf *rotem* Grund. Niemandem fällt das auf. Nicht einmal mehr uns.

Mit diesem Gefährt geht es ins niedersächsische Munster, ins Trainingsgelände der Bundeswehr. »Ein Geländetraining für Ihre beiden Mitarbeiterinnen ist unser Beitrag zur Unterstützung Ihres humanitären Projektes!« So ein Sprecher der Bundeswehr.

Sie sollen lernen, wie man mit dem Fahrzeug durch tiefe Wassergräben und über steile Hänge fährt. Die Ausbilder rauschen im Kettenfahrzeug vorweg, dass die Tümpel sich gebärden wie bei Seestärke 12. Wir stehen über Sprechfunk in Verbindung. Nach anfänglicher Vorsicht und Zaghaftigkeit, geben auch unsere Medizinerinnen schließlich nur noch Vollgas. Die Krankenschwester ist regelrecht berauscht. »Ich werde meinen kleinen Wagen sofort verkaufen und mir einen Unimog zulegen!«

Schließlich bekommt der große Unimog noch ein kleines Brüderchen: einen gebrauchten Toyota-Geländewagen, wieder liebevoll auf Wüstenbedürfnisse zugeschnitten von Annettes Brüderchen.

Die Fahrende Krankenstation ist unser Dankeschön für die mutige Entscheidung der Afarführer bei TARGETs erster Wüstenkonferenz 2002. Aus Erfahrung wissen wir, dass es immer eines besonderen Mutes bedarf, als Erster die stimmberechtigte Hand zu heben. Zumal dann, wenn es um Entscheidungen von historischer Dimension geht. Und das haben die Afar in unserem Falle beispielhaft getan.

Im Nachhinein betrachtet, ist es gut, dass wir nicht wussten, was wir uns damit an Anfangsschwierigkeiten aufgehalst haben! Denkt man daheim im funktionierenden Deutschland blauäugig und optimistisch, Äthiopien würde sich über diese Art von Entwicklungshilfe freuen und sie unterstützen, sehen wir uns bald getäuscht. Jede noch so kleine Entscheidung bedarf der Zustimmung von allen möglichen und vor allem unmöglichen Behörden. Niemand wagt eine endgültige Entscheidung zu treffen. Irgendeine neben- oder übergeordnete Behörde könnte ja etwas daran zu beanstanden haben. Also läuft man von Pontius zu Pilatus und zu deren Schwägern und Neffen. Sie wollen Steuern, Gebühren, Bestechungsgeld. Oder haben grundsätzlich nur donnerstags geöffnet, wenn da nicht gerade ein Grund zur Schließung vorliegt und man wieder eine Woche warten muss!

»Zahlen Sie nie und unter keinen Umständen Bestechungsgelder!«, hatte uns Karl-Heinz Böhm geraten. »Das spricht sich sofort rum. Denn jeder Entscheidungsträger kennt jeden anderen. Üben Sie sich lieber in Geduld und stehen Sie den Behördenmarathon durch.«

Um diese neue Sportdisziplin bewältigen zu können, müssen wir einen äthiopischen Extra-Repräsentanten einstellen. Der macht seinen Job, unseren Krankenwagen über Dschibuti nach Äthiopien zu holen, zunächst gut, bis er von irgendwo hört, internationale Hilfsorganisationen verfügten über Geld ohne Ende. Entsprechend ufern seine Forderungen aus. Wir müssen uns von ihm trennen. Am liebsten möchte ich mich beim Staatspräsidenten persönlich beschweren.

Unsere fertigen Einsatzfahrzeuge für die Wüste

Drei Beispiele mögen unsere Probleme verdeutlichen.

Zollabfertigung an der Grenze von Dschibuti nach Äthiopien. Unsere Wagen- und Zollpapiere sind in Ordnung. Morgen Abend wollen wir in Addis sein.

Der Zöllner winkt uns freundlich auf einen Warteplatz. Da stehen schon viele andere Großfahrzeuge. Randvoll beladen mit allen Gütern dieser Welt. Die Fahrer haben es sich gemütlich gemacht. Sie trinken Tee, halten ein Nickerchen ab.

Unser Repräsentant kennt die Gepflogenheiten. »Wer hier nicht bereit ist, einen kleinen Obolus zu zahlen, der wartet gut und gerne drei Tage.«

Wir bekommen die richtige Vorstellung davon, als ein leitender Grenzer auftaucht mit unseren Wagenpapieren. »Ihr Wagen wiegt netto exakt 5,763 Tonnen. Habe ich recht?«

»Wenn das dort steht, wird es stimmen. Die Angaben stammen vom Hersteller DaimlerChrysler in Germany.«

»Oh, Deutschland! Ich liebe Deutschland. Ein tolles Land! Aber dennoch. Ich muss das nachwiegen. Laden Sie bitte alles ab.«

Alles abladen – das bedeutet hundert Kisten und Kasten, die von anderen längst mehrfach geprüft, versiegelt und verplombt worden sind. Sowohl bei der Abfahrt in Deutschland als auch bei der Ankunft in Dschibuti. Unser Dolmetscher warnt uns.

»Wenn dann das Gewicht um ein Kilo mehr oder weniger von den Angaben abweicht, gibt es richtig Probleme. Und wenn es zufällig stimmen sollte, werden sämtliche Tabletten in den Medikamentenkisten nachgezählt. Die haben jede Menge Helfer, um solche Arbeit auszuführen. Vor allem haben sie Zeit.«

»Wie viel Bestechung will er denn?«

»Ich denke hundert Euro sind genug.«

Wir machen notgedrungen eine Ausnahme. Hundert Euro sind verschmerzbar, wir gewinnen drei Tage und ersparen uns Bußgelder für womöglich zwölf zu viel geladene Schmerztabletten. Zwölf bei fünfzigtausend, wohlgemerkt.

»In besonders schlimmen Fällen messen sie sogar den Verbandsmull nach. Und den können sie beliebig dehnen.«

Ein anderer Fall. Keinen einzigen Birr (zehn Birr entsprechen einem Euro) zahlen wir einem hochrangigen Mitarbeiter des Finanzministeriums. Er kommt ganz klar zur Sache. Ohne den Aus- und Abladetrick. Denn bei ihm geht es nicht um eine Handvoll Peanuts.

»Ich könnte Ihnen helfen, Ihrer Organisation viel Geld einzusparen. Ich kann Ihren Steuerprozentsatz von 50 auf 25 Prozent reduzieren. Dann sparen Sie – ich schaue mal eben auf Ihre Kalkulation – vierzigtausend Euro in zwei Jahren. Davon hätte ich gern zwanzigtausend in bar auf die Hand.«

Ein so ehrliches Wort, das uns Respekt einflößt, weil die Spucke wegbleibt. Wir zahlen nicht, nehmen lieber längere Behördenwege und die Verärgerung des Beamten in Kauf.

So auch ein weiterer Entscheidungsträger. Er konfrontiert uns mit einer einsamen Logik. »Sie verdienen mit der Armut unseres Landes sehr viel Geld. Habe ich recht? Reiche deutsche Spender geben es Ihnen für Äthiopien. Davon möchte ich meinen berechtigten Anteil. Ich bin Äthiopier. Ich bin arm. Das Geld ist unter anderem für mich bestimmt.«

Ich koche vor Empörung. Bestimmt poliere ich ihm gleich sein widerliches Maul.

Man ist in solchen Momenten schnell versucht, ganz Afrika über einen Kamm zu scheren. Aber offenbar ist Äthiopien für seine kreative Beamtenhierarchie als besondere Ausnahme bekannt: Der Medikamentenlieferant »*Aktion Medeor*«, der sonst in alle Welt liefert, kennt eine Ausnahme. Sie heißt Äthiopien.

Wir üben uns in Geduld, halten das für Anfangsschwierigkeiten. Wenn man das Prozedere erst einmal kennt, wird es leichter werden. Und so ist es schließlich.

Aber auch unsere erste Ärztin entpuppt sich als Fehlgriff. Je näher der Zeitpunkt des Einsatzes in das Wüstengebiet rückt, fort vom behaglichen Refugium unseres Büros in der Stadt Mekele, desto nervöser wird sie. Schließlich fliegt sie ohne Vorankündigung heim nach Deutschland und kündigt. Nicht einmal ihre Kollegin weiht sie ein. Die ahnt den Grund.

»Immer wieder sagte sie, die Leute in der Danakil hätten sie mit einem Voodoo-Fluch belegt.«

Bei einem späteren Anruf bestätigt sie ihr gegenüber den Verdacht. »Ich bin gleich zu meiner Handdeuterin gegangen. Die hat gesagt, ich war nicht gefährdet.« Studierte Medizinerin!

Aber dann rollen die Wagen. Die Schwierigkeiten sind überwunden, seit wir Ali Mekla hauptamtlich zu unserem Vertrauensmann in Äthiopien bestimmt haben. Seine Arbeitgeber-Firma in Osnabrück wurde aufgelöst und Ali frei für uns. Er kennt sämtliche Tricks Afrikas, findet sogar ohne Kompass selbst die verborgensten Schleichwege durch die Amtsstuben, beherrscht alle dort in Frage kommenden Sprachen, und er hat Zivilcourage. Vor allem ist er ein Diplomat. Er stellt unsere Mitarbeiter ein, er schlichtet Probleme. Für ihn ist die Tätigkeit die Erfüllung seiner Träume.

Kameramann Thomas Reinecke und ich begleiten den Konvoi mehrere Wochen. Unser erster Eindruck: Das Warten hat sich gelohnt!

Zum Beispiel Konaba, kleiner Ort im Afarland. Er liegt in einem Tal, ist von hohen Felsformationen gesäumt. Viele alte Akazien und wilde Aloe Vera verleihen ihm afrikanisches Flair. Es ist Montag, als wir die felsige Straße hinter uns lassen und in den Ort einfahren. Clan-Chef Hussein lässt uns gar nicht erst zur Ruhe kommen. »Heute ist Markttag. Das müssen wir nutzen. Da kommen die Leute aus der ganzen Umgebung hier zusammen. Ich habe allen Bescheid gesagt, dass ich ihnen um 15 Uhr die Ärztinnen vorstellen werde.«

Dabei wollten wir erst einmal das Gemeinschaftszelt aufbauen. Gegen die Sonne, gegen den Staub, gegen die Neugier.

»Das hat Zeit. Und außerdem braucht ihr das Zelt nicht. Ihr könnt kostenlos in dem lang gestreckten Gebäude wohnen. Es ist groß und sauber. Da könnt ihr euch ganz anders entfalten.«

Wir erfahren, dass das besagte Haus von einer amerikanischen Organisation dort errichtet worden ist, um Rinder und Kamele gegen Krankheiten zu impfen. Aber es wurde nie gebraucht. Das Gebäude steht leer. Nun gehört es uns. Das nennen wir ein wertvolles Gastgeschenk! Vier große Räume, alles gekachelt. Im Gartenbereich eine Toilette und einfache Duschmöglichkeit.

Ali hat sofort eine Idee. »Vielleicht können wir das regelrecht pachten und als Basisstation einrichten. Von hier aus fahren wir dann sternförmig ins Land.«

Clan-Chef Hussein ist einverstanden. So werden wir Pächter einer wunderschönen »Villa«.

Fünfzehn Uhr. Die Hitze lässt nach. Wir stehen mit Hussein, unserer Ärztin Stephanie, Krankenschwester Petra und dem Polizeichef auf einem Lehmdach. Vor uns, am Berghang, türmen sich 500 bunt betuchte Gestalten eng aneinander. Ein beeindruckender Anblick. Unsere beiden Frauen sind fassungslos, geehrt, hin und weg. Ein weiteres Kapitel aus Tausendundeiner Nacht.

»Ich darf euch die Ärztin und die Krankenschwester vorstellen. Sie heißen Steffi und Petra. Ich erwarte, dass ihr euch anständig benehmt und nicht drängelt. Lasst die Kränksten als Erste zur Behandlung. Keiner muss Sorge haben, nicht dranzukommen. Die beiden Frauen bleiben hier, bis alle behandelt worden sind. Dann fahren sie zurück ins Headquarter nach Mekele. Dort holen sie Nachschub an Medikamenten und kehren zurück.« Hussein übernimmt diese Vorstellung.

Applaus, dass der Berg vibriert. Erdbeben der Stärke 0,001 nehmen sich dagegen wie ein schlappes Rülpsen aus. Bei der nächsten Wahl wird ihm das Pluspunkte einbringen.

Petra richtet im Handumdrehen den Behandlungsraum ein. Wir anderen arrangieren einen Platz für unsere Schlafmatten auf der Terrasse. Die beiden Fahrer bevorzugen einen Unterschlupf bei Verwandten im Dorf. Jeder hat überall Verwandte.

Morgens um sechs setzt der Strom der Patienten ein. Um Ärger vorzubeugen, verteilen wir nummerierte Zettel. Bald schon sind es 400 Personen. Vor allem Frauen mit ihren Kindern.

Petra macht den Empfang, registriert die Namen, assistiert Steffi. Steffi behandelt und lässt sich nicht aus der Ruhe bringen. Für jeden Patienten hat sie ausgiebig Zeit. Ich werde kribbelig angesichts der wartenden Menschenmassen. Die Letzten kommen bestimmt nicht vor der nächsten Woche an die Reihe. Sie wandern im Laufe des Tages mit dem Schatten ums Haus. Sie sind unendlich geduldig.

Ali Mekla macht den Dolmetscher. Das scheint zunächst schwierig. Die Frauen sind es nicht gewöhnt, einem Mann so detailliert von ihren Leiden zu berichten. Aber Ali macht seinen Job mit Humor und Bravour.

»Was? Du willst was gegen das Alter? So was gibt's auf der ganzen Welt nicht. Sei froh, dass du noch lebst. Herzlichen Glückwunsch!« Der alte Mann ist froh und zieht wieder von dannen.

Eine alte Frau hört nichts mehr. »Da geht es dir wie Rüdiger. Der hört ohne Hörgeräte auch nichts mehr.«

»Dann will ich auch solche Hörgeräte!«

»Die sind erstens mordsteuer und zweitens gibt es die nirgends in Äthiopien.«

»Ich will die aber haben.« Bock-bock.

Da fällt mein Blick auf den großen Benzintrichter. Ich halte ihn ihr ans Ohr und spreche hinein.

Sie zuckt richtig zusammen. »Ja, das kann ich hören.«

Ich nehme meinen Dolch, halbiere das Plastikteil, eins für jedes Ohr, und die Frau zieht glücklich von dannen, als hätte sie Elefantenohren.

Aber ich kriege auch Ärger. Es ist Mittagspause. 13 bis 15 Uhr. Die Patientinnen warten geduldig, nutzen die Ansammlung zu Nachbarschaftstratsch. Ich versuche zu schlafen. Da kommt ein älterer Mann angestolpert.

»Ich will behandelt werden!«, verkündet er schon von Weitem und lautstark.

»Jetzt ist Pause«, sagen ihm die anderen.

»Das ist mir egal.«

Wütend klopft er mit dem Stock auf meine Matratze. Und das nicht nur mitten im schönsten Schlaf und Traum, sondern ausgerechnet in einem besonderen Traum. Nämlich in Farbe und in Deutsch. Ich finde vor Zorn gar nicht die richtigen arabischen Worte. »Hau ab!«, brülle ich ihn an. Und zeige ihm drei Finger. »Um drei Uhr.«

Drei Uhr? Das ist was für Frauen. Er ist ein Mann. Er will *jetzt* behandelt werden. Ohne anzuklopfen, stürmt er ins leere Behandlungszimmer. Der Lärm seines Stockes verrät selbst mir, dem in Deutsch, Farbe, schlafend Träumenden, wo er gerade ist, was er womöglich betrommelt. Der schlägt uns die Apparaturen klein.

Wie von einem Skorpion gezwackt, bin ich auf den Beinen, stürme ihm nach, greife ihn am Schlafittchen, und ehe er sich versieht, ist er wieder draußen. Am liebsten hätte ich ihn die fünf Stufen hinuntergeworfen. Achtkantig. Ich belasse es bei zwei. Dann halte ich ihn fest.

Laut protestierend verlässt er das Gelände. Die Frauen beruhigen ihn. Er lässt sich auf nichts ein. Er ist fort. Der Fall scheint erledigt.

»Sag mal, hast du gestern einen älteren Mann die Treppe runtergeworfen?« Ali scheint recht besorgt.

»Ja, der hat hier tierisch Randale gemacht.«

»Weißt du, wer das war? Das war der Chef vom Nachbarort. Der ist total sauer und hat eine Mordswut. Du hast sein Ansehen ramponiert. Jetzt hat er 15 Männer zusammen getrommelt. Sie haben alle einen Knüppel. Sie wollen dich zusammendreschen. Sie müssen jeden Moment hier sein. Du hast ihn nicht nur beleidigt. Seit gestern hat er gewaltige Kopfschmerzen. Am besten, du entschuldigst dich!«

Ali hat kaum ausgesprochen, da kommt der Trupp anmarschiert. Im Gänsemarsch, im Gleichschritt, bewaffnet. Ihnen voran der Alte. Ich muss unwillkürlich an die Sieben Schwaben denken.

Sie marschieren aufs Gelände. Ich weiß nicht, ob ich lachen oder still abwarten soll. Ich entscheide mich für den

Angriff. Er ist die beste Verteidigung. Kurz entschlossen springe ich die fünf Stufen hinunter, stürme ihnen entgegen.

»Salaam alaykum, ya ra'iis, oh Chef!«, rufe ich schon von Weitem. Mit ausgestreckten Armen eile ich auf ihn zu, umarme ihn. Er ist verdattert, erwidert den Gruß. Ali steht mir bei. Bodyguard auf Abruf.

»Es tut mir ja soo leid«, lüge ich. »Aber ich dachte, du würdest uns die teuren Geräte zerschlagen. Und nun höre ich, dass du sogar Kopfschmerzen hast. Deshalb biete ich dir drei Gegenleistungen an. Ich entschuldige mich hiermit vielmals und vor allen Leuten, ich gebe dir zwei Schmerztabletten und ich gebe dir zwei Euro Schmerzensgeld!«

Der Alte ist völlig überrumpelt. Seine Armee senkt die Knüppel. Er erwidert die Umarmung, schluckt die Tabletten gleich aus dem Stegreif, gallebitter und ohne Wasser, und er steckt das Geld ein. »Zwei Euro!« Stolz hält er die Münzen hoch. Wir scheiden als Freunde.

»Wenn du mal ein paar starke Männer brauchst, die dich verteidigen, melde dich bei mir.«

Werde ich machen.

Das zu den heiteren Seiten. Auf der anderen Seite das große Elend. Kinder mit schwer eiternden Brandmalen auf dem Rumpf. Vorne und hinten. »Das haben wir gegen die Schmerzen gemacht. Starke Schmerzen, die vorübergehen, gegen etwas weniger starke Schmerzen, die dauerhaft sind.«

Oder eine Frau, die man auf ein Bett geschnallt hat und zu uns bringt.

Seit zwei Tagen hatte sie vergeblich versucht, ihr Kind auf die Welt zu bringen. Bis einer der Männer eingegriffen hatte. Er hatte das Kind mit einem gewaltigen Angelhaken herausgeholt. Das Kind ist tot. Die Mutter überlebt. Sie hat viel Blut verloren.

Oder der Junge, dessen Kopf eine einzige eitrige Schorfmasse ist. Er lacht uns hoffnungsfroh an. Bei ihr ist er richtig. Sie kann gut mit Kindern umgehen. Jedes Kind erhält ein Bonbon und einen Einmalhandschuh, aufgeblasen, mit aufgemaltem Gesicht. Der Schorf am Kopf wird mit Vaseline eingeweicht. Morgen muss der Junge wiederkommen.

Tatsächlich hat sich der Schorf erweichen lassen. Quadratzentimeter um Zentimeter wird er von unserer Krankenschwester mit der Pinzette abgezogen. Nach einer Woche sieht der Junge aus wie neugeboren. Sein Vater ist genauso glücklich. »Endlich werden die Kinder wieder mit ihm spielen.«

»Ja, aber es ist sehr wichtig, dass Sie das Bett und seine Wäsche sauber halten. Das muss immer wieder gewaschen werden. Sonst kriegt er das erneut.«

Mangelnde Hygiene, unzureichende und einseitige Ernährung sind die Ursachen für viele Leiden. Unser ärztliches Team beschließt, Hygienekurse zu veranstalten.

Thomas hat sich einen Wagen geschnappt und Überraschungsbesuche bei ehemaligen Verstümmlerinnen in entfernten Dörfern gemacht. Clan-Chef Hussein hat ihm die Erlaubnis und einen Begleiter mitgegeben. Die Frauen sind nicht vorgewarnt. Thomas kommt unverhofft. Das interessante Ergebnis: Es sind die ärmsten Frauen in den Dörfern.

»Seit die Männer den Brauch abgeschafft haben, will keiner mehr seine Mädchen beschneiden. Obwohl das doch wichtig ist. Es ist unsere Tradition, unsere Kultur. Sie werden dadurch schöner, und ihre Schamteile wuchern nicht bis auf die Knie.« So argumentieren sie. Es ist müßig, mit arbeitslosen Verstümmlerinnen über den Begriff Tradition zu diskutieren.

Sieht man allerdings ihre Armut, können einem die Frauen leidtun. Schließlich sind sie keine »Bösen«. Seit jeher waren sie der Meinung, etwas zu tun, das Allah angeordnet hat. Nun sind sie arbeitslos. Einen Moment lang bedauere ich sie. Dann erinnere ich mich der Todesschreie ihrer wehrlosen Opfer.

»Als die Todesstrafe bei uns abgeschafft wurde, mussten die Henker sich auch nach einem neuen Beruf umsehen. Aber es sind ja nicht nur die Henker. Täglich sterben auf der Welt Berufe. Ganze Branchen gehen zugrunde, und völlig neue entstehen. Da muss jeder Betroffene selbst reagieren und sich anpassen.«

Später relativiere ich meine starre Haltung. Wir werden versuchen, die Lernfähigen unter ihnen vielleicht als Hebamme auszubilden oder sonstige Fähigkeiten zu aktivieren. Aber alle können wir nicht neu ausbilden lassen. Unser Ziel ist ein anderes. Für die Umschulung von Verstümmlerinnen gibt es inzwischen staatlich finanzierte Programme.

Thomas fragt auch in kinderreichen Familien nach. »Nein«, sagen ihm einige Mütter in die Kamera, »unser Mädchen muss nicht mehr beschnitten werden. Das haben die Männer so entschieden.«

Dennoch wissen wir, dass nicht alle Afar den Brauch wirklich beendet haben. Es hängt wesentlich von der persönlichen Überzeugung und Autorität des Ortschefs ab. Es gibt Dörfer, da sind die Clanchefs zu feige, den Beschluss zu verbreiten. Dort wird weiterhin beschnitten. Diese Pappenheimer werden wir uns noch vorknüpfen. Sie begründen die Fortsetzung des Brauchs gern mit dem Wert- und Ehrbegriff »Tradition«. Im Zusammenhang mit Weiblicher Genitalverstümmelung reagiere ich dann fast schon allergisch. Ich könnte auf die Palme gehen. Ali Mekla hat dann immer beide Hände voll zu tun, um mich abzubremsen, bevor ich Unüberlegtes von mir gebe und mir Türen zuschlage. So errege ich mich dann nur mit gebremstem Schaum vorm Mund und denke für mich: Wie kann man stolz sein auf eine Tradition, welche die Hälfte der Bevölkerung zu Invaliden macht, sie vorzeitig sterben lässt, ihnen Seele, Gefühle und Lebenskraft raubt???

Längst ist die Fahrende Krankenstation zu Stephanies Herzensangelegenheit geworden. Nicht nur, dass immer mehr Mütter ihre Mädchen Steffi nennen möchten. Nicht nur, weil sie überall eine aufrichtige Gastfreundschaft erfährt und fast täglich überall eingeladen wird. Es sind ständig wechselnden Ereignisse, die unwägbaren Risiken und es ist das Mitarbeiterteam, das sie beglückt. Längst ist es zu einer fest zusammengeschweißten Einheit geworden.

»Vergleichbares würde ich in Deutschland niemals finden. Hier könnte ich alt werden.«

Wahrscheinlich wird sie es auch.

Ein Beispiel. Das Team hatten beschlossen, an die Peripherie des TARGET zugewiesenen Arbeitsgebietes zu fahren. Das Gebiet nennt sich Dallol. Ich hatte Stephanie schon viel davon vorgeschwärmt. Erinnerungen aus der Zeit meiner Durchquerung der Wüste zu Fuß im Jahre 1977, zu Bürgerkriegszeiten. Eine einmalige Landschaft, bekannt durch ihre »Blumengärten« aus Schwefel, kochenden Wasserquellen, endlosen Salzflächen, aktiven Vulkan und – Hitze.

Hamed Ela ist die letzte Ansammlung kleiner Hütten, das letzte Stück Zivilisation. Ein Dorf, bei dem man sich wundert, dass es überhaupt einen Namen tragen darf. Aber das darf es wohl, seit man einen Generator sein Eigen nennt, der mehrere Kühlschränke mit Strom versorgt. Nach Hamed Ela gibt es hundert Kilometer nur noch nichts. Entweder schwarzen Lavaboden oder rötlich-weiße Salzflächen. Zunächst noch ein paar Sträucher. Dann nur noch flimmernde Luft, flimmernde Hitze. Eine Landschaft, wo Himmel und Erde nahtlos miteinander verschmelzen, wo es keinen Horizont gibt. Man folgt entweder irgendwelchen sicheren Spuren oder dem Kompass.

Warum fährt man dann dorthin?

Die Beantwortung ist leicht. Abgesehen vom Arbeitsauftrag ist es die Faszination Wüste. Es ist die Begegnung mit einem Landschaftstyp, der dem Menschen im Handumdrehen seine Grenzen aufzeigt, wo der kleinste Fehler tödlich sein kann. Wo alles abhängt vom ausreichenden Wasservorrat und Schatten. Wo man Lebewesen trifft, die sich diesen harten Bedingungen angepasst haben. Insekten und Kamele zum Beispiel. Und Menschen, die hier unter unsäglichen Mühen Salz abbauen, um es in drei Tagen Mühsal mit endlos scheinenden Karawanen zu den Hochlandmärkten zu bringen. Eine beeindruckende Begegnung, die nachdenklich macht. Sie macht zutiefst bescheiden, wenn man sieht, unter welchen Umständen manche Menschen ihr Leben fristen müssen.

Der einzige Schatten, den die Arbeiter haben, sind Schutzwände aus Salzblöcken. Sie erinnern an Eisblöcke. Wäre es nicht so heiß, könnte man glauben, man wäre am Nordpol.

Und schließlich verlockt dieser kleine Flecken namens Dallol mit seinem bunten Schwefelfeld.

Mit dem Auto kann man alles bequem in drei Stunden abfahren und wieder zurück sein in Hamed Ela. Voraussetzung: man kennt den Weg genau. Denn der Boden ist trügerisch. Mal trägt er Mensch und Wagen oder Kamel und Last, mal ist er brüchig. Wie zu dünnes Eis. Deshalb verlässt man sich auf einen ortskundigen Führer. Der kommt mit. Ein Mann aus der Umgebung.

Es ist sechs Uhr. Kurz vor Sonnenaufgang. Man will die Morgenkühle nutzen. Schon kurz nach Verlassen des Ortes hört jede Vegetation auf. Ein paar letzte kleine salzresistente Pflanzen. Dann nur noch die Ebene. Mal schwarz von der Lava. Mal weiß vom Salz. Beide Bodenformen reflektieren die Hitze. Das Salz auch noch die Sonne. Und davon gibt es reichlich. Die Mittagstemperaturen kennen kein Pardon mit den Lebewesen. Sie klettern auf über 50 Grad Celsius im Schatten. Doch Schatten gibt es nicht. Es sei denn, man hat ihn mitgenommen. Zum Beispiel in Form von Schirmen. Das Team um Steffi besitzt drei Schirme.

Es gibt nicht nur keine Pflanzen mehr. Es gibt zu manchen Zeiten auch keinen Horizont. Im Flimmern gehen Himmel und Erde nahtlos ineinander über. Und nirgends ein Baum, Strauch oder Grashalm. Woran sich der Führer orientiert, bleibt sein Geheimnis. Vielleicht hatte er auch gar kein Geheimnis und fährt aufs Geratewohl. Genau das scheint der Fall. Denn plötzlich gerät er vom »Weg« ab und bricht bis zu den Achsen in den Salzschlamm ein. Kein Vor, kein Zurück. Geschweige denn ein Ast, um den Rädern Halt zu geben. Keine Chance auch für alle vereinigten Muskeln. Die Räder drehen durch. Der Wagen »schwimmt« im Schlamm. Weit und breit Öde.

Natürlich hat der Wagen auch kein Sandblech. Fahrer Syntajo: »Das habe ich noch nie gebraucht. Ich dachte, ich kenne den Weg.«

Acht Menschen benötigen bei solchen Temperaturen viel Wasser. Ohne Schatten noch mehr. Zehn Liter pro Tag und Person sind eine knappe Ration. Schnell kommt Panik auf. Sie erhöht den Durst.

»Lasst uns am besten sofort zurückgehen, bevor das Wasser ausgetrunken ist«, schlägt Ali Mekla vor. »Selbst wenn wir uns nicht bewegen und in einen noch zu bauenden Schatten setzen, wird das Wasser nicht reichen.«

Ali Mekla, unser Ex-Ziegenhirte, muss es wissen. Wenn einer den Durst kennt, dann er.

Steffi ist anderer Meinung. »Lasst uns den Abend abwarten, die Kühle.«

Der schrumpfende Wasservorrat erlaubt diese Alternative nicht. Er zwingt zu sofortigem Handeln.

»Wir müssen zehn Kilometer in unserer Spur zurück. Dann erreichen wir die Salzarbeiter.« Darin sind sich alle einig. Nur dort kann es Rettung geben. Man könnte den Wasservorrat auffrischen und Kamele mieten. Zum Rausziehen des Wagens. Zum Reiten.

Die Salzarbeiter möchten helfen. Sie sind Afar. Andere Menschen halten die Arbeit unter diesen Bedingungen niemals aus. Doch ihre Chefs sind Hochländer. Sie lehnen die Hilfe ab. »Unsere Tiere sind Lasttiere und keine Zugtiere«, argumentieren sie. Zumindest geben sie ihnen Wasser. Heißes Wasser.

Überraschend helfen nicht einmal Ali Meklas gute Worte oder das angebotene Geld. Die Hochländer bleiben stur. Den Afarsalzarbeitern wird es zu bunt. Was sich die Hochländer erlauben, verstößt gegen ihre Gastfreundschaft. Diskussionslos lassen sie ihre Arbeit im Stich und marschieren mit Kadir, Mohamed Isse (beide TARGETs Fahrer) und dem Mietwagenchauffeur Syntajo zurück zum Auto. Sie haben zwei Schirme und warmes Trinkwasser. Ein paar Balken als Sandblechersatz.

Steffi, Krankenschwester Muna, Dolmetscherin Ebadi, Ali Mekla und ihr einheimischer Führer machen sich auf die letzte Wegetappe. Zwölf Kilometer bis Hamed Ela. Die Afarmänner hatten dringend dazu geraten.

»Bleibt unter keinen Umständen hier. Es wird nachher 50 Grad heiß werden. Gegen zwölf Uhr kommen außerdem die gefürchteten heißen Winde. Ohne Wasser stirbt man dann in einer Stunde.« Und sie hören Horrorgeschichten von Touristen, die vor einem Jahr, als die Temperaturen 56 Grad erreichten, Hitzschlägen erlegen waren.

Tagebuch Stephanie: »Um elf Uhr machen wir uns auf ins Nirgendwo. Ali, Ebadi, Muna, unser Führer und ich. Soweit man blicken kann, nur Wüste. Muna hat den einzigen Schirm. Die anderen haben die Männer mitgenommen. Als ich mich das erste Mal umdrehe, ist auch hinter uns von der Salzabbaustelle nichts mehr zu sehen. Und die Sonne brennt und brennt. Meine Mirinda ist inzwischen heiß und nur noch schrecklich süß.

Nach etwa einer Stunde brauche ich die erste Pause und setze mich auf den heißen Boden. Obwohl wir nur langsam gehen, ist das Laufen sehr anstrengend. Und die anderen treiben mich an. Wir müssen weiter. Kurze Zeit später muss ich wieder rasten. Unser Führer gibt mir herrlich kühles Wasser aus seiner afarspezifischen Thermoskanne. Am liebsten würde ich die Flasche komplett austrinken, aber ich weiß, dass wir mit dem Wasser haushalten müssen. Ich weiß, dass man jetzt lieber öfter kleine Schlückchen nimmt, als sich unbeherrscht zu betrinken. Dann schwitzt man nur unnötig alles wieder aus.

Der Führer zieht mich wieder hoch, und weiter geht es. Schritt für Schritt. Meine Hand lässt er nicht mehr los und zwingt mich so weiterzulaufen.

Die Landschaft ändert sich. Wir passieren ein Schlammfeld, wo die Füße einsinken und jeder Schritt noch mehr Kraft kostet.

Irgendwann liegt der Schlamm hinter uns. Der Boden ist hier praktisch schwarz. Die Hitze kommt jetzt von oben und von unten. Inzwischen haben auch die heißen Winde eingesetzt. Wie ein elektrischer Föhn auf Höchststufe. Ich bitte um den Schirm. Wieder Pause. Ich möchte mich einfach nur noch hinlegen und mich ausschlafen und den Weg abends, wenn es etwas kühler wird, fortsetzen. Aber wieder werde ich angetrieben.

Am Horizont sieht man nun Konturen, und der Führer sagt mir, dort stünden Bäume, in deren Schatten wir eine längere Rast machen dürften.

Ich müsste dringend Wasser lassen, aber mich kurz von der Gruppe zu entfernen oder mir die Hose auszuziehen, würde ich nicht schaffen. Ich lasse es einfach laufen, während ich auf dem heißen Boden sitze. Nun kann mich der Harndrang wenigstens nicht mehr beim Laufen stören.

Der Führer gießt mir ein wenig von dem kühlen Wasser über den Kopf.

›Was für eine Verschwendung‹, denke ich, obwohl es unglaublich erfrischt. Das Aufstehen fällt danach nicht mehr ganz so schwer.

Und plötzlich stößt Mohamed Isse zu uns! Unversehens tauchte er aus dem Dunst der flimmernden Luft auf. Wir jubeln. Er hat sogar zwei große Flaschen Wasser dabei. Er berichtet, dass sie, die das Auto bergen wollten, auf halber Strecke kurz entschlossen zurückgekehrt sind zur Salzstelle. Kadir hatte sich plötzlich größte Sorgen gemacht, dass wir Frauen den Weg nicht schaffen könnten. Vor allem machte er sich Sorgen um Ebadi. Sie ist die Gewichtigste von uns. Das Auto könnte man anderntags immer noch bergen, meinte er.

Mohamed Isse legt meinen linken Arm um seine Schulter und umfasst meine Taille. Plötzlich kommen wir sehr schnell voran. Wir überholen sogar die anderen. Doch nach einer ganzen Weile brauche ich erneut eine Pause. Mohamed gibt mir Wasser, ich trinke gierig. Dann legt er mir sein Tuch über den Kopf und schüttet Wasser darüber.

Ich bewundere Mohamed Isse. Er wiegt keine 55 Kilo, hat eher die Statur eines Jugendlichen, ist aber über 30 Jahre und stark wie ein großer, muskulöser Mann. Rüdiger nennt ihn scherzhaft immer unser ›Multitool‹. Denn wo kein Werkzeug mehr in den Motor des Unimogs gelangt, da windet sich Mohamed Isse problemlos hinter den letzten Filter und zwischen die Zündkerzen. Mühelos wuchtet er die schweren Reifen auf das drei Meter hohe Dach.

Muna hat mir längst den Rucksack abgenommen und auch ihre paar Habseligkeiten – zu denen auch ein digitales Thermometer gehört – darin verstaut. Das Thermometer zeigt im Schatten des Rucksacks 52 Grad an.

Sie sieht, wie ich mich schleppe und leide. Da kommt sie wortlos zu uns, legt meinen rechten Arm um ihre Schultern und schleppt mich weiter. Welch ein Mädchen! Dabei hat sie mit sich selbst genug zu tun.

Ebadi läuft vor uns. Ihr hat Mohamed befohlen, sich nicht umzudrehen und sich auf gar keinen Fall hinzulegen – dann käme sie nicht mehr hoch. Wegen ihres Gewichts könnte sie auch niemand tragen.

Ali geht hinter uns. Er bildet das Schlusslicht. Er achtet auf alle und jeden, damit nichts verloren geht. Bei jeder Pause frage ich, ob er noch da ist. Ich bin zu schwach, mich selbst umzudrehen. Wenn Mohamed sagt ›Ja, er kommt‹, gehen wir weiter.

Inzwischen ist unser Wasser richtig heiß. Trotzdem trinke ich gierig, spüle das Wasser Schluck für Schluck im Mund hin und her. Ich befeuchte die Lippen. Sie sind spröde und drohen zu platzen. Creme zum Einfetten haben wir nicht.

Regelmäßig gießt Mohamed das heiße Wasser über mein Kopftuch, das Muna und ich uns inzwischen teilen. Aber auch, wenn das Wasser im ersten Moment richtig heiß ist, so kühlt es doch bei der Verdunstung. Der Gedanke daran, dass alle anderen immer wieder auf mich warten müssen und damit ihr eigenes Leben riskieren, wenn ich nicht mehr hochkäme, lässt mich immer wieder aufstehen.

Ich frage mich, woher die zierliche Muna die Kraft nimmt, nicht nur selbst diesen Weg zu meistern, sondern mich auf diesem Weg auch noch zu stützen!

Ob auch Saada, die in unserem Domizil in Mekele zurückgeblieben ist, mir so tatkräftig unter die Arme gegriffen hätte? Dessen bin ganz sicher. Sie ist genauso zart gebaut wie Muna und genauso powervoll und couragiert. Saada befindet sich zur Zeit in der Ausbildung zur Dolmetscherin. Schule und Privatunterricht. Sie war uns in einem Danakildorf aufgefallen mit ihrem 20 Vokabeln Englisch und ihrer großen Hilfsbereitschaft. Sie erbot sich, unsere stündlich verstaubten Hemden zu waschen, belebte unsere müden Geister mit frisch geröstetem Kaffee. Besonders hat sie uns mit ihrem 17-jährigem Lebenslauf beeindruckt. Mit nur 16 Jahren ist sie von zu Hause ausgebüxt, nachdem die Eltern sie zweimal gegen ihren Willen verheiraten wollten. ›Der erste Mann war 73, und der zweite hatte ein Auto. Beide hatten meinen Eltern schon das Brautgeld ausbezahlt. Sie mussten es zurückzahlen. Ich wollte weder meinen eigenen *Urgroßvater* heiraten noch ein Auto. Ich suche einen Mann, den ich lieben kann.‹

Mit solchen Gedanken versuche ich, die Zeit totzuschlagen, nicht mehr die Schritte zu zählen.

Unseren Führer habe ich schon seit geraumer Zeit nicht mehr gesehen. Er ist wohl vorausgegangen, um im Dorf Bescheid zu sagen. Ich hoffe nur, dass wir von dort Hilfe bekommen – vielleicht gibt es dort noch ein paar Kamele, die man uns entgegenschicken könnte, überlege ich mir.

Endlich kommen die Bäume näher. Doch es sind keine Bäume. Nur flache Sträucher. Ebadi scheint inzwischen dort angekommen zu sein. Und wir schleppen uns vorwärts, während die Sonne unbarmherzig auf uns herabbrennt. Ich habe jetzt eine schmerzhafte Blase unter der Fußsohle, aber das ist momentan mein geringstes Problem.

Wir erreichen die Sträucher. Der Schatten ist spärlich, was mich nicht weiter stört. Ich lege mich direkt hin. Ebadi gibt mir Wasser auf das Kopftuch. Ich schlafe auf der Stelle ein.

Plötzlich sind da andere Leute. Unser Führer hat sie aus dem Dorf mitgebracht. Sie haben mehrere Kanister eisgekühlten Wassers. Kälte, erzeugt mit ihrem Generator. Ein Afar gießt mir kaltes Wasser zuerst in die Schuhe, dann über die Beine und den Rest des Körpers. Ich juble. ›Now we will survive!‹

Eine halbe Stunde später erreichen wir das Dorf. Immer mehr Leute waren uns entgegengekommen. Auch Frauen. Alle hatten Wasser dabei. Im Dorf werden wir in einen Raum gebracht. Man legt uns auf die Matten, zieht unsere verschwitzte Garderobe aus, übergießt uns mit Wasser und fächelt uns Luft zu. Dann gibt es heißen Kaffee …«

Soweit Steffis Tagebuch. Klar, dass solche Ereignisse ein Team zusammenschweißen und nachhaltige Kontakte entstehen zwischen den Einheimischen und unseren Leuten. Die Geretteten wollen sich bei den Helfern mit Geld bedanken. Immerhin haben sie ihre Arbeit im Salz unterbrochen. Aber sie nehmen keinen Cent. Steffi und Ali entschließen sich, dem Dorf einen zweiten Generator zu schenken. Preis: 1700 Euro. Ein Vermögen. »Aber ein Trinkgeld, weil wir dafür noch am Leben sind!«, meint Steffi überglücklich. »Und sobald hier kühlere Temperaturen herrschen, werden wir regelmäßig mit unserem Unimog auftauchen und die Menschen behandeln.«

Ali nach seiner Rettung: »Eine halbe Stunde später, und Steffi wäre tot gewesen. Mir selbst habe ich noch eine Stunde gegeben. In dieser Hitze geht alles so unglaublich schnell.«

Der einzige, der dauerhaften Schaden davongetragen hat, ist Kadir. Er verlor sämtliche Fußnägel durch den Salzschlamm.

Ich glaube, ich spendiere ihm ein paar neue aus einem Nail-Studio.

Männergespräche

Keine Armee kann eine Idee aufhalten,
deren Zeit gekommen ist.
Victor Hugo

Die Sonne ist verschwunden. Die Hitze des Tages entfleucht langsam in die Atmosphäre. Der Staub, den die Tierherden beim Heimtrieb aufgewirbelt haben, schwebt wie ein feiner Schleier über dem ausgedörrten Gras. Die Fliegen weichen den Mücken. Ganz in der Nähe melden sich die ersten Hyänen zu Wort. Danakilwüste, Äthiopien.

Als wäre es nicht immer noch warm genug, zündet Abdelkader ein Feuer an. Er setzt einen Topf Wasser auf für den Tee. Wir sind eine Gruppe von sechs Männern. Ich bin der einzige Fremde, manchmal das Hindernis, unbefangene Gespräche in Gang zu bringen.

Gegen dieses Fremdsein erzähle ich Geschichten von meinen Reisen. Vom Urwald, vom Ozean, von Schlangen. Vor allem von meinem Marsch durch ihre Wüste vor dreißig Jahren. Mein Repertoire ist, lebensbedingt, unerschöpflich. Ich könnte siebzig Jahre erzählen, weil in meinem Leben immer etwas los war. Ali kennt die besonderen Geschichten längst. Meist erzählt er sie schon, ohne dass ich es merke. Oder ich werfe ihm Stichwörter hin: Jaguar, Totenasche, Bandwurm, Gefangenschaft …

Mitunter führe ich einen Zaubertrick vor. Ich zerschneide ein Seil in zwei Teile, die plötzlich wieder ein Teil sind. Das löst ungeahnte Reaktionen aus. Sie reichen von riesigem Applaus über Fassungslosigkeit, »Wie hast du das gemacht?«, »Zeig mir das mal!«, bis zu blankem Entsetzen und Flucht vor dem Zauberer.

Ali Mekla erzählt einen Witz. Wir wollen die Männer aus der Reserve locken.

»Ein deutscher Tourist quält sich mühsam auf einem Kamel durch die Wüste. Er schwitzt, ist todmüde und droht jeden Moment aus dem Sattel zu kippen. Da überholen ihn zwei Afar. Ihre Kamele traben munter dahin, und weder die Männer noch ihre Tiere sind müde oder verschwitzt. Der Deutsche staunt. ›Wie kommt es, dass ihr völlig trocken und so gut drauf seid?‹

›Das ist ganz einfach‹, antworten die Afar. ›Wir kühlen uns mit dem Fahrtwind. Je schneller wir reiten, desto angenehmer ist es für uns und die Kamele.‹

›Und wir sind viel eher am Ziel‹, ergänzt der andere.

Der Deutsche ist völlig perplex. ›Natürlich! Das ist ja völlig logisch. Dass ich da nicht selbst draufgekommen bin!‹

Mit seinem Reitstock drischt er auf sein Kamel ein, und das prescht los wie von Sinnen. Tatsächlich spürt er augenblicklich den angenehmen Fahrtwind. Doch offenbar reicht ihm das nicht. Der Wind soll seine pitschnass geschwitzte Garderobe trocknen. Also lässt er das Tier noch schneller laufen. Sie rasen dem Horizont entgegen, als gelte es, dem Teufel zu entkommen. Sie hinterlassen eine Staubfahne wie ein Geländewagen auf Hochtouren.

Plötzlich bricht das Tier zusammen. Es stürzt und begräbt seinen Reiter unter sich. Beide bleiben liegen.

Die beiden Afar sehen das von Weitem und schauen einander mit Kamelkennermiene an. ›Bei Allah! Typisch Ausländer. Sie wollen immer alles besser wissen. Nun sind sie erfroren.‹«

Die Männer am Feuer wollen sich ausschütten vor Lachen. Der dumme Fremde, die cleveren Afar. Das kommt an wie bei uns die Friesenwitze.

Ich will Ali Mekla übertreffen und versuche es mit ei-

Rüdiger mit Männern im Gespräch

nem Rätsel. Es passt zum Islam. Es passt zur Wüste. Es passt zu meiner Vision. Und es ist eine wirkliche Denkaufgabe ohne Trick und Winkelzug. Und ich weiß: Wüstensöhne lieben Rätsel.

»Ein Afar will zu Fuß nach Mekka pilgern. Dabei muss er durch die erbarmungslose Danakilwüste in der heißesten Gegend bei den großen Salzfeldern von Assale. Dort gelangt er an eine Weggabelung und weiß nicht weiter. Er weiß nur, dass einer der beiden Wege in die absolut wasserlose Wüste führt und damit ins sichere Verderben, während der andere ihn an einen Brunnen und dann lebend nach Dschibuti und Mekka bringen wird. Leider weiß er nicht, welcher Weg der richtige ist. Aber er hat Glück. An dieser Weggabelung sitzen zwei Salzarbeiter. Aus den Salzbrocken haben sie sich einen Sonnenschutz gebaut. Von ihnen hat er schon gehört. Deshalb weiß er, dass der eine leider grundsätzlich lügt und der andere grundsätzlich die Wahrheit sagt. Der Pilger weiß aber nicht, welcher der Lügner und welcher der Wahrheitsliebende ist. Er darf den Männern insgesamt nur eine einzige

Frage stellen. Danach muss er wissen, welchen Weg er zu wählen hat. Wie lautet die Frage?«

Mit diesem Rätsel sind sie sofort alle beschäftigt. Sie grübeln, sie haben Fragen. Ihr Ehrgeiz ist geweckt. Jeder will die Lösung finden.

»Wer von euch die Lösung nicht findet«, drohe ich, »wird niemals nach Mekka gelangen.«

Das wäre fatal. Denn die Hadsch, die Pilgerreise gehört zu den fünf Pflichten, die ein Moslem im Leben zu erfüllen hat. Sie lachen, denn jeder will dorthin.

»Der Pilger wartet, bis sie beten. Dann werden sich beide in die richtige Richtung verneigen.«

Okay, das wäre immerhin eine Idee. Aber es geht um die wirkliche Lösung ohne Trick.

Noch nie hat jemand, dem ich dieses Rätsel gestellt habe, auf Anhieb die Antwort gewusst. Manch einer erriet sie nach tagelangem Grübeln. Die meisten kamen überhaupt nicht dahinter. Dabei ist die Lösung verblüffend und logisch. Aber die Stimmung am Feuer ist gut. Alle reden durcheinander. Jeder will nach Mekka.

Dem alten Haji Yasin dauert das schließlich zu lange. Er mag sechzig Jahre alt sein. Oder achtzig. Ich vermag die wind- und wettergegerbten Menschen nie richtig einzuschätzen. Er beugt sich von hinten zu mir herab. Seine

Lösung: Die Frage lautet: »Welchen Weg wird mir der andere Beduine nach Mekka zeigen?«

Der Wahrheitsliebende, weiß, dass der Lügner den falschen Weg zeigen würde und wird diesen falschen Weg weisen.

Der Lügner weiß, dass der Wahrheitsliebende den richtigen Weg zeigen würde. Da er jedoch immer lügt, zeigt er ebenfalls in die falsche Richtung.

Der Pilger weiß, dass er in beiden Fällen den anderen Weg nach Mekka einschlagen muss.

braune Haut ist faltig. Jede Falte wie eine Seite aus seinem Lebensbuch. Es knistert regelrecht, wenn er spricht. Nur seine rechte Backe ist jugendlich straff und aufgebläht. Gespannt wie ein Ballon vorm Platzen. Er hat Qat gegessen und bewahrt die zerkauten grünen Drogenblätter stundenlang im Mund auf, wiederkäut sie wie ein Rind und ist happy.

Er spricht nur Afaraf und er flüstert. Ich kann ihn nicht verstehen. Ich bitte Ali Mekla zu dolmetschen. Haji Yasin schaut sich verlegen um. »Lass uns mal ein wenig beiseite gehen und dort sprechen.«

Das tun wir. Wir nehmen Platz vor einem Busch. Neugierig schauen wir ihn an. Er nestelt in seinem Gewand herum und findet ein winziges Stück Papier. Langsam entknittert er es. Bevor er es uns zeigt, beginnt er zu sprechen.

»Ihr wisst vielleicht, dass mein Sohn Ahmed von einer Kobra gebissen wurde und gestorben ist. Das war vor einem Jahr. Zwar habe ich noch einen zweiten Sohn, aber der ist sehr krank. Bevor ich zu alt werde, möchte ich noch einen Sohn.«

»Aber du hast doch auch drei Töchter …«

»Ja schon. Aber ich möchte einen zweiten Sohn haben.«

»Na und? Dann leg los.«

»Das ist leichter gesagt als getan. Ich empfinde keinerlei Erregung mehr.«

»Das ist aber doch normal. Irgendwann ist alles vorbei.« Ali mit seiner großen Klappe. Dabei kann er das doch gar nicht beurteilen mit seinen vierzig Lenzen.

»Das ist ja mein Problem. Es ist nicht wirklich vorbei. Ich könnte es noch. Aber immer, wenn ich mit meiner Frau zusammen bin, geht es plötzlich nicht mehr.«

Was Haji Yasin uns da erzählt, ist Alltag in vielen Familien. Es gibt keinen gesunden und beglückenden Sex. Der

Grund sind die unsagbaren Schmerzen, welche die Frauen lebenslänglich beim Verkehr empfinden. Sie sind wund, sie bluten, es eitert, sie haben Fisteln und Schmerzen. Sie meiden Sex wie Fische das Land und Feuer das Wasser.

Wenn sie dem physischen und psychischen Druck ihrer Männer schließlich doch nachgeben müssen, sind sie nur von einem einzigen Wunsch beherrscht: dass der Paarungsakt in Sekundenschnelle vorbei sein möge! Die Folge sind nicht nur höchstgradige Unzufriedenheit und ständiger Streit unter den Eheleuten, sondern irgendwann ausbleibende Erregung, Scheidungen, Neuverheiratungen, Bordellbesuche.

Doch das möchte Haji Yasin nicht. Er bildet eine Ausnahme. Er mag seine Frau, und sie mag ihn. Er kann sie verstehen, denn er hat ihre Wunde gesehen. Er hat ihr sogar geholfen, sie zu behandeln. Aber kein Medikament hat gewirkt. Kaum vermag sie, richtig zu gehen.

Wortlos reicht er uns sein zerknittertes Papier herüber. Wir müssen es in den Feuerschein halten. So sehr ist die Schrift schon verwittert. Dann können wir es entziffern. »Viagra« steht darauf. Viagra – hier mitten im Busch!

»Könnt ihr mir das besorgen? Damit soll man Söhne zeugen können. In Äthiopien ist es nirgends erhältlich. Es soll sehr teuer sein. Aber ich kenne einen Mann, der es erprobt und der gesagt hat, dass es dann auf jeden Fall funktioniert. Er hat tatsächlich einen Sohn bekommen.«

Mir jagen verschiedene Gedanken durch den Kopf. Einerseits will Yasin seine Frau schonen, weil sie Schmerzen beim Verkehr empfindet. Andrerseits will er einen Nachfolger. Notgedrungen hat die Frau eingewilligt, obwohl ihr vor der Prozedur graut. Wenn ich dem Mann das Medikament besorge, helfe ich, seiner Frau große Schmerzen zuzufügen. Und andrerseits beeindruckt mich Haji Yasins Rücksichtnahme.

»Ich habe es schon mit Nashornpulver* versucht. Es war ebenfalls sehr teuer und hat kein bisschen gewirkt«, unterbricht er meine Gedankenblitze. »Ich würde dir für eine Viagra-Tablette ein Kamel geben.«

Dolmetscher Ali Mekla muss sich beherrschen, um nicht laut loszulachen und stellt gleich eine Hochrechnung an. »Stell dir vor, ich würde 500 Viagra importieren. Dann hätte ich 500 Kamele. Ich wäre der reichste Afar in ganz Äthiopien.« Er flüstert es mir mit unbewegtem Gesicht auf Deutsch zu.

»Redet ihr über Viagra?«, mischt sich da plötzlich jemand vom Feuer aus ein. Er scheint Haji Yasins Problem zu kennen, hat gute Ohren, hat das Zettelchen gesehen. Er ruft es laut. Alle können die Frage hören. Neugierig blicken sie zu uns herüber.

»Setzt euch hierher. Das interessiert uns auch.«

Und so haben wir unerwartet und ziemlich unüblich ein Gespräch über Themen, die man sonst nur hinter vorgehaltener Hand bespricht. Von Freund zu Freund, aber normalerweise nicht mit einem Fremden.

»Dann muss ich zunächst etwas Grundsätzliches vorweg sagen. Es gibt noch kein Viagra, womit man gezielt Töchter oder Söhne zeugen kann. Es bleibt weiterhin ein Glücksspiel. Viagra bewirkt nur, dass ihr wieder erregt seid und der Penis steht.«

Ich informiere sie über Preise und Beschaffungsmöglichkeiten. Da tauen sie auf. Keiner kann von seiner Frau sagen, dass sie je von sich aus Geschlechtsverkehr mit ihrem Mann ersehnt hätte. Niemand hat davon gehört, dass eine Frau überhaupt Verlangen nach körperlicher Vereinigung empfinden könnte. Ausgedehnte Vorspiele, Variationen oder gar Orgasmus … alles Fremdworte. Lebhaft

* Nashörner werden von Wilderern nur wegen der angeblich potenzsteigernden Wirkung ihres Horns getötet.

kann ich mir das eheliche Grauen vorstellen. Woher soll die Lust denn auch kommen?

»Darf ich euch jetzt auch eine sehr intime Frage stellen?«

Na klar. Alle nicken. Alle sind neugierig. Das Feuer ist längst runtergebrannt. Vor Spannung vergessen sie sogar, Holz nachzulegen. Der Glutschein reicht. Er ist dem Gespräch angemessen.

»Wer von euch war schon mal in einem Bordell?«

Entsetztes Schweigen. Blicke in die Glut oder zu Boden.

Ich ebne den Weg. »Eine solche Frage ist auch bei uns in Deutschland eine sehr intime Frage. Genau wie bei euch. Aber hier sind wir unter uns. Wir können ehrlich darüber sprechen. Ich frage nämlich deshalb, weil ich von euch etwas Bestimmtes erfahren möchte. Und um den Anfang zu machen: Ich war auch schon im Bordell. Und nicht nur einmal.«

Das Entsetzen weicht augenblicklich einer Gelöstheit. Als Ali Mekla und ich aufmunternd lächeln, ist der Bann gebrochen. Sie lächeln zurück. Ich bilde mir ein, an ihren Augen ablesen zu können, wer im Bordell gewesen ist und wer nicht. Nur ein Einziger war es nicht.

Dazu muss man noch wissen, dass es im Afargebiet keine Bordelle gibt. Die Afar sind Nomaden und Muslime. Eine Afarprostituierte hätte keine Überlebenschance. Es sei denn, sie flieht und versteckt sich in der Großstadt. In Addis Abeba zum Beispiel, in Dschibuti. Aber schon viel näher, am Rande des Afarstammesgebietes, dort, wo andere Völker und Religionen siedeln, vor allem Christen, dort blüht die Prostitution. Abends räumen Lebensmittelhändler ihre Ware beiseite, schieben ein Bett in den Laden, stellen Kerzen in rote Plastikeimer, und schon weiß jeder Bescheid. An Prostituierten herrscht kein Mangel.

Die Preise sind so niedrig, dass man von ihnen auf die soziale Not und Verzweiflung mancher Mädchen schließen kann. Bis zu einem Euro lassen sie sich runterhandeln. Das ist nicht etwa ein Preis für einen Kurzbesuch, sondern Bezahlung für das Bleiberecht bis zum Morgen. Dann allerdings ist es Zeit für den Freier, zu gehen. Die Mädchen wollen sich wieder ihren Babys zuwenden, der Lebensmittelhändler will frisches Brot verkaufen.

In dem Euro einbegriffen ist außerdem Freundlichkeit. Nur Getränke sind gesondert zu honorieren.

Als Annette und ich einmal spätnachts in einer Kleinstadt eintreffen und alle Hotelzimmer belegt sind, übernachten wir in solch einem Bordell.

»Nehmt doch mein Zimmer. Dann mache ich frei,« bietet eine lächelnde Schwarzhaarige an, als wir sie nach einem leeren Zimmer fragen. Mit dem Freimachen verdient sie mehr als mit einem Durchschnittsfreier. Wir zahlen fünf Euro. Die Mücken und die Geräuschkulisse nehmen wir gern in Kauf. Hauptsache wir haben eine Ruhestätte für unsere müden Häupter.

Zurück zum Lagerfeuergespräch.

»Ich war schon mal in einem Bordell«, gibt der Erste zu. Schnell schließen sich die anderen an. Längst müsste es einen Auszeichnung geben für Erstbekennende.

Damit sind wir mitten im Thema. Ja, geben sie zu, mit den Huren hat es mehr Spaß gemacht. Sie haben es gern geschehen lassen, sie mussten keinen Schmerz unterdrücken, sie dufteten gut, sie haben gelacht und sie schienen sogar Freude am Beisammensein gehabt zu haben. Jedenfalls taten sie so. Vielleicht war das Lachen auch nur reiner Service. Wie das Glas Wasser.

Im Gegensatz dazu kann keiner der Männer von vergleichbaren Erlebnissen daheim in der eigenen Ehe berichten.

»Das ist die Folge der Verstümmelung«, klärt Ali Mekla sie auf und beschreibt ihnen, was sonst noch alles mit der

Verstümmelung zusammenhängt. Da Ali Mekla sehr ruhig und anschaulich erklärt, sind sie brennend interessiert, scheinen sie es alle verstanden zu haben. Jedenfalls nicken sie.

»Dann solltet ihr das unbedingt euren Freunden weitererzählen.«

Auch das wird abgenickt. Aber Ali zweifelt. Das Tabu ist stärker als die Vernunft.

»Was wollen wir denn erwarten?«, wendet sich Ali an mich. »In Deutschland gibt es auch Tabus, Themen, über die man nicht öffentlich sprechen würde. Trotz aller so genannten Aufgeklärtheit und Freizügigkeit.«

»Ich wüsste nicht, welches«, wende ich ein und lasse den Aufgeklärten, den Hemmungslosen raushängen.

»Das habe ich erwartet. Dann kannst du dir also vorstellen, der Deutsche Bundestag würde öffentlich über Selbstbefriedigung diskutieren?«

Überzeugt.

Masturbation – bei den Afar angeblich sogar eine Handlung jenseits ihrer Vorstellungskraft. Bei den verstümmelten Frauen verständlich. Aber bei den Männern? »Dafür haben wir nicht einmal eine Vokabel«, weiß Ali Mekla. Und der muss es wissen. Schließlich ist er unser Sprachgenie. Aber kann man sich nicht auch ohne lästige Vokabel erleichtern? Egal.

»Warum interessiert dich als Fremder das Problem denn überhaupt? Sei doch froh, wenn es bei euch anders ist.« Das war der faltige Haji Yasin. Er lacht, und seine Falten klappern im Rhythmus seines Lachens.

»Das bin ich auch. Aber ich habe hier unter euch Freunde. Ich leide mit ihnen, seit ich von dem Problem weiß und mir klar ist, dass ihr euch ohne fremde Hilfe nur schwerlich von dieser Geißel der Verstümmelung befreien könnt. Dass ihr sie mit dem Koran begründet und das Thema einer Schweigepflicht unterliegt, macht es doppelt kompliziert.«

Ich versuche, ihnen ein Gleichnis zu erzählen. »Deutschland hat vor noch sechzig Jahren unter einer schlimmen Diktatur gelitten. Verbrecher hatten das Sagen. Sie hießen Nazis. Wer es wagte, gegen diese Herrscher aufzubegehren, wurde getötet. Sie waren so größenwahnsinnig, dass sie sogar ganz Europa mit Krieg überzogen. Der Einzelne hatte keine Chance, das Unglück abzuwenden. Millionen und Abermillionen Menschen sind dabei umgekommen. Irgendwann mischten sich die USA ein. Sie halfen den von Deutschland angegriffenen Europäern, und gemeinsam mit ihnen befreiten sie Deutschland von den Nazis. Hätten sich die USA nicht eingemischt, hätten wir noch sehr lange unter dem Joch der Diktatur leben müssen. Vielleicht sogar bis heute. Aber so leben wir nun seit 1945 in einer Demokratie. Sie ist die beste Staatsform. Ich kann mir keine bessere vorstellen. Noch nie seit Adam und Eva hatten unsere deutschen Vorfahren ein solch beglückendes Leben. Wir dürfen öffentlich kritisieren, wenn uns etwas an der Regierung nicht gefällt, noch nie hatte man bei uns so viel Freiheit, Sicherheit, Frieden und Wohlstand.«

Die Männer hören still und interessiert zu. So reden wir schließlich über Gott und die Welt. Ich zeige ihnen ein paar Postkarten aus Hamburg, um das schwer Begreifliche zu belegen. Bilder aus der Innenstadt, dem Hafen, meinem Haus in Rausdorf, meiner Familie. Fotos aus einem anderen Kosmos. Für sie, die Nomaden mit ihren Hütten aus Gras, kaum fassbar. Bei zweien habe ich das Gefühl, dass sie überhaupt nicht begreifen, was die Bilder darstellen. Sie halten sie in alle Richtungen, nur nicht richtig herum.

»Auch die Verstümmelung der Frauen ist solch ein Verstoß gegen die Menschenrechte. So was darf niemals an Länder- oder Religionsgrenzen gebunden sein. Menschenrechte sind Werte, die für alle Menschen auf der ganzen Welt gleich sein müssen. Da muss einer dem anderen helfen, den Missstand zu beenden. Darum bin ich hier. Ihr wisst sicher, dass in manchen Ländern Diebstahl nach der Scharia bestraft wird. Dem Dieb wird die Hand abgehackt.«

»Ja, ich kenne das von Saudi-Arabien«, bestätigt Haji Ismail. Zweimal habe er das mit eigenen Augen gesehen. Es sei um Bagatellen gegangen. Um Geldbeträge um die zwanzig Dollar.

»Genau. Für solchen vergleichsweise geringfügigen Diebstahl wird eine solch drakonische Strafe angewendet. Jetzt stellt euch die Weibliche Genitalverstümmelung vor. Da wird euren Frauen das brutal abgeschnitten, das ihr persönlichstes Eigentum ist, das, was eine Frau ausmacht. Es wird ihr abgeschnitten, die Scheide wird zugenäht. Viele verbluten. Ihnen wird das Leben geraubt. Denen, die es überleben, ist ihr Geschlechtsteil geraubt worden. Aber nicht nur das. Sie werden auch ihrer Seele und ihrer Würde beraubt. Für mich ist das die allerschlimmste Form von Diebstahl. Es ist schwerster Raub. Aber dafür wird niemand bestraft, weil der Koran das angeblich fordert. Dabei fordert er es gar nicht. Ganz im Gegenteil: wer einen anderen Menschen grundlos körperlichen Schaden zufügt, begeht eine Sünde. Und in Sure 30, Vers 22 wird gerade die Liebe und Zärtlichkeit des Ehelebens besonders gepriesen. Sie ist ein Geschenk Allahs an die Menschheit. Und in Sure 31, Vers 17, heißt es »Gebiete, was recht ist, verbiete, was verwerflich ist. Und was kann verwerflicher sein, als die eigenen Frauen zu Behinderten zu machen?«

Jetzt ist es mucksmäuschenstill am Feuer. Erst nach fünf Minuten findet wieder jemand neue Worte.

»Stimmt es eigentlich, dass unbeschnittene Frauen Tag und Nacht mit einem Mann schlafen wollen? Also immer? Dass sie ihren Trieb auch dann nicht beherrschen, wenn der Mann nicht zu Hause ist, und dass sie ihn sofort mit anderen Männern ausleben?«

Der Jüngste in unserem Kreis hat das gefragt. Er mag etwa 22 Jahre alt sein. Bisher war er eher schüchtern. Doch plötzlich wird hier am Feuer, unter der Diskretion der Nacht, alles diskutabel.

»Das sagt man gern, um eine Rechtfertigung für den Brauch zu haben. Wenn du bedenkst, dass von hundert Frauen auf der Welt ›nur‹ vier beschnitten sind, dann müssten ja all die anderen 96 nur ans Fremdgehen denken und es praktizieren. Das tun sie nur dann, wenn die Ehe kaputt ist, wenn sie unzufrieden sind. Traust du euren Frauen nicht so viel Selbstbewusstsein und Wesensstärke zu, treu zu sein, wenn die Ehe in Ordnung ist? Hältst du es für richtig, aus dieser Angst heraus Frauen einfach ihres Gefühls zu berauben? Wenn man Männern ebenso wenig Standhaftigkeit zutraute, müsste man ihnen den ganzen Penis abschneiden. Nur das ist vergleichbar mit Weiblicher Verstümmelung. Wer muslimischen Frauen so wenig Vertrauen entgegenbringt oder ihnen unterstellt, sie könnten sich nicht sauber halten, und deshalb müßte man ihnen die Schamlippen abschneiden, der stellt der ganzen Religion ein Armutszeugnis aus. Und wer wider besseres Wissen den Brauch mit dem Koran begründet, macht Allah zum Chef einer Verbrecherbande.«

Ali Mekla mischt sich ein. »Warum schneidet ihr ihnen oder euch nicht einen Finger ab? Es genügen doch auch neun Finger. Oder habt ihr Angst, weil manche von euch mehrere Frauen haben und, wären sie unbeschnitten, ihr ihren Wünschen womöglich nicht nachkommen könntet?« Die Männer verstummen.

Ali stößt mich an. »Lass es uns genug sein für heute. Du musst bedenken, dass diese Menschen mit solchen Themen nicht vertraut sind. Keiner von ihnen hat je eine Schulbildung gehabt. Ihr Kosmos ist das Stück Wüste, das sie mit ihren Tieren abwandern.«

Da meldet sich Ali Osman zu Wort. »Ich glaube, Rüdiger, dass ich dir etwas erzählen kann, das dich interessiert.«

Bisher hatte er nur still zugehört. Er mag vierzig Jahre alt sein, hat kurz geschorene ergrauende Haare, einen schwarzen Dreitagebart und eine muskulöse Figur. Frauen in Europa würden sich nach ihm umschauen. Was ihn von vielen anderen unterscheidet, sind seine strahlenden freundlichen Augen.

»Rüdiger!«, wiederholt er sich, »wenn du irgendwann meine Hilfe benötigst, dann kannst du jederzeit über mich verfügen. Ich glaube, dass ich hier in eurem Kreis der älteste Kämpfer gegen Weibliche Genitalverstümmelung bin. Ich bin es seit meinem zehnten Lebensjahr.«

Da mag er recht haben. Ich bin es erst seit dem Jahre 2000. Also sechs Jahre lang. Er demnach dreißig Jahre.

»Ich hatte eine kleine Schwester, die ich sehr liebte. Ich war zehn, und sie war sieben. Wir waren ein Herz und eine Seele. Eines Tages kam ich nach Hause. ›Miriam ist sehr krank‹, sagte meine Mutter. Meine Schwester lag schweißgebadet, blass und bewusstlos auf ihrer Matratze. Ich legte mich neben sie und streichelte sie. Da merkte ich, dass ihre Schenkel gefesselt waren. ›Warum habt ihr Miriam die Beine zusammen gebunden?‹, fragte ich meine Mutter. ›Das muss so sein. Heute ist deine Schwester zur Frau geworden. Sie macht ihren Frauenschlaf‹, antwortete sie.

Das nahm ich als Normalität hin. Nachher würde sie demnach aufwachen wie nach jedem Schlaf und wieder mit mir reden und spielen. Aber Miriam wachte nicht auf. Sie schrie im Schlaf, riss die Decke beiseite, versuchte die Fesseln zu lösen, erkannte niemanden von uns wieder. Auch mich nicht.

›Warum ist sie am Bauch so blutig?‹, fragte ich meine Mutter.

Die fasste mich am Arm und schob mich vor die Hütte. Sie kühlte Miriams Kopf und Brust mit kaltem Wasser. Ich sah, wie meine Mutter weinte. Dann hörte ich, wie sie mit meinem Vater sprach. »Die Frau muss dringend wiederkommen. Sie hat irgendwas falsch gemacht. Das Mädchen müsste längst wieder aufgewacht sein.‹«

Ali Osman unterbricht seine Geschichte und wischt sich die erste Träne ab. Unter uns ist es mucksmäuschenstill geworden. Dann fährt er fort.

»Mein Vater brachte eine alte Frau in unsere Hütte. Ich kannte sie. Alle redeten von ihr nur im Flüsterton. Sie genoss ein großes Ansehen in unserer Umgebung. Sie wurde zu Miriam ins Haus geführt. Ich lauschte an der Außenwand. Das ging gut, denn es war eine brüchige Lehmwand.

›Hast du sie zu eng verschlossen?‹, hörte ich meine Mutter fragen.

›Auf keinen Fall‹, antwortete die Fremde. ›Schließlich mache ich das schon seit Jahren.‹

»Das Mädchen hat schon seit drei Tagen nicht mehr uriniert‹, gab Mama zu bedenken. ›Ihr ganzer Unterleib ist dick geschwollen. Sie ist noch nicht wieder zu Bewusstsein gekommen seit der Operation.‹

›Dann muss ich noch einmal nachschneiden,‹ antwortete die Alte. ›Bringt sie in den Hof, hier ist es zu dunkel.‹

Meine Mutter und zwei Nachbarinnen trugen Miriam in den Hof. Sie lösten das lange Wickelband, grätschten ihre Beine und drückten sie zu fest zu Boden. Miriam schrie aus Leibeskräften. Mama hielt meiner Schwester den Kopf und betupfte ihn mit Wasser. Eine andere Frau deckte ihr ein Tuch über den Mund, um die Schreie zu ersticken. Die Alte öffnete einen Beutel und holte eine Glasscherbe heraus. Die Scherbe legte sie meiner Schwester auf den Bauch. ›Alles vereitert‹, hörte ich die Alte sagen. Dann beugte sie sich über die Beine und zog einen langen Dorn aus der Scheide. Meine Schwester schrie erneut auf und bäumte sich auf, dass die eine Frau, die ihr Bein hielt, umfiel. Es waren seit drei Tagen die ersten Laute, die meine Schwester von sich gab. Es war, als wäre ihr Bewusstsein zurückgekehrt. Ich habe noch nie einen Menschen so schreien hören. Mir stockte das Blut in den Adern. Ich fühlte mich gelähmt, konnte mich nicht bewegen. Ich wollte meiner Schwester helfen und wusste, dass ich unter keinen Umständen zuschauen durfte. Die Alte zog drei weitere Dornen aus der Wunde. Sie warf die Stacheln achtlos beiseite. Dann nahm sie die Glasscherbe und schnitt meiner Schwester die Scheide auf. Ein dicker Blutstrahl spritzte ihr ins Gesicht. Es war alles so schrecklich und ging so rasend schnell, dass ich plötzlich wie von Sinnen aufsprang, genauso laut wie meine Schwester schrie. »Mörder!!«, rief ich und griff mir den erstbesten Stein, stürzte durch die Hütte in den Hof und schlug mit dem Stein auf die Alte ein, bevor mich jemand stoppen konnte. Die floh kreischend. Ich hinterher. Das ganze Dorf lief zusammen. Keiner konnte mich stoppen. Ich warf ihr schließlich den Stein mit voller Wucht in den Rücken. Dann brach ich laut schreiend zusammen.

Auch von unserem Haus her hörte ich neue Schreie. Die Frauen hatten wohl versucht, die durchschnittene Ader zuzudrücken. Ich sah das später an den blutgetränkten Tüchern, die überall verstreut lagen. Aber es war ihnen nicht gelungen. Miriam verblutete. Später warfen mir meine Eltern vor, ich sei an ihrem Tod schuldig. Bis heute kann ich ihren Tod nicht vergessen.

Jedenfalls seit diesem Tag kämpfe ich gegen Verstümmelung. Allen erzähle ich immer wieder meine Geschichte. Seit dreißig Jahren. Manche mache ich damit zumindest nachdenklich, viele aber lächeln über mich und sagen, ›Er schon wieder mit seiner Schwester!‹ Erst seit eurer Konferenz stoße ich auf offene Ohren. Damit habt ihr den größten Umdenkungsprozess in Gang gesetzt, den ich kenne. Seitdem wagt niemand mehr, mich für einen Spinner zu halten. Das verdanke ich euch, und deshalb will ich euch helfen, was immer ihr von mir an Hilfe möchtet.«

Wir anderen sitzen still herum. Es hat jedem die Sprache verschlagen. Ich nehme Ali Osman in den Arm. Er schluchzt. Das Verbrechen ist ihm gegenwärtig wie gestern.

»Bist du verheiratet?«, frage ich schließlich, um die bedrückende Stille zu entspannen.

»Ja. Ich habe zwei Frauen.«

»Hast du Kinder?«

»Ja, zwei Mädchen und einen Jungen.«

»Hast du deine Mädchen beschneiden lassen?«

Er zögert einen Moment, blickt erstmals zu Boden. Ich ahne es.

»Die eine ist beschnitten. Die andere nicht.«

»Ich denke, du kämpfst seit dreißig Jahren gegen Verstümmelung? Und dann lässt du deine eigenen Mädchen beschneiden?«

»Meine Frau hat es heimlich getan, als wir in Dschibuti bei Verwandten zu Besuch waren.«

»Und was hast du mit ihr gemacht?«

»Ich war rasend vor Wut. Ich wollte sie töten. Aber Allah in Seiner Weisheit hat mich im letzten Moment zurückgehalten. Sonst wäre ein großes Unglück geschehen. Ich erinnerte mich an meine Schwester und wollte von der Verstümmlerin Blutzoll. Ich rast durch die Stadt, um sie zu finden. Aber alle hielten zusammen. Ich habe die Frau nicht gefunden.«

»Ja und deine Frau?«

»Sie war von den Verwandten unter Druck gesetzt worden. Sie sei eine schlechte Mutter, das Kind bekäme dann niemals einen Mann und so weiter. Da hat sie sich breitschlagen lassen.«

»Hast du keine Angst, dass sie dann auch deine zweite Tochter verstümmeln lässt?«

»Das wird sie nicht mehr wagen. Wir haben darüber sehr deutlich gesprochen. Nie wieder darf sie nach Dschibuti. Sie wird ihre Heimat hier nicht mehr verlassen. Wenn sie es dennoch wagt, dem Kind etwas anzutun, werde ich mich scheiden lassen. Allein kommt sie nicht klar. Sie hat kein Geld. Sie ist alt. Außerdem habe ich daraufhin damals die zweite Frau geheiratet. Es ist eine Frau aus dem Hochland. Sie ist nicht verstümmelt. Bei ihr lebe ich hauptsächlich.«

Ich werde hellhörig. Eine Unbeschnittene? Der Mann liebt die Überraschungen.

»Darf ich dich dann etwas sehr Intimes fragen?«

»Sprich es aus! Ich gebe dir jede Antwort.«

»Wie empfindest du den Unterschied zwischen ihnen im Bett?«

»Das kann ich dir ganz genau sagen. Mit der Verstümmelten habe ich kaum Verkehr. Sie wehrt mich immer ab, hat immer Probleme. Sie ist überhaupt nicht an Sexualität interessiert. Die Hochländerin hingegen ist das genaue Gegenteil. Sie ist immer bereit. Sie freut sich, wenn ich abends nach Hause komme. Alles duftet nach Weihrauch. Sowohl das Haus als auch meine Frau. Wir wärmen uns gegenseitig auf und haben viel Freude miteinander.«

Ali Osman erzählt das alles so geradeheraus, so ehrlich, dass ich ihn immer mehr bewundere. Und durch die Worte über den glücklichen Teil seines Familienlebens, ist auch die Bedrückung geschwunden, die wir vorher alle empfunden hatten.

Wir stellen Ali Osman als Wächter ein. Unser kleiner Versuch eines Dankeschöns für einen großen Menschen.

Ali Mekla nutzt die gute Stimmung, um eine heitere Episode einzubringen.

»Du sagtest gerade, wenn du nach Hause kommst, riecht alles nach Weihrauch. Da erinnere ich mich an eine junge Schwedin. Sie war mit der Gastgeberin allein in einer unserer Hütten zu Gast. Die Männer waren mit den Kamelen unterwegs. Wie das so ist, kamen sie auf ihre Männer zu sprechen. ›Wie läuft das denn bei euch ab, wenn ihr miteinander schlafen wollt?‹, fragte die Schwedin.

›Das ist kein Problem. Da haben wir unsere speziellen Möglichkeiten. Die Kinder werden zu Nachbarn gebracht und wir setzen uns über das Duftloch, um unseren ganzen Körper mit Weihrauch einzunebeln. Dann weiß der Mann sofort Bescheid.‹

Sie zeigt der Schwedin ein kleines Loch im Lehmboden. Es ist so groß wie ein Joghurtbecher.

›Möchtest du das mal erproben?‹

Klar will sie.

Die Gastgeberin nimmt ein paar Stückchen glühender Holzkohle vom Herd und streut sie ins Loch. Darüber bröselt sie ein paar Krümel Weihrauch, die sie einer kleinen Aluminiumdose entnommen hat.

Sofort bilden sich schneeweißer Rauch und intensiver Duft und verbreiten sich im Raum. Die Gastgeberin hockt sich über den Rauch und lässt ihn an ihrem Körper hochsteigen und sich in der Kleidung verstecken. Die Schwedin tut es ihr nach. Beide haben ihren Spaß und machen Witze. Das Feuer verglüht. Der Duft wirkt nach.

Abends kommt der Ehemann mit seinen Kamelen nach Hause. Er hat einen Verwandten mitgebracht. Schon in der Tür verharren beide wie angewurzelt und schnuppern. Augenblicklich lässt sich der Verwandte neben der Schwedin nieder und rückt ihr zu Leibe. Und zwar so intensiv, dass sie sich seiner kaum erwehren kann. Bis die Ehefrau die Männer über den Duft aufklärt.«

Alle wollen sich schieflachen über die unerfahrene Ausländerin. Sie wissen aus eigener Erfahrung, wie dieses

Aphrodisiakum auf sie wirkt. Vielleicht so, wie auf uns Europäer Parfüm oder Rotlicht (sofern es sich nicht um eine rote Ampel handelt).

Der junge Mann, der 22-jährige in unserem Kreis, hat dann doch noch eine Frage, bevor wir schlafen gehen. Während wir diskutiert haben, hat er sich weiterhin die Hamburgbilder angeschaut.

»Wie kommt es eigentlich, dass die Länder der Christen so reich sind? Kann sich da jeder sein Geld selber drucken?«

Tja – was antwortet man darauf einem jungen Menschen, der in seinem Leben nur die Wüste und die Asphaltstraße zwischen Dschibuti und Addis Abeba kennengelernt hat? Ich wage einen Versuch.

»Das hat sehr viele Gründe. In meinem Land gibt es zum Beispiel keine Wüste. Wir haben genug Wasser. Überall wachsen die Pflanzen. Es ist auch nicht so heiß wie bei euch. Man kann den ganzen Tag arbeiten, ohne zu schwitzen. Unsere Arbeit wird gut bezahlt. Dazu kommt, dass wir gern arbeiten, während Arbeit in vielen afrikanischen Ländern als unwürdig angesehen wird. Genauso bedeutend wie das gute Klima, ist, dass wir eine Demokratie haben. Alle Menschen sind gleichberechtigt. Du kannst ganz offen überall verkünden, wenn dir die Regierung nicht gefällt. Niemand wird dich deswegen ins Gefängnis stecken.

Unsere Vorfahren haben irgendwann eine ganz wichtige Entscheidung erkämpft. Sie haben Religion und Staat voneinander getrennt. Erst dann konnten sich die Menschen freier entfalten. Religionen verharren gern auf dem Niveau ihrer Gründer. Doch die Menschheit hat sich seitdem rasant verändert. Was damals zeitgemäß und gut war, ist heute längst überholt. An solche Entwicklung muss man sich anpassen. Sonst kommen die klügeren Menschen und beherrschen die weniger flexiblen. Ich glaube, die Trennung von Staat und Kirche hat beiden Gesellschaftsformen genutzt. Ich wünschte mir das auch vom Islam.«

Ali Mekla, der hier in der Danakilwüste geboren wurde, aber inzwischen die deutsche Staatsangehörigkeit besitzt, mischt sich ein. Er kennt beide Welten. Die europäische und die afrikanische.

»Nicht nur die Hitze macht die Menschen hier lethargisch. Es sind auch die Chancenlosigkeit, Überbevölkerung, fehlende Bildung und Armut. Es sind die diktatorischen Regierungen, die Korruption, die verbrecherische Skrupellosigkeit. Was Europa im Mittelalter in blutigen Völkermorden erlebt hat, geschieht hier jetzt. Afrikanischen Staaten fehlt das wichtige Nationalbewusstsein. Jeder denkt nur an sich und heute, allenfalls noch an seinen Stamm. Nicht aber an morgen und an seine Nation, die meist aus vielen Völkern besteht. Das liegt zum Teil an den Europäern. Sie haben vor zwei Jahrhunderten Afrika willkürlich unter sich aufgeteilt, haben alte Völkergrenzen einfach ignoriert und neue Grenzen gezogen. Wie in Deutschland, als man das Land nach dem Zweiten Weltkrieg in zwei Teile geschnitten hat, und die Menschen einander nicht mal mehr besuchen konnten.«

So kommt man von Pups auf Orkan. Ali Mekla ist der überzeugteste Deutsche, den ich kenne.

Und um das Thema zu wechseln, bringt Ali das Gespräch wieder mal auf meine Durchquerung der Danakilwüste. Er will die Menschen nicht deprimieren. Mit meiner Wüstengeschichte haben sie Gesprächsstoff ohne Ende.

»Ihr wisst ja, dass Rüdiger vor dreißig Jahren unsere Wüste mit zwei Freunden und vier Kamelen durchquert hat. Von Süden nach Norden. Zwar immer in Begleitung von Afarführern, aber immer unbewaffnet.«

Ungläubiges Staunen. »Völlig unbewaffnet?«

Der alte Pilger Haji Ismail krault gedankenverloren mit einer Hand seinen hennaroten Bart. Mit der anderen streichelt er seine Kalaschnikow. »Ohne Waffen?«

»Ja. Ohne Waffen.«

»Bei Allah! Ohne Waffe gehe ich nicht mal aufs Klo.«

Amina III

Alle Menschen haben das Herz an derselben Stelle,
aber nicht alle am rechten Fleck.
Gehört auf Radio Niedersachsen

Wir sitzen im Hotel Amara Basha in der Danakilwüste. Um uns die Meerkatzen, die versuchen, etwas zu stibitzen. Uns umwölken Amoniakschwaden, getragen von der Schwüle der Mittagshitze. Es gibt nur ein Plumpsklo für alle Gäste des »Hotels«. Die Menschen hier scheinen die Benutzung von Toiletten nicht gewohnt zu sein. Reste der Exkremente auf dem tongestampften Boden sind stumme Zeugen. Ein Waran von der Größe eines doppelt langen Dackels sorgt dafür, dass der Exkrementenberg nicht unsere Hintern berührt, wenn wir die Notdurft verrichten.

Vor der »Toilette« ist im Innenhof ein gemauerter Pinkelplatz. Hier urinieren die Männer, wenn sie keine Lust haben, die schmutzverkrustete Toilettentür zu öffnen. Ab elf Uhr knallt die Sonne erbarmungslos auf diese Steine und sorgt für die Verbreitung des unvergesslichen Gestankes.

Im Hof werden für die Nacht Betten hergerichtet für die immer wieder zahlreichen Gäste verschiedenster Nationalitäten. Die Liegen stehen dicht an dicht, überspannt von Moskitonetzen.

Vom Hotel aus, das hoch auf einer Felskante liegt, haben wir einen atemberaubenden Blick über den Awash-Fluss, die Gärten, die Obstbäume, die Marabus, Ibisse und die Krokodile. Manchmal ein Flusspferd, das im Gähnen gleich einen halben Zentner schwimmendes Grün verschlingt. Und das inmitten regen Menschenlebens am Fluss. Unvorstellbar. Ein Ministück ursprünglichen Afrikas.

Die Erste Wüstenkonferenz ist beendet. Wir sind am Packen. Uns geht Amina nicht aus dem Kopf.

»Ali, könntest du dir vorstellen, dass wir für Amina eine Art Patenschaft übernehmen und ihr Schulbildung ermöglichen?«

Ali überlegt. »Da müssen wir erst einmal ihren Vater überzeugen, sie in die Schule zu geben und nicht weiterhin das Kälbchen und die Ziegen hüten zu lassen.«

Pläne hin und her bedacht, Ex-Rebell Abdulkhader ins Vertrauen gezogen. Schnell ist er auf unserer Seite. Zur Erinnerung: Abdulkhader ist der Mann, der sich nach der Konferenz bedankte für das, was wir für sein »vergessenes Volk« getan hätten. Der Ex-Widerstandskämpfer.

Zu viert ziehen wir los zur Hütte des Mädchens. Ali bespricht alles mit dem Vater. Im Hintergrund sitzt die Mutter mit der Großmutter auf der Bettkante in der Hütte und lauscht. Amina hat die Puppe im Arm und schaut aus der Hütte.

»Nein, nein, nein. Das kommt gar nicht in Frage. Das Mädchen geht mir nicht in die Schule. Was soll denn mal aus ihr werden? Da kommt sie nur auf dumme Ideen!«

Er ist absolut gegen unsere Idee. »Die heiratet sowieso irgendwann. Wofür also in die Schule?«

Ali hat ein Ass im Ärmel. »Wenn du das Kind in die Schule gibst, werden Annette und Rüdiger dir jeden Monat 150 Birr (ca. 15 €) geben. Aber nur, wenn der Lehrer bestätigt, dass Amina wirklich jeden Tag da war.«

Dazu muss man wissen, dass 50 Eurocent pro Tag hier ein kleines Vermögen darstellen. Hier, wo niemand Arbeit hat, wo jeder allenfalls von seinem Stück Acker oder den paar Haustieren lebt, sind 50 Cent viel. Dafür bekommt man vier Brotfladen oder zwei Pfund Reis oder Mehl.

Fünfzig Cent. Das mag sich geizig anhören. Aber wir haben uns den Geiz gut überlegt und mit Ali Mekla abgewogen. Dosierter Geiz, ein Erfahrungswert. Gäbe man ihnen mehr, entstünde schnell Neid unter den Nachbarn. Denn nichts bleibt geheim.

Wider alle patriarchalischen Familienstrukturen wendet sich Ali an Kadiga, die Mutter. Sie ist eine schöne Frau mit ebenmäßigen Gesichtszügen und immer einem freundlichen Lächeln auf den Lippen. Bescheiden hält sie sich im Hintergrund. Im Vordergrund hätte sie gewiss auch wenig Chancen bei diesem störrischen Mann.

»Ja, ich fände es schön, wenn Amina in die Schule gehen dürfte.«

Schon bei unserem ersten Besuch vermittelte sie uns das Gefühl, Amina sehr gern zu haben, dass sie eine liebevolle Beziehung zu ihr hat. Das ist nicht selbstverständlich in Afrika.

Vater Abdallah berührt das nicht. Er schaut weiterhin düster drein. »Nein, das ist nicht gut für sie.«

»Muffelkopf!«, entfährt es Rüdiger. Zum Glück auf Deutsch.

Abdulkhader nervt das sture Verhalten.

»Weißt du eigentlich, welche tolle Chance deine Tochter hier bekommt? Meinst du, das wird deiner Familie je wieder im Leben passieren? Kennst du ein einziges Kind in deiner ganzen weiten Umgebung, dem man je so etwas angeboten hätte?«

Statt die Fragen zu beantworten, bockt er. »Nein, interessiert mich nicht. Sie ist ein Mädchen.«

Abdulkhaders Schlagadern schwellen vor Zorn an und bringen den staubverkrusteten Schweißrand des Hemdes zum Abspringen. Ihm platzt der T-Shirt-Kragen.

»Weißt du Hornvieh, was ich jetzt tun werde? Ich werde von Hütte zu Hütte, von Dorf zu Dorf gehen und erzählen, dass du der dümmste Afar bist, der mir je begegnet ist. Und du weißt, ich komme weit herum in der Welt. Von all denen, die mir da bisher begegnet sind, bist du der Allerdümmste.«

Der atemberaubende Bilck vom Hotel auf den Awash

Das saß! Wer will schon der Dümmste seines Volkes sein? Abdallah lenkt ein. Er versucht ein zaghaftes Lächeln. Wir hängen mit unserer ganzen Hoffnung an seinen Lippen.

»Und könnte Amina dann hierbleiben?«

Unnötige Frage. Denn eigentlich ist das klar. Die Schule ist irgendwo in der Nähe. Aber Abdallah braucht eine Eselsbrücke, um sein Gesicht zu wahren. Er lässt den besorgten Vater raushängen. Obwohl Amina nach seinen eigenen Worten doch »nur« ein Mädchen ist.

»Und wie bezahle ich die Schulkleidung? Wir haben kein Geld.«

»Dafür bekommst du von Annette und Rüdiger zweimal im Jahr zusätzlich Geld. Für Schulkleidung, Hefte und Schuhe. Und wenn sie ein besonders gutes Zeugnis nach Hause bringt, dann erhaltet ihr alle ein Extrageschenk.«

Jawohl, so werden wir das staffeln.

»Hmm.« Im Kopf des Mannes rumort es. Dümmster Afar und dann noch Geld, nur um das Mädchen zur Schule zu lassen? Schwere Geschütze gegen einen Halbnomaden, der außer seinem Dorf noch nichts von der Welt gesehen hat.

Er winkt Ali Mekla zur Seite. Ein Männergespräch unter vier Augen ist angesagt.

»Was haben die Fremden nur wirklich mit Amina vor? Wollen sie eine Christin aus ihr machen? Kannst du mir garantieren, dass die Bildung das Mädchen nicht verdirbt?«

Ali garantiert. »Ich kenne Rüdiger und Annette. Sie sind meine besten Freunde. Nichts ist ihnen ferner, als deine Tochter zu missionieren. Ganz im Gegenteil. Sie soll eine gute Muslima bleiben, sie soll klug werden, und wenn ihr alle begreift, welche Chance sich da bietet, wird Amina euch alle eines Tages ernähren, wenn ihr selbst zu alt seid, um euch noch um Haus und Tiere zu kümmern.«

»Und wie soll ich das Geld bekommen? Die zwei aus Deutschland gehen doch wieder weg.«

»Alle drei Monate werde ich euch das Geld bringen. Aber denk daran: Ich werde mich jedes Mal in der Nachbarschaft und in der Schule erkundigen! Wenn sie fehlt, gibt es für den betreffenden Monat kein Geld. Wenn sie mehrfach fehlt, wird die gesamte Hilfe eingestellt. Das sind unsere Bedingungen.«

Damit das Mädchen nicht allein zur Schule muss und vielleicht schnell das Interesse verliert, lassen wir ihre zwei Jahre ältere Freundin Fatuma ebenfalls zur Schule gehen. Gemeinsam ist doch alles leichter.

Für Amina beginnt eine neue Zukunft.

Die »Zweite Wüstenkonferenz«
Mauretanien

Das größte Risiko geht der ein,
der kein Risiko eingeht.
George F. Kennan

Wieder eine dieser Sternstunden!

Vortrag in Paderborn. Anschließend vor meinem Büchertisch ein Mann mit schütterem Haar.

»Mein Name ist Hubertus Spieker. Ich bin Honorarkonsul von Mauretanien. Ich bin gekommen, weil mich Ihr Bericht über die Baumstammfahrt von Mauretanien nach Brasilien interessierte. Nun habe ich eben auch Ihre Bilder von den Projekten gegen die Frauenverstümmelung gesehen. Das interessiert mich noch viel mehr. Spontan kam mir die Idee, Sie in Mauretanien mit einflussreichen Männern zusammenzubringen. Dort wird ja auch verstümmelt, und vielleicht kriegen wir gemeinsam etwas bewegt.«

Noch am selben Tag gehen Mails hin und her. Und nur drei Monate später, am 28. Juli 2004, ist es soweit. Annette, Honorarkonsul Hubertus Spieker und ich fliegen nach Nouakchott, die Hauptstadt des großen Wüstenstaates im Westen der Sahara am Atlantik. Südlich von Marokko.

Unsere »zweite Wüstenkonferenz«.

Der zweite Bürgermeister von Chinguetti, Mohamed Amara, holt uns am Flughafen ab. Er ist wirkungsvoll gewandet in blau-goldenem Boubou der dekorativen Landestracht, made by Seidensticker, Bielefeld. Er kennt jeden, jeder kennt ihn. Ruckzuck sind wir durch den

Zoll, während andere noch lange warten müssen. Er fährt uns ins Hotel Mercure im Zentrum der Stadt. An der Kreuzung vorm Hotel begrüßt uns ein Transparent: »Internationale Konferenz gegen Weibliche Genitalverstümmelung«. Dazu Datum, Ort und Veranstalter: TARGET.

»Davon haben wir drei Stück machen lassen und sie an strategisch günstigen Orten aufgehängt. Damit erreicht man jeden in Nouakchott. Die Bürgermeisterin hat völlig unkompliziert ihr Einverständnis erklärt«, informiert uns Amara. »Sonst hätte es Ärger gegeben. Internationale Konferenzen müssen beim Justizministerium angemeldet werden.«

Den Ärger gibt es dennoch. Der Justizminister hat uns eine Beschwerde zukommen lassen. Damit nicht von vornherein Antipathien gegen uns aufkommen, bitten wir ihn unverzüglich um ein Gespräch. Der Termin wird uns sofort gewährt. Wir entschuldigen uns für die Überrumpelung. Es soll nicht wieder vorkommen. Gern wird die Entschuldigung angenommen. »Ich schicke Ihnen Dr. Haimoud Ould Ramdan als meinen Stellvertreter. Er wird Sie auf der Konferenz beraten.«

Es ist diesmal eine vergleichsweise kleine, aber dafür sehr hochkarätig besetzte Konferenz. Als da wären Seine Eminenz der Grand Sheikh Hamden Ould Tah, höchster Rechtsgelehrter des Islam in Mauretanien und Erster Vorsitzender des Ulema-Bundes (Ulema sind islamische Rechtsgelehrte) von Mauretanien. Neben ihm zwei Gelehrte und Berater. Ferner der aufgezwungene Dr. Haimoud Ramdan vom Justizministerium, zwei Ärzte, Hubertus Spieker und Rüdiger Schulz, Geschäftsträger der deutschen Botschaft. Deutschlands Botschafter Dr. Bernd Morast hat ihn eigens dafür abgestellt.

Zehn Journalisten sollen für den Kontakt zur Außenwelt sorgen.

Das Ganze findet statt im großen Nomadenzelt hinter dem Mercure-Hotel. Der Hotelier hat einen Videorecorder aufgebaut für unseren Demonstrationsfilm. Seitlich flattern die TARGET- Banner. Die Sonne lässt die Schriftzüge wirkungsvoll erstrahlen. Es gibt zu essen und zu trinken, denn trotz des Schattens und Windes ist es warm. Alles in allem: ein würdiger Rahmen, rundherum stimmig.

Wir beginnen mit einem gemeinsamen Gebet. Ich bemerke die erstaunten Blicke, als ich mit bete. Mein Gegenblick antwortet ihnen, dass ich keinen anderen Gott habe als den einzigen, den es da gibt.

Dann beginnt die Diskussion. Wir stellen uns vor und begründen unsere Initiative. Wie schon bei den Afar. Wir zeigen unsere Fünfminutendokumentation von Pharaonischer Verstümmelung, dem Widerspruch zum Koran und das Gespräch mit Seiner Eminenz, dem Grand Sheikh von Al-Azhar. Endend mit dem Appell, das Verbrechen mit der Würde der Muslime für unvereinbar zu erklären.

Die Teilnehmer sind sichtbar beeindruckt. Die Geistlichen beneiden uns darum, dass wir – Vorteil des ausländischen Gastes – mit ihrem hohen Chef in Kairo gesprochen haben, wovon sie nur träumen können.

Die Ärzte erklären, dass Genitalverstümmelung von Frauen eine Körperverletzung darstellt und deshalb als *wider islamische Ethik* gewertet werden müsse. Die Gelehrten haben dem kaum etwas entgegenzusetzen, und auch der Großmufti vertritt diese Auffassung.

Nach drei Stunden beendet der Mufti die Sitzung. Wir essen gemeinsam. Die Männer verabschieden sich.

»Wir ziehen uns nun zurück, beraten das Gehörte und Gesehene noch einmal im Gelehrtenkreis. Morgen um 16 Uhr kommen wir hier erneut zusammen, um Ihnen unsere Entscheidung mitzuteilen.«

Pünktlich sind sie alle wieder beisammen. Wir lassen uns nieder auf dem Teppich und den Sitzkissen im Gebetsraum des Hotels. Zunächst Smalltalk. Dann die Verkündung. Der Grand Sheikh Hamden Ould Tah diktiert sie einem der Gelehrten. Der schreibt das Rechtsgutachten mit Tinte auf ein poliertes Holzbrett, wie es in Koranschulen üblich ist.

> Im Namen Gottes, des Erbarmers und Barmherzigen. Gott sei Dank!
>
> Die Beschneidung der Frau, die so genannte Khifad, war Ritus einiger Völker in der Zeit vor dem Islam. Sie gehört nicht zu den Pflichten und Ritualen des Islam. Die Pharaonische Verstümmelung, bei der der weibliche Körper durch die Entfernung der Schamlippen verstümmelt wird, ist übereinstimmend verboten. Auch wenn keine gesundheitlichen Schädigungen zu erwarten sind, ist ärztlicher Rat einzuholen. Ohne ausdrückliche Anweisung des Arztes ist die Beschneidung untersagt.
>
> Der Verein TARGET erreichte durch hochrangige Persönlichkeiten aus Politik, Wissenschaft und Justiz die Erklärung, dass die Beschneidung nicht zu den religiösen und gesetzlichen Pflichten gehört.
> Die Beschneidung gehört aufgrund der Schädigungen, die bereits ausreichend nachgewiesen wurden, auch nicht zu den Sunna-Pflichten, insbesondere, wenn die Beschneidung nach Pharaonischer Vorgehensweise durchgeführt wird, da die Beschneidung von Analphabeten durchgeführt wird.

Mir ist der Text nicht klar genug. Aber er ist das Ergebnis, auf das sich die Männer geeinigt haben. Er verdient Respekt. Und dann kann man weitersehen.

Zuletzt überrascht uns der Grand Sheikh mit einer unerwarteten Frage.

»Kann man bei TARGET Mitglied werden?«

Wir rutschen fast vom Sitzkissen! Ohne Überlegung und Absprache versichern wir ihm spontan, welch außergewöhnliche Ehre das für uns wäre und kreieren noch während des Abrutschens vom Kissen den Status der Ehrenmitgliedschaft für hochrangige Muslime, die uns auf dem Weg gen Mekka unterstützen (die aktuelle Ehrenmitgliederliste findet sich auf unserer Homepage www.target-human-rights.com). Ich umarme den Sheikh. Und herzlich erwidert er die Umarmung. Er drückt mich lange und fest an sich. Dann setzen wir uns etwas abseits.

»Sie wissen sicher, dass es in Mauretanien noch legal ist, ein Mädchen zu verstümmeln. Unser Land hat die internationalen Resolutionen gegen FGM nicht unterzeichnet. Aber sobald das neue Gesetz, das dem Parlament bereits vorliegt, verabschiedet ist, werde ich meine Fatwa in allen Moscheen verkünden lassen.«

»Dürfen wir dann dabei sein und den historischen Moment fürs Fernsehen dokumentieren?«

»Selbstverständlich.«

So kommen wir vom Hundertsten ins Tausendste, von Pickelchen auf Hochgebirge.

»Ich überlege die ganze Zeit«, so der Sheikh, »wie man die neue Botschaft unter die Nomaden bringt, die fernab aller Zivilisation leben und nicht einmal ein Radio besitzen.«

Dazu muss man wissen, dass Mauretanien so groß ist wie Frankreich, Deutschland und Dänemark zusammen. Es hat kaum mehr Einwohner als Hamburg und mindestens ebenso viele Kamele.

»Man sollte es machen auf traditionelle und moderne Weise«, grübelt der Mufti weiter. »Mit einer Karawane und der Mundpropaganda und mit einem Fernsehfilm, um über den arabischen Sender El-Gezirah sogar die ganze Welt zu erreichen. Eine ›Karawane der Hoffnung‹ gewissermaßen. Sie müsste von Mensch zu Mensch, von Zelt zu Zelt, von Oase zu Oase ziehen.«

»Hätten Sie nicht Lust, Zeit und das nötige Geld, diese Karawane in meinem Namen durchzuführen?«

Da sitzt man zunächst wie vom Blitz paralysiert. Menschen meines Alters denken sogar, ihrem Verstand nicht mehr trauen zu können. Aber ich kann. Das verraten mir Annettes und Spiekers Blicke. Der Sheikh hat es tatsächlich gesagt. Er hat gesagt, ob ich, ob wir eine »Karawane der Hoffnung« in seinem Namen durch die Wüste organisieren könnten! Welch ein Gedanke, welch ein Vertrauen! Und ob wir das möchten und können!

Sofort werden Erinnerungen wach. Damals vor dreißig Jahren mit eigener Karawane durch die Danakilwüste. Heiß, endlos, Bürgerkrieg, viereinhalb Monate. Allerdings war ich damals 42, heute bin ich siebzig. Da würde ich einen Schritt langsamer gehen müssen. Aber was macht's? Auch Schnecken kommen zum Ziel. Und hier geht es ja gar nicht um Tempo, sondern um Kontakt und Gespräche.

Es bedarf nur eines weiteren Blickwechsels mit Annette – und wir sagen zu. Spontaneität, der Vorteil und die Stärke unserer individuellen Organisation.

Im Geiste sehe ich die Landkarte vor mir. »An liebsten von Nouakchott nach Timbuktu«, murmele ich mir in den Bart.

Bürgermeister Mohamed Amara ist bei der Abmachung zugegen. Er will uns morgen mitnehmen in seinen Wüstenort Chinguetti. »Dort steht das siebtgrößte Heiligtum des Islam. Eine uralte Pilgermoschee. Von dort sind früher immer die Pilgerkarawanen nach Mekka gestartet. Das hat meist weit über ein Jahr gedauert. Viele Pilger sind nie mehr zurückgekommen. Denn immer herrschten irgendwo Kriege zwischen den Völkern. Oder es mangelte an Wasser. Heute gibt es diese Karawanen nicht mehr. Es ist billiger, mit dem Flugzeug zu fliegen. Allein das Futter für die Kamele kostete ein Vermögen, viel mehr als ein Flug.«

Konsul Spieker weiß dem etwas Positives abzugewinnen. »Denen, die auf der Hadsch umkommen, war aber das Paradies sicher.« Er gibt mir einen Schlag auf die Schulter. »Dir ist es auch sicher, wenn du über Mauretaniens Grenzen hinwegziehst. Denn die Unruhen und Stammeskriege sind geblieben. Da hat sich nichts geändert. An der Grenze zu Mali gibt es gleich mehrere Unruheherde. Da werden Leute gekidnappt, Lösegeld erpresst, oder sie werden einfach umgebracht.«

Und jedem von uns sind die Touristengruppen in Erinnerung, die in Südalgerien spurlos verschwanden und gegen viel Lösegeld nach Monaten wieder auftauchten. Mali spielte dabei manchmal eine wichtige Rolle.

Aber an uns prallt das Gerede ab wie Wassertropfen auf der Plastikfolie. Ich sehe mich bereits im Geiste mit der Karawane durch die Lande ziehen, die Botschaft des Grand Sheikhs mit weißer Schrift auf grüner Fahne verkünden. Und das nicht nur in Mauretanien, sondern gleich vom Atlantik bis zum Roten Meer, bis hin nach Mekka. Eine Idee, die Annette schon vor zwei Jahren hatte.

Beim Stichwort Mekka ist mir meine Vision sofort gegenwärtig. Als Fotomontage prangt sie über meinem Schreibtisch. Es ist unsere Unvereinbarkeitsthese auf weißem Transparent zwischen den Minaretten der heiligen Stadt, hoch über den Köpfen der jährlich vier Millionen Pilger aus aller Welt.

Daran muss ich denken, als mir eine andere Idee kommt. Was ich in Mekka als Krönung unserer Arbeit erreichen möchte, was wir in Kairo zwischen den Pyramiden bereits im Schnellverfahren erprobt haben, das könnte man doch hier in Chinguetti am siebtgrößten

Heiligtum ebenfalls praktizieren?! Als Generalprobe für Mekka.

Hamden Ould Tah ist sofort einverstanden. Also suchen wir einen Schriftenmaler, einen so genannten Kalligrafen, jemanden, der Transparente beschriftet. Der ist schnell gefunden. Und was bei uns viele Tage Geduld und viel Geld gekostet hätte, ist hier innerhalb von fünf Stunden fertig. Ein Transparent von fünf Metern Länge und einem Meter Breite und viel Text, nämlich dem gesamten Rechtsgutachten, der Fatwa des Großmufti. Zwanzig Euro kostet das Meisterstück.

»Noch nie durfte hier auch nur ein Plakat aufgehängt werden«, flüstert uns Bürgermeister Amara zu. Er spricht so leise, als fürchte er, jemand könne das hören und es uns verbieten. Wir also dürfen es spannen, filmen, fotografieren.

Abends gibt es ein kleines Fest. Die Honoratioren des Ortes sind eingeladen. Unter anderem auch der Imam Abd Er-Rahim Haji. Er ist ein angesehener Imam, weit über siebzig Jahre alt (Ach du liebe Zeit! Das bin ich ja auch schon. Also kann man doch nicht von *alt* reden.).

Es wird gegessen, während eine örtliche Frauengruppe dazu spielt und singt. Anschließend gibt es Gespräche.

»Es ist aber doch wichtig, dass man Frauen beschneidet«, äußert sich der Imam. »Sonst bekommen sie eine schlechte Haut. Durch die Beschneidung bleibt die Haut schön.«

Wir schauen uns an. Jeder überlegt, wie man einem so angesehenen Mann widersprechen könnte. Wegen der Dolmetschverzögerungen bleibt uns dazu zum Glück ausreichend Zeit. Gerade wollen wir den Versuch wagen, da mischt sich einer der Gäste ein. Er ist Arzt. »Abd Er-Rahim Haji! Genau das ist es, was alle Leute sagen. Auch ich habe das lange geglaubt. Aber heute weiß ich, dass das eine mit dem anderen überhaupt nichts zu tun hat. Die

Weibliche Genitalverstümmelung ist ein für die Frau sehr schädlicher Brauch.«

Viele der Umsitzenden nicken. Wir sowieso.

Der Imam schaut erschrocken auf den Sprecher. Er öffnet den Mund und schließt ihn wortlos. Es hat ihm die Sprache verschlagen.

Dann schaut er betroffen vor sich hin. »Bei Allah! Dann habe ich ja ein Leben lang etwas völlig Falsches gepredigt. Da musste ich so alt werden, um das zu erfahren?!«

Wir spüren seine ehrliche Verzweiflung.

Dann gibt er sich einen Ruck. Er blickt zu uns herüber. »Kommt bitte morgen früh um zehn Uhr in meine Moschee. Ich werde das wiedergutmachen und euch eine Fatwa schreiben.«

In genau diesem Moment beginnt es zu regnen. Niemand hatte vorher bemerkt, dass sich der sonst immer sternenklare Himmel verdunkelt hatte. Wahrscheinlich schaut niemand mehr hoch, weil die Sternenklarheit allgegenwärtig ist. Aber nun blicken alle hinauf.

»Regen! Das ist ein Zeichen Allahs!«, ruft der Imam. Ergriffen blickt er hinauf.

Bürgermeister Amara erklärt uns die Überraschung. »Das müsst ihr verstehen. Seit zwölf Jahren hat es hier keinen Tropfen mehr geregnet. Das ist wirklich wie ein Wunder.«

Wir diskutieren das Wunder. Da springen die Männer und Frauen plötzlich auf und stürmen davon. Einer nach dem andern. Das geschieht schnell und unerwartet. Kein Wort des Abschieds. »Bestimmt habe ich wieder etwas Unpassendes gesagt«, befürchte ich.

Amara kann mich beruhigen.

»Mach dir keine Gedanken! Der Grund ist ein ganz anderer. Die müssen schnell nach Hause und Plastikplanen über ihre Dächer werfen, damit es nicht durchregnet.«

Anderntags stehen wir um Punkt zehn auf der Schwelle zur Moschee.

»Kommt rein!«, ruft der Imam uns entgegen. Er liegt wie hingegossen auf dem Teppich im Gebetsraum und ist schon am Schreiben. Die Sonne strahlt durch ein kleines Fenster genau auf den Flecken, wo er sich hingestreckt hat. Bunt leuchtet der Teppich.

»Dürfen wir ein Foto machen und das filmen?« Immerhin ist das wieder einer der wichtigen Augenblicke auf unserem Weg gen Mekka. Wir brauchen das Dokument.

Bürgermeister Amara fragt den Imam.

»Lass sie machen, was sie wollen.« Fast scheint es, als wäre ihm die Frage lästig. Amara wundert sich darüber. Erheitert beugt er sich zu uns herüber.

»Wisst ihr nämlich was? Das ist das zweite Mal im Leben dieses Mannes, dass er sich fotografieren lässt. Das erste Mal, als die Europäische Union seinen Daumenabdruck nicht mehr akzeptierte. Und nun ihr. Ihr seid die Zweiten. Ihr müsst den Mann sehr beeindruckt haben.«

Das scheint zu stimmen. Denn er formuliert seine Fatwa klar wie kein anderer zuvor: »... ich versichere, dass diese Gesundheitsschädigung eine Sünde ist!«

Danke Abd Er-Rahim Haji!

Zurück in Nouakchott, stapeln sich die regionalen Zeitungen auf unserem Tisch. Jede einzelne hat über die Konferenz berichtet. *L'Authentique* vom 2.8.04 widmet ihr eine ganze Seite, *Quotidien* vom 1.8. eine halbe.

Am treffendsten finden wir die Überschrift des *L'Eveil* vom 3.8.2004:

»Weibliche Genitalverstümmelung.
Mehr als ein schlimmer Brauch.
Eine islamische Verpflichtung.«

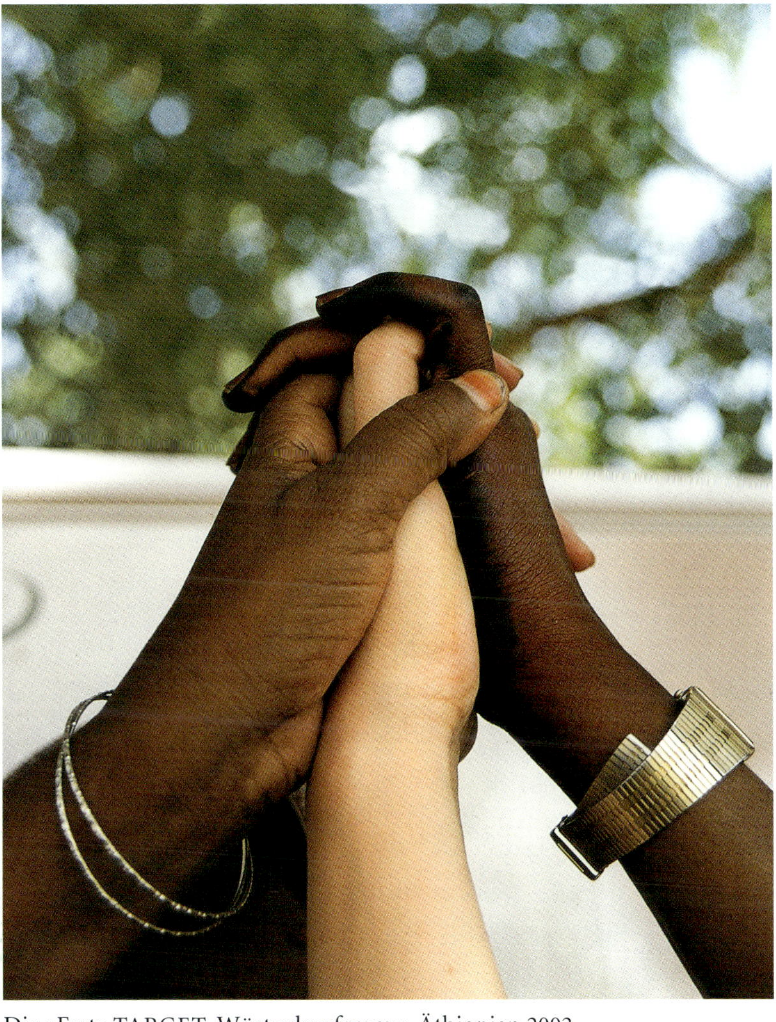

Die »Erste TARGET-Wüstenkonferenz«, Äthiopien 2002.

Das Verbrechen
der Weiblichen
Genitalverstümmelung.

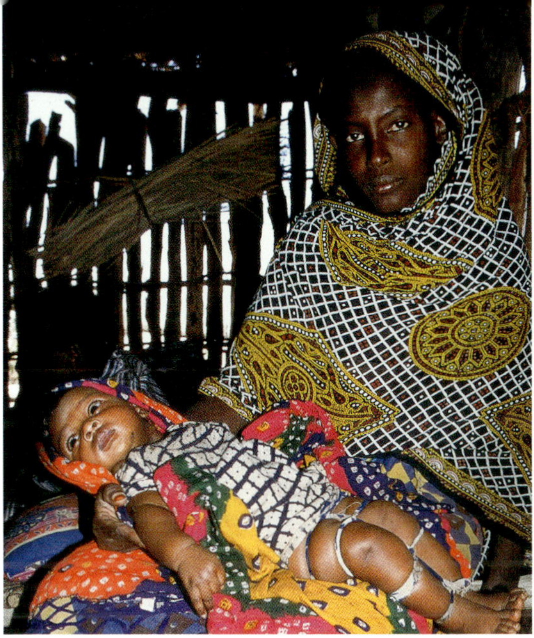

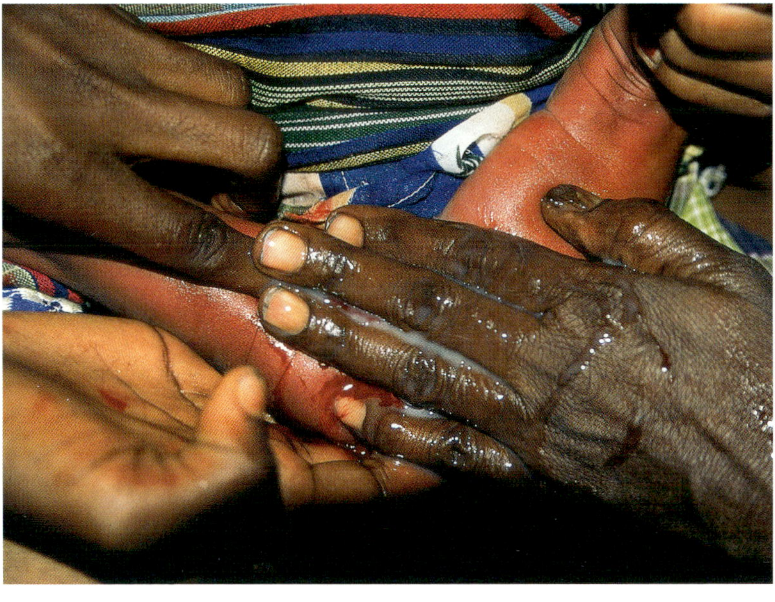

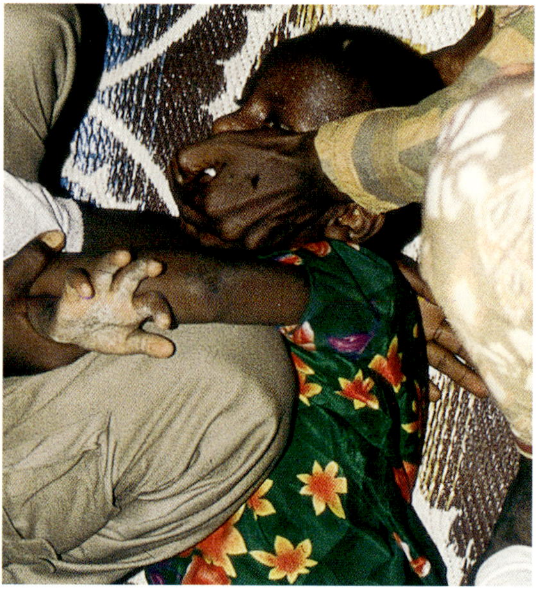

Das Verbrechen
der Weiblichen
Genitalverstümmelung.

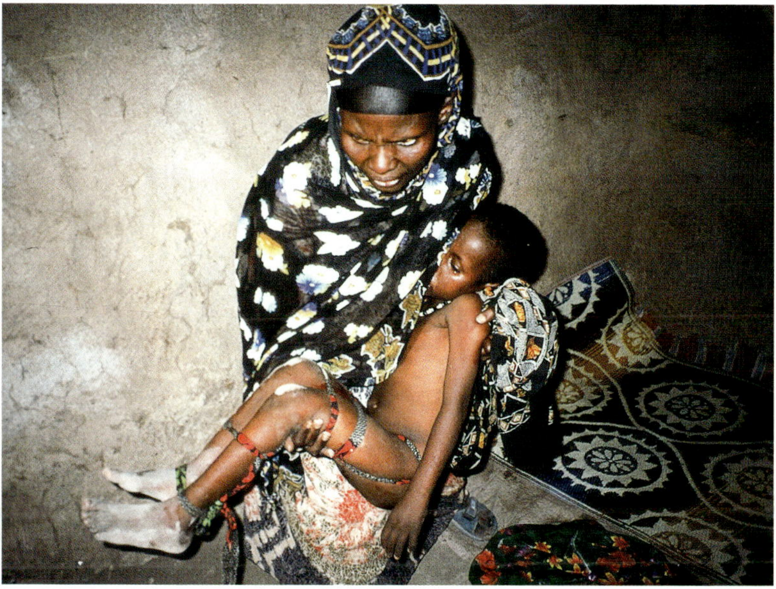

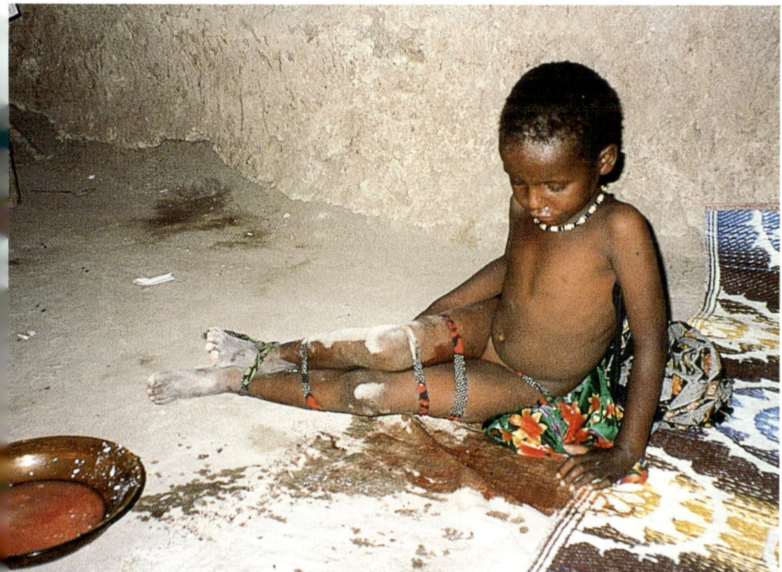

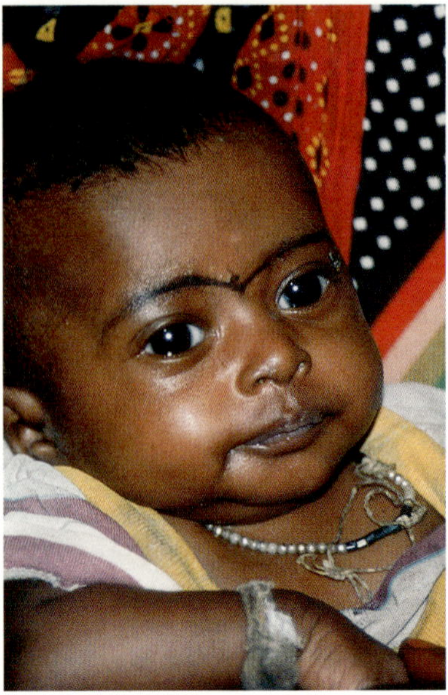

In jedem Alter wird verstümmelt.

Brautpaar – die Tortur geht weiter ...

Der Patriarch vor seinem Domizil.

... von Generation zu Generation. Die Mutter und die drei Töchter mit dem frisch verstümmelten und bandagierten Baby.

TARGETs erster Verbündeter, Sultan Ali Mirah Hanfary vom Volk der Afar (Äthiopien).

Der Oberste Rat für Islamische Angelegenheiten der Afar argumentiert auf der Konferenz für die Unversehrtheit der Mädchen.

Der Durchbruch: bei TARGETs Erster Wüstenkonferenz in Assayta die 100 %-Abstimmung gegen Verstümmelung.

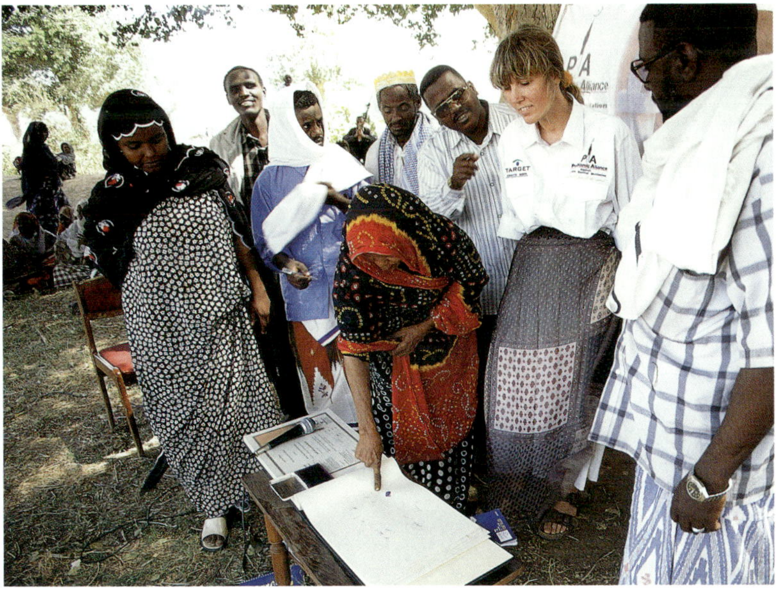

Unterschriften und Fingerabdrücke gegen den Brauch.

Beginn der »Karawane der Hoffnung«: Nach der Pressekonferenz vor dem Hamburger Rathaus.

Im Nomadenzelt: Nehberg, Großmufti Hamden Ould Tah, Imam El Bechir, Jurist Ould Bah, Hamburgs Zweite Bürgermeisterin Schnieber-Jastram.

Die Fatwa des Großmuftis vor dem siebtgrößten Heiligtum des Islam, der Moschee in Chinguetti (Mauretanien).

In der Bibliothek des Großmuftis von Mauretanien.

Durch die Wüste Mauretaniens ...

... von Oase zu Oase ...

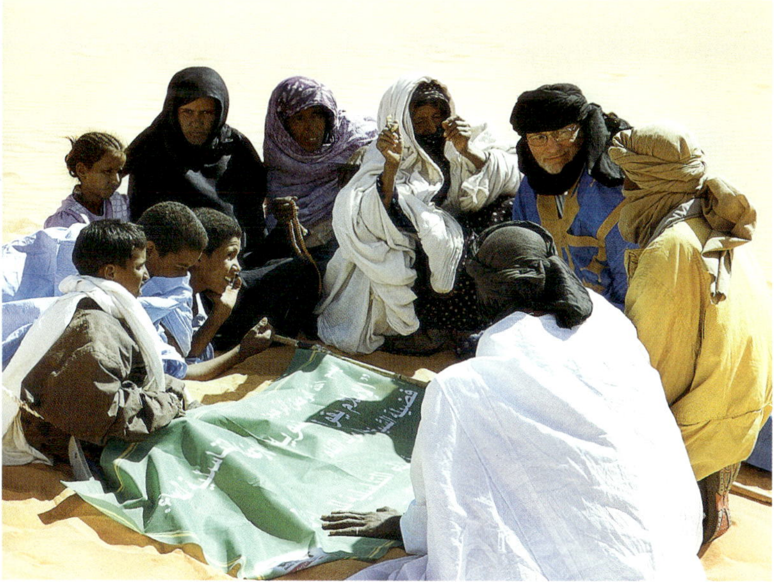

... von Mensch zu Mensch.

»Dritte TARGET-Wüstenkonferenz« mit den Afar in Dschibuti.

Die Afar-Frauen beim traditionellen Tanz.
Im Hintergrund ein Konferenztransparent.

Der Bürgermeister von Konaba (Äthiopien) stellt unser Team und die Fahrende Krankenstation der Bevölkerung vor.

Auf Besuch in Farasdege (Äthiopien): Kadir, Stephanie, Rüdiger, Annette, Ebadi, Mona, Mohamed Isse *(von links)*.

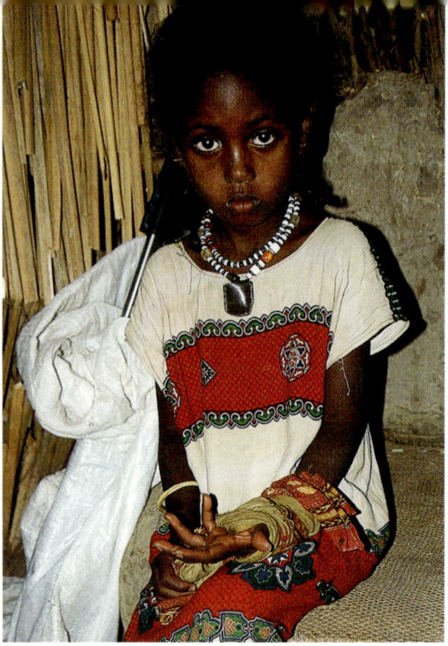

Amina bei unserer ersten Begegnung. Stumm knautscht sie ein Tuch in den Händen.

Amina mit Großmutter, Mutter und Bruder.

Amina 2006.

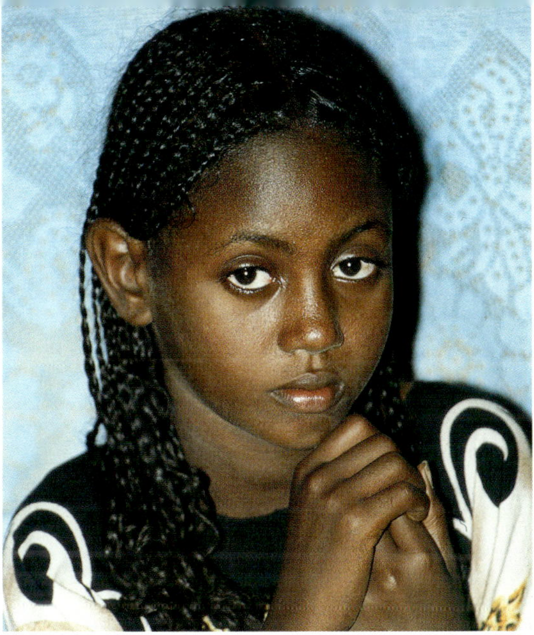

Angekommen in der neuen Welt *(von links)*: Amina 1, Amina 2, Rihana.

Unsere Demo am Ursprungsort der Pharaonischen Verstümmelung.

Rüdiger im Gespräch mit dem Großsheikh von Al-Azhar (Kairo), Dr. Mohamed Sayed Tantawi.

In der Azhar-Moschee.

Die Residenz des Groß-Muftis von Ägypten mit dem Konferenz-Transparent.

Einzug der internationalen Gäste.

Rüdiger Nehberg begrüßt Sheikh Qaradawi und Religionsminister Zakzouk *(von links)*.

Religionsminister Zakzouk im Gespräch mit Annette Weber und Rüdiger Nehberg.

Eröffnung der Konferenz im Azhar-Congress-Center/Kairo
Von links: Prof. Muhammad Shama, Konferenzleiter; Prof. Dr. Ali Gom'a, Groß-Mufti von Ägypten und Schirmherr; Prof. Dr. Muhammad Sayed Tantawi, Großsheikh Al-Azhar; Prof. Dr. Mahmoud Hamdi Zakzouk, Minister für religiöse Angelegenheiten von Ägypten; Moushira Khattab, Generalsekretärin des Nationalen Komitees für Mutterschaft und Kind und Sonderbotschafterin von Frau Mubarak, Ägypten; Rüdiger Nehberg, TARGET, Deutschland

مؤتمر العلماء العالمي نحو
حظر انتهاك جسد المرأة
تحت رعاية فضيلة المفتي أ.د. علي جمعة
مركز الأزهر للمؤتمرات ٢٢، ٢٣/١١/٢٠٠٦م
ODIES
PA
Pro-Islamic Alliance
RUEDIGER NEHBERG
www.target-human-rights.com
BESCHNEIDUNG

Beratung hinter verschlossenen Türen.

Unterzeichnung der Fatwa durch den Großmufti und Schirmherrn Prof. Ali Gom'a unter Zeugen. *Von links:* Prof. Shama, Nehberg, Weber, Imam Diallo, Mohamed Bal El Bechir, Gelehrter Mauretanien.

Die »Dritte Wüstenkonferenz«
Dschibuti

Wer Dummköpfe gegen sich hat,
verdient Vertrauen.
Jean Paul Sartre

Gesundheitsminister Dr. Mohamed Ali Kamil gibt sich reserviert. Sein Beraterstab aus Gründen der Dienstbeflissenheit ebenfalls. Die beiden weiblichen Antiverstümmelungsbeauftragten Mounira und Saafia Elmi sowieso. Es ist still geworden im Besprechungsraum Seiner Exzellenz. Alle blicken erwartungsvoll zum Minister. Der schaut mich an. Seine Finger spielen mit meiner Visitenkarte.

»Und da meinen Sie tatsächlich, wir hätten auf Sie gewartet, um hier in Dschibuti eine Konferenz gegen Weibliche Genitalverstümmelung durchzuführen?«

Bums. Was sollte ich jetzt sagen? Ich dachte, alles sei paletti. Die beiden Frauen hatten uns das in den vielen Vorgesprächen doch angedeutet. Nur deshalb sind wir voller Optimismus hierher in das Gespräch gegangen. Und nun diese Frage, deren Wortwahl, Betonung und unverhohlener Ironie zufolge sich jede Antwort erübrigte.

Ich versuche es dennoch.

»Ich hatte neulich ein Interview mit Ihnen im Fernsehen gesehen. Da äußerten Sie sich klar gegen die Verstümmelung. Sofort kam mir die Idee, mit Ihnen als Politiker und vor allem gemeinsam mit den höchsten islamischen Rechtsgelehrten des Landes über die Möglichkeit zu sprechen, den Brauch zur Sünde zu erklären. Ich kann mir keinen Gläubigen vorstellen, der es dann noch wagt, seine Töchter zu verstümmeln.«

Ich sage das immer nur häppchenweise, damit Ali Mekla mit dem Übersetzen nachkommt.

»Auch mein Freund Ali war sofort begeistert von der Idee. Er war es sogar, der mir riet, mich vertrauensvoll an Sie zu wenden mit dem Angebot, dass TARGET eine solche Konferenz finanzieren würde. Ich komme keinesfalls als deutscher Besserwisser. Ich komme als ein Vertrauter des Islam, der an dessen positive Kräfte glaubt und sie aktivieren möchte. Zum Wohle der Frau. Zur Ehre des Islam.«

Meine Visitenkarte hat den sie bearbeitenden Fingern des Ministers nach- und ihren Geist aufgegeben. Er bemerkt meinen Blick und lächelt. Ich schiebe ihm eine neue zu und lächle ebenfalls. »Oder möchten Sie gleich mehrere? Ich habe reichlich davon.«

Alle stimmen in das Lachen ein. Die Talsohle des Gesprächs scheint durchschritten. Der Minister schaut mich an.

»Sie sind also nach Dschibuti gekommen, um eine Konferenz zu organisieren?«

»Ja.«

»Und Sie möchten möglichst keine Politiker dabeihaben, sondern vor allem islamische Autoritäten?«

»Ja.«

»Und Sie halten die Idee tatsächlich für gut?«

»Dafür habe ich einen weiten Weg auf mich genommen.«

Er gönnt sich eine Pause. Verschmitzt blinzelt er seinen Kumpanen zu. Er will die Spannung erhöhen. Allen spricht der Schalk aus den Augen. Irgendetwas führen sie im Schilde. Dann spricht er's aus.

»Die Idee ist NICHT gut!«

Klatsch! Eine Abfuhr erster Klasse. Diesmal ohne die üblichen orientalischen Schnörkel.

Dennoch scheint niemand betroffen. Nur Ali und ich sind rat- und ahnungslos. Wir sagen nichts, weil wir deprimiert sind. Der weite Weg war also vergebens. Doch wer nicht wagt, der nicht gewinnt. Auch aus Trümmern lässt sich ein neues Haus bauen.

Die Augen aller Teilnehmer strafen die Worte des Ministers Lügen. Der Minister erhebt sich. Wahrscheinlich will er uns verabschieden. Wir erheben uns ebenfalls.

»Bleiben Sie sitzen! Ich bin noch nicht fertig. Ich habe gesagt: Ihre Idee ist *nicht* gut. Das kann ich nur wiederholen. Sie ist nämlich tatsächlich nicht gut. Sie ist auch nicht *sehr* gut. Sie ist *unglaublich gut*! Sie ist grandios! Sie ist genial! Sie ist so gut, dass es ein Jammer wäre, nur Dschibuti einzuladen. Wir müssen die Nachbarn hinzuziehen: Somalia, Äthiopien, Eritrea, den Sudan und sogar den Jemen. Ich kenne alle Gesundheitsminister persönlich. Ganz wichtig ist auch, jemanden von der Al-Azhar in Kairo dabeizuhaben. Das hat einen Grund. Wenn meine Landsleute *mich* im Fernsehen gegen FGM reden hören, denken sie, der ist Minister, der kriegt ja Geld dafür, das zu sagen. Und sie glauben mir nicht. Aber einem Gesandten der Al-Azhar unterstellt man das nicht. Und dann, wenn das alles gelingt, werden wir die Konferenz nicht »Dschibuti-Konferenz« nennen, sondern »Internationale Konferenz *Horn von Afrika gegen FGM*«. Was halten Sie davon?«

»Jetzt brauchen wir einen Tee.« Der Mann haut mich um. Der hätte auch als Comedian im europäischen Fernsehen eine echte Chance.

Während irgendein Diener Tee nachreicht, fährt er bereits fort. Er ist kaum noch zu bremsen.

»Und die Frau unseres Staatspräsidenten wird die Schirmherrschaft übernehmen. Ich werde sie gleich heute anrufen. Das wird ein gigantischer Kongress.«

Zeit, ihm die Hand zu drücken. Ali und ich können es mal wieder nicht fassen.

»Alles Weitere besprechen Sie mit Mounira und Saafia Elmi.«

Anderntags sind wir bei den Frauen. Sie haben zwei, drei Räume in einem renovierungsbedürftigen Gebäude. Überall Plakate gegen FGM. Und das obligatorische Bild von S.E. Omar Ogualleh, dem Staatspräsidenten.

»Ja, Madame Kadra Mahamoud Haid hat sofort die Schirmherrschaft zugesagt. Es sei ihr eine Ehre, hat sie sogar gesagt.«

Wir sind so tief beeindruckt von allem, dass wir wieder einmal meinen zu träumen. Das nächste Kapitel aus »Elf leila wa leila, Tausendundeine Nacht«. Dabei hatte es vorgestern noch absolut mies ausgesehen. Wir waren mit Ach und Krach mal gerade bis zum persönlichen Referenten des Informationsministers vorgedrungen. Ein gewisser Ali Silay. Die einzige Person, die nachmittags in dem verstaubten Gebäude anzutreffen war. Eine Extraüberstunde für uns. Wir brauchen seine Zustimmung, im Hôpital Général Peltier mit Zustimmung des französischen Arztes Dr. Pierre Collinet und einer Patientin die Operation an ihrem besonders stark infizierten Unterleib zu filmen.

Stolz und Eindruck heischend präsentiert sich der Referent hinter seinem Mahagonischreibtisch. Hinter ihm, an der Rückwand, das unvermeidliche Foto des Staatspräsidenten. Aber gleich daneben, der hoch brisanten Bedeutung des Themas entsprechend, ein Plakat.

»Artikel 333 Strafgesetzbuch:
Weibliche Genitalverstümmelung wird mit 5 Jahren Gefängnis und 1 Million Dschibuti Francs bestraft.«

Wir spüren: Hier sind wir richtig. Fünf Jahre Knast und 3300 Euro – das bedeutet hier mehr oder weniger das Ende einer Existenz.

Doch weit gefehlt. Anspruch und Wirklichkeit – auch hier klaffende Kontraste. Das Gespräch verläuft kurz, aber unmissverständlich.

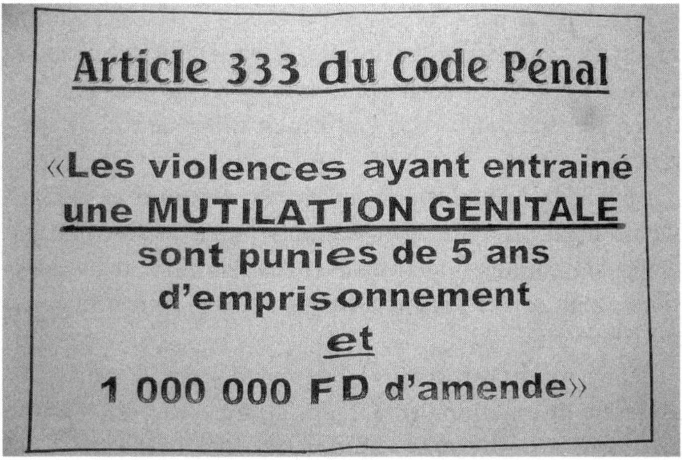

»Wissen Sie nicht, dass das Heiligste im Islam der Unterleib der Frau ist?«, begehrt er auf.

Ich stutze und bin sicher, unser Ali Mekla hat falsch übersetzt. Denn der war ja auch nicht heilig, als er verstümmelt wurde. Doch er hat richtig gedolmetscht. Der Staatsmann würdigt uns nicht einmal mehr eines Salaam alaykums.

Verständlich also, wenn die Reaktion des Gesundheitsministers uns jetzt überwältigt. Sie ist das glatte Gegenteil.

Saafia Elmi muss das Finanzielle klären. Es geht um die Tagesgelder für die Konferenzteilnehmer. Um die Kosten für die Flüge.

»Redner müssen das Doppelte bekommen.«

»Aha.«

»Denken Sie auch an den Richter. Er muss gut bezahlt werden. Sonst ist er dagegen und kann alles blockieren.«

»Aha.«

»Und wissen Sie, dass auch wir, Mounira und meine Wenigkeit, doppelte Tagesgelder erhalten? Denn auf uns lastet die meiste Arbeit.«

Jetzt wissen wir's. Wir sagen nichts, obwohl der Kampf gegen FGM ja eigentlich ihr Beruf ist. Dafür erhalten sie schließlich Lohn. Doch wir staunen. Kongresse sind ein toller Nebenerwerb. Das kann man mit jedem Satz spüren.

Ali Mekla bringt es auf den Punkt. Er raunt es mir auf Deutsch zu. »Wenn FGM beendet würde, wären die arbeitslos. Fast muss man manchen Leuten unterstellen, dass sie deshalb *für* die Beibehaltung der FGM sind und *gegen* die Abschaffung.«

Saafia Elmi fährt fort. »Übrigens sollten wir auch von anderen internationalen Organisationen Repräsentanten einladen. Zum Beispiel von der Unicef.« Das erhöhe die Bedeutung der Horn-von-Afrika-Konferenz.

Die Mädels drehen langsam durch. Sie wollen Dschibuti zum Weltkonferenzzentrum machen. Auf TARGETs Kosten. Ich bremse ab.

»Wir möchten keine übliche und typische internationale Beteiligung. Es ist eine Angelegenheit zwischen Dschibuti, den Nachbarländern, dem Islam und TARGET. Alles andere sprengt unseren finanziellen Rahmen. Für die Glaubwürdigkeit laden wir Journalisten ein. Wichtig sind uns vor allem die einheimischen Glaubensführer. Politiker haben ihr Nein zur Verstümmelung ja längst mehrfach bekräftigt. Die brauchen wir nicht. Wir brauchen Großsheikh Abdoul Rahman Bashier aus Dschibuti. Wir brauchen Großsheikh Nourbado Jourhan aus Somalia.«

Es wird ein Konferenztag festgelegt.

Wir sind zurück in Deutschland und haben irgendwann alles vorbereitet. Auch die Flüge sind gebucht. In drei Tagen geht's los. Da kommt ein Fax. Absender: S.E. Dr. Mohamed Ali Kamil, Gesundheitsminister von Dschibuti. Es täte ihm aufrichtig leid, aber die Schirmherrin müsse zu einer wichtigen Mission ins Ausland, und ohne sie könne der Kongress nicht stattfinden. Die Schirmherrin ist eine einflussreiche Frau. Nichts läuft ohne sie. Auch nicht der Shoppingbummel in Paris. Dort ist sie im Fernsehen zu sehen.

Er schlägt einen neuen Termin vor. Einige Wochen später. Wir buchen um. Drei Tage vorm Abflug erneut ein Absagefax. Er bedauere außerordentlich. Aber es wäre Ramadan, das habe er kürzlich übersehen …

Ein dritter Termin wird anberaumt, und eine Forderung kommt ins Spiel.

»Wir brauchen jetzt unbedingt eine Anzahlung von 9 000 Euro für die vielen inzwischen angefallenen Kosten.« Saafia Elmi und Mounira machen es dringend. Der Hotelier wolle eine Vorab-Garantiesumme, die Transparente hätten Geld gekostet, müssten nun schon zum zweiten Mal neu geschrieben werden, der Drucker für die Einladungskarten wolle ebenfalls Cash sehen, und sie selbst würden ständig Überstunden leisten.

Ein anderer Posten in Höhe von 2 000 Euro ist plötzlich in der Kalkulation neu aufgetaucht und verwirrt uns besonders. Ein Gelehrter käme, heißt es da, um den Konferenzteilnehmern klarzumachen, dass FGM nicht vom Koran gefordert werde.

»Warum ein solch hoher Betrag?«, fragen wir.

»Weil er dafür noch viel recherchieren muss.«

»Dann ist er kein Gelehrter. Ein Gelehrter weiß das auswendig. Sogar wir wissen, dass es nicht im Koran steht. Jede der geistlichen Autoritäten weiß das.«

Zwar fühlen wir uns nicht verantwortlich für die unnötigen Kosten des Hin und Her, die Zu- und Absagen, aber wir wollen das Betriebsklima nicht stören und entschließen uns, 5 000 Euro zu überweisen. Uns ist es vor allem wichtig, dass das gegenseitige Vertrauen gewahrt bleibt und die Konferenz endlich zustande kommt.

Das Beste wäre der Transfer mit der Western Union. Da könnte man den Betrag nebenan in der Post einzahlen, und noch bevor wir wieder daheim wären, hätten die

Frauen in Dschibuti das Geld. Nach nur dreißig Minuten. Aber dieser Expressservice ist teuer. Er kostet richtig Geld. Deshalb verzichten wir darauf. »Die haben so lange darauf gewartet, dann kommt es jetzt nicht auf einen Tag mehr oder weniger an.«

Die Überweisung mit unserer eigenen Sparkasse dauert drei Wochen. Warum? »Das ist halt so.« Das ist in diesem dringenden Fall zu lange. Die Frauen des Ministers warten. Womöglich verhungern sie. Deshalb verzichten wir auch darauf.

Die Lösung bietet die Deutsche Bank. Dort schafft man die Überweisung in drei Tagen. Das halten wir für eine zumutbare Wartezeit. Allerdings muss Annette dafür extra nach Hamburg in die Hauptgeschäftsstelle am Adolphplatz fahren. Die Fahrt dauert eine Stunde. Sie beeilt sich. Wie schon gesagt, weil die Frauen des Ministers warten und hungern.

Da kommt schon wieder ein Fax! Absender: S. E., der Minister. Er scheint das Faxen zu lieben. Es täte ihm schrecklich leid, aber auch dieser Termin müsse geändert werden »wegen der Pilgerzeit, das habe ich bei der Planung ganz übersehen. Da hat niemand Zeit. Wir müssen einen neuen Termin vereinbaren.«

Hätte ich das Fax nur zehn Minuten später gelesen,wäre das Geld eingezahlt und garantiert futsch gewesen. Denn eine Rückzahlung wegen Nichtzustandekommens der Konferenz können wir uns nicht vorstellen. Wir wären den Verhandlungspartnern ausgeliefert gewesen.

Ich erreiche Annette über ihr Handy genau in dem Moment, als sie die Bank betreten will und kann die Einzahlung stoppen. Momente, wo man seinem Schutzengel aus Dankbarkeit das zerzauste Gefieder glätten und ihm eine Tube Haargel schenken möchte.

Diesmal jedoch antworte ich dem Minister nicht mehr. Wir entschließen uns, es endgültig ohne ihn zu machen.

Kurz entschlossen fliegt Ali nach Dschibuti und trifft sich mit Sultan Abdelkader Mohammed Humad. Er ist das religiöse Oberhaupt der Afar von Dschibuti. Er wohnt in einem kleinen Ort namens Tadjourah an der Grenze zu Eritrea. Er ist sofort begeistert von der Konferenzidee mit den Clanführern seines Stammes. Als Termin werden der 7. und 8. August 2004 vereinbart.

»Von eurer Konferenz mit dem Minister habe ich gar nichts gewusst. Weder ich noch meine Kollegen waren eingeladen. Aber das kennen wir längst. Wir erfahren die Beschlüsse der hohen Herren meist nur aus dem Radio. Dabei ist unser Wort bei unserem Volk mehr wert als das eines jeden Politikers. Deshalb freue ich mich, dass ihr genau den richtigen Weg beschritten habt.«

Wir beglückwünschen uns, dem Minister nicht mehr geantwortet zu haben.

Mit Sultan Humad klappt es termingerecht. Weder Absagefax noch Absageanruf. Oder hat er womöglich gar kein Faxgerät?

Es ist Anfang August. Ali Mekla und ich sind vorausgeflogen. Es sind viele Vorbereitungen zu erledigen. Ali hat Freunde in Dschibuti. Die wollen das Organisatorische übernehmen. Das sind Musik, Theater, Bewirtung und drei große Transparente für die Straße. Annette und Kameramann Thomas Reinecke werden einen Tag vor der Konferenz anreisen.

Es ist backofenmäßig heiß. Selbst abends kriegt man kaum Luft zum Atmen. Die Lunge glüht. Ich nehme die Gelegenheit wahr zu einem Härtetraining und halte einen Diavortrag vor unseren Bundeswehrsoldaten in Dschibuti. 22 Uhr. Der Schweiß läuft die Beine hinab, dass die Sandalen quietschen. Sogar die Menschen auf der Leinwand scheinen zu schwitzen. Dabei ist es nur das Wasser, das mir von der Stirn die Brille hinabläuft.

Da der Minister garantiert von unserer Aktion erfahren würde, habe ich ihm schließlich doch noch mitgeteilt, dass ich am 6. August einträfe wegen einer Konferenz mit den Afarfürsten und gern zu einem klärenden Gespräch zu ihm käme.

Höflicherweise.

Diesmal war *ich* es, der keine Antwort bekam. Verständlich. Ich rechne damit, dass er mich am Flughafen abfangen lassen und Schwierigkeiten bereiten wird. Der Termin 6. August war ein Bluff. In Wirklichkeit reise ich bereits eine Woche vorher an und komme über Eritrea und nicht über das übliche Addis Abeba. Problemlos werde ich ins Land gelassen, bekomme mein Visum bei der Einreise am Flughafen. Nur Annette und unser Kameramann Thomas werden am 6. einreisen.

Ali Mekla holt mich ab. Wir mieten einen Wagen und fahren nach Tadjourah. Das dauert neunzig Minuten. Am Ortseingang kommt uns Sultan Abdelkader Mohammed Humad in seinem Wagen entgegen. Zufall. Er und wir bremsen. Er ist in Eile.

»Wartet bitte in meinem Haus auf mich. Ich bin in einer Stunde zurück. Ich muss nur eben eine Blutrache schlichten.«

Das tut er, und pünktlich ist er zurück. Blutrache geschlichtet.

Zu unserer Beruhigung ist die Konferenz bestens vorbereitet. Die zuständigen Entscheidungsträger sind eingeladen. Auch der Bürgermeister, damit die Politik nicht querschießt. Und der Chefpolizist, damit er uns nicht verhaftet. Die Transparente sind gespannt, eine Theatergruppe ist organisiert und eine Frauentanzgruppe.

Dann der Wermutstropfen in den Sultan-Tee. »Der Minister hat mich angerufen. Er hat mich aufgefordert, die Konferenz abzusagen.«

Ali hatte es geahnt. Denn die beiden Minister-Sekretärinnen, mit denen er in losem Kontakt geblieben ist, hatten es ihm dezent angedeutet. Noch immer möchten sie die Konferenz mit uns gemeinsam machen. Ali weiß, warum. »Wegen ihres doppelten Tagessatzes.«

Sultan Humad macht uns klar, dass eine Absage an uns für ihn nie zur Debatte gestanden hat.

»Ich habe ihm gesagt, dass ich euch mein Wort gegeben habe und wir die Konferenz machen werden. Ihr seid meine Gäste.«

6. August. Morgen beginnt die Konferenz. Heute Abend kommen Annette und Thomas. Ali Mekla und ich fahren zum Flughafen, um sie abzuholen. Sie haben viel Gepäck, es ist Nacht.

Wahrscheinlich kommt auch noch irgendein »hohes Tier«. Denn überall sieht man Polizisten. Mehr als sonst.

Da kommen endlich Annette und Thomas! Aber nicht allein, sondern mit Ehrengeleit. Sie sind umringt von einem Pulk Uniformierter, die sie zum Förderband für das Gepäck lotsen. Annette gibt uns ein Zeichen der Verzweiflung. Der »große Bahnhof« gilt ihnen.

»Man lässt uns nicht rein. Wir müssen unser Gepäck identifizieren und dann mit derselben Maschine zurück nach Addis. Wir hätten kein Visum, heißt es.«

»Das braucht ihr auch nicht. Das gibt es hier am Flughafen.«

»Uns verweigern sie es.«

Genauso suspekt ist ihnen Thomas mit der dicken Kamera. Wie ein Baby trägt er sie ständig am Leib.

Ali Mekla weiß Rat. Er redet mit dem Leiter des Einsatzkommandos. Unter vier Augen. Denn irgendwie wirkt hier am Flughafen alles recht familiär.

»Ich verstehe den ganzen Aufwand nicht. Aber es ist ein Befehl vom Minister persönlich. Alle Deutschen, die hier heute aus Addis eintreffen, haben wir zurückzuweisen. Aber ich will mal sehen, ob ich das hinbiegen kann.«

Diskret lässt Ali einen Geldschein von Hand zu Hand gehen. Augenblicklich verschwindet er in einer Jackentasche.

Wie es weitergeht, mag Annette selbst erzählen. Sie übt eine magische Anziehungskraft auf Polizisten aus. Wie ein Verkehrsunfall auf Neugierige. Es ist bei Weitem nicht das erste Mal, dass sie Probleme hat. Immer steht sie kurz vor einer Verhaftung.

Ali und ich steigen ins Auto und wollen den langen Weg ohne die beiden zum Sultan zurückfahren.

»Welch ein Glück, dass *wir* schon im Land sind. Sonst würde die Konferenz morgen platzen«, meint Ali.

»Gut, dass der Minister nicht weiß, dass wir bereits hier sind.«

Natürlich weiß er es.

Denn da stoppt uns ein Pfiff aus der Trillerpfeife. Ein Polizist fordert uns auf zurückzufahren. Sch … , denken wir. Nun werden auch wir ausgewiesen. Der Leiter des Einsatzkommandos kommt energischen Schrittes auf unseren Wagen zu.

»Tut mir leid, dass ich nichts für eure Freunde tun konnte. Hier ist das Geld, das ihr mir gegeben habt.«

Grüßt und verschwindet.

7. August. Die Konferenz beginnt. Ohne Annette und Thomas. Ali Mekla und ich sitzen mit den Clanchefs im Schatten der Bäume des winzigen ummauerten Parks mitten im Ort Tadjourah. Alles ist mit Teppichen ausgelegt. Neugierige Kinder hocken eng beieinander auf der Mauer. Drei Frauen verteilen kalte Getränke, heißen Tee und Kaffee. Erdnüsse und Pistazien werden gereicht und frische Brotfladen. Im Hintergrund unsere Fahnen und zwei Transparente mit dem Ziel der Konferenz. »TARGET-

Conférence contre la Mutilation Génitale Féminine sous la Patronage du S.E. Sultan Humad de Tadjourah ».

Ich bediene die Kamera von einem Stativ aus. Während sie läuft, mache ich Fotos. Ein staatliches TV-Team ist ebenfalls anwesend.

Es beginnt mit dem traditionellen gemeinsamen Gebet. Danach wollen wir den obligatorischen Fünfminutenfilm über die Pharaonische Verstümmelung zeigen. Unbeschönigt, in aller Brutalität. Der Sultan und sein Berater Humad Barkat Siraj kennen den Film. Gestern Abend haben wir ihn vorgeführt. Sie sollten wissen, was heute auf ihre Männer zukommt, sollten sie vorbereiten und Schocks vorbeugen. Wir haben berechtigte Angst, dass die Reaktion der Delegierten sich sonst kontraproduktiv auf die Entscheidung auswirken könnte.

Es ist der Film, den wir zusammengestellt haben für die Entscheidungsträger der Afrikanischen Union, für die Grand Sheikhs, für die Richter, für die Sultane, für die Clanchefs. Sie sollen mit eigenen Augen sehen, was man ihren Töchtern und Frauen antut. Und sie sollen sehen, dass das Verbrechen in gar keiner Weise mit der männlichen Beschneidung vergleichbar ist. Denn gern argumentieren Männer so und bagatellisieren die Operation. Nicht unbedingt aus böser Absicht, sondern weil sie nie Augenzeugen einer Weiblichen Verstümmelung waren.

Zum wiederholten Male erkläre ich meinen Standpunkt. »Die Beschneidung der Männer ist nur dann vergleichbar, wenn man ihnen den Penis bis auf einen halben Zentimeter abschneidet. Ohne Narkose. Mit einer Rasierklinge oder Glasscherbe, und wenn man dann ein Holzstückchen in die Wunde steckt, um eine letzte Öffnung für den Urin zu gewährleisten. Dann wären die Operationen vergleichbar.«

Der Sultan und sein Berater rangen deutlich mit ihrer Fassung, waren kurz vor der Ohnmacht. Mir ging es nicht besser. Jedes Mal lässt der Film mich im Innersten erbeben.

»Meine Männer müssen das sehen«, bestimmt der Sultan dann entschlossen. »Niemand von ihnen hat auch nur die geringste Ahnung von dem, was da passiert. Darum wollen wir morgen zusammenkommen.«

Ich drücke beiden wortlos die Hände. Sie erwidern den Druck kräftig und entschlossen. Ein Händedruck, der Kombattanten und Brüder aus uns macht.

Auch heute noch sichtlich betroffen, weist der Sultan die Stammesführer mit leiser Stimme auf den bevorstehenden Schock hin und vertreibt die Kinder von den Mauern. Es wird still im kleinen Park.

Die fünf Minuten ziehen sich für mich endlos hin. Zuletzt kommt das Statement des Grand Sheikhs Dr. Muhammad Sayyid Tantawi aus Kairo. Er erklärt die Hadithe, denen zufolge der Prophet die Verstümmelung angeordnet habe, für »nicht authentisch«.

Der Film endet mit unserem Appell an die Würde eines jeden Muslims, dem Schrecken den Garaus zu machen, den Brauch zu beenden.

Danach herrscht Schweigen im Park. Niemand weiß, was er sagen, wie er sich verhalten soll.

Da sitzen die ehrwürdigen Männer, gebeugt und ergraut von der Last des Alters, und streicheln verlegen ihre langen Bärte. Hartgesottene Männer, die schon manchen Stammeskrieg geführt und Blutrachen ausgetragen haben. Männer die schon viel Schreckliches gesehen haben. Dürren, verdurstendes Vieh, Hungersnöte. Jetzt blicken sie zu Boden, um ihre feuchten Augen zu verbergen. Auch ich bin wieder zutiefst aufgewühlt. Ich fühle Dankbarkeit, dass sie sich entschlossen dem Thema stellen. Bestimmt fällt in diesem Moment schon bei jedem die Entscheidung.

Ali Mekla steht auf, geht von einem zum andern und

schenkt jedem ein Foto vom Grand Sheikh aus Kairo und eine Fotokopie seines Statements.

Dann fordert der Sultan zu Stellungnahmen auf. Ali ist dicht an meiner Seite und übersetzt. Fast jeder nutzt die Gelegenheit und spricht. Und ohne Ausnahme sind sie betroffen.

Schließlich beendet der Sultan die Sitzung. Es ist zu heiß geworden. Die Mittagssonne hat ihre ganze Heizkraft entfaltet, und ein lauer Wind weht die Hitze von der Straße hierher in den Schatten und nimmt ihm die Kühle.

Man trifft sich im Hause des Sultans und frönt der allnachmittäglichen Staatszeremonie, dem Qatkauen. Qat ist ein Rauschgift, Blätter des Qatstrauches. Er wächst in bestimmten Höhen in den Gebirgen von Äthiopien. Jeden Tag bringt eine Sondermaschine die frisch gepflückten Blätter aus Äthiopien nach Dschibuti. Und wehe, eine solche Maschine kommt einmal nicht! Dann dreht Dschibuti durch. Es gibt Streit, Verkehrsunfälle häufen sich. Es droht Aufstand. Qat ist für die Menschen das, was Öl fürs Getriebe eines Motors ist. Nichts läuft ohne.

Thomas, unser Kameramann, steigt mit mir aus dem Flieger. Wir sind in Dschibuti. Nach dem kühlen Hochland-Addis, nun der Backofen am Horn von Afrika. An der Zollabfertigung viele Beamte. Sie sind nervös. Es scheint, als wirbelten sie alle unkoordiniert um uns herum. Wer da wohl mit uns mitgeflogen ist? Der äthiopische Staatspräsident? Dann saß er wahrscheinlich vorn in der ersten Klasse.

Wir sehen Rüdiger und Ali draußen winken. Sie wirken positiv. Demnach haben sie alles für die Konferenz am nächsten Tag vorbereitet. Fehlen also nur noch wir, das Filmteam.

Wir legen unsere Pässe vor. Die Beamten besprechen sich. Wir kennen das schon. Die haben einfach viel Zeit. Das ist für uns Europäer nicht ganz leicht hinzunehmen. »Sie können nicht einreisen.«

Thomas spricht fließend Französisch.

»Warum nicht?«

»Sie haben kein Visum.«

»Das bekommt man hier bei der Einreise. Immer und jeder.«

»Nein, wir haben Anweisung, Sie ohne Visum nicht einreisen zu lassen.«

»Wer hat diese Anweisung gegeben?«

»Das ist unwichtig. Von höchster Stelle.«

»Aber da kennt uns doch niemand …«

»Wir dürfen heute keine Deutschen einreisen lassen.«

Aha, mir schwant etwas. Hat jener Mensch, der bei unserem letzten Besuch in seinem Informationsministerium auf unsere Frage nach Verstümmelung antwortete, das Heiligste im Islam sei der Unterleib der Frau, doch tatsächlich einen Weg gefunden, die Konferenz zu boykottieren? Oder war es doch der Gesundheitsminister?

Während wir auf unser Gepäck warten, kann ich mich in Richtung Rüdiger schieben und ihm das Problem zuflüstern. Thomas angelt sich inzwischen die ersten Gepäckstücke vom Band. Ich nutze das Gedränge, Rüdiger den Koffer mit den kleinen Filmkameras durchzuschieben. Zack – einfach unterm Tisch hindurch.

Rüdiger macht mir Hoffnung. »Habt etwas Geduld. Wir haben eben dem Offizier 100 Euro zugesteckt. Er wird euch durchlassen.«

Mit einem Schwupp hat Rüdiger den Aluminiumkoffer weitergeschoben in Richtung Ali Mekla. Der steht damit schon an der Ausgangstür. Einer seiner hundert Bekannten tut so, als wäre das sein Koffer. Ali ist wieder frei und verhandelt erneut mit dem 100-Euro-Träger. Der legt Ali brüderlich die Hand auf die Schulter, schüttelt bedauernd den Kopf. Na bravo. Schnell verdientes Money for nothing, denke ich wütend.

»Haben Sie Ihr Gepäck beisammen?« Ein anderer Befehlserteiler.

»Ja«, gestehen wir ehrlich. Eine Verzögerungstaktik fällt uns nicht ein. Alle Gepäckstücke sind vom Förderband abgeräumt. Das Band kommt zum Stillstand.

Wieselflink haben mehrere Polizisten sofort unsere sämtliche Gepäckstücke ergriffen und eilen damit in Richtung Flugzeug. Was ist denn nun los? Wir kriegen Panik. Thomas ruft lautstark tatsächlich etwas von Pressefreiheit und löst damit ungeahnte Heiterkeit aus.

»Folgen Sie uns und machen Sie schnell. Der Pilot kann nicht länger warten. Die Maschine ist bereits eine halbe Stunde zu spät. Sie fliegen zurück nach Addis.«

Okay. Afrika klatscht uns wieder einmal um die Ohren.

Da sitzen Thomas und ich schneller im Flugzeug, als wir ausgestiegen waren. Wir sind zunächst sprachlos. Der einzige Trost ist die angenehme Kühle in der Maschine.

Aber wir sind uns einig, wild entschlossen. So einfach machen wir euch das nicht, Freunde! Wir haben den weiten Weg nicht unternommen, um sang- und klanglos heimzufliegen. Zwar brummen wir längst durch die Dunkelheit zurück nach Addis. Doch gleich im Morgengrauen werden wir vor der Deutschen Botschaft auf der Matte stehen und Rückenstärkung bei der Beschaffung des Visums erbitten.

Die Botschaft ist tatsächlich sehr kooperativ. Hilfsbereit kontaktet unsere Beraterin Andrea Arslan die Dschibuti-Botschaft in Addis. So erhalten wir das Visum, das normalerweise mindestens 24 Stunden dauert, innerhalb einer Stunde, den neuen Flug nach Dschibuti ebenfalls. Sogar den früheren Nachmittagsflug.

Um elf Uhr sitzen wir bereits, um einiges entspannter, im La Parisienne *und genießen den wohlverdienten Latte Macchiato und ein warmes Croissant. Ali und Rüdiger werden längst mitten in der Konferenzdebatte stecken. Um neun Uhr sollte in Tadjourah unsere Zweite Wüstenkonferenz be-*

ginnen. Welch ein Glück, dass ich ihnen die kleinen Kameras zuschieben konnte!

Um flexibler bei erneuten Einreiseschwierigkeiten zu sein, lassen wir jeden Ballast in Addis und nehmen nur unser »Sturmgepäck« mit. Für Thomas ist das die Kamera, für mich ein Rucksack mit einfachem Kleiderwechsel. Ein sauberes Hemd können wir notfalls auch in Dschibuti kaufen.

Exakt nur 14 Stunden nach unserem ersten Einreiseversuch stehen wir erneut auf der Matte zum Glutofen Dschibuti. Die Zöllner von gestern haben auch heute Dienst. Allerdings auffallend weniger. Sie schauen verdutzt. Sie öffnen den Mund vor Staunen und den Pass aus Neugier. Ohne hineinzuschauen, meint einer: »Hatten wir Ihnen nicht gestern gesagt, dass Sie ein Visum benötigen?« Er klappt den Pass ungesehen zu. »Sie können gleich wieder einsteigen.«

»Moment mal«, mischt sich Thomas ein. »Wir haben ein Visum. Vielleicht darf ich es Ihnen zeigen.«

Der Mann kann es nicht fassen. »Wie haben Sie denn das gemacht?«

»Der Minister möchte uns unbedingt sehen. Dann ist vieles möglich. Sogar unsere Ausweisung gestern Abend hat er ja so ermöglicht.«

Der Beamte bleibt misstrauisch. »Momentchen, bitte. Ich schaue kurz in die Tagesorder.«

Freundlich kommt er zurück. »Ja, Sie können rein. Heute dürfen wir alle Deutschen einlassen. Herzlich willkommen in Dschibuti!«

Mein Gott, ist es hier heiß. Konferenz, wir kommen!!

7. August 2004. Nach dem ersten Teil der Konferenz und einem Bad im Meer genießen wir die Zuflucht im klimatisierten Haus des Sultans von Tadjourah. Erschöpft, aber optimistisch hocke ich auf der Schaumstoffmatte. Unter die Arme hat man mir sofort mehrere Sitzkissen geschoben. Unsere Gastgeber wissen, dass Fremde nicht gut

stuhllos, unverzagt, entspannt und genüsslich am Boden hocken können wie sie.

Da treffen Annette und Thomas ein! Ich atme erleichtert auf. Ihre Gegenwart bedeutet, dass der entscheidende Teil der Konferenz, die morgige Abstimmung, mit professioneller Kamera dokumentiert werden kann.

Neugierig werden die beiden von allen begrüßt, müssen Platz nehmen auf unserer Matte, teilnehmen am großen Hammel- und Hühnchenmahl und ihre Geschichte erzählen. Als besonderen Luxus wird der Ventilator genau in ihre Richtung gedreht.

8. August. Heute soll die Abstimmung erfolgen. Sie ist nicht im Park. Sie findet im großen Gemeindesaal statt. Diesmal unter Mitwirkung der gesamten Öffentlichkeit. Der Saal ist brechend voll. Niemand will sich das Ereignis entgehen lassen. Sogar der Polizeichef ist gekommen. Wohlbeleibt und mit Bodyguard. Ich begrüße ihn, aber seine Erwiderung ist abweisend. Gestern noch hat er wieder versucht, den Sultan zum Abbruch der Konferenz zu bewegen. Und wieder ist der Sultan standhaft geblieben. »Da steckt zweifellos wieder der Minister hinter. Denn eigentlich ist der Polizeichef *gegen* Verstümmelung. Die Konferenz wäre ganz in seinem Sinne.«

Das sagt der Ordnungshüter dann auch in einer kurzen Rede. »Die Regierung von Dschibuti erklärt schon seit Langem und immer wieder ihren eindeutigen Standpunkt. Sie ist gegen jede Verstümmelung von Frauen.« Und da er viel zu tun habe, müsse er nun wieder gehen. Man möge ihn entschuldigen.

Ich muss ihm noch sein Geschenk überreichen. Jeder höhere Repräsentant soll einen Säbel bekommen. Zehn Stück davon habe ich mitgebracht. Es sind »US-Confederate Offizierssäbel C.S.A.« aus dem amerikanischen Bürgerkrieg. Nur 65 Euro jeder einzelne. Es gibt sie im Versandhandel Frankonia, Würzburg. Schöne Stücke. Ein wenig gekrümmt, schwarze Metallscheide, Messingbeschläge, Gravur auf der Klinge. Ich jedenfalls finde die Säbel eindrucksvoll. Einen davon habe ich übrigens auch mir selbst geschenkt. Und was mir gefällt, gefällt auch den Wüstenkriegern. Rüdigers Logik. Frauen werden das nicht nachvollziehen können. Aber denen würde ich ein solches Teil ja auch nicht verehren. Die bekämen eine Puppe.

Ich sollte mehr als recht behalten. Die Säbel werden zum Renner. Eigentlich sollte ich einen Exporthandel aufziehen. Als ich den ersten verschenkte, neulich an Sultan Ali Mirah, war sein typischer Reflex, mit dem Finger die Schärfe zu fühlen. Doch leider sind die Säbel herstellerseits ungeschärft. Entsprechend, wenn auch kaum sichtbar, eine leichte Enttäuschung auf des Sultans Gesicht und bestimmt der stille Entschluss: den lass ich gleich nachher schärfen.

Daraus habe ich dazugelernt. Seitdem lasse ich die Säbel gleich zu Hause schärfen. Doch schon beim ersten Kontakt mit dem deutschen Zoll am Flughafen Hamburg-Fuhlsbüttel hätte ich mir fast großen Ärger eingehandelt.

»Was haben Sie denn da im Karton? Wollen Sie irgendwo Krieg führen?«, fragt der Zoll-Röntgenmeister. Wahrscheinlich ist er ein Humorist.

»Das sind antike Säbel. Sie sind als Geschenke für Stammesführer in Afrika gedacht. Damit führt dort niemand mehr Krieg. Heute hat jeder eine Maschinenpistole.«

»Machen Sie bitte mal auf.«

Auch dieser Mann fühlt als Erstes die Schneide. »Autsch! Die sind ja rattenscharf. Wissen Sie, dass es sich dann im geschärften Zustand um Kriegswaffen handelt?«

Ich weiß es nicht. Leider schützt Unwissenheit nicht vor Strafe.

Dennoch muss ich nicht nach Den Haag vors Kriegsverbrechertribunal. Ich erkläre dem Röntgenmeister, wofür die Waffen gedacht sind. Er denkt an seine Frau, er denkt an seine fünfjährige Tochter und lässt mich durchgehen. Dennoch werde ich die Säbel in Zukunft erst in Afrika schärfen lassen. Nicht jeder Röntgenmeister hat eine kleine Tochter.

Zurück zur Konferenz. »Ich habe hier noch ein Geschenk für Sie!«

Der Polizist verharrt. Sein Gesicht bleibt unbeeindruckt. Ich muss sein Gegner bleiben. Dienstanweisung.

Um die Wirkung des Präsents zu erhöhen, ziehe ich den Säbel vor aller Augen aus der Scheide. Von links unten nach rechts oben. So richtig mit Schwung und zischendem Geräusch.

Leider habe ich mich vorher nicht umgeschaut. So treffe ich das Elektrokabel der über mir hängenden Lampe. Es macht »Knall!«, ich kriege einen Stromschlag, es wird dunkel und der frischgeschärfte Säbel wirbelt durch die Luft und fällt zu Boden. Allah sei Dank, ohne weiteren Schaden anzurichten. Ich konnte ihn nicht mehr halten. Gelächter, Applaus. Schadenfreude ist international.

Der Polizist bedankt sich mit kleinstmöglicher Regung, überreicht ihn seinem Begleiter und verlässt wichtigen Schrittes den Saal.

Die anderen Entscheidungsträger haben Feuer gefangen. Sie sehen den großen Karton, der bisher bedeutungslos in der Ecke lag und ahnen, dass ihnen womöglich ein gleiches Geschenk ins Haus steht und beschleunigen die Diskussion.

Engagierte Frauen melden sich zu Wort und bitten die Männer um einen klare Entscheidung nach dem Motto »Null Toleranz gegen jede Art der Verstümmelung!«, Jugendliche müssen des Raumes verwiesen werden, als sie nach Teenagerart Witze reißen.

Nur eine alte Frau plädiert weiterhin für Infibulation.

»Das ist eine Beschneiderin!«, raunt mir Ali zu. Seine Erklärung wäre gar nicht nötig gewesen. Inzwischen habe ich einen Blick für diesen Frauentyp. Der Lärm verstummt. Man spürt, die Frau genießt ein gewisses Ansehen.

»Es wird ja einen Grund haben, dass unsere Vorfahren seit ewigen Zeiten diesen Brauch praktiziert haben. Erst durch die Beschneidung wird die Frau eine richtige, eine ehrbare Frau.«

In Wirklichkeit fürchtet sie um ihren lukrativen Job.

Die Frauenrechtlerinnen protestieren. »Nirgends sonst auf der Welt ist das üblich. Nicht einmal unter den meisten Muslimen wird das gemacht.«

Aber die Alte ist grantig. Widerworte ist sie nicht gewohnt. Schließlich aber geht ihre Stimme im anschwellenden Tumult und einem Machtwort des Sultanberaters Humad Barkat Siraj unter.

Die Männer am Vorstandstisch beraten ein letztes Mal. Vieler Worte bedarf es nicht mehr. Längst ist ihre Entscheidung gefallen. Der Sultan verkündet sie.

»Ich, der Sultan verurteile hiermit den schädlichen Brauch der Weiblichen Genitalverstümmelung … Die Teilnehmer haben einstimmig beschlossen, diesen Brauch abzuschaffen … Ich fordere alle Menschen von Dschibuti auf, dem Beispiel zu folgen …« Er gibt es uns schriftlich. Mit Unterschrift und Zeugen und Stempel.

Es folgt ein großer Musik- und Theaterabend. Das ganze Dorf ist vor der Freilichtbühne am Hang vorm Verwaltungsgebäude versammelt. Es herrscht eine wunderbare Stimmung.

Am nächsten Morgen fahren wir zu den Issa. Sie sind das andere der beiden Völker Dschibutis. Drei Stunden Fahrt.

Vertreterinnen zweier Frauenkooperativen und der stellvertretende Bürgermeister empfangen uns im Werkraum der »Frauenkooperative Textilverarbeitung«. Überall hängen selbst geschneiderte Kleidungsstücke, die man preiswert erwerben kann. Der Bürgermeister selbst sei leider verhindert. Die Frauen blicken überrascht auf, als hätten sie doch gerade noch mit ihm gesprochen. Sie schweigen.

Wir tragen unser Anliegen vor, mit den Führern der Issa eine gleiche Konferenz wie bei den Afar durchzuführen und berichten vom gestrigen erfolgreichen Tag. Wir loben Dschibuti und dass die beiden Völker Afar und Issa hier partnerschaftlich zusammen leben.

Wir haben den Eindruck, dass der Politiker gar nicht richtig zuhört. Er ist in Gedanken woanders, wartet auf seinen Einsatz. Dann endlich ist er am Zuge.

»Ich habe Ihr Anliegen vernommen.«

Statt uns anzuschauen, blickt er auf die Tischplatte vor sich. Als könnte die sprechen. Die Frauen schauen sich verlegen an, schweigen weiter. Vielleicht streben sie einen Schweigerekord an, wollen ins Guinessbuch der Rekorde.

»Ihr Anliegen ist interessant. Aber für dieses Thema ist einzig der Gesundheitsminister zuständig.«

»Dort waren wir. Dreimal hat er eine geplante Konferenz abgesagt. Das hat uns viel Geld gekostet.«

»Er wird seine Gründe gehabt haben.«

»Das mag sein. Aber wir möchten Gespräche führen mit Menschen, auf deren Wort wir uns verlassen können. Wir können nicht jedes Mal fünfzig Personen wieder ausladen, Stornogebühren für abgesagte Flüge bezahlen und von allen Teilnehmern erwarten, dass sie sich immer wieder auf einen neuen Termin verständigen. Das widerspricht unserem Verständnis von Gastfreundschaft.«

Ich komme mir richtig schlau vor, die Gastfreundschaft anzusprechen. Ich weiß sehr wohl, dass sie im Islam ungleich ausgeprägter gepflegt wird als bei uns kühlen Nordweltmenschen. Der Stellvertreter lässt sich nichts anmerken. Irgendwie muss er seinen vorgegebenen Text loswerden.

»Das entscheidet ausschließlich der Minister.«

»Ein viertes Mal mögen wir ihn nicht belästigen mit unserem Anliegen.«

»Ich kenne Deutschland nicht. Aber ist es da nicht auch üblich, ein Haus durch die Tür zu betreten wie bei uns?«

»Das ist bei uns nicht anders als hier.«

»Und warum steigen Sie durchs Fenster ein, indem Sie zu *uns* kommen statt zuerst durch die Tür zum Minister?«

Annette kann mal wieder ihren Mund nicht halten.

»Wenn in Deutschland eine Tür verschlossen bleibt, kann man es zumindest am Fenster *versuchen.* Wir klopfen an, aber wir steigen nicht durchs Fenster ein.«

Er blickt durch Annette hindurch als sei sie nicht existent. Die Frauen der Kooperativen blicken ausdruckslos in die Luft. Eine eigene Meinung ist ihnen verwehrt.

»Ihr Weg geht jetzt zurück nach Dschibuti. Salaam alaykum.«

Er steht auf, gibt uns anstandshalber pflaumenweich die schweißnasse Hand und geht. Die Frauen arbeiten weiter am Schweigerekord. Wahrscheinlich ist er inzwischen im Guinessbuch vermerkt.

»Es würde mich nicht wundern, wenn wir am Ortsausgang an der Polizeisperre verhaftet werden.« Thomas versucht sich als Wahrsager.

Aber es geht gut. Vielleicht ist die Polizei froh, uns Störenfriede los zu sein.

Nach einer Stunde ein Anruf auf Handy. Hamid, ein Freund Alis. »Der Fernsehmagazinbeitrag von eurer Konferenz ist soeben auf *TV Dschibuti* gelaufen. Gleich viermal. Stellt euch das vor! In Arabisch, Französisch, Somali und Afaraf.«

Wir halten an, um alles richtig zu verstehen. Aber wir haben richtig gehört. Viermal ist der Beitrag gesendet worden.

»Ratet mal, wer daraufhin das TV-Studio gestürmt hat? Mitten in der Nacht!«

Wir raten, aber wir raten daneben.

»Es war der Minister! Er hat getobt und will den verantwortlichen Redakteur entlassen.«

Wir wollen weiterfahren. Da klingelt das Handy erneut. Diesmal ist es der Issa-Bürgermeister persönlich. Der, der eben angeblich nicht da war. Also war er doch anwesend. Nun hat er den TV-Beitrag gesehen.

»Es tut mir ja so leid. Ich bin eben erst zurückgekommen«, schwindelt er. »Und da höre ich von den Frauen, dass mein Stellvertreter Sie völlig zu Unrecht wieder fortgeschickt hat. Wir müssen uns unbedingt treffen.«

Die Macht der Medien. Leider können wir nicht. Morgen geht die Maschine. Aber aufgeschoben ist nicht aufgehoben. Wir planen, dies mit Eritrea zu kombinieren.

Amina IV

Eure Kinder sind nicht eure Kinder.
Sie sind die Söhne und die Töchter der Sehnsucht
des Lebens nach sich selbst.
Khalil Gibran

Sommer 2004

Rüdiger und Ali machen bei einem Besuch unserer Fahrenden Krankenstation einen Abstecher zu Amina. Sie wollen mit eigenen Augen sehen, wie sie sich entwickelt, was es Neues aus der Schule gibt. Im Gepäck Geschenke auch für Fatuma, ihre Freundin. Zu zweit sollen sie sich gegenseitig weiterhin zum Lernen motivieren.

Amina ist gewachsen. Im mitgebrachten weißen Kleidchen sieht sie hinreißend aus. Es ist ein Gruß von Sophie, meiner Tochter. Es ist ihr Festkleidchen, das nun zu klein für sie geworden ist. Rüdiger hat es für mich fotografiert.

Schüchtern ist Amina noch immer. Aber mit Alis Hilfe holt sie ihre Schulhefte und liest Rüdiger etwas vor. Alles wird mit der Kamera festgehalten für mich, die ich daheim alles am Laufen halte.

Abdulkhader ist stolz auf die beiden Schulmädchen. Amina ist die Zweitbeste von fünfzig Kindern, Fatuma die Beste. Sie gehen regelmäßig in den Unterricht und haben viel Lob in den Zeugnissen.

Abdulkhader dämpft Rüdigers Freude: »Darauf darf man nicht so viel geben. Die guten Noten sind tatsächlich toll. Und die beiden sind die Besten in ihrer Klasse. Aber leider ist das Gesamtniveau eher mies. Das liegt jedoch nicht an den Kindern. Das liegt am Lehrer. Schulunterricht in der Wüste will niemand erteilen und er wird schlecht bezahlt. Da erscheint ein Lehrer nur dann zum Unterricht, wenn es ihm passt. Und meist passt es ihm nicht. An vielen Tagen fällt der Unterricht aus.«

Rüdiger entscheidet, einen Privatlehrer zu finanzieren, der zusätzlich nachmittags mit den Mädchen Englisch lernt.

Fatumas Vater Hassan freut sich, als Rüdiger und Ali auch ihn mit einem Besuch ehren. Man unterhält sich über den Schulbesuch der Mädchen. Alles ist zufriedenstellend. Ein unbekanntes Mädchen serviert heißen süßen Chai, Tee.

Rüdiger fragt, ob er denn noch eine Tochter habe. Die Antwort nimmt ihm fast die Luft.

»Nein, das ist meine neue Frau«, verrät dieser mit sichtlichem Stolz. Er selbst ist 65, das Mädchen höchstens 14. Rüdiger und Ali erzählen mir von ihrem Entsetzen darüber. Es ist für sie nicht vorstellbar, dass ein so alter, für sie bisher so weiser Mann, so eine Unverschämtheit und Skrupellosigkeit besitzt und ein Kind ehelicht.

»Ich kann es nicht verstehen, auch wenn die frühe Heirat bei meinem Volk üblich ist. Er ist doch ein gebildeter Mann!«, erzählt mir Ali am Telefon. Er ist traurig und wütend zugleich.

Uns wird bewusst, in welcher Gefahr »unsere« Amina schwebt. Die Mädchen werden früh verheiratet. Wir müssen aufpassen, dass ihr nicht Gleiches widerfährt, in der Wüste, deren Lebensformen sich nicht an unseren Wertevorstellungen orientieren, sondern den eigenen Gesetzen folgen.

Heimspiele

Steine, die einem in den Weg gelegt werden,
sind ideal zum Bauen.
Astrid Bergob-Christ

Anruf aus Dresden.

»Ich habe eine Nachbarin aus Gambia. Sie hat eine kleine Tochter. Die soll jetzt nach Weihnachten nach Gambia gebracht werden. Dort soll sie mindestens zwei Jahre bei der Großmutter leben. Dort wird sie doch verstümmelt, oder? Was soll ich machen?«

Die Frau, die uns anruft, ist Deutsche. Sie hat das kleine Mädchen häufig zur Betreuung, wenn die Mutter arbeitet. Sie ist gut informiert.

»Der Fünfjährigen hat man gesagt, die Großmutter möchte sie endlich einmal kennenlernen. Die Wirklichkeit in Gambia ist so, dass die Alten von einer Tochter versorgt werden. Sie ist deren Altersversorgung. Die Beschneidung garantiert eine finanziell rentable Verheiratung. Nur beschnittene Mädchen bekommen einen Ehemann, und nur eine verheiratete, versorgte Frau kann den Großeltern im Alter eine gewisse Unterstützung garantieren. Das ist gängige Praxis.«

Amnesty international zufolge sind in Gambia 89 Prozent der Frauen in irgendeiner Form beschnitten. Manche infibuliert. Der Brauch wird unabhängig von Stammeszugehörigkeit und sozialem Status praktiziert. Zwar könnten Täter wegen des Tatbestandes der Körperverletzung bestraft werden. Aber bisher ist noch kein solcher Prozess bekannt geworden. Wie auch, wenn ein Staatspräsident (trotz inzwischen erfolgter Unterzeichnung internationaler Abkommen wie dem so genannten Maputo-Protokoll) wiederholt verkündet, Gambia würde FGM nicht abschaffen, weil der Brauch Teil der Landeskultur sei und Kampagnen gegen FGM den Islam untergraben würden.

Wir hören, dass die Kleine einen gambischen Vater hat, der sich aber nie um Mutter und Tochter gekümmert hat.

»Die Mutter war eine Zeitlang mit einem Deutschen verheiratet, ist aber geschieden. Der geschiedene deutsche Mann und dessen Vater wollen die Kleine mitnehmen nach Gambia. Sie glauben den Warnungen nicht, dass dem Mädchen Gefahr für Leib und Leben droht. Ich habe das Gefühl, das Mädchen wird allen hier zur Last und Gambia wäre für die Verwandten die richtige, einfache Lösung.«

»Kann man mit der Mutter reden und sie davon abbringen?«

»Das habe ich versucht. Sie meinte zunächst, sie sei schließlich selbst beschnitten, und das sei eben so. Sonst hätte das Mädchen keine Zukunft in der Heimat. Jetzt, wo sie merkt, dass ich dagegen protestiere, leugnet sie die geplante Beschneidung.«

Wir gehen zur Polizei. Die ist überfordert.

»Das wird schwierig, wenn nicht gar unmöglich, weil Vater, Mutter und Tochter Gambier sind«, hören wir.

Dazu kommt, dass morgen Heiligabend ist, alle in Festtagsstimmung sind und viele Beamte dienstfrei haben. Oh, du Fröhliche! Bis zum 6. Januar läuft alles in Behörden nur auf Schmalspur.

Dann eine Zwischennachricht unserer Informantin: »Die Reise ist angeblich abgesagt. Aber ich glaube der Mutter nicht.«

Annette ruft alle möglichen Luftfahrtgesellschaften an. Sie gibt sich als Beauftragte der beiden Männer aus, gibt vor, den Flug umbuchen zu wollen. Und sie hat Erfolg.

Nach wie vor sind drei Flüge gebucht von Frankfurt über Belgien nach Gambia. Gleich nach Neujahr.

Nun heißt es, schnell handeln. Wir schalten die Kripo und den Notdienst-Staatsanwalt in Dresden ein. Auch hier zunächst Zweifel an der Zuständigkeit, weil Mutter und Tochter Gambierinnen sind.

Die Zeit drängt. Noch in der Nacht zum 23. Dezember jagen wir einen Hilferuf per Fax an die Ministerin für wirtschaftliche Zusammenarbeit, Heidemarie Wieczorek-Zeul, engagierte Kämpferin gegen FGM.

Wessen Verdienst es auch immer sein mag: schon am nächsten Tag wird der Mutter das Mädchen fortgenommen und zu einer deutschen Familie in Obhut gegeben. Die Sicherheit des Kindes kann anders nicht gewährleistet werden. Das Verhältnis von Mutter und Kind scheint dazu noch problematisch. Die Mutter tobt. Doch sie hat keine Chance. Per einstweiliger Verfügung wird die Ausreise gestoppt. Mit dem Aktenzeichen OLG Dresden 20UF401/03 verbietet das Oberlandesgericht Dresden ihr schließlich, die Tochter nach Gambia reisen zu lassen, nachdem es sich hatte überzeugen lassen, dass »in Gambia nahezu alle ethnischen Gruppen Genitalverstümmelung praktizieren und dies eine schwerwiegende Menschenrechtsverletzung darstellt«.

Mutter und Anwältin sehen das offenbar anders. Die eine scheint unbelehrbar. Die andere wittert vielleicht einen lukrativen Verdienst. Sie gehen in die Berufung. Schließlich landen sie vorm Familiensenat des Bundesgerichtshofes. Dort das endgültige Urteil: »Die drohende Beschneidung ist eine grausame, durch nichts zu rechtfertigende Misshandlung.« Es billigt die teilweise Entziehung des Aufenthaltsbestimmungsrechts und schließt nicht aus, »das Kind zur Verhinderung seiner Ausreise nach Gambia der Mutter jederzeit erneut wegzunehmen«. (AZ.: XII ZB 166/03)

Wir freuen uns nicht nur für das Mädchen. Wir freuen uns nun auch über die Unbelehrbarkeit von Mutter und Anwältin. Ungewollt erstritten sie den Schutz für viele von der Verstümmelung bedrohte afrikanische Mädchen hier in Deutschland. Ein Sieg für die Menschlichkeit.

In einem anderen, nicht unserem Falle, hat das Verwaltungsgericht Aachen bei einer 36-jährigen Nigerianerin drohende Genitalverstümmelung sogar als Asylgrund anerkannt (2 K 1140/02., 12. 8. 03).

Beides wichtige Urteile im Kampf gegen FGM auch außerhalb der Ursprungsländer.

Hier Frankreich als Vorreiter!!

Rausdorf, Mai 2006.

Ein Mann ruft aufgeregt bei uns im Büro an. Er ist deutscher Vater einer Sechsjährigen. Die Mutter sei Gambierin. Jetzt will die Mutter in zehn Tagen mit dem Kind nach Gambia zur Großmutter für sechs Wochen. Er habe höllische Angst, dass das Kind beschnitten wird in dieser Zeit. Der Mann ist völlig verzweifelt.

Ich beruhige ihn: »Ich sehe da eine Chance, dass wir das verhindern können. Obwohl es zeitlich ziemlich knapp wird.«

Er erzählt mir die ganze Geschichte. Von seiner Beziehung zu dieser Afrikanerin, von dem Kind, um das er sich immer gekümmert hat, das die Hälfte der Woche bei ihm und seinen Eltern lebt, von Reisen der Mutter in ihr Heimatland und dem »Abladen« der Tochter bei den deutschen Großeltern für mehrere Wochen, damit die Mutter des Mädchens verreisen kann.

Zum Glück hat er vor einiger Zeit das gemeinsame Sorgerecht zugesprochen bekommen. Die Mutter habe sich nicht um Schule und Gesundheitsvorsorge des Kindes kümmern können und somit habe er dieses Recht erfolgreich eingefor-

dert. Und immer wieder unter Tränen: »Ich habe solche Angst um meine Kleine.«

Diese Angst ist berechtigt. In Gambia werden nach Zahlen von amnesty international 89 Prozent der Mädchen genital verstümmelt. Mädchen eines ganzen Straßenzuges werden dazu zusammengeholt. Das wissen wir von einer Gambierin, die hier in Deutschland lebt.

Der besorgte Vater hat bereits eine Anwältin eingeschaltet. Seine jetzige Freundin erzählte ihm von uns, und deshalb habe er angerufen. »Ich will nichts unversucht lassen.«

Ich höre weiter, dass auch eine Anzeige wegen Kindesmisshandlung von ihm in die Wege geleitet wurde.

»Als ich das Mädchen kürzlich abholte, war es ganz verstört. ›Die Mutti hat mich wieder geschlagen‹, erzählte meine Tochter. In ihrem Gesicht waren alle Finger der schlagenden Hand blau abgebildet. Und das nach drei Tagen. Das Mädchen zittert, wenn es heißt, dass ich sie zur Mutter zurückbringen muss.«

Nein. Das kann ich mir nicht vorstellen. Mir läuft es kalt den Rücken runter. Die Beweisbilder schickt er mir per Mail. Vom Jugendamt erhoffe er sich keine Hilfe, da die zuständige Frau ihm persönlich gesagt habe, er soll alles nicht so dramatisieren.

Jetzt heißt es handeln, und zwar schnell.

Ich telefoniere mit der Anwältin und erzähle ihr vom Urteil des Bundesgerichtshofes im Falle Dresden, der noch viel komplizierter war und der uns am 23.12.2002 als Weihnachtsaufgabe ins Haus geschneit kam. Die Anwältin weiß nichts von dem Urteil. Ich faxe ihr die 15 Seiten zu.

Anruf kurz darauf: »Das ist ja genau das, was wir brauchen. Es ist sogar die gleiche Volksgruppe in Gambia, um die es sich hier handelt.«

Eine halbe Stunde später wieder der weinende Vater. Die Mutter hatte auf Anraten der Betreuerin des Jugendamtes(!) das alleinige Sorgerecht per einstweiliger Verfügung und ohne mündliche Anhörung beantragt! Und dabei liegt die Anzeige wegen Kindesmisshandlung vor. Auch ich verstehe die Welt, sprich: das Jugendamt, nicht mehr.

Erneuter Anruf bei der Anwältin. Es ist erst einmal lediglich ein Antrag, dem innerhalb von 72 Stunden widersprochen werden kann. Ich rechne. Heute ist Freitag später Nachmittag. Ablauf der Widerspruchsfrist: Montag 24.00 Uhr. Schlau! Diese knappe Zeitrechnung ist pure Berechnung. Mittwoch soll die Verhandlung vor dem Familiengericht sein.

Am Dienstag werde ich unruhig. Ich setze mich mit der für den Fall zuständigen Sachbearbeiterin des Jugendamtes in Verbindung und komme zum gleichen Ergebnis wie der Vater: die Frau ist nicht gut für das Mädchen.

Da schrillen bei mir alle Alarmglocken. Zu sehr ist mir die Verstümmelung in Erinnerung. Ich weiß, wogegen wir kämpfen. Die Frau vom Jugendamt weiß es nicht. Ich verlange den Chef. Der ist zur Zeit angeblich nicht erreichbar. Ich verlange seine Vertretung. Auch nicht mehr im Haus. Ich erkläre kurz, worum es geht, und dass ich handeln muss, wenn niemand zuständig ist. Dann ist die Vertretung doch da. Auch ihr geht das Urteil des Bundesgerichtshofes zu. Wir schreiben zwei Seiten an das Familiengericht, das die Verhandlung führen wird. Auch das BGH-Urteil wird mitgefaxt. Ich kann es nicht fassen, aber es liegt dort einfach nicht vor!! Das Jugendamt bekommt von allem eine Kopie. Es soll wissen, was Sache ist und wie wir arbeiten.

Ich maile dem Jugendamtsleiter oder wer immer dort gerade die Verantwortung hat, dass wir das Jugendamt in die Pflicht nehmen, für die Unversehrtheit des Mädchens sowie seiner sechsmonatigen Halbschwester Sorge zu tragen. Wir haben nämlich zwischenzeitlich erfahren, dass die Frau noch ein Baby hat. Auch ihm droht die Gefahr der Verstümmelung. Gleichzeitig lasse ich aus meinem Fax eine Sendebestä-

tigung, die zwischenzeitlich als Beleg für Erhalt eines Schriftstückes gilt. Ich muss mich nach allen Seiten absichern.

Endlich bekomme ich Gehör. Und der nun wieder anwesende Leiter des Jugendamtes scheint in echter Sorge um die Kinder. Er wolle sich mit dem Jugendamt Dresden austauschen. Super!

Das Familiengericht entscheidet nicht am Mittwoch, wie vorgesehen. Die Entscheidung fällt am Donnerstag. Zugunsten des Vaters. Puh, vorerst ist das Mädchen in Sicherheit.

Der Chef des Jugendamtes, der sich inzwischen verbindlich engagiert, zieht die Flugtickets der beiden Kinder ein und deren Pässe. Sicherheit also auch für das Baby. Der Amtsleiter garantiert, bestmöglich für die Sicherheit der Kinder zu sorgen. Auch weiterhin. Dies sagt er sogar gegenüber der örtlichen Presse, die über den spektakulären Fall berichtet.

Bei Drucklegung dieses Buches liegt das endgültige Urteil des Gerichtes noch nicht vor.

Wieder einmal wird uns klar, in welch potenzieller Bedrohung Mädchen aus verstümmelnden Herkunftsländern auch hier in Europa sind. Mitten unter uns in Deutschland. Wieder einmal werden wir wütend, dass nicht rigoroser eingegriffen wird. Ein besserer Schutz wäre gewährleistet, wenn alle Mädchen aus diesen Ländern nicht mehr dorthin reisen dürften. Solange bis es keine Verstümmelung mehr gibt. Hierzu müssten sich alle anderen Länder weltweit verpflichten und die Garantie dafür übernehmen.

Ferienzeiten sind Verstümmelungszeiten in diesen Ländern! Wissen das die Lehrer, wenn sie ihre Schüler in »fröhliche Ferien« schicken, und die Kindergärtnerinnen? Warum weiß das nicht jedes Jugendamt, jeder Kinderarzt, jeder Rechtsanwalt und jeder Richter? Wann hängt das Urteil des Bundesgerichtshofes endlich in jedem Büro solcher Verantwortlichen? Wann weiß jeder davon?

Wenn unsere Regierung und alle anderen Länder, in denen Weibliche Genitalverstümmelung strafbar ist, die Einreise dieser Kinder in die Herkunftsländer unterbinden würden – welch ein Aufschrei würde durch die Migranten und deren Verwandte bis hin zu den Regierenden und Verantwortlichen in den Heimatländern Afrikas gehen! Wäre das nicht eine Kraft, die dem Thema endlich die erforderliche Aufmerksamkeit bescherte und Verstümmelung beenden kann? Ich habe Visionen.

Wie beispielhaft hierzu das Urteil in Schweden vom Juni 2006! Es zeigt, wie ungeschützt Mädchen in diesen Ländern dem grausamen Ritual ausgesetzt sind: TAZ vom 28. 06. 06: »Gericht in Schweden verurteilt Einwanderer zu fünf Jahren Haft. Er hatte seine 15-jährige Tochter während des Urlaubs in der Heimat Somalia zur Genitalverstümmelung gezwungen. Erschwerend bewertet das Gericht, dass der Vater seine Tochter persönlich festgehalten hat.« Klar, dass ich das sofort an das Jugendamt maile. Ein Urteil mit hoffentlich Signalwirkung.

Nachhaltigkeit

Vertrauen ist gut,
Kontrolle ist besser.
Wladimir I. Lenin

Werden sich die Männer an ihre Entscheidungen halten? Oder sind die Konferenzbeschlüsse eher Lippenbekenntnisse, um Beachtung, Tagesgelder und Präsente zu bekommen? Ist die Nachhaltigkeit überhaupt gewährleistet? Wie kann man Dauerhaftigkeit garantieren?

Eine Frage, der wir uns täglich stellen. Und am liebsten würden wir uneingeschränkt *JA* sagen. Ja, sie halten ihr Wort. Ja, sie ist beendet. Doch das ist sie leider nicht. Wir können nicht in jede Hütte schauen. Und schon gar nicht in jede Seele. Das aber kann die Religion. Darum ist sie weiterhin unser wichtigster Verbündeter. Wenn sowohl das intellektuelle Zentrum des Islam, die Al-Azhar in Kairo und das geistliche und geografische Zentrum des Islam, nämlich Mekka, den Brauch zur Sünde erklären, sollte unsere Aufgabe erfüllt sein. Wir sind davon überzeugt, dass dann auch die anderen Religionen nachziehen werden, weil keine mit dem Anspruch auf Glaubwürdigkeit dieses Verbrechen tolerieren und sich in die Schuhe schieben lassen kann. Jede Hinnahme des Brauchs würde bedeuten, Gottes Perfektion anzuzweifeln, ihn zum Mittäter oder gar zum Chef einer kriminellen Organisation zu machen.

Wie also erfahren wir von der Einhaltung der Erklärungen?

Auf jeden Fall folgen wir der Devise des alten Lenin, wenn er sagte »Vertrauen ist gut, Kontrolle ist besser«.

Beim Volk der Afar haben wir sechs Frauen, die unser uneingeschränktes Vertrauen haben. Sie haben trotz der traditionell bedingten Schwierigkeiten schon *vor* unserer Konferenz mutig versucht, dem Brauch entgegenzuwirken. Weil sie Betroffene sind, weil sie erfahren haben, dass der Brauch tatsächlich »nur« gut 4 Prozent der weiblichen Menschheit betrifft und nicht etwa alle Frauen der Welt, wie man ihnen weismachen will.

Zu diesen Frauen gehört Fatuma Ismail. Sie ist die Ehefrau des politischen Afarführers Ismail. Da in ihrem Hause Männer und Frauen aller Stammesschichten ein und aus gehen, ist sie immer aus erster Hand informiert.

Oder es sind solche Frauen wie jene, der Ali Mekla helfen musste, ihre Unterschrift unter unser Dokument zu setzen, und die gar nicht aufhören wollte, ihren Namen zu schreiben.

Dann sind es die Clanchefs wie Hussein, die Kameramann Thomas Reinecke bedingungslos gestatteten, alle Häuser ohne Voranmeldung zu betreten und sich persönlich bei Beschneiderinnen und Müttern zu erkundigen. Hier ein Auszug aus Thomas' damaligem Fax:

»Clanchef Hussein erklärte in die laufende Kamera, dass sich die Führer nach der Assayta-Konferenz noch einmal zusammengesetzt hätten, um eine Strafe für Verstümmelung festzulegen. Sie ist also nicht nur Sünde, sondern wird auch als Körperverletzung nach dem Strafgesetzbuch mit der Zahlung von vielen Kamelen belegt ... Die Beschneiderin machte einen verarmten Eindruck. Sie hatte gerade das Nötigste in ihrer Hütte und lebte deutlich schlechter als die anderen Dorfbewohner um sie herum ... Die Mutter sagte, sie habe selbst an eurer Konferenz teilgenommen und seitdem keines ihrer Mädchen mehr verstümmelt. Sie erzählt überall im Bekanntenkreis vom Verbot der Verstümmelung und der Strafe. ... Letzte Gewissheit wird aber erst euer Krankenwagen bringen ...«

Das stimmt. Er ist unser wichtigstes Kontrollorgan. Während des ersten Jahres ihrer Tätigkeit gab es überwiegend gute Nachrichten. Unversehrte junge Mädchen. Was nicht bedeutet, dass sie vielleicht morgen verstümmelt werden.

Dann die Nachricht: »Ich hatte ein frisch beschnittenes Mädchen in meiner Praxis!«

Wir brechen zusammen. Dann noch eins und noch eins. Wir trauen niemandem mehr. Denn wer weiß, wie viele Mütter wegen des bekannten Verbotes ihre Mädchen gar nicht mehr zur Ärztin bringen?

Unsere erste Reaktion nach dem Schock: wir erteilen regelmäßige Aufklärung. Krankenschwester Petra hat diese Aufgabe übernommen. Damit möglichst viele Frauen kommen, gibt es eine einfache Bewirtung.

Aber auch auf andere Weise versuchen wir, Nachhaltigkeit zu bewirken. Mosaik zu Mosaik. Zum Beispiel mit den silbernen TARGET-Ehrenmedaillen. Die Firma NUMISTRADE in Pirmasens hat sie eigens für uns entworfen und geprägt. Sie zeigen die Al-Azhar-Moschee in Kairo. Und rundherum am Rand in Arabisch: »Im Namen Allahs, des Gnädigen und Barmherzigen! *Wahrlich, WIR haben den Menschen in schönstem Ebenmaß erschaffen* (Sure 95, Die Feige, Vers 4). Deshalb ist Weibliche Genitalverstümmelung mit der Ethik des Islam unvereinbar.«

Die Medaillen sind eine Geste des Danks für solche hochrangigen Muslime, die uns vertraut und in besonders positiver Weise mit uns kooperiert haben.

Sheikh Darassa haben wir sogar ein überdimensionales Porträt auf Kunststofffolie an die Wand seines Amtssitzes in der Afarhauptstadt Samara montiert. Es zeigt ihn und weitere Führer, unter anderem eine Frau, mit der Aussage: »Wir sagen NEIN zur Weiblichen Genitalverstümmelung.«

Darüber hinaus haben wir Darassa von Äthiopien sowie Sultan Humad und Barkat Siraj von Dschibuti je eine Messingtafel mit ihrer Fatwa am Privathaus installiert.

Für die Afar von Dschibuti haben wir Plakate machen lassen. Sie zeigen Bilder von der Konferenz, auf denen viele der Teilnehmer sich wiederfinden werden. Und inmitten der Aufnahmen steht in Französisch die Fatwa ihres Sultans.

Diese Plakate werden von einer Frauengruppe des Sultans in alle Häuser getragen. Bis hin in die entfernteste *Burra* irgendwo in der felsigen Wüste. Zu Nomaden, die zum ersten Mal in ihrem Leben Post erhalten, zu Menschen, die zum ersten Mal ein Foto sehen, auf dem vielleicht auch sie oder irgendwelche Freunde zu erkennen sind.

Vielleicht Peanuts gegenüber der Coconut von Farasdega, einem kleinen Ort am Fuße des Grenzgebirges zwischen dem äthiopischen Hochland und der Danakilsenke bei Konaba.

Wende in Farasdega

Juni 2006

Wir besuchen unsere Krankenstation zum ersten Mal gemeinsam. Ich möchte die Arbeit vor Ort kennenlernen. Mit im »Gepäck« ein Filmteam für eine einstündige Sendung im Auftrag von Arte/ZDF. Der Film soll am 6. Februar 2007, am »Internationalen Tag gegen Weibliche Genitalverstümmelung« gezeigt und unsere Arbeit vorgestellt werden.

Es ist heiß. Hier ist es Sommer. Das heißt 30 Grad im Schatten, das heißt 35 Grad in der Nacht, je nachdem, wo man ist. Das heißt auch, Unmengen zu trinken und dennoch nicht zur Toilette müssen. Das heißt Schwitzen an Stellen, wo ich bisher nicht wusste, dass man da auch schwitzt. Zum Beispiel an den Augenlidern. Wir wissen jetzt, wie sich ein Brot im Ofen fühlen muss.

Wir sind mit dem Unimog, unserer Fahrenden Krankenstation, und einem Toyota unterwegs nach Farasdega, einem Ort am Rande der nordwestlichen Danakilsenke. Wie sehr freute ich mich, die tipptopp gepflegten Fahrzeuge mit dem TARGET-Logo wiederzusehen. So viel Herzblut ist in den beiden Fahrzeugen. Jede Schraube kenne ich mit Vor- und Nachnamen.

Der Weg führt uns durch ausgetrocknete Flussbetten, über glühend heiße Bergketten, durch staubige Dörfer, in denen uns die Kinder winkend hinterherlaufen bis wir haltmachen in einem Ort namens Konaba. Hier ist der Krankenwagen sofort umringt. Alle freuen sich, unsere Ärztin wiederzuse-

hen. Sie hat den Zugang zu den Herzen der Menschen gefunden. Eine große Dankbarkeit schlägt uns entgegen, als Ali erzählt, wer wir sind.

»TARGET kennt man im ganzen Afarland«, erzählt er uns. »Ihr seid diejenigen, die Wort gehalten haben und immer noch da sind. Das schätzen die Menschen hier sehr.« Wie gut das tut. Haben wir doch unglaublich viel Engagement investiert, damit dies hier sein kann, damit wir diesen Menschen helfen können, die am Ende der Interessengruppen der Regierung in Addis stehen. Ich denke oft: »Das müssten unsere Spender sehen!«

Noch eine kleine Fahrtstrecke, und wir sind in Farasdega. Vor allem gibt es dort einen Neubau. Zwar noch ohne Fenster, aber mit vielen Schulbänken. Hier soll eine Schule entstehen. Hütten gibt es keine, die sind etwas weiter entfernt verstreut. Das TARGET-Team kann die Räume nutzen, was eine große Erleichterung bedeutet. Alles, was so eine Outback-Praxis benötigt, ist darin relativ ordentlich und brauchbar unterzubringen. Das TARGET-Zelt wird aufgebaut. Es bietet Platz für leichtere Behandlungen und Schatten für geduldig wartende Patienten.

Ich freue mich, alte Arzthelferinnenzeiten wieder aufleben lassen zu können: Blutdruck messen, Verbände anlegen, Kinder auf den Schoß nehmen. Stephanie, unsere Ärztin, hat Muna, eine äthiopische, gertenschlanke und sehr gut ausgebildete Krankenschwester zur Seite. Sie wurde eingestellt, nachdem Petra, unsere vorherige deutsche Krankenschwester keine Arbeitserlaubnis erhielt und irgendwann zurückkehren musste nach Deutschland. Unsere Dolmetscherin Ebadi ist eine Frau der Tat und scherzt nebenbei noch gern mit den Patienten, was manches Problem vereinfacht.

Aber wir sind hier nicht in Farasdega, um uns Hitzehärtetests zu unterwerfen und etwas Praxiserfahrung aufzufrischen. Wir sind gerade hierher gekommen, weil in Farasdega weiterhin verstümmelt wird. Trotz des Beschlusses

Unser Krankenzelt in der Wüste

unserer Ersten Wüstenkonferenz. Weil wir von Steffi, unserer Ärztin, alarmiert wurden.

Deshalb haben wir uns Hilfe suchend an Sheikh Darassa gewandt, einen unserer Vertrauten, einer der hohen Richter des Obersten Rates für Islamische Angelegenheiten, inzwischen auch Ehrenmitglied unserer Allianz. Er erklärt sich sofort bereit, vor versammelter Bevölkerung klare Worte zu sprechen. Er nennt das »Nachhaltigkeit bewirken«. Rüdiger und ich nennen es »Standpauke halten«. Bereitwillig nimmt er die lange Anreise mit dem Leihwagen auf sich. Am Abend vorher trifft er ein. Heiter und gut gelaunt, wie immer. Ali Mekla ist ihm ein paar Kilometer entgegengefahren.

Darassa hält Rüdiger ein Büchlein entgegen. »Kannst du das lesen?« Der versucht sein Arabisch. Aber außer mit dem Wort kitaab, »Buch«, kann er nicht viel mit dem Titel anfangen.

»Das habe ich Ali Mekla mitgebracht. Das Buch sagt, welche Strafe jemand beim Jüngsten Gericht zu erwarten hat, wenn er so selten betet.«

Ali hat eine Erklärung für seine Enthaltsamkeit. »Ich befinde mich auf Reisen. Da kann man schon mal zwei Gebete zusammenlegen.«

Ali ist ein Filou. Heimlich klaut er Rüdiger sogar von dessen geliebtem Weingummi. Obwohl es aus Schweinegelatine gemacht ist.

Aber heute Abend macht Ali eine Ausnahme. Er, Rüdiger und die anderen beten alle gemeinsam. Nach dem letzten Amen nimmt Darassa Rüdiger geheimnisvoll beiseite. »Ich setze viel Hoffnung in dich, Rüdiger. Du musst mir aus Ali Mekla noch einen anständigen Muslim machen.«

»Das kann ich dir versprechen«, scherzt er. »Aber alles der Reihe nach. Ali nehme ich mir vor, sobald die Verstümmelung beendet ist. Ali wird gewissermaßen mein nächstes Projekt.« Um das zu bekräftigen, schenkt Rüdiger Ali einen Gebetsteppich. Eine selbst gebastelte Sonderanfertigung mit Kompass und Knieschonern. Ein Unikat. Und er nimmt ihm das Weingummi wieder ab.

Mit diesem Kompromiss können die drei leben.

Am nächsten Morgen soll die Versammlung stattfinden. Beginn neun Uhr ist vereinbart. Wegen der Hitze. Um neun kommt lediglich Khadir, unser Manager vor Ort, und zaubert selbst geschriebene Plakate an die Wand der Schule. Woher hat er die großen Kartonbogen? Woher die verschiedenfarbigen Eddingstifte? Allein das Organisationstalent in diesem Gebiet der Entbehrung verdient Beachtung. Dann die Texte. Es sind Loblieder auf TARGET, Steffi und uns. Es ist eine tolle, eindrucksvolle Geste. Fast eine Liebeserklärung.

Um halb zehn trudeln die ersten Besucher ein. Einer nach dem andern, Eile mit Weile. Im Gänsemarsch schlängeln sie sich durch das verfilzte Dornengestrüpp. Wahrscheinlich tagen sie lieber in der Hitze als in der Morgenkühle.

Dann fährt ein Pickup vor, dicht beladen mit Männern. Die nächste Fuhre schüttet Frauen und Mädchen aus. Das geht so weiter. Irgendwann ist es nur noch ein buntes Gewimmel von Männern und Frauen, schön sauber getrennt sitzend, die Letzteren mit vielen Kindern. Weiß die Wüste, woher sie alle kommen. Wir zählen zwischen 350 und 400 Menschen.

Hinter der Schule hören wir Trommeln. Wir schauen um die Ecke. Eine Männergruppe macht Generalprobe und tanzt wie wild. Sie nähert sich unserem Veranstaltungsort.

Ali Mekla stellt zehn Kanister mit Trinkwasser bereit zum Auftanken für verdurstende Seelen. Ali Osman und andere Helfer schleppen Schulbänke heran.

Es summt wie am gestörten Wespennest.

Das Wertvollste ist ein Megafon, das Ali aus Addis Abeba mitgebracht hat. Auf sein Organisationstalent können wir uns verlassen. Er denkt an alles. Ohne das Megafon wäre die Versammlung ein akustischer Flop geworden.

Um elf Uhr beginnt Sheikh Darassa mit Zitaten aus dem Koran. Alles schweigt. Die Sonne verbreitet Gluthitze über den Köpfen. Manche Besucher haben bunte Regenschirme mitgebracht. Sie spenden etwas Schatten den Köpfen der Ehrengäste, die in einer Reihe auf den Schulbänken sitzen.

Dann ist Rüdiger an der Reihe. Ich fühle mich erinnert an unsere Wüstenkonferenz von Assayta. Es herrscht andächtiges Zuhören.

Wie in Assayta begrüßt er die Menschen in Arabisch und lässt dann den eigentlichen Redetext von Ali übersetzen. Er erzählt davon, dass ihm ihres Volkes Väter vor dreißig Jahren bei bewaffneten Überfällen zweimal das Leben gerettet haben. Dass er ihnen Dank schulde. Dann kommt er zur Sache.

»Das Volk der Afar hat auf der Wüstenkonferenz von Assayta 2002 als erstes afrikanisches Volk den Mut aufgebracht, den Brauch der Weiblichen Genitalverstümmelung öffentlich zu diskutieren, abzuschaffen und sogar zur Sünde zu erklären und das im Stammesgesetz verbindlich festzuschrei-

ben. Dafür hat TARGET euch eine Fahrende Krankenstation versprochen. Wir haben unser Versprechen eingehalten. Hier steht sie. Jetzt musste unsere Ärztin Steffi leider feststellen, dass einige von euch weiter ihre Mädchen verstümmeln. Wir dachten, dass ein Afarversprechen so glaubwürdig und wertvoll ist wie ein TARGET-Versprechen. Wir sind sehr traurig.«

Ali Mekla übersetzt. Satz für Satz. Manchmal sagt er mehr, als Rüdiger in Wirklichkeit gesprochen hat. Einmal haben sogar alle laut gelacht, wo es in Rüdigers Satz gar keinen Grund zum Lachen gab. Aber mit dem Resultat ist Rüdiger zufrieden. Denn letztlich herrscht betretenes Schweigen. Das war das Ziel.

Den Lacher erklärt Ali uns anschließend. Er habe die Überfallgeschichte ›etwas modifiziert‹. »Rüdiger sagt, er hat eine gute Nachricht für euch und eine schlechte. Fangen wir an mit der guten. Das ist die, dass Männer unseres Volkes ihm und Freunden vor dreißig Jahren bei bewaffneten Überfällen zweimal das Leben gerettet haben. Mit ihren Körpern als lebende Schilde. Darauf können wir alle sehr stolz sein, denn deshalb ist Rüdiger ausgerechnet zu unserem Volk mit seinem Hilfsprojekt zurückgekehrt.«

Er gönnt ihnen eine kleine Verschnaufpause. Sie sollen sich stolz fühlen. Dann fährt er fort.

»Und nun die schlechte Nachricht: Die Männer, die ihn und seine Freunde überfallen und beinahe getötet hätten, waren Kriminelle. Und wisst ihr, woher sie kamen? Sie kamen ebenfalls aus unseren Reihen. Sie waren auch Afar.«

Grund zur allgemeinen Heiterkeit.

Dann redet Sheikh Darassa. Er bestätigt den Beschluss von Assayta und begründet ihn mit vielen Suren aus dem Koran, die die Unverletzbarkeit des menschlichen Körpers betreffen. Und er bringt Beispiele aus dem Leben.

»Wie sieht denn unser intimes Leben aus? Wenn zwei Eheleute miteinander sich den Freuden der Ehe hingeben

möchten, heißt es meist von Seiten der Frau: ›Es ist noch zu hell‹. Oder ›Die Nachbarn können das hören‹. Oder ›Die Kinder sind noch wach‹. Oder ›Das Feuer ist noch nicht genug runtergebrannt.‹ Oder, oder oder. Bis schließlich der Mann eingeschlafen ist. Und warum sagt sie das? Weil sie Angst vorm gemeinsamen Beisammensein hat, weil sie unvorstellbare Schmerzen hat, während unbeschnittene Frauen Verlangen und Freude verspüren, sich dem Mann nicht verweigern würden …«

Das erzählt uns Ali später. Jetzt gibt er uns lediglich dezent Zeichen. Sie bedeuten, Darassas Rede ist supergut und mutig. Er steht hinter TARGET.

Rüdiger hält Darassa unmerklich am Ellenborgen fest und lässt ihn seine Freude per Handdruck spüren.

»Wir haben heute eine Frau zu Gast«, endet er, »die euch von ihren Schmerzen erzählen wird. Assia, erzähl den Leuten, was du sagen möchtest.«

Assia ist unser stilles Ass im Ärmel. Sie hatte Steffi ihr Herz ausgeschüttet und versprochen zu reden. Sie will erzählen, wie knapp sie bei der Geburt ihrer Tochter dem Tod entronnen ist. Sie will erzählen, dass sie gegen den Beschluss der Familie ihre Tochter nicht verstümmelt hat. Sie will erzählen, welche Angst sie seit Monaten lähmt, weil sie bald ihr nächstes Kind bekommt.

Rüdiger hält Assia das Megafon hin. Ich mache Fotos. Alle schauen zu Assia. Und die gibt keinen Pieps von sich. Sie sagt kein Wort. Stattdessen steckt sie Zipfel ihres schwarzen Kopftuchs in den Mund, verhüllt ihr Gesicht, schaut auf den Tisch vor sich. Keine Silbe.

»Hey, Assia, hab keine Angst! Sag's ihnen!« Ali versucht ihr Mut zu machen.

Rüdiger legt ihr beruhigend, Mut stärkend seine Hand auf den Arm. Rüdiger eben. Ali winkt sofort ab. Was Rüdiger unter die Haut geht, braucht einen Ausdruck. Da kann es schon einmal passieren, dass er die Sitten hier vergisst und wie jetzt diese Frau anfasst, eine andere umarmt oder ein Mädchen voller Freude auf den Arm nimmt.

Assia schweigt weiter. Sie traut sich nicht. Der Mut versagt. Ihre Augen werden feucht. Sie weint. Schließlich verhüllt sie sich ganz und schiebt das Mikrofon beiseite.

»Ali, sag du doch, was sie sagen wollte. Sie hat dir doch alles erzählt.« Ich raune das Ali zwischen zwei Fotos zu.

»Das kann ich nicht tun. Sie muss es selbst sagen. Nur von ihr hat das Wirkung.« Ali, unser Fachmann fürs Diplomatische.

Aber sie tut es nicht. Assias innerer Kampf ist spürbar. Sie kann nicht.

Da ergreift Ebadi, unsere Dolmetscherin und Frau der Tat, spontan und energisch das Mikrofon. Sie ist ein Sprachgenie wie Ali Mekla. Fünf Sprachen vorwärts und rückwärts. Und das sogar bei Nacht oder bei schlechtem Wetter. Schlechtes Wetter – das heißt bei Gluthitze. Denn Regen gilt hier als schönes Wetter.

»Dann werde ich *sprechen«, ruft sie laut in das Mikrofon. In ihr scheint ein Orkan zu toben. Keiner könnte sie jetzt bremsen. »Ich kenne Assias Geschichte. Es könnte auch meine Geschichte sein. Und was ich jetzt sage, gilt nicht den Männern. Es ist ausschließlich für die Frauen bestimmt.«*

Deutlich richtet sie das Megafon in Richtung Frauen. Die haben sich im letzten Schatten zusammengepfercht, den die Schule noch spendet, bevor die Sonne im Zenith steht. Alis Daumen geht wieder in die Höhe und signalisiert: wieder eine spitzenmäßige Rede im Sinne unserer Ziele.

»Ihr wisst, dass die Afardelegierten vor langer Zeit beschlossen haben, die Verstümmelung zu beenden, weil sie gesundheitsschädlich ist. Aber immer noch weicht der Brauch nicht aus euren Köpfen. Dabei müsstet doch gerade ihr Frauen die Ersten sein, die damit Schluss machen. Denn ihr seid es, die unter den Folgen leiden, nicht

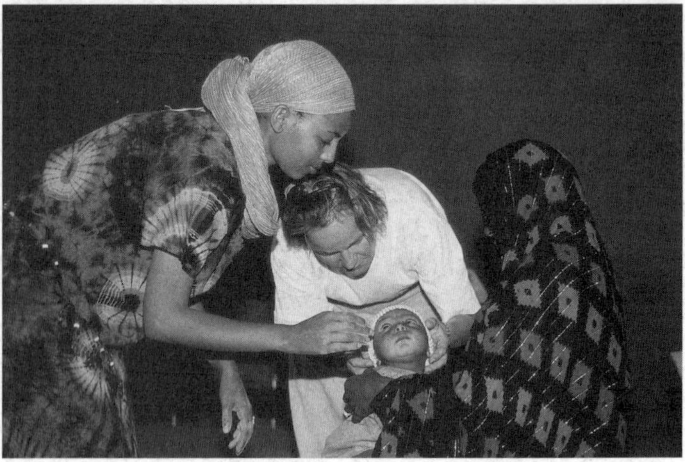

Behandlung von Mutter und Kind

die Männer. Sie leiden nur indirekt unter der fehlenden Harmonie. Es gibt doch nicht eine Einzige unter euch, die frei von irgendwelchen Leiden wäre! Nicht eine Einzige. Und die allermeisten Leiden hängen ausschließlich mit der Verstümmelung zusammen. Ihr habt Unterleibsschmerzen, Probleme beim Wasserlassen, bei der Periode, beim Gebären und erst recht beim Lieben. Seit Menschengedenken hat es für euch nie einen Arzt gegeben. Wer mit den Schmerzen nicht fertig wurde, der starb. Spätestens seit heute wisst ihr, dass es nach unseren eigenen Volksgesetzen nicht nur verboten ist zu verstümmeln, sondern, wie unserer großer Sheikh Darassa gerade erklärt hat, sogar Sünde gegen unsere Religion ist, Sünde gegen Allah, unser aller Schöpfer.«

Sie holt kurz Luft und wischt sich den Schweiß von der Stirn. Ich schaue zu Ali, denn Ebadi spricht in Afaraf. Ich verstehe also nichts und kann nur ihre Mimik, Gesten deuten und das Staunen im Publikum wahrnehmen. Ali reckt mir gleich beide Daumen hoch. Das tut er so begeistert, dass man merkt, jetzt möchte er am liebsten zehn Daumen ha-

ben. »Super, super, super«, haucht er mir zu. Und während Ebadi weiterspricht, springt er vom Stuhl, stößt sich den Kopf am Schirm seines »Schirmherrn« und klatscht. »Absolut obersupertopgenial«, kann das nur heißen.

»Ich weiß sehr genau, wovon ich spreche, denn unter allen diesen Problemen leide ich selbst auch. Und hier neben mir sitzt Assia, eine Frau, die aus Erfahrung die Konsequenzen gezogen hat. Sie hat ihre Tochter gegen den Widerstand ihrer ganzen Familie nicht verstümmeln lassen. Assia ist standhaft geblieben. Sie hat Mut bewiesen, der uns anderen leider fehlt, auch wenn ihr heute die Stimme versagt hat. Wenn ich einst eine Tochter haben sollte – darum bitte ich Allah –, wird Assia mein Vorbild sein. Ich verneige mich vor Assia in tiefer Bewunderung. Darüber solltet ihr alle nachdenken. Ich habe gesprochen.«

Sie drückt Assia eng und innig an sich. Schwestern des Mutes. Assia leistet keinen Widerstand. Für den Schwesterkuss lüftet sie ihren Schleier. Dahinter tränennasse Augen.

In diesem Moment geschieht etwas Unvergessliches. Eine alte Frau löst sich laut schreiend aus der schwarz betuchten und schirmüberspannten Gruppe der Frauen und kommt in die Mitte. Laut wiederholt sie immer gleiche Worte. Ali ruft uns in diesem Durcheinander zu, dass es eine Verstümmlerin ist.

»Ich schwöre vor euch allen als Zeugen, vor dir, Sheikh Darassa und vor Gott, dem Allerbarmer, dass ich ab sofort kein einziges Mädchen mehr beschneiden werde! Ich bitte Allah inständig, mir meine bisherigen Taten zu verzeihen. Ich habe nicht gewusst, dass ich mich gegen seine Gebote versündige. Seit Generationen hat man uns etwas anderes erzählt. Sollte ich je wieder ein Mädchen beschneiden, möge Allah mir beide Hände brechen.«

Ich nehme sie in den Arm. Thomas' Kamera bekommt nur ihren Rücken zu sehen. Sie ist nicht gewohnt, im Mittelpunkt zu stehen, möchte sich bei mir verkriechen. Da erinnere ich mich an den Freudenruf der Afarfrauen, den ich in Assayta nach dem Beschluss lernte. Er kommt mir spontan. Ein lauter schriller Trillerton, der durch Zungenbewegungen unterbrochen wird. Die Frauen freuen sich und stimmen laut ein.

Da kommt eine zweite Alte. Auch sie eine Verstümmlerin, wie Ali ruft. Auch sie verspricht, nie mehr einem Mädchen das anzutun. Und wie ich auch sie in den Arm nehmen möchte, kommen drei weitere Frauen. Wir können es nicht fassen. Wir sind tief bewegt. Ich sehe Rüdiger, wie er sich Tränen abwischt. Dabei hatte ich ihm die Fotokamera zugesteckt, damit er Bilder macht. Daraus wird nun nichts.

Da ergreift Sheikh Darassa wieder das Wort: »Lasst uns jetzt beten.«

Plötzlich ist es mucksmäuschenstill. Und Darassa, »unser« Darassa, betet mit seinem Volk um Verzeihung für das, was es getan hat. Und alle diese Menschen hier versprechen vor Allah, dass sie nie mehr verstümmeln werden.

Ich blicke zu den Frauen. Da kauern sie im Schatten des Schulgebäudes und beten mit. Alte, Frauen mit Kindern, angehende Bräute und kleine Mädchen. Seit Generationen verdammt zur Qual. Jetzt, hier und jetzt, soll das vorbei sein. Nun bin ich diejenige, der die Tränen kommen. Das Herz wird so groß in solch einem Augenblick. Die Welt bleibt für einen Augenblick stehen, weil der Himmel sich öffnet und sein Segen sich ergießt über diese Menschen, für eine bessere Zukunft dieser Mädchen und die nachfolgenden Generationen. Inschallah, mit Gottes Segen.

Später nehme ich Ali Osman zur Seite. Dieser große kleine Mann, der sich so sehr für seine Schwester eingesetzt hat und schon so lange gegen Verstümmelung kämpft. Ich hatte beobachtet, wie er nach dem Gebet seinen Turban vors Gesicht zog, um seine Emotionen zu verbergen. Auch für ihn ist dieser Tag ein Sieg.

»Wie glaubwürdig ist die Entscheidung dieser Menschen?«

»Sie ist absolut glaubwürdig«, sagt er überzeugt. »Denn

Bei der Konferenz schützen Regenschirme vor der Sonnenglut

sie haben es nicht euch versprochen, mit den Verstümmelungen aufzuhören, sondern Allah.«

Und da blitzen doch tatsächlich zwei Tränen in den lachenden Augen dieses Nomaden. Was muss in diesem Augenblick in ihm vorgehen, welche Bilder sind in seinem Herzen!

Darassa ist ebenfalls zufrieden mit dem Ablauf. Das nutzen wir. »Kannst du das nicht auch in anderen Orten machen? Wir kommen selbstverständlich für alle Kosten auf.«

Darassa verspricht es. Der Erfolg hat ihn überzeugt. Er schließt sich mit Ali kurz. Sie werden ein Programm entwickeln. »Wir werden es immer an Markttagen machen. Da kommen die Menschen sowieso zusammen.«

Schließlich hat sich die Versammlung komplett aufgelöst. Alle Teilnehmer sind heimgegangen, wie sie gekommen waren: in langen Gänsemärschen durch das dornige sonnendurchglühte Dickicht.

Auf dem Platz ist Ruhe eingekehrt. Nur Assia ist noch da. Ali konnte sie überreden, im Gespräch mit mir und in Thomas' Kamera zu erzählen, was sie sich vor ihrem Volk nicht traute. Sie erzählt, dass sie viele Tage in den Wehen lag und das Kind nicht kommen konnte. Dass sie dann zum Glück nach Mekele in die Klinik kam und mit Kaiserschnitt eine gesunde Tochter bekam. Wie der Arzt ihr von dem Zusammenhang der Probleme mit der Verstümmelung erzählte und sie daraufhin und auf Bitten des Arztes entschied, ihr neugeborenes Mädchen davor zu bewahren.

»Und was sagte dein Mann dazu?«, will ich wissen.

»Der Arzt hat auch mit ihm gesprochen, und da war er ganz auf meiner Seite.«

»Und wie reagierten die Verwandten und Nachbarn?«

»Viele mit Unverständnis. Aber das störte mich nicht. Was mein Mann und ich entscheiden, geht sie nichts an.«

Kämpfergeist spricht aus ihrer Stimme. Ich denke, dass es nicht leicht für sie ist, ihre Entscheidung gegen das Volk zu verteidigen.

Dann spricht sie von ihrer großen Angst vor ihrer nächsten Geburt.

Wir möchten uns Assia erkenntlich zeigen. Für den Mut, ihre Tochter nicht zu verstümmeln. Für das Durchhaltevermögen, sich gegen übelzüngige Nachbarinnen zu behaupten. Für die Bereitschaft, hier sprechen zu wollen. Für die Gelegenheit, dass wir durch sie eine beeindruckende Filmszene bekommen haben.

Stephanie weiß, was zu tun ist. Zuerst wird sie untersucht, und ich freue mich, ihr den niederen Blutdruck an den spindeldürren Armen messen zu können. Es wird noch dauern, bis zur Geburt. Aber sie bekommt Geld für die Reise nach Mekele. Von Konaba aus gibt es einmal täglich einen Bus. Sie wird rechtzeitig losfahren mit ihrem Mann und sich in unserer Basisstation melden. Wir werden die Kosten übernehmen für die Klinik und für das, was nottut.

Wieder ein Tropfen auf einen der heißen Wüstensteine. Aber für diese Frau und ihr Kind die Chance auf Leben. Glück dir, Assia, und deinem Kind!

Vortragsecho

Papa, stimmt es, dass in arabischen Ländern die Männer
ihre Frauen erst nach der Hochzeit kennenlernen?
Das ist in jedem Land so, mein Sohn.
Gesehen im Hamburger Abendblatt

Ungeduldig und nervös tippelt er vor meinem Büchertisch hin und her. »Können Sie den Buchverkauf nicht für eine Minute unterbrechen? Ich muss Sie dringend sprechen! Eine Minute nur.«

Gerade habe ich den Vortrag beendet. Vorm Büchertisch tummeln sich dreißig Interessenten. Was kann schon so dringend sein, dass der gute Mann es mir in all meinen siebzig Lebensjahren nicht längst auch hätte schreiben können? Warum muss er sein Problem genau jetzt diskutieren?

Er hat Glück. Die Käufer sind noch nicht entschieden. Denn wer die Wahl hat, hat die Qual. Die Auswahl ist zu groß. Und die eine erbetene Minute hat nur sechzig Sekunden.

Also worum geht es?

Er ergreift mit beiden Händen meine Schultern, schaut mich an.

»Ihr Vortrag und die Mekka-Vision sind das Größte, das ich je gehört habe! Höchster Respekt und größte Anerkennung. Ihr Schlussbild mit dem Transparent über Mekka ist geradezu unfassbar. Ich habe Herzrasen gekriegt vor Begeisterung. Aber sofort kam mir ein schrecklicher Gedanke. Haben Sie schon einmal errechnet, wie viel Druck auf dem riesigen Banner lasten wird, wenn ein Wind weht? Das sind Tonnen! Und nun stellen Sie sich vor: Sie haben es geschafft, das Banner gemeinsam mit den Saudis zu präsentieren, das Ende des Brauchs ist offiziell eingeläutet, und dann kommt ein Wind und eines der Minarette stürzt ein! Es gäbe Hunderte von Toten, und jeder würde das als ein Zeichen Gottes deuten, den Brauch *nicht* abzuschaffen.«

Der Mann redet sich in Form. Längst hat er seine Redeminute überschritten. Aber meine Kunden drosseln angesichts solcher Natur- und Menschheitskatastrophe ihre Kauflust und hören zu. So erfahren wir, dass er wohl Statiker von Beruf ist und solche Fehleinschätzungen weltweit gang und gäbe, aber vermeidbar seien. »Denken Sie nur mal an die vielen Halleneinstürze durch Schneelasten in letzter Zeit!«

Ich gewinne Zeit, über seine Befürchtung nachzudenken. Endlich holt er Luft. Die Chance ergreife ich beim Schopfe. Nun bin ich es, der ihm die Hände auf die Schultern legt.

»Danke für das Mitdenken. Über das Problem habe ich mir natürlich auch längst Gedanken gemacht. Als Atlantiküberquerer weiß ich um die Kraft und Unberechenbarkeit des Windes. Und deshalb habe ich schon vor Monaten Kontakt zu dem Architekten aufgenommen. Der hat mich gleich beruhigt. Das hielte die Statik locker aus. Aber um jedes Risiko zu vermeiden, empfahl er mir, dennoch alle zwei Meter ein großes Loch im Transparent einzuplanen.«

Ein wirkliches Problem bei den Vorträgen sind die Ohnmachten. Meist sind es Männer, denen Fantasie und Körper einen Streich spielen. Obwohl ich keine rein operativen Bilder zeige, reicht die Wucht der weniger schrecklichen Fotos aus, die unbeschreibbare Qual der jungen vergewaltigten Geschöpfe deutlich werden zu lassen. Selbst ich muss bei jedem Vortrag aufpassen, dass mir die Stimme nicht versagt.

Dann freut es mich besonders, wenn Betroffene sich anschließend dennoch bei mir melden, um sich für die Aufklärung zu bedanken.

So auch Bernd A. aus Speyer in einer Mail vom 5.4.2003: »... ereilte mich ein massiver seelischer Schock, dem sich ein Kreislaufkollaps anschloss ... obwohl ich ein robuster, sportlich intensiv lebender und durchtrainierter Mann bin, der Marathon läuft ... die Fantasie und Vorstellungskraft, die ich angesichts Deiner dramatischen Berichterstattung ... in Verbindung mit unendlichem Mitleid und einer tief empfundenen Trauer ... Nun möchte ich von ganzem Herzen aktiv für TARGET tätig werden ...«

Ohnmachten sind die eine Reaktion auf Vorträge, stehende Ovationen die andere. Das eine waagerecht, das andere senkrecht. Beides werte ich als Komplimente. Über meine Vorträge rekrutiere ich die meisten Förderer. Selbst Kinder melden sich und spenden ihre Geld-statt-Geschenke-Geburtstagseinnahmen für ihre kleinen Leidensgenossinnen in Afrika. Das beglückt zutiefst.

Zu den ermutigenden Rückmeldungen auf Vorträge gehört auch die von Kapitänleutnant Jürgen Wolf nach einem Vortrag vor Bundeswehroffizieren in der Marineschule Mürwik: »... es ist erst wenige Stunden her, dass Sie mich mit Ihrem Vortrag und Ihrer unverwechselbaren Art gefesselt haben ... zeitweise hatte ich Tränen in den Augen – aus drei Gründen. 1. Zu Anfang Ihres Vortrages haben Sie mich zum Lachen gebracht mit Ihrem Humor. 2. Sie haben mich betroffen gemacht mit Ihren Ausführungen zu den Genitalverstümmelungen 3. Ich war überwältigt von Ihrer Kraft und Überzeugung, dem Brauch entgegenzutreten ...«

Und Gerald Richter aus Chemnitz: »... Dein Vortrag genial ... Lachen und Weinen, Anspannung und Erholung, Glück und Grauen ... ich hätte losheulen können aus

Ohnmacht, dass so etwas zum unhinterfragten Brauch geworden ist … mit den richtigen Leuten den Wahnsinn bekämpfen …«

Die Mail schließt mit einem Kompliment an Annette: »Ach so, Ihre Partnerin ist wirklich eine scharfe Braut!« Na bitte.

Aber deshalb muss ich nicht eifersüchtig werden. Marco Guril aus Darmstadt bestätigt mir per Mail, dass er »noch keinem begegnet (ist), der so viel Arsch in der Hose hat«. Damit meint er mich.

Natürlich gibt es auch ein anderes Feedback.

»Ihr Mann kommt niemals nach Makka.« Ein Zuschauer hat Annette angesprochen. »Erstens muss man dann Muslim sein.«

»Das weiß Rüdiger auch selbst.«

»Das scheint er nicht zu wissen. Denn er weiß ja nicht einmal, dass alle Araber, dass alle Muslime der Welt niemals Mekka sagen, sondern ›Makka‹.« Er lässt seinen Gaumen so richtig (falsch) klicken. Dann will er, ohne die Antwort abzuwarten, verschwinden. Aber Annette kann ihm noch hinterherrufen. »Ich fahre übrigens morgen nach *Rom* und nicht nach *Roma*.«

Oder dieser Fall.

»Sie sind in Ihrem Vortrag überhaupt nicht auf die *Nach*teile eingegangen, die eine Beendigung des Brauchs zur Folge hätte!«

Eine verhärmt wirkende Frau steht vorm Büchertisch. Lippen reduziert auf einen zusammen gekniffenen Strich. Abwesenheit jeglichen Lächelns. Sie scheint wichtig, denn sie spricht laut. Jeder soll es hören.

»Welche Nachteile meinen Sie?«

»Ich bin Wissenschaftlerin und war im Jemen zu genau diesem Thema unterwegs. Ich habe eine Umfrage unter den Männern gemacht. Ich habe sie gefragt, ob sie für oder gegen Weibliche Genitalverstümmelung sind. Und was meinen Sie, zu welchem Resultat ich gekommen bin?«

Sie will die Antwort aber nicht wissen und fährt gleich fort. »Keiner, nicht ein Einziger, würde eine unbeschnittene Frau heiraten, keiner. Die Folge wäre doch, dass den Frauen das Ende des Brauchs überhaupt nicht helfen würde. Sie würden sitzen bleiben, keine Kinder bekommen, die Jemeniten würden aussterben. Deshalb halte ich es für viel besser, sich gar nicht in diese fremden Dinge einzumischen.«

Das typische Argument derer, die auf der sicheren Seite leben, die eine Verstümmelung nicht befürchten müssen. Eine Antwort kann ich mir ersparen. Meine Fangemeinde buht sie nach draußen.

Nicht besser ein anderer Zeitgenosse.

»Ihr Vortrag – recht gut. Aber haben Sie schon mal darüber nachgedacht, warum die ›Erfinder‹ dieser Tradition das eingeführt haben? Und haben Sie schon mal an die Folgen gedacht, die sich nach der Beendigung der Verstümmelung ergeben würden? An die Folgen, für die Sie dann mitverantwortlich wären?«

»Ja. Ich denke, dass für die Frauen ein ganz neuer Lebenswert begänne …«

Er winkt ab. »Kann ja sein. Aber Sie sagten, dass bei der Pharaonischen Verstümmelung ein Drittel der Mädchen verblutet. Hab ich doch recht verstanden, oder?«

»Ja, eine UNO-Erhebung.«

»Sehen Sie! Dieses Drittel würde dann ja überleben. Richtig? Das bedeutet doch, ganz nüchtern analysiert, dass die da in Afrika dann ja noch mehr werden! Die sind doch jetzt schon alle übervölkert! Das ist es nämlich, was sich die Erfinder des Brauchs dabei gedacht haben. Geburtenkontrolle.«

Auch Annette, die in Schulen und kleineren Kreisen Vorträge hält (und mir heftig Konkurrenz macht), kann auf interessante Reaktionen zurückblicken. Aber das mag sie hier selbst erzählen.

Rüdiger ist an diesem Tag ausgebucht. Ich springe für ihn ein. Mein erster öffentlicher Vortrag über Weibliche Genitalverstümmelung und unsere Strategie. Organisiert von einer Frauengruppe. Vortragsort: eine kleine Alternativkneipe in Hamburg-Sankt Pauli.

Ich baue den Projektor auf. Ich habe Herzklopfen. Es ist für mich wie eine Prüfung, die ich in Bezug auf unsere Arbeit zu bestehen habe. Ich weiß, dass Frau Hanny Lightfoot-Klein kommen wird. Sie ist angekündigt, und ich kenne ihr Buch Das grausame Ritual. *Bestimmt ist sie Routinier in Sachen Vortrag.*

Es werden auch Vertreterinnen anderer Organisationen kommen. Und eben Publikum. Viel wird das nicht sein. Das lässt die Kneipe gar nicht zu.

Ich breite die TARGET-Prospekte aus und das Buch Wüstenblume. *Da kommt Frau Lightfoot-Klein. Durch ihr Buch weiß ich, dass auch sie vor Ort der Verbrechen gewesen ist. Unter anderem im Sudan. Ich bin gespannt, wie unser Austausch sein wird. Sie nimmt jedoch keinerlei Notiz von mir und macht einen gestressten, einen wichtigen Eindruck. Gleich wird sie umworben von den Veranstalterinnen. Stuhl, kaltes Getränk, aufmunternde Worte. Nun gut, denke ich, dann eben nicht.*

Nach und nach, mit akademischer 15-Minuten-Karenzzeit, trudeln etwa die dreißig Gäste ein.

Da der Vortrag für ein eingeweihtes Publikum ist, habe ich auch Bilder von Verstümmelung dabei. Wenn auch nicht die schlimmsten. Nach dreißig Minuten habe ich alles mir Wichtige mit den Dias erzählt. Es folgt die Diskussionsrunde.

»Also solche Bilder muss man ja wirklich nicht zeigen«, stellt sich Professor Dr. Ellen Ismael vor. »Ich arbeite auch

vor Ort, aber das ist gegen die Würde der Menschen dort.« Gut, ein Standpunkt. Ich begründe den meinen.

»Männer sind für dieses Thema fehl am Platz«, meint die Vertreterin einer Organisation, die nur Frauen aufnimmt. Damit meint sie ganz offensichtlich Rüdiger. Das ist nicht neu. Vielleicht habe ich mich beim Vortrag nicht deutlich genug ausgedrückt. »Wir arbeiten mit dem Islam zusammen. Da ist Rüdiger allemal der bessere Gesprächspartner. Hinzu kommt, wie ich auch ausgeführt habe, dass es Männer sind, die in den betroffenen Ländern Gesetze machen. Warum also nicht Männer?«

Keine Antwort. Stattdessen Blickaustausch untereinander. Man kennt sich. Ich bin ein Fremdling.

Lobende Worte kommen ausschließlich aus dem Publikum. Ich merke, in Hamburg ist Rüdiger bekannt und viele schätzen seine Menschenrechtsarbeit. Von ihnen wird unsere Strategie als gut/interessant/folgerichtig wahrgenommen. Zum Glück. Ich dachte schon, im falschen Vortrag zu sein.

Dann meldet sich auch Hanny Lightfoot-Klein. »Warum haben Sie eigentlich nicht auch mein Buch hier ausgelegt?« Na, immerhin eine Reaktion!!

Als die Zuschauer gegangen sind, baue ich meine Geräte ab. Da gesellt sich Frau Professor Ellen Ismael zu mir. Die Frau, die die Bilder eben noch als nicht vorzeigbar eingestuft hatte. Sie hat ein Anliegen. Wahrscheinlich soll es niemand hören.

»Könnten Sie mir von Ihren Bildern Kopien geben? Ich könnte sie gut für meine eigenen Vorträge gebrauchen. Zum Beispiel in Kanada. Ich denke, Sie haben nichts dagegen. Schließlich arbeiten wir ja gegen die gleiche Sache!«

Karawane der Hoffnung

Wüste: Hölle und Paradies.
Wenn man sich verirrt oder wenn man ankommt.
Aus »Terre sauvages«

Inzwischen ist die Idee der »Karawane der Hoffnung« gereift. Mehrfach haben wir uns darüber mit dem Großsheikh vom Mauretanien per Mail verständigt. Im Februar und März 2004 soll sie stattfinden. Annette hat uns für diese Zeit den Rücken freigehalten und keine Termine angenommen.

»Wir sollten den Großsheikh nach Hamburg einladen. Dann leihen wir uns von irgendwo Kamele und machen mit ihm eine Mini-›Karawane der Hoffnung‹ durch die Hamburger Innenstadt, verbunden mit einer Pressekonferenz.«

Genauso wird es gemacht. Großsheikh Hamden Ould Tah ist einverstanden. Er steht zu seinem Bekenntnis gegen Verstümmelung. Mitte Dezember 2004 kommen er, sein Rechtsberater Imam Ould Saleck, der Gelehrte Bah Mohamed El Bechir und Bürgermeister Amara nach Hamburg. Für Amaras Teilnahme hatte sich Honorarkonsul Spieker stark gemacht. Die beiden sind alte Waffenbrüder. Deshalb nimmt auch Spieker an der Stadtkarawane teil.

Ole von Beust, Hamburgs Erster Bürgermeister (CDU), übernimmt die Schirmherrschaft. In seinem Rathaus findet die Pressekonferenz statt. Dann zieht die Karawane durch die weihnachtlich geschmückte Mönckebergstraße. Sie erinnert an ein Weihnachtsmärchen. Nur der Text auf dem Transparent passt nicht so recht zum Fest:

Beim Abendessen vereinbaren wir, dass Bürgermeister Amara unsere Karawane in Mauretanien organisiert. Er hatte sich dazu angeboten. »Aber nur, wenn nicht noch jemand anderer damit beauftragt wird«, ist seine Bedingung. Wir sind einverstanden, denn in sechs Wochen soll es losgehen.

Als wir drei Wochen lang nichts von Amara hören, machen wir Druck. Er reagiert gereizt. Das Zusammenstellen einer Karawane sei schließlich kein Kinderspiel.

»Es müssen handverlesene Stuten sein, acht bis zwölf Jahre alt, zeckengeimpft, karawanentauglich. Die gibt es nicht in einer Boutique zu kaufen. Da muss ich für jedes Tier eine Extra-Autoreise unternehmen.«

Uns kommt die Argumentation eigenartig vor. In Nouakchott gibt es einen Kamelmarkt, wo tausend Tiere feilgeboten werden. Selbst wenn das überwiegend Schlachttiere sind, kann man über die Händler auch jedes andere Tier bestellen. Hinzu kommt, dass der Heimatort des Bürgermeisters, Chinguetti, ein Zentrum des Kamelhandels ist. Da kostet ihn jedes Tier allenfalls einen Anruf. Im Übrigen kenne ich selbst mich ein wenig mit Karawanen aus. Wenngleich es schon lange her ist, so bin ich schließlich schon mit Freunden und eigenen Tieren durch die Danakilwüste in Äthiopien gezogen. Es hatte nur einen halben Tag gedauert, und wir hatten die nötigen Kamele zusammen.

Dann endlich kommt sein Angebot. Vier Kriterien schocken uns. Es ist der Preis in Höhe von 31 420 Euro, eine geforderte *Anzahlung* in Höhe von 60 Prozent, das Fehlen jeglicher verbindlicher Zusage hinsichtlich des Starts und der Drehgenehmigung. Und eine mangelhaft zusammengestellte Ausrüstungsliste. Zum Beispiel fehlen zwei große Zelte für uns und die Mannschaft, um nur einen wichtigen Posten zu nennen.

Deshalb gehen wir die einzelnen Angebote genauer durch. Die Preise für die Kamele sind genau 100 Prozent überteuert. Bei zwölf Tieren summiert sich das. Das Gleiche gilt für die Wassertanks und die Sättel. Sie sind sogar zehnfach teurer als auf dem Markt. Und vor allem sind es zu viele Wasserbehälter. Tausend Liter Wasser – das ist unnötig. Sein Argument »Die meisten Karawanen kommen infolge Wassermangels um«, kann ich nicht teilen. Denn die Oasen liegen maximal vier Tage auseinander. Dann kann man Wasser nachfassen.

Amara hat eine weitere Rechtfertigung. »Meine sind keine gewöhnlichen Wassertanks. Sie sind mit einer automatischen Wasserreinigung ausgestattet. Viele Menschen sind schon an verseuchtem Wasser gestorben. Das darf euch nicht passieren.«

Automatische Wasserreinigung? Nie gehört. Über einen Informanten vor Ort erfahren wir, was gemeint ist: Er gibt Micropurtabletten hinzu! Centprodukte.

Dann die teuren Sättel. »Die Sättel sind eine Maßanfertigung. Die Sattelmacher müssen bereits jetzt mit der Arbeit beginnen. Deshalb unter anderem benötige ich die Vorauszahlung.«

Das müssen ja tolle Sattelmacher sein. Weder wissen sie um die Breite des jeweiligen Kamelrückens noch um die Breite unserer Gesäße. Was heißt also Sonderanfertigung? Amara weiß es. »Jeder Sattel erhält ein Rohr für die Fahnenstangen.«

Und weshalb die hohe Anzahlung? Er hat keine Vorabkosten. Er kann alles per Telefon bestellen. Sobald wir vor Ort sind, bezahlen wir. Zug um Zug.

»Leisten wir eine Anzahlung, sind wir ihm ausgeliefert«, Annette ist gewarnt. »Rüdiger, du musst selbst hin und alles besorgen.«

Die Mannschaft

Natürlich wollen wir ihm grundsätzlich einen Lohn zahlen. Aber nicht, wenn er alles so mangelhaft organisiert. Der Lohn stünde ihm zu bei marktgerechten Preisen und einem verbindlichen Starttermin. Davon ist Amara Kamelreisen entfernt.

Das mailen wir ihm. Er sieht seine Felle im Wüstensturm davonwehen.

»Ich komme euch entgegen. Ich begnüge mich mit einer Anzahlung von 25 Prozent.«

Misstrauisch geworden, ziehen wir nähere Erkundigungen über ihn ein. Hat er so was tatsächlich schon mal gemacht? Ist er seriös? Die Antworten überraschen uns. Sie enden alle mit dem gleichen Tenor. »Hände weg von dem Geschäft. Machen Sie alles selbst.«

Also sagen wir ab. Amara tobt. Virtuell. Er will retten, was zu retten ist.

»Okay, dann könnt ihr meinetwegen alles selbst besorgen. Ich werde euch beim Einkauf begleiten, damit ihr den jeweils besten Preis bekommt. Aber dann will ich einen Festlohn. Fünftausend Euro.«

Fünftausend Euro fürs bisherige Nichtstun? Wir trennen uns von ihm. Er bekommt gar nichts. Dafür haben wir nun einen Gegner.

Spieker sieht die Trennung anders. »Da kennt ihr Amara schlecht. Der ist nicht böse. Er ist Geschäftsmann. Mal bekommt man den Zuschlag für sein Angebot, mal nicht. Damit kann er leben.«

Spieker kommt mit. Er ist ein Teil des Teams. Seine vertraglich vereinbarte Aufgabe ist die Vermittlung eines persönlichen Gespräches mit Staatspräsident Maaouya Ould Sid' Ahmed Taya und die Besorgung einer Drehgenehmigung. Beides für ihn angeblich kein Problem.

»Normalerweise dauern die Gespräche mit dem Präsidenten immer nur zwölf Minuten. Ich war schon mal 42 Minuten bei ihm. Seitdem kennt mich die gesamte politische Prominenz.«

Bei diesem 42-Minuten-Rekordgespräch hat er dem Präsidenten auch von TARGET erzählt, von der geplanten Karawane.

»Wer ist denn dieser Nehberg? Sie sagten, der ist fast siebzig. Schafft der das überhaupt?«, soll er gefragt haben.

Spieker kann ihn beruhigen.

»Nehberg das ist der, der vor vier Jahren von hier aus mit einem massiven Baumstamm über den Atlantik nach Brasilien gesegelt ist. Ganz allein.«

Plötzlich sei der Präsident hellwach geworden. »Ist das wahr? Daran erinnere ich mich gut. Der war dann ja plötzlich mit seinem Baum aus dem Hafen verschwunden. Meine Marine gab ihm keine Chance, lebend in Amerika anzukommen. Nach zwei Tagen habe ich ihm ein Suchflugzeug hinterhergeschickt. Das fand ihn auch auf hoher See. Aber er signalisierte meinen Piloten, dass alles in bester Ordnung sei.«

»Damit ist dem Präsidenten klar geworden, dass du auch die Karawane überleben würdest, und der alte Nomade in ihm brach durch. Er war gar nicht mehr zu bremsen. Schließlich war er vollends begeistert und sagte ›Sie haben meine Unterstützung! Verfügen Sie über meine gesamten Streitkräfte! Zu Boden und zur Luft. Vor allem an der Grenze zu Mali. Da könnte es Probleme geben.‹«

Zu jenem Zeitpunkt ist unser Plan noch, 1700 Kilometer bis Timbuktu durchzumarschieren. Auf Anraten der Deutschen Botschaft verzichten wir später darauf, beschränken uns auf Mauretanien. Mindestens vier rivalisierende Terrorgruppen beherrschen das Territorium. Wir würden zu ihrem Spielball und zur Geldquelle auf Kosten deutscher Steuerzahler. Das muss nicht sein.

Der Präsident will mich also kennenlernen. Wahrscheinlich will er wissen, wem er die Befehlsgewalt über seine Armee überträgt. Das Kennenlernen beruht auf Gegenseitigkeit. Ich möchte die Gelegenheit nutzen und ihn bitten, ein vorbereitetes Gesetz gegen FGM kraft seiner Autorität bevorzugt zur Abstimmung im Parlament durchzubringen. Mit dem Öffentlichkeitswert der Karawane würde ein solches Ereignis das Image Mauretaniens, des Präsidenten und des Islam aufwerten.

Spieker ist sich sicher, dass er auch diesmal wieder den Zwölfminutenstandard für Präsidentengespräche aushebeln und sogar seinen persönlichen 42-Minuten-Rekord noch toppen wird. Mir soll's nur recht sein.

Um den Termin auch wirklich zu bekommen, will Amara seinem Freund Spieker helfen. Nachdem wir uns von Amara getrennt haben, sehen wir das nicht mehr so hoffnungsvoll. Spieker nicht. Sein Vertrauen in Amara ist ungebrochen. Erwartungsgemäß holt der ihn in Nouakchott vom Flughafen ab.

Wir lassen uns von einem neuen Vertrauensmann in Empfang nehmen. Er heißt Said, spricht perfekt Deutsch und ist mitunter als Dolmetscher für die Deutsche Botschaft tätig.

Said hat alles gut vorbereitet. Sein Manager für uns heißt Sidi Lemine. Er entpuppt sich schnell als Organisationstalent. Auch seine Erscheinung ist beeindruckend, groß, stattlich, Vertrauen erweckend. Er empfängt uns mit fertiger Einkaufsliste und gemietetem Pickup. In nur einem halben Tag ist alles gekauft. Sensationell.

»Die Kamele und das Sattelzeug besorgen wir am Startort Tidjikya. Dann entfallen die teuren Transportkosten.«

»Denk daran, dass es nur *Stuten* sein dürfen, acht bis zwölf Jahre alt«, werfe ich in die Diskussion. Ich lasse den Kamelkenner raushängen.

»Wie kommst du denn auf den Schwachsinn?«

»Das hat Amara gesagt«, versuche ich schnell, mich zu rechtfertigen.

»Der Mann hat offenbar keine Ahnung. Wenn die Stuten irgendwo einen Hengst wittern, ist die Hölle los. Das müssen Wallache sein, kastrierte Hengste. Nur die laufen gleichbleibend ruhig. Wie geschmierte Vierradantriebe.«

Während wir auf das Präsidentengespräch warten, fährt Sidi Lemine los nach Tidjikya und kauft die Kamele.

Inzwischen warten wir bereits eine Woche auf das Präsidentengespräch. Morgen, morgen, morgen, heißt es. Auch die Drehgenehmigung lässt auf sich warten. Niemand will sie uns ausstellen. Spiekers angebliche Kontakte versagen komplett. Amaras Einfluss ist zurückgefahren auf null. Eigentlich auch verständlich nach der Abfuhr, die wir ihm erteilt hatten. Und Spieker ohne Amara ist wie ein Luftballon ohne Luft.

»Dann können wir uns wohl auch die zugesagte Armee abschminken«, scherzt Thomas. Er hatte wohl schon feste Pläne, das Informationsministerium mit der uns unterstellten Armee kurzerhand zu stürmen, den Minister festzunehmen und die Drehgenehmigung persönlich abzuholen. Besonders nach des Ministers gestriger Ablehnung.

»Das Thema der Weiblichen Genitalverstümmelung wird die Nomaden schocken. Da bedarf es noch einer langen Vorbereitung und Aufklärungskampagne«, hatte er argumentiert und uns gleich einen großartigen Rat erteilt.

»Am besten, Sie fliegen zurück nach Deutschland. Wir rufen Sie an, sobald Ihr Antrag durch alle Instanzen durch ist.«

Eine dreistere Absage können wir uns kaum vorstellen. Wir werden uns beim Präsidenten beschweren. Doch das entlockt ihm und den Kopfnickern um ihn herum nur ein müdes Lächeln. Auch Thomas mit seinen Pressekontakten kommt nicht weiter. Dass Amara hinter alledem stecken könnte, kommt uns nicht in den Sinn. Naiv. Wir vertrauen Spieker, glauben seinen Beschwichtigungen, Amara würde sein Bestes versuchen. Nach wie vor treffen sie sich alle paar Stunden. Sie sind ein Herz und eine Seele. Auch heute wieder. Nach ausgiebigem Frühstück verschwinden sie. Nach fünf Stunden, pünktlich zum Mittagessen, sind sie mit einer Überraschung zurück. Pünktlich, weil die Speisen auf unsere Kosten gehen, wenn wir anwesend sind. Und *wir* sind anwesend und pünktlich, weil wir Hunger haben und allzeit abrufbereit auf den Anruf aus dem Präsidentenpalast warten.

»Ich war eben beim Präsidenten. Leider ging es nur allein. Er wollte heute keine Gruppen empfangen.« Spieker, O-Ton.

Uns bleibt der Fisch im Hals stecken, obwohl ohne Gräten. Der Mann liebt die Überraschungen. Und mein Fisch verrät ihm, sie sind gelungen. Er wird bezahlt, um uns den gemeinsamen Termin zu machen, und geht allein hin. Teamgeist in Vollendung.

Thomas reißt der Geduldsfaden. »Weißt du was, Rüdiger? Wir hauen ab. Ohne Präsidenten, ohne Drehgenehmigung.«

Er sagt das leise, damit Spieker es nicht hört. Denn dann weiß es sofort auch Sonstwer & Co. Nach all den Kosten, die uns bereits entstanden sind, wollen wir unter keinen Umständen ohne Film nach Hause kommen.

Geflüstert, getan. Annette ist inzwischen aus Hamburg nachgekommen. Spieker erzählen wir, letzte Erledigungen machen zu müssen. Dann sind wir weg.

Leider müssen wir nun auch auf die Segnung der Karawane durch den Großmufti verzichten. Illegale Aktionen kann er nicht mittragen. Also sagen wir auch ihm nichts davon. Sein Empfehlungsschreiben und seine Fatwa, hundertfach kopiert, sowie die siebzig Fahnen müssen den Nomaden reichen. Und Sidis Wort gegenüber den Nomaden, dass wir wirklich im Namen des Großmufti reisen.

In Tidjikya steht alles bereit. Die Kamele sind eines schöner und kräftiger als das andere. Prachtvolle Tiere. Eine Stute mit schneeweißem Fohlen ist auch dabei. Sie läuft frei neben der Karawane her. Es soll dem Film ein Farbtupferl vermitteln. Die Wallache fühlen sich von der Stute nicht beeindruckt. Sie sind jenseits aller Gelüste.

Sidi nimmt uns beiseite. »Seid ihr mit den Tieren einverstanden?«

»Auf uns wirken sie optimal. Warum fragst du?«

»Weil ich jetzt das letzte Gespräch mit den verschiedenen Züchtern führen muss. Mir ist der Preis noch zu hoch. Ich weiß, was sie von ihresgleichen fordern. Von euch erwarten sie unverschämt viel mehr. Das sehe ich nicht ein.«

Er geht mit ihnen auf eine schattenspendende Akazie zu. Nach einigen Schritten kehrt er noch einmal um. »Wenn ihr nachkommt, haltet euch aus allen Gesprächen raus. Lasst euch keinesfalls anmerken, dass ihr die Tiere gut findet.«

Kameramann Thomas Reinecke immer in Aktion

Wir haben vom Preis eine bestimmte Vorstellung. An ihr soll sich Sidi orientieren. Wir wollen keinen unsozialen Preis herausschachern, uns aber auch nicht neppen lassen. Zu hart ist das Leben hier. Zu viel Mühe hat es die Menschen gekostet, die Kamele auf dieses Niveau zu bringen.

Da hocken sie dann und palavern endlos. Wettergegerbte Nomadengestalten. Einer hat keinen einzigen Zahn mehr. Er mümmelt seine Worte wie ein Kaninchen. Ein anderer hat immerhin noch fünf. Einer davon ist ihm fast waagerecht aus dem Mund gewachsen. Er sieht aus wie eine Zigarettenkippe.

Auf uns Betrachter wirkt das Gespräch, als ginge es um Belanglosigkeiten. Verstehen können wir sie eh nicht. Nur einmal geraten alle in Rage. Das ist, als ein Konkurrent des Weges kommt und seine beiden Tiere spontan ebenfalls feilbietet. Dessen Tiere sind jedoch so mager, so sichtbar krank und so voller Wunden, dass der Mann fast verprügelt wird, als er seinen Mund aufmacht, es wagt, seine Tiere mit den bereits zur Auswahl stehenden Prachtstücken zu vergleichen und sich in die Verhandlungen einzumischen. Mit solchen von Schwären übersäten Mähren kämen wir keinen einzigen Tag voran.

Endlich ist die Entscheidung gefallen. Man reicht einander die Hände. Sidi kommt zu uns. Keiner zeigt sich glücklich. Das gehört zum Spiel.

»Wir müssen jetzt zum Notar. Sonst unterstellen sie uns irgendwann, wir hätten ihnen die Tiere geklaut.«

»Das glaubst du doch selbst nicht. Das sind ehrbare Männer, die um jeden Cent hart ringen müssen. Ich möchte ihr hartes Leben jedenfalls nicht führen. Das was der Notar kassiert, geben wir lieber den Männern.«

»Dass ihr euch da man nicht täuscht. Kameldiebstahl ist ein besonders hart bestraftes Verbrechen. Nichts ist leichter für diese Männer, als zu behaupten, ihr hättet die Tiere gestohlen. Immerhin sind sie zu sechst. Deshalb ist der Notar wichtig. Genau wie beim Autokauf wird alles genau schriftlich fixiert. Mit Brandzeichen und Zeugen. Die zehn Prozent der Kaufsumme bewahren euch vorm Gefängnis.«

Also gehen wir zum Notar. Lieber sitzen wir bei ihm auf wackeligen Stühlen als im Knast auf dem Betonboden. Wenn wir schon ohne Drehgenehmigung reisen, wollen wir uns nicht noch weiteren Ärger aufhalsen.

Als alles unterzeichnet ist, macht Sidi seinem Herzen Luft. »Ihr unterschätzt die Nomaden. Sie haben mich schwer beleidigt. Eine ›dreckige Ausländerhure‹ haben sie mich genannt. Bestechen wollten sie mich. Nur weil ich von euch bezahlt werde und einen korrekten Marktpreis erhandeln wollte.« Mit einer Zigarette muss er sich beruhigen.

Vom Notar geht es zum Sattelmacher. Der hat die Sättel längst fertig. Alles Handarbeit und sichtbar gute Qualität. Wir bezahlen den ausgemachten Preis, blättern die Scheine auf den Tisch. Der Mann ergreift sie und befühlt jeden einzelnen Schein. Er tastest den Umriss ab, wägt das Gewicht mit seiner Hand, legt ihn behutsam beiseite. Schein um Schein. Es wirkt, als wolle er Falschgeld von echtem unterscheiden. Das dauert ungewöhnlich lange. Bis Sidi uns einweiht. »Habt ihr das nicht bemerkt? Der Mann ist völlig erblindet. Er hat auch die Sättel nur aus dem Gefühl heraus gemacht.«

Zuletzt stellt uns Sidi die restliche Mannschaft vor. Sechs gestandene Männer. Ein Koch, ein Führer und vier »Chameliers«, die Kamelführer.

Sehr schnell stellt sich heraus, dass wir ein gutes Team sind. Jeder macht seinen Job bestens. Der Koch namens Sheikh ist uns besonders ans Herz gewachsen. Nicht nur wegen des Essens, sondern wegen seines Fleißes und der immer guten Laune. Keine Anstrengung ist ihm zu viel. Tagsüber schuftet er mit in der Karawane, obwohl das gar nicht sein Job wäre, und kaum machen wir irgendwo eine Rast, zaubert er leckere Essen. Mit Vorspeise, Hauptgericht, Nachspeise und Kaffee.

Unsere Chameliers werden solchen Luxus wohl selten im Leben erfahren haben. Sie scharwenzeln ständig um ihn herum. Sheikh war es auch, der die Lebensmittelliste zusammengestellt hat. Perfekt durchdacht. Es fehlt keine Kaffeebohne, kein Tropfen Olivenöl, kein Löffel. Sogar hübsche Tischsets hat er eingepackt, damit das Essen dekorativ serviert werden kann.

Dabei hatten wir zunächst Bedenken. »Was willst du verdienen?«, hatten wir ihn gefragt. Er nannte eine Summe. Sie lag dreifach über dem, was wir kalkuliert hatten, ohne unsozial zu sein.

»Das ist zu teuer. Wir hatten einiges weniger gedacht.«

»Das mag sein. Vor zwei Wochen wäre ich damit auch noch einverstanden gewesen. Aber in der letzten Woche habe ich geheiratet. Deshalb.« Wir brechen in schallendes Gelächter aus.

»Wir sollen für deine Dummheit bezahlen?«

Seitdem wird »Ich bin verheiratet« zu Thomas' Hauptargument, wenn er Preise runter- oder raufhandeln will.

Zeit zum Aufbruch. Die Tiere sind schwer beladen. Zelte, Wasser und die Lebensmittel für sechs Wochen machen die Hauptlast aus. Die einzelnen Tierlasten wiegen bis zu hundert Kilo. Um die Tiere nicht noch mit unserem Gewicht zusätzlich zu belasten, trotten wir nebenher. Damit die endlosen Strecken uns nicht ermüden, bilden wir Gruppen und erzählen uns Episoden aus dem Leben. Einer der Männer bildet jeweils das Schlusslicht. Nichts darf unbemerkt vom Kamel zu Boden fallen.

Mit großer Neugier halten wir am ersten Nomadenzelt. Nur zwei Frauen und drei kleine Mädchen sind da. Allerärmste Verhältnisse. Sie sprechen kein Französisch, nur ihre Landessprache Hassaniya. Sidi macht den Dolmetscher. Ja, ihre Mädchen seien beschnitten. Allah sei Dank hätten sie es gut überstanden. Die Kleinen hören zu, wissen gar nicht, wovon die Rede ist. Die Beschneidung erfolgte unmittelbar nach der Geburt.

Dass ihr Großmufti in der fernen Hauptstadt nun von dem Brauch abrät, überrascht und beeindruckt sie. Aus der einen Frau, die krank auf einem provisorischen Lager liegt, bricht es heraus: »Endlich.« Sie sagt uns, dass sie sehr froh darüber sei. Zu mehr Aussage konnten wir sie nicht bewegen. Wir geben ihr gegen das Fieber Aspirin und von unserem Saft. Mehr können wir nicht tun. Zwar kann niemand lesen, aber wir hinterlassen dennoch das Schreiben des Großsheikhs und eine Fahne. Vielleicht können ihre Männer lesen.

»Bestimmt wird die Fahne hier niemals flattern«, fürchtet Annette. »Ihre Armut wird sie zwingen, daraus ein Hemdchen zu nähen.«

Aber selbst dann hat sie noch einen Sinn.

Wir kommen zu anderen Zelten. Nirgends stoßen wir auf Misstrauen und Unfreundlichkeit. Nur ein einziges Mal werden wir abgewiesen. Aber immerhin höflich. Es ist im Gebirgsort Raschiid. Er wird von mehreren Frauenkooperativen dominiert.

»Das Thema geht Männer nichts an.«

Sie verbieten sogar neugierigen Jugendlichen, sich mit uns zu unterhalten. Wir verlassen das Ortszentrum und lagern am Ortsausgang. Dort öffnen sich wieder alle Zelte und man ist offen für jedes Gespräch. Es wird Musik gemacht und gesungen. Mauretanische Gastfreundschaft.

Dann die Dattelpalmenoase Telmeste. Lehrer Sidi Ahmed und Dorfchef Humeiti Ould (= Walad = Sohn) Ebeydi haben uns ganz offensichtlich erwartet. Buschtelefon.

Alle Männer, Frauen und Kinder des Ortes sind versammelt. Sie begrüßen uns mit Trommeln und Liedern. Ein Wahnsinnsempfang!

Diejenigen, die des Lesens kundig sind, lesen den Analphabeten den Fahnentext vor. Andere hocken um den Brief des Großmufti. Wie überall, schenken wir dem Dorf eine Fahne. Sie wird sofort auf dem steinernen Schulgebäude gehisst. Annette wird von den Frauen in die Schule hineingezerrt und ausgefragt.

Es ist heiß hier in der Schule. Mit Kopftuch und ewig langem Rock sitze ich schwitzend vor den vielleicht fünfzig Frauen und Mädchen des Dorfes. Sie haben mich hierher hineingezogen. Sie wollen allein mit mir sprechen, weg von den Männern. Hin zu einem Thema, das eigentlich für sie kein Thema sein darf. Schweigen liegt über dem Schmerz, traditionsgemäß seit unendlich langen Reihen von Generationen.

»Bist du wirklich nicht beschnitten?«, wagt eine Mutter zu fragen. Ihre Tochter mag zehn Jahre alt sein und sitzt mit

großen Augen neben ihr. Noch erfasst sie nicht das Problem. Sie ist fasziniert von meinen langen blonden Haaren.

»Ich bin nicht beschnitten.«

»Wie ist das, nicht beschnitten zu sein? Wachsen deine Schamlippen nicht bis zu den Knien?«

Mir ist diese Vorstellung bekannt. Sie dient, wie viele andere unverständliche Argumente, als Begründung und Rechtfertigung für das Grauen.

»Nein, auch wenn ihr gerade nicht unter meinen Rock schauen könnt.«

Gelächter. Die Frauen tuscheln miteinander.

»Hast du Töchter?«

»Ja, eine. Ich habe sogar ein Foto dabei. Zwar nur ein Passfoto, aber immerhin.«

Mit Mutterstolz hole ich es aus meiner Tasche. Die Frauen staunen über Sophies lange blonde Haare.

»Sie ist auch nicht verstümmelt«, erzähle ich gleich weiter, damit ich ja beim Thema bleibe.

»Glaubst du, dass du dennoch einen Mann für sie findest?«

»Bei uns ist kein Mädchen verstümmelt. Kein einziges. So wie ich. Und wie ihr seht, habe ich ja auch einen Mann abbekommen. Ihr habt ihn da draußen ja kennengelernt.« Erneutes Tuscheln.

»Und hast du keine Angst, dass deine Tochter wild auf Männer sein wird?«

»Nein.« Jetzt lache ich. Wieder eine dieser Begründungen. Frauen würden wild auf Männer und untreu werden, wenn sie nicht verstümmelt sind.

»Bist du auch nicht ein bisschen beschnitten?«, eine ältere Frau wagt die Frage noch einmal. Sie kann es sich vermutlich nicht vorstellen.

»Du kannst gern nachschauen. Oder glaubst du es mir auch so?«

Da habe ich die Lacherinnen auf meiner Seite. Den Mut, mich zu untersuchen, hat doch keine.

Auch hier wird wieder sehr deutlich, wie schnell der Brauch des Verstümmelns zu beenden wäre, wenn die Religionsführer sich unmissverständlich und kompromisslos dagegen aussprächen. Klar und deutlich und nicht mit Wischiwaschiformulierungen à la »es sei, es ist medizinisch erforderlich …« Dann nämlich ist es *immer* erforderlich. Jeder unterbezahlte Arzt wird für fünf Euro die Erforderlichkeitsbestätigung aussprechen und die Operation für weitere fünf Euro gleich selbst durchführen.

»Kannst du uns diesen Brief mitnehmen für Hamden Ould Tah, den Großmufti? Das Dorf bittet ihn, die alte Moschee des Ortes wiederaufzubauen.«

Lehrer Sidi Ahmed zeigt uns die Ruinen. Es sind eigentlich nur noch Steine, zusammengestürzt bis auf die Grundmauern. Jahrzehntelange Winde, unterstützt von der Schmirgelkraft des Sandes, haben den Lehmmörtel weggeraspelt.

Die Ruine liegt sehr idyllisch auf einer Felskante. Unmittelbar unter ihr ein liebliches sandiges Tal, bestanden mit Akazien. Weiter links dann der große und dichte Dattelpalmenwald, das Herz der Oase Telmeste.

Sidi Ahmed hat sogar eine Zeichnung und eine Kalkulation angefertigt. Richtig professionell. Die Steine seien vorhanden. Was man brauche, seien Zement und Eisenträger für eine stabile Decke. Die Männer würden ihre Arbeit gegen Verpflegung und ansonsten kostenlos zur Verfügung stellen. Geschätzte Summe: 25 000 Euro.

Ich nehme den Brief an mich. Heimlich schmiede ich sogleich Pläne. Weil hier mitunter vereinzelte Touristen die Oase besuchen, könnte man im Schatten der wiederaufgebauten kleinen Moschee einen gemeinsamen Souvenirladen einrichten und eine Cafeteria. Der schöne Ausblick verlockt dazu. Die Frauen hätten einiges feilzubieten. Handgeschnitzte Holzschalen, hübsche Leder- und Fellarbeiten und steinerne Pfeilspitzen aus der Zeit, als die Wüste noch Savanne war. Sie scheinen hier in Mengen herumzuliegen.

Ich male mir aus, die Moschee auch in eigener Regie aufzubauen. Den Betrag wollte ich von meinem Privatgeld erübrigen. Voraussetzung wäre die Verabschiedung des Gesetzes gegen FGM und die Verkündung dieser neuen Botschaft durch den Großmufti in allen Moscheen.

Wir sind nun über zwei Wochen unterwegs. Annette muss heim nach Deutschland. Deshalb teilt sich die Karawane. Damit Annette nichts passiert und um zur Neige gegangene Ausrüstungsteile zu besorgen, begleitet Thomas sie bis Nouakchott, gibt ihr das bisher gedrehte Filmmaterial mit.

Spieker wartet noch immer im Hotel. Unverdrossen und wider alle Vernunft vertraut er Amara und harrt der Drehgenehmigung. Fast täglich sei er von Behörde zu Behörde gelaufen und vertröstet worden. Nicht einmal sein 42-Minuten-Gesprächsrekord von anno dazumal beim Präsidenten hat ihm weitergeholfen. Niemanden hat es wirklich beeindruckt. Dennoch ist er sich »hundertprozentig sicher, dass es nur noch eine Frage von Stunden sein kann«. Wie seit nunmehr sechs Wochen.

»Was macht dich so sicher?«, will Thomas wissen.

»Ich habe es ausgependelt.«

»Was hast du? Meinst du mit dem Pendel etwa ein Wahrsagerpendel?«

»Ja, genau das. Damit bin ich immer richtig gefahren. Es hat mich noch nie belogen.«

Und schwupp, hat er sein Pendel aus der Jackentasche gezaubert und lässt es vor Thomas' Augen langsam schwingen, Kreise drehen und sprechen.

»Hier, da siehst du es selbst. Es sagt unmissverständlich: Wir werden die Genehmigung bekommen!«

Thomas schlägt die Hände überm Kopf zusammen. Eine Hand gleich für mich mit. Da will Hubertus Spieker, seines Zeichens Honorarkonsul von Mauretanien, ein Mann mit europäischer Bildung und Abitur, tatsächlich die erhofften Erfolge von einem Stück Metall abhängig machen, statt seinen und den Beziehungen seines Freundes Mohamed Amara zu vertrauen. Nun wird uns klar, wie viel die Beziehungen wert sind.

»Vielleicht muss dein Pendel mal geölt werden. Aber dann denk dran, für Pendel darf man nur hand- und kaltgepresstes, linksgedrehtes Olivenöl verwenden.«

Wie der Zufall so spielt, schlendert Amara auch heute wieder »rein zufällig« vorbei und lässt sich zum Essen einladen. Brühwarm berichtet Spieker ihm von Annettes für heute geplanten Abflug.

Und damit nimmt das nächste Verhängnis seinen Lauf.

Am Flughafen von Nouakchott geht es überraschend ruhig zu. Ich bin einer der ersten Passagiere, habe massenhaft Zeit. Thomas hat mich mit dem Taxi hierher begleitet. Da ihm der Zutritt zum Gebäude ohne Ticket verwehrt wird, kehrt er zurück ins Mercure.

Mit einer riesigen Holzschale, die ich von den Frauen aus Tidjikya mitbenommen habe, zwänge ich mich durch den Gang. Zwei Beamte winken mir zu. Ich winke freundlich zurück. Ich habe den Gruß wohl missverstanden. Denn sie winken erneut, und das bedeutet: »Gepäckkontrolle!«

Alles okay. Die Koffer eingecheckt. Ich solle mich beeilen, wird mir bedeutet. Das löst in mir zwischenzeitlich eher Gelassenheit aus. Zu lange habe ich in afrikanischen Ländern meine Zeit schon sinnlos mit Warten verbracht, als dass ich mich jetzt in eine unnötige Hetze bringen lasse. Schließlich sind es noch drei Stunden bis zum Abflug. Ich gehe am Zollbeamten durch und: stehe noch einmal vor meinem Gepäck.

»Aufmachen!«

»Aber das wurde doch gerade schon kontrolliert«, protestiere ich. Was soll ich denn, bitteschön, aus diesem armen

Land schmuggeln? Sollen sie doch besser auf ihre eigenen Landsleute aufpassen! Ich werde ungeduldig. Ich vermute, man will ein Trinkgeld ertricksen. Umso mehr, als ich sehe, dass die Koffer der anderen Passagiere, auch der Ausländer, ungeöffnet durchgelassen werden.

Wieder wird durchsucht. Koffer schließen.

Dennoch darf ich nicht ins Flugzeug. Man bedeutet mir zu warten. Lange zu warten. Anscheinend wird Meldung gemacht. Die anderen Passagiere sind längst abgefertigt. Das Flugzeug hätte jetzt Startzeit. Nervös gebe ich zu bedenken, dass ich da mitfliegen muss. Da kommen wieder zwei Beamte.

»Aufmachen!«

»Warum?«

»Aufmachen, Kontrolle!«

»Ihr habt schon zweimal und sehr genau kontrolliert.«

Keine Chance. Diesmal packen sie nicht alles wieder zurück. Sie krallen sich die mir von Thomas mitgegebenen Filmkassetten aus dem Koffer mitsamt meinen belichteten Diafilmen und wollen verschwinden.

»Halt, so nicht! Die gehören mir, und wenn die verschwinden, komme ich mit.«

So lande ich bei einem korpulenten Mauretanier in einem kleinen Büro. Vom Leibesumfang zu schließen, muss er wichtig sein.

»Die Filme dürfen nicht mit.«

»Warum nicht?«

»Weil wir die erst prüfen müssen.«

»Die letzten Male meiner Ausreise von hier hatte keiner etwas gegen Filme. Warum jetzt?«

Ich versuche zu verhandeln.

»Man darf in Mauretanien nicht fotografieren.«

»Man darf sehr wohl in Mauretanien fotografieren. Damit wirbt Ihr Land sogar!«

»Nur mit einer Genehmigung. Zeigen Sie mir diese Genehmigung.«

Ich versuche es mit »schönes Land, liebenswerte Menschen, Bilder anderen zeigen, mehr Touristen ins Land bringen« – keine Chance. Meine Argumente ersetzen keine Genehmigung.

Leider ist Thomas längst im Mercure, *und meine Sprachkenntnisse und Geduld neigen sich dem Ende zu.*

Ich versuche, Thomas anzurufen. Der geht nicht ans Telefon. Auch das macht mich jetzt wütend. Der Beamte zuckt nur mit den Schultern. Ich weiß, er hat Zeit und ich nicht. Ich will ins Flugzeug.

Mir ist klar: wenn ich jetzt gehe, sehe ich die Filme nie wieder. Dann war der ganze zeitliche und finanzielle Aufwand umsonst. Am liebsten hätte ich diesem selbstgefälligen Hinter-dem-Gammelschreibtisch-Sitzer, der über meine Filme bestimmt, die Nase abgebissen. Ich könnte heulen.

»Bei mir kommt nichts weg. Ich bin der Chef vom Dienst hier.«

Oha – denke ich, ganz schön harte Geschütze. Was mag dahinterstecken? Vermuten sie Rauschgift in den Kassetten?

»Wir werden das Material prüfen. Dann können Ihre Freunde mit der Genehmigung kommen. Wenn alles in Ordnung ist, erhalten Sie alles zurück. Im Moment ist Ihr Material Eigentum Mauretaniens.«

Das ist ja wohl der Hammer, denke ich.

Er schüttet die Kassetten in eine Plastiktüte und verstaut sie im Tresor.

»Sie müssen sich jetzt entscheiden: Fliegen ohne Filme oder hierbleiben, bis alles geklärt ist. Die Maschine wird jetzt starten.«

»Dann möchte ich eine Quittung über die Filme mit Ihrem Namen.«

Viel Hoffnung habe ich nicht, mein Material jemals wiederzusehen. Aber dennoch möchte ich europäische Gründlichkeit demonstrieren.

»So leicht kommt ihr mir nicht davon«, denke ich zornbebend und weiß genau, dass der Mann kein einziges Problem bekommen wird. Er hat Order. Da steckt eine Anordnung von höherer Stelle dahinter. Und wen kümmert schon eine Quittung hier in diesem Land? Hier funktioniert ebenso gut alles oder nichts auch ohne sie.

»Kein Problem«, lächelt der Beleibte souverän und beginnt betont langsam, etwas zu schreiben.

»Sch … !«, denke ich. »Was werden Thomas und Rüdiger denken, wenn ich ihnen von diesem Flop erzähle?«

Aber egal, was sie sagen. Die Bedeutung der Filme ist mir auch ohne deren mögliche Kritik nur allzu bewusst. Die Filme sind fast wie meine Kinder. Die lässt man sich nicht einfach wegnehmen.

Zähneknirschend warte ich auf die Bescheinigung. Einen Stempel will ich auch noch und die persönliche Unterschrift. Und das Datum. Und den Namen seines Vorgesetzten.

Er findet das frech, und da hat er recht. Aber so ganz widerstands- und ruhmlos will ich das Terrain nicht verlassen.

Nun drängt sogar das Flugpersonal. Doch jetzt habe ich *Zeit und gehe gemächlich zu meinem Gepäck, schaue, ob auch wirklich alles eingeladen wird. Einsam steht es vor der Gangway.*

Jetzt müssen sich Thomas und Rüdiger um die Filme kümmern. Von Deutschland aus werde ich die beiden und Spieker sofort informieren und ihnen die Quittung durchfaxen. Spieker als Honorarkonsul wird den Kram mühelos auslösen können.

Erschöpft falle ich in meinen Economysitz und freue mich auf Deutschland.

Annette ist weg. Die Filme sind weg. Gleich nach ihrer Ankunft in Deutschland ruft Annette Thomas an, um ihn darüber zu informieren. Thomas ist stinksauer. Die Arbeit von mehreren Wochen ist für die Katz. Selbst Spieker rennt vor verschlossene Türen. Honorarkonsul hin, Honorarkonsul her. Morgen, heißt es, morgen. Ganz bestimmt übermorgen.

Das Vokabular kennen wir längst vom Bemühen um die Drehgenehmigung.

Umso verbissener will und muss Thomas alles noch einmal drehen. Seine Wut stärkt den journalistischen Ehrgeiz.

Gemeinsam mit Spieker kommt er zurück in die Wüste zu unserem vereinbarten Treffpunkt. Ab jetzt begleitet Spieker die Karawane. Es ist unsere vertraglich vereinbarte Gegenleistung für sein Bemühen um das Gespräch mit dem Staatspräsidenten und die Drehgenehmigung. Auch wenn nichts geklappt hat. Denn ein Passus in unserem Vertrag lautet: »Eine Garantie für das Zustandekommen kann Hubertus Spieker nicht gewährleisten.«

Ich freue mich, dass Thomas zurück ist, zusammen sind wir ein starkes Duo.

»Wir dürfen Spieker nur das wissen lassen, was unbedeutend ist«, rät er mir als Erstes. Und so halten wir es ab sofort, obwohl uns Zusammenhänge mit der Beschlagnahme des Filmmaterials und Spieker noch gar nicht klar sind. Dennoch sprechen wir in seiner Gegenwart nicht nur ausschließlich über Belanglosigkeiten, sondern wir legen auch falsche Fährten.

Zum Glück müssen wir das nicht lange. Am zweiten Tag gibt Spieker auf. Sein Fazit: »Ich habe alles erlebt, was man auf einer Karawane erleben kann.« Na bitte.

Mit ihm verlässt uns leider auch ein brillanter Geschichtenerzähler. Spieker besitzt die Gabe, spannend, witzig und selbstironisch stundenlang zu unterhalten, ohne auch nur die Spur von Langeweile aufkommen zu lassen. Das müssen wir nun wieder selbst übernehmen. Zum Glück können auch Thomas und ich auf ein unerschöpfliches Reservoir an Erlebnissen zurückgreifen.

Nun sind wir wieder unter uns und können die Ruhe und die Schönheit der Wüste genießen. Ihre Sonnenlichter, ihre Hitze, die Kälte, Stürme und Regen. Die beste Jahreszeit haben wir nicht erwischt. Es ist Februar, März.

Spätnachmittag. Irgendwo. Die Männer haben die Tiere entladen, wir haben die Zelte aufgestellt. Keine Ein-Handgriff-Ultraleichtzelte von »Globetrotter Ausrüstung«, von denen Spieker eins mithatte, und das er innerhalb unseres Großzeltes aufbaute, sondern schwere Baumwollzelte vom Markt in Nouakchott. Wenn es regnet, regnet es durch. Wenn es stürmt, brechen sie zusammen. Im losen Treibsand halten die Befestigungen nur bedingt. Aber so wird es nie langweilig.

Sheikh, der umtriebige Koch, hat schon wieder mehrere Töpfe am Dampfen. Vorweg gibt's einen Tee. Sein Hauptkampf besteht darin, alles so wenig sandig wie möglich zu zelebrieren. Manchmal gelingt ihm das.

Ich puhle mir einen Muschelsplitter aus dem Fuß. Es gibt in Mauretanien, auch weitab vom Atlantik, gewaltige Muschelfelder aus grauer Vorzeit, als hier noch alles unter Wasser stand. Und zwar solche Mengen an Muscheln, dass sie als Rohstoff für das Baugewerbe gehandelt werden. Sie ersetzen die Kieselsteine im Beton. Ein LKW voll kostet 40 Euro. Ich überlege, ob sich der Export nach Deutschland lohnt. Vielleicht in Kooperation mit Thomas. Der hat ähnliche Pläne. Er will Sand exportieren. Für Sanduhren.

Die Kamele ziehen in die Umgebung und suchen sich die wenigen Grashalme. Manchmal wandern sie viele Kilometer weit, und die Männer brauchen zwei Stunden, ehe sie sie finden und zusammentreiben können. Wenn wir um sieben Uhr starten möchten, müssen sie noch vor fünf Uhr aufstehen. Selbst dann, wenn ein Wind nachts die Spuren verweht hat, finden sie ihre Tiere wieder.

Nicht nur das Zusammentreiben dauert lange, auch das Beladen. Jeder hilft jedem, um die Lasten auszubalancieren und festzuzurren. Pünktlich kommen wir nie weg.

Gemeinsam mit unseren Begleitern verrichten wir die Gebete. Nach dem Abendgebet werden alte Geschichten am Feuer erzählt. Oder ich führe einen Zaubertrick vor.

Heute kommt ein Nomade vorbei. Er treibt seine Kamele und Ziegen zum nächstgelegenen Wasserloch. Wir laden ihn zum Tee ein. Er schaut unsere Kamele an. »Ach, da habt ihr ja zwei Kamele vom alten Hassan Ahmed«, diagnostiziert er mit Blick auf die Brandzeichen. Ja, er kenne sämtliche Brandmale der weiteren Umgebung.

Während er auch die anderen Brandzeichen richtig zuordnet, zerreißt er in Gedanken einen leeren Karton und wirft die Schnipsel seinen hungrigen Ziegen zu. Die verzehren alles bis zum letzten Schnipsel und verwandeln Pappe in Fleisch.

Oft schlafen wir Europäer nicht im Zelt, sondern unter dem millionenfach gepunkteten Firmament. Kein Kunststück, dass die alten Wüstenvölker uns früher in Astronomie überlegen waren. Als Nordeuropäer hat man gar keine Chance, einen solchen Himmel über mehrere Tage, geschweige denn über ein Jahr lang ungetrübt bewundern und regelmäßige Gestirnbahnen kennenlernen zu können.

Bevor ich einschlafe, schmiede ich Pläne. Wie jeden Abend. Manchmal bedauere ich, nur *einen* Kopf zu haben und nicht zwei, um parallel zwei Träume gleichzeitig entwickeln zu können. Wie diesen: Man müsste die »Karawane der Hoffnung« in einer gewaltigen Aktion vom Atlantik bis zum Roten Meer und dann bis Mekka durchführen! Der Gedanke berauscht mich. Hindurch durch alle Länder, hindurch durch die Krisengebiete, und die Menschen am Wegesrand ermutigen, sich der Hadsch anzuschließen. Also vor allem jene armen, die sich weder jemals einen Flug leisten könnten noch den monatelangen Fußmarsch. Für solche Menschen müsste man Paten in der europäischen Welt finden. Ein Euro pro Tag, und die Grundmahlzeit für eine Person und ihr Kamel wäre gesichert.

Meine Fantasie verselbständigt sich. Ich sehe mich mit Tausenden von Pilgern am Roten Meer ankommen, einem Heuschreckenschwarm gleich, mit Sonderschiffen über das Meer setzen und nach Mekka einmarschieren. Eine gigantische Aktion, die den Pilgern nicht nur die Erfüllung einer ihrer fünf religiösen Pflichten schenkte, sondern auch noch helfen könnte, Gräben zwischen den Kulturen zuzuschütten, wenn die Sponsoren Europäer wären.

Das Problem aufständischer oder räuberischer Bedrohung würde man minimieren können, wenn Geldgeber und Machthaber wie Ghaddafi aus Libyen Geleitschutz garantierten. Leider kommt er nicht in Frage, auch wenn er sich vom Bösewicht zum Gutmenschen gewandelt haben will. Alle Gesprächspartner, auch arabische, die ich bisher dazu befragt habe, raten von einer Zusammenarbeit mit Ghaddafi ab. »Der Mann bleibt unberechenbar.«

Ich kann mich so sehr in meine Wachträume hineinsteigern, dass ich kaum zum Schlafen komme. Unruhig wälze ich mich hin und her. Bis Thomas sich beklagt.

»Schläfst du immer noch nicht?«

»Nein, ich bin gerade erst in Südlibyen. Morgen überquert meine Pilgerkarawane die Grenze zum Sudan.«

»Hast du'n Wüstenkoller?«

Ja, den hab ich wohl. Er aber auch. Denn neben seinem Schlafsack entdecke ich ein Foto von mir. »Hast du Schluss gemacht mit Tima?«, will ich wissen. »Oder bist du Fan von mir? Oder bist du schwul geworden?« Mehr fällt mir so schnell nicht ein.

»Weit gefehlt!«, entsetzt er mich. »Das Bild habe ich immer bei mir. Das ist das sicherste Mittel, sämtliche Kakerlaken, Skorpione, Schlangen und Zecken zu vertreiben.«

Eines Morgens hat Bahaar eine Sandviperspur direkt neben dem Zelt ausgemacht. Sandviperbisse sind oft tödlich. Mit einem Satz bin ich auf den Beinen. Schlangenfan.

Die Sandviper hat eine eigene Fortbewegungsart. »Seitenwinden« nennt man das. Deshalb ist ihre Spur unverwechselbar. Sie schlängelt sich nicht in einer durchgehenden Linie durch den Sand, sondern sie hebt Teile ihres Körpers an, um sie ein Stück weiter wieder niederzulegen. Das macht sie mit großem Tempo und viel Eleganz. Vor einem Busch endet die Spur. Hier hat sie sich eingegraben. Wie eine gefährliche Mine muss sie dort liegen. Völlig unsichtbar. Nichts bis auf die abrupt endende Spur weist auf sie hin.

Ich hole sie mit einem Stock hervor und filme die faszinierende Weise der Fortbewegung und die blitzartige Schnelligkeit, mit der sie in die Kameralinse beißt.

Als sie ihren Job als Schauspielerin gemacht hat, lasse ich sie irgendwo zwischen Felsen frei. Weitab vom Camp.

Führer Sidi beobachtet alles aus großer Entfernung. »Endlich weiß ich, warum du Schlangen magst! Du bist nämlich genau wie diese Sandviper. Ihr seid Verwandte. Auch du bewegst dich strategisch nicht wie ein normaler Mensch, und wahrscheinlich wirst du dich bei drohenden Schwierigkeiten ebenfalls im Sand eingraben und unterirdisch fortbewegen. Bis nach Mekka. Ich sehe dich schon neben der Kaaba wieder auftauchen.«

Irgendwann irgendwo wieder ein Lagerfeuer. Es knistert. Tausende von Funken gesellen sich zu den Sternen am Himmel, und der Rauch aus Thomas' Zigarette paart sich mit dem Rauch des Feuers.

»Lass uns noch einmal in der Oase Telmeste vorbeischauen. Ich fand den Empfang durch die Bevölkerung so überwältigend. Vielleicht mögen die Menschen das wiederholen.« Thomas ist noch immer geknickt wegen des verlorenen Filmmaterials. Er trauert unwiederbringlichen Szenen nach, obwohl wir inzwischen massenhaft ähnliches Material gedreht haben.

Also machen wir einen zweiten Schlenker über Telmeste.

Um nicht ständig von Neugierigen belagert zu werden, bauen wir unser Lager in gehöriger Distanz zur Oase auf. Diesen Gedanken muss uns unser Schutzengel suggeriert haben.

Morgen früh sollen Thomas und Sidi erst einmal vorpirschen und dem Dorfchef unser Anliegen vortragen. Warum wir in derselben Angelegenheit zweimal vorbeikommen, werden die beiden ihm irgendwie einleuchtend zu begründen wissen.

Ein Nomade mit einem Dutzend Ziegen kommt vorüber.

»Warum lagert ihr hier? Kommt doch gleich heute Abend zu uns. Im Dorf ist viel los. Der Informationsminister Mohamed Mahmoud Ould Abdi und einige seiner Mitarbeiter sind zu Gast. Sie haben Geschenke mitgebracht. Er hat alle meine Ziegen gekauft. Jeder kann sich heute satt essen.«

Mir haut's regelrecht die Hörgeräte aus den Ohren. Da wären wir um Haaresbreite unserem größten Widersacher, dem Informationsminister in die Hände geraten! Ein Titel, den Thomas längst zum *Info-Mini* geschrumpft hat. Entsprechend seinen Leistungen.

»Seht ihr nicht sein Zelt?«

Der Nomade weist zum Horizont. Durchs Fernglas erblicken wir zwei große weiße neue Zelte. »In dem einen wohnt er mit seiner Frau, in dem anderen seine Begleiter.«

Thomas entdeckt außerdem vier Militär-Landrover. Dort ist der Bär los.

Jeder von uns denkt es, niemand will es aussprechen. »Damit ist die Karawane beendet.« Denn *wenn* jemand uns gewarnt hat, keinesfalls ohne Drehgenehmigung zu starten, dann dieser Minister. Und nichts bleibt in dieser Wüste geheim. Und garantiert weiß er von der Filmbeschlagnahme. Er wird unser Verhalten als persönliche Beleidigung werten.

»Wir können immer sagen, dass das, was man uns am Flughafen beschlagnahmt hat, lediglich Stadtszenen waren. Bilder vom Einkauf. Aber nichts von der Karawane.«

»Wir müssen unsere Mannschaft einweihen«, schlage ich vor. »Dann werden sie bestätigen, dass wir ›nichts‹ gedreht haben, weil wir doch immer noch gehorsam auf seine, des Ministers Genehmigung warten. Und dass wir bereits unterwegs sind, habe den Grund, mit den Tieren vertraut zu werden. Eine Karawane durchzuführen, ist schließlich nicht verboten.«

Genauso werden wir es machen. Aber Sidi hat eine andere Idee.

»Ich werde ins Dorf gehen und alles ausspionieren. Ich werde auch mit dem Dorfältesten reden und ihm etwas Geld anbieten.«

Der Ziegenhirte und er zockeln los. Es ist bereits zwei Uhr morgens, als er allein zurückkommt und todmüde auf seine Matratze plumpst. Er kann uns gerade noch mit seinem Daumen das Okay-Zeichen geben. Dann schnarcht er bereits.

Um sieben wecken wir ihn mit heißem Tee. Ja, tatsächlich sei es unser Minister mit großem Gefolge. »Wegen der anstehenden Wahlen ist er auf Stimmenfang. Telmeste ist für seine Wiederwahl wichtig, denn die Oase sei in zwei Parteien gespalten. Die eine zähle zu seiner Verwandtschaft, die andere nicht. Aber alle beide seien sie nicht gut auf den Verwandten zu sprechen. Er soll Gelder veruntreut haben, die die Regierung ihm für diese Oase gegeben hat. Er habe sie aber nie weitergeleitet. Deshalb und weil er sich immer nur vor Wahlen hier blicken lässt, sind alle auf ihn sauer. Das versucht er nun mit den paar Ziegen wiedergutzumachen.«

Fazit von Sidis Erkundung: der Dorfälteste hält seinen Mund und freut sich auf unseren erneuten Besuch.

Dennoch sind wir unruhig. Auch der Minister wird ein Fernglas haben. Vielleicht sieht er uns und stellt Nachfragen an, schickt seine Schnüffler. Kaum können wir den nächsten Tag abwarten. Dann, so heißt es, wird er heimkehren in die Hauptstadt.

Aber weit gefehlt. Die weißen Zelte stehen weiterhin am Horizont und reflektieren die Morgensonne. Und abends stehen sie immer noch und glühen im Abendrot.

Ja, erfährt Sidi beim nächsten Erkundungsgang, er hat entschieden, noch einen Tag länger zu bleiben. Er glaubt, seine Gegenwart könnte ihm Stimmenvorteile bringen.

Auch am dritten Tag stehen die Zelte unbeirrbar. »Es hat Schwierigkeiten bei der Stimmauszählung gegeben. Er fährt erst heute Mittag.«

Doch nicht einmal bis zum Abend tut sich etwas. Wir braten in der Sonne und überlegen, ob wir auf Telmeste verzichten. Schließlich gibt es auch andere Oasen. Doch Thomas ist immer noch angetan von der Spontaneität und besonderen Herzlichkeit gerade dieser Menschen.

»Nirgends war es so gut wie hier. Das war neulich einfach klasse. Und irgendwann *muss* der Minister ja heimkehren. Was will er denn noch? Die Wahl ist gelaufen.«

Ja, sie ist gelaufen. Und zwar gründlich daneben. Die leckeren Ziegen haben die Bevölkerung nicht umgestimmt, nur satt gemacht. Am dritten Nachmittag kehrt er der Oase den Rücken.

Doch die Zelte stehen nach wie vor!

»Ja, seine Frau ist noch da«, erfährt Sidi. »Sie will noch etwas länger bleiben. Sie ist hier in der Gegend geboren.«

Wir gehen davon aus, dass die Frau über uns informiert ist. Wenn wir jetzt ins Dorf einmarschieren, wird sie per Radio ihren Mann informieren und alles ziegenbrühwarm erzählen. Dann wird man unsere Filme erneut beschlagnahmen, und wir müssen sogar mit einer Bestrafung rechnen. Denn dann können wir nicht mehr sagen, dass wir *nicht* gefilmt haben. Und *ohne* zu filmen, ergibt unser zweiter Besuch keinen Sinn.«

Sidi marschiert ein weiteres Mal in die Oase. Längst hat er einen eigenen Pfad ausgetreten.

Nach drei Stunden kehrt er zurück. Mit keiner Mimik ist ihm das Ergebnis seiner Inspektion anzumerken. Stattdessen ruft er unsere Mannschaft zusammen, tuschelt mit ihnen in Hassaniya. Verstohlen blicken sie zu uns herüber. Sie sagen nichts, verschwinden in Richtung Wüste.

Sidi setzt sich still hin und blickt zu Boden, gönnt sich eine Zigarette. Immer noch keine weitere Regung. Offenbar muss da etwas dermaßen schiefgelaufen sein, dass wir kurz vor der Verhaftung stehen. Wir wollen nicht drängen. Er schämt sich, es uns zu sagen. Vorsichtshalber packe ich mir schon wichtige Utensilien in die vielen Hosentaschen: Pass, Geld, Batterien für die Hörgeräte, das Arabischlexikon, eine Windel als Kopfbedeckung gegen die Fliegen, mein Springmesser und – nicht zu vergessen – den Elektroschocker.

»Hast du die Sprache verloren? Wofür bezahlen wir dich eigentlich? Oder reicht dir der Lohn nicht? Willst du bestochen werden wie der Minister?« Meine Geduld ist immer nur begrenzt. Aber ich sage es mehr im Spaß.

Auf solch ungeduldige Reaktion hat er gewartet. Endlich hebt er den Kopf, schaut uns ins Gesicht. Ein paar Sekunden ist sein Ausdruck nach wie vor versteinert nichtssagend. Dann prustet er lauthals los.

»Die Alte hat gar kein Telefon und sie hält zum Dorfchef, und der wiederum zu uns. Wir sollen sofort kommen. Unsere Männer suchen schon die Kamele.«

Nach sieben Wochen geht der Marsch zu Ende. Damit uns das Filmmaterial nicht erneut abgenommen wird, beschließen wir, dass Thomas vorausfährt nach Nouakchott mit ein paar unbelichteten Filmen im Gepäck. Die belichteten habe ich. Ich kehre nicht nach Nouakchott zurück, sondern biege vorher nach Süden ab und verschwinde in den Senegal.

Führer Sidi verkauft derweil die Tiere, um unsere Kosten zu reduzieren.

Thomas nutzt die Zeit in der Hauptstadt noch ökonomischer. Er beschwert sich im Informationsministerium über die Beschlagnahme seiner Filme aus Annettes Gepäck. Seit wann es verboten sei, in Mauretanien zu fotografieren und zu filmen, will er wissen. Nein, das sei es nicht, lautet die Antwort. In seinem Falle jedoch habe das schließlich einen bestimmten Grund gehabt. Den könne man ihm allerdings nicht nennen. Die Filme lägen jetzt im Tresor des Geheimdienstchefs Monsieur Fataday. An den könne er sich gern wenden.

Und das tut Thomas. Problemlos erhält er einen Termin.

»Was haben Sie gefilmt?«

»Die ›Karawane der Hoffnung‹, die wir im Auftrag des Großmufti durchgeführt haben.«

»Wir haben da ganz andere Informationen.«

Thomas erschrickt. Hat man das Material gesichtet, womöglich beschädigt? Hat man die Diafilme in einem unqualifizierten Labor entwickelt?

»Inwiefern andere Informationen?«

»Sie haben Sklaverei gedreht und nicht Verstümmelung.«

Dazu muss man wissen, dass Sklaverei in Mauretanien noch gang und gäbe ist. Offiziell verboten, haben viele gut gestellte Familien dennoch durchaus einen oder mehrere Sklaven. Zwar darf man sich das nicht vorstellen wie Sklaverei im Mittelalter oder in Amerikas Anfängen. Die Sklaven hier sind meist einfachste Angestellte aus südlichen Ländern, die gegen Kost und Dach Hausarbeiten verrichten. Als Eigentum ihres Besitzers dürfen sie zum Beispiel nicht heiraten ohne dessen Zustimmung, aber andrerseits gibt es auch schon Sklavenorganisationen, die versuchen, die Lebensstandards ihrer Mitglieder zu verbessern.

Thomas ist überrascht. »Wie kommen Sie denn darauf?«

»Eigentlich wäre das nicht einmal schlimm«, umgeht Fataday die Antwort. »Sklaverei ist ja längst verboten, und jedes Dokument, das Verstöße offenlegt, ist uns willkommen.«

Worauf will er hinaus? Vielleicht will er Thomas in eine Falle locken. Warum denn dann die Beschlagnahme? Doch wir haben nicht eine Sekunde irgendwelche Sklaverei gedreht. Thomas ist sich keiner »Schuld« bewusst. Er schaut Fataday gerade in die Augen.

»Dann möchte ich Sie bitten, sich die Filme anzuschauen. Keine Sekunde handelt von Sklaverei. Wir haben uns ganz und gar an die Idee des Großmufti gehalten.«

Fataday hat einen Vorschlag. »In Ordnung. Ich werde zwei ganz verschiedene Mitarbeiter in Ihrer Gegenwart den Film anschauen lassen. Wenn Sie mich belogen haben, müssen Sie mit einer entsprechenden Bestrafung rechnen.«

Einer der Mitarbeiter ist vom Geheimdienst. Der andere ist der Einsatzleiter, der Annettes Durchsuchung geleitet hat. Er ist ganz erpicht darauf, ein Corpus delicti zu finden. Das Regionalstudio von El-Gezirah TV stellt ein Videogerät zur Verfügung.

Klar, sie finden nichts. Es ist, wie Thomas ihnen gesagt hat. Vor allem der Einsatzleiter ist irritiert. »Uns lag eine ganz klare Anzeige vor. Von einer sehr einflussreichen Persönlichkeit.« Die Gepäckfilzung war also nicht etwa ein Zufallstreffer, sondern eine gezielte Aktion auf Grund einer Denunziation.

Thomas erhält nicht nur die Filme zurück. Fataday ist sichtlich peinlich berührt. Er entschuldigt sich über alle Maßen.

»Wann immer Sie wieder nach Mauretanien kommen, lassen Sie es mich wissen. Sie haben jede denkbare Unterstützung. Und was Frau Annette betrifft, sagen Sie ihr, dass ich mich selten so geschämt habe. Ich stehe tief in ihrer Schuld. Zum einen, weil sie eine Frau ist, die wir so peinlich genau durchsucht haben, zum anderen, weil sie eine Ausländerin ist und des Weiteren, weil sie unschuldig war.«

Annette nimmt die Entschuldigung an.

Enttäuschungen

Beleidigungen sind die Argumente derer,
die keine Argumente haben.
Jean-Jacques Rousseau

»Da kennt ihr die Muslime schlecht. Die sind nicht dialogfähig, die werden euch die Kehle durchschneiden.«

Die Warnungen der selbst ernannten Islamkenner klingen mir noch heute in den Ohren. Für mich sind sie lebender Beweis von Inkompetenz und Ausdruck von Angst. Das Bedrückende: sie kommen sogar von Organisationen oder Einzelpersonen, die sich dem Kampf gegen FGM verschrieben haben. Deshalb, wie schon beschrieben, die Gründung von TARGET, der Sprung in die absolute Unabhängigkeit. Unabhängig von Bedenkenträgern, Haarspaltern, Kongresstouristen, Unterschriftenlisten-Aktivisten und Fotokopien-von-Fotokopienmachern.

Vielleicht hätte ich es irgendwann selbst geglaubt, so ausnahmslos war die Kritik. Und klar, der Terror, der von islamistischen Fanatikern ausgeht, ist nicht zu leugnen. Aber er ist auch nicht zu verallgemeinern. Da waren auf der Gegenseite meine ganz andersartigen Erfahrungen mit der islamischen Welt während meiner jüngeren Jahre. Ich schrieb es bereits: Ich wäre nicht mehr am Leben, gäbe es nicht die islamische Gastfreundschaft, wo mir Gastgeber zweimal mit ihren Körpern als lebenden Schilden das Leben retteten. Ich empfinde dem Islam gegenüber eine dankbare Verpflichtung. Die gilt es einzulösen, bevor Allah mich aus dieser Welt altersbedingt abruft und recycelt.

Viele Szenarien einer Konfrontation mit Religionsfanatikern hatte ich mir ausgemalt. Alles Denkbare hatte ich in

Betracht gezogen. Doch nie kam mir der Gedanke, dass ich die Gegner nicht in der islamischen Welt zu suchen hätte, sondern in der eigenen, in der Welt derer, die sich gegen FGM engagieren. Und zwar ausnahmslos bei ihnen.

Beispiel: Vortrag in Oberhausen. Anschließend Diskussion. Es meldet sich eine gebürtige Somalierin. Heute ist sie Deutsche, aktiv in einer Anti-FGM-Organisation.

»Sie sagten, 98 Prozent der Somalierinnen seien verstümmelt. Wie kommen Sie auf diese Zahl?«

»Eine UN-Erhebung.«

»Eine UN-Erhebung! Wenn ich diese Zahl schon höre. Überall wird damit argumentiert. Ich habe eine Freundin. Die ist Hebamme. In Somalia. Und die war in einem Dorf. Da war keine einzige Frau beschnitten. Also diese Zahl 98 ist völlig indiskutabel.«

Sie steigert sich so in diese Zahl, dass sich irgendwann eine Zuschauerin zu Wort meldet. »Ich denke, Herr Nehberg und Sie kämpfen für ein und dieselbe Sache. Da spielt es doch keine Rolle, ob ein Prozent mehr oder weniger Mädchen verstümmelt werden.«

Die Frau kommt wieder zu sich. »Da haben Sie recht. Selbst ein Prozent wäre noch zu viel.«

Hauptsache, erst mal diskutieren.

Ein wenig heftiger dann schon CARE Österreich. Nicht Peanut, sondern Hazelnut.

Nach unserem Erfolg bei den Afar tönt es überraschend in der CARE-Vereinszeitschrift *INSIDER*, Frühjahr 2004:

»Erfolg in Äthiopien: Nie mehr Beschneidung!«

Dachten wir noch, man berichte über TARGETs Erfolg auf der Wüstenkonferenz von Assayta, sehen wir uns schnell getäuscht.

»CARE hat mit 76 kirchlichen und weltlichen Würdenträgern eine dreitägige Versammlung in Äthiopien zum

Thema FGM (›Weibliche Genitalverstümmelung‹) abgehalten ... die Dorfältesten, Clanführer und Mullahs haben öffentlich erklärt, dass nie wieder Verstümmelung praktiziert werden soll.«

Wortakrobatisch lässt CARE Österreich den Eindruck entstehen, es sei CAREs und nicht TARGETs Verdienst, was da längst bereits zwei Jahre zuvor geschehen ist.

Nachfragen bei Sultan Ali Mirah Hanfary und Sheikh Darassa vom Obersten Rat für Islamische Angelegenheiten machen einwandfrei klar: Die einzige und entscheidende gesetzgebende Versammlung ist 2002 ausschließlich von TARGET initiiert und durchgeführt worden.

Um zu vermeiden, durch bewusst irreführende Publikationen gegenüber unseren Förderern in ein schiefes Licht gerückt zu werden und in letzter Konsequenz als Lügner dazustehen, die sich mit fremden Federn schmücken, hat TARGET Rechtsanwalt Burkhard Bühre von der Kanzlei Dr. Miedtank und Partner in Oldenburg eingeschaltet. Bühre ist Mitbegründer von TARGET.

Dessen höfliche Anfrage: »Wann, wo und unter welcher Beteiligung welcher Würdenträger hat diese Versammlung stattgefunden?«, erhält er die ebenso höfliche Antwort: »In der letzten Dezemberwoche 2003. Es besteht keinerlei Zusammenhang mit der von TARGET im Januar/Februar 2002 organisierten Konferenz.« Kurz und bündig. Jedoch keine der erbetenen Details. Woher auch?

Bei nochmaliger Nachfrage heißt es dann ebenso kurz, prägnant und anwaltlich: »In Ermangelung jeglicher sachlicher und rechtlicher Grundlage sieht meine Mandantschaft keinerlei Veranlassung, die von Ihrer Mandantschaft gewünschte Auskunft zu erteilen.«

Mag sich der Leser hierzu seine eigene Meinung bilden. Im Sinne der betroffenen Frauen ist es jedoch nur erfreulich, wenn andere Hilfsorganisationen die Aktionen von TARGET nachahmen. Denn Nachahmung und Neid sind das ehrlichste Kompliment. Es macht uns stolz.

Auch jener Verein, der Fahnen nur auf Besenstielen toleriert, dem ich kurz beigetreten war, um dann gleich wieder auszutreten, meldet sich zu Wort. Unsere Brieffreundin, »Referentin Genitalverstümmelung«, in einem drei Seiten langen Opus vom 2. April 03. Damit verfehlt sie nur um einen Tag den 1. April und die Chance, alles als Aprilscherz abzutun:

Sie wirft uns vor, die Frauen und Mädchen in voyeuristischer Art und Weise vorzustellen. Dagegen träten sie dafür ein, die Praktik in ihren soziokulturellen Hintergrund einzubetten und sich um eine Diskussion des »Warum« zu bemühen, die sie bei mir vermissen würden. Betroffene, die in der Bewegung gegen FGM aktiv seien, verstünden meine Bilder als Opferung. Ich hätte auf bereits vorhandene Zeugnisse von Verstümmelung zurückgreifen können und mich nicht noch an solchem Akt beteiligen müssen.

Dazu muss man wissen, dass an Dokumenten akuter Mangel bestand. Genau dieser Verein hatte deshalb für ein Plakat die Bilder einer Agentur verwenden müssen und bat uns nach unserer Dokumentationsreise um Bilder, weil man selbst keine besaß. Das bestätigte dann auch eine Mail seiner Ortsgruppe Aachen, die uns dringend um Fotomaterial ersuchte.

Von genau diesem Mangel an Beweisen und solcher Abhängigkeit von Agenturen und Urheberrechten wollten wir frei sein. Das hatte mich meine Yanomami-Zeit deutlich gelehrt. Deshalb TARGETs Schritt Nummer 1: Beschaffung von Dokumenten.

Weiter im Text. Auf der anderen Seite zeigten wir die absolut grausame Seite des Themas, lösten dies anschließend jedoch nicht auf. In keinem Statement werde z.B. in dem ARD-Beitrag erläutert, warum Mütter, Eltern etc.

dies ihren Töchtern antun und dass ihre primäre Intention nicht darin bestehe, den Mädchen wehzutun.

In dem angesprochenen ARD-Film »Der Dschungelläufer«, eine Lebensbiografie, wird auch dem TARGET-Projekt ein Sendeteil gewidmet. Etwa fünf von 45 Minuten. Was von meinen und Annettes langen ausführlichen Statements letztlich im Film Verwendung findet, lag nicht in unserer Entscheidung. Vor allem bleibt in solchen Reportagen kein Raum für akademische und epische Wenns und Abers.

Eine solch tendenziöse Darstellung reduziere und verkürze das Thema zum Nachteil der Betroffenen, die sich zu recht bloßgestellt fühlten. Darüber hinaus, so unsere Brieffreundin, würden wir auch noch völlig unvollständige Informationen geben. Annette habe im ARD-Beitrag das Bild entstehen lassen, alle Afrikanerinnen seien infibuliert.

Sie vermisse eine gewisse Erkenntnis der Verantwortung, die wir als Personen des öffentlichen Lebens in der Vermittlung des Themas hätten. Wir könnten nämlich (im Gegensatz zu ihr, die weder bekannt noch prominent sei) offenbar direkten Einfluss auf das nehmen, was gesendet werde. Die Journalistin, mit der sie neulich gesprochen habe, und die schon mit uns zusammengearbeitet habe, habe ihr erzählte, dass wir ausdrücklich darauf bestanden hätten, Verstümmelungsszenen zu zeigen ... die zu allem Überfluss auch noch als Tradition von ›Stämmen‹ präsentiert werde und die hinterher im Raum stehen bleibe. Wir sollten bitte in Zukunft den Begriff ›Ethnie‹ verwenden und dies bitte auch an die JournalistInnen weitergeben. Der Terminus ›Stamm‹ werde wegen eindeutig ›rassistischer‹ Einfärbung längst nicht mehr gebraucht.

Mein Gott, denke ich, wie gut, dass ich frei bin von solchem Intellektuellengeschwafel! Wenn ich von den Völkern Afrikas oder Südamerikas spreche, sage ich Volk.

Aber ich sage sehr wohl Stammesgesetz, Stammesrat, Stammesversammlung. Für mich ist ein Stamm etwas Solides, etwas Ursprüngliches: der Baumstamm, mit dem ich über den Atlantik geschippert bin, mein Stammbuch oder der Stammhalter. Und damit mich *jeder* Leser versteht, werde ich weiterhin das *Wort Stamm* und nicht den *Terminus Ethnie* verwenden. Ich hoffe, der Leser wertet dies nicht als rassistisch, vermeidet lange Diskussionen darüber und nutzt seine Lebenszeit für etwas, was den Menschen nutzt.

So – und jetzt gehe ich erst einmal in meine *Stamm*kneipe und gönne mir 'nen Stammen Max – oder wie die Dinger heißen.

Ein letzter Punkt ihres inzwischen sehr langen Briefes ist die Frage nach der Nachhaltigkeit unserer Aktionen in Äthiopien. Nicht nur ihr Verein bezweifle, dass unsere Wüstenkonferenz tatsächlich so erfolgreich gewesen sei, wie wir es medienwirksam vorgäben … wer garantiere uns, dass diese Nachricht auch die Basis (und zwar die gesamte) dieser Ethnie erreicht habe und es tatsächlich zu einer vollständigen Aufgabe der Praktik gekommen sei? … Ihr sei kein Beispiel bekannt, in dem es ohne Aufklärungs- und Sensibilisierungsmaßnahmen gelungen wäre, Menschen in einer Hau-Ruck-Aktion nachhaltig von der Schädlichkeit der genitalen Verstümmelung zu überzeugen und sie damit von der Fortführung der Praktik abzubringen … Sie würden sich über einen genauen Bericht unserer Aktivitäten (auch über die Evaluation unserer erreichten Erfolges) sehr freuen.

Welch tolle Idee! Das hätte mir gerade noch gefehlt, Berufszweiflern und Besserwissern lange Bericht zu schreiben, Zeit zu verschwenden, die mir dann bei meinen Projekten verloren geht!

Bevor die Unterstellungen und Verleumdungen wegen unterlassenen Widerspruchs Allgemeingut werden, schalte ich die Anwältin Jutta Heck aus Hamburg ein. Sie weist die »Vorwürfe und insbesondere unwahre Tatsachenbehauptungen vollen Umfanges als haltlos zurück. So sind beispielsweise Behauptungen, wie man habe tendenziöse Darstellungen zum Nachteil der Betroffenen veröffentlicht, vollkommen verfehlt, aus der Luft gegriffen und geeignet, meine Mandantschaft nicht nur zu diskreditieren, sondern darüber hinaus auch dieser dauerhaft zu schaden. Der Sachverhalt ist Ihnen insoweit bekannt …

Diktion und Syntax Ihres Schreibens lassen nämlich befürchten, dass Sie entsprechende und gleichlautende Behauptungen sowie Anschuldigungen in Zukunft auch Dritten gegenüber erheben werden. ..

… wird diesseits davon ausgegangen, dass Sie schon zum Zwecke der Erreichung dieses gemeinsamen Zieles sich zukünftig, auch ohne hierzu rechtlich verpflichtet zu werden, auf sachliche und berechtigte Kritik beschränken und offen zutage tretende Ressentiments hintanstellen werden …«

Soweit diese *Nachhilfe in Deutsch.*

Es blieb Waris Dirie, der Wüstenblume, vorbehalten, alles zu toppen.

September 2005.

Eine Journalistin will mit uns einen Filmbeitrag produzieren.

»Ich habe auf der Seite von Waris Dirie ein so grausames Video gesehen, dass ich unbedingt etwas zu diesem Thema machen will. Bei meiner Recherche bin ich dann auf Ihre Arbeit mit TARGET gestoßen.«

Der Anruf macht mich neugierig. Ich klicke die Homepage an. Gleich zu Beginn dieser Hinweis:

STOP FGM VIDEO
Warnung!
»Wir sind verpflichtet, Sie zu warnen, dass das Video schockierende Bilder zeigt. Dieses Video ist nicht geeignet für Jugendliche unter 18 Jahren!«

Das Video wurde von Waris Dirie mit Unterstützung der UNO im Jahr 2000 produziert, die Aufnahmen stammen aus New York, London, Somalia. Waris Dirie zeigt im folgenden Video, warum sie mit all ihrer Kraft gegen Weibliche Genitalverstümmelung kämpft. Dieses Video wurde bisher ausschließlich bei Veranstaltungen Politikern, Juristen, Richtern und Journalisten gezeigt, um Waris Diries Kampf zu verstehen.

Ich gehe auf »Video ansehen« – und glaube, meinen Augen nicht mehr trauen zu können! Was da läuft und den Kern des Videos ausmacht, ist original unser Film! Er zeigt das Verbrechen einer Pharaonischen Verstümmelung, die ich gedreht habe (siehe Seite 116). Es ist original jener Film, den wir für die Abgeordneten der Afrikanischen Union und führende Geistliche des Islam erstellen ließen. Sie sollten zu Augenzeugen über den Umfang des Verbrechens und so zu unseren Mitstreitern gegen Verstümmelung werden. Denn sie alle sind nie selbst bei Verstümmelungen zugegen und denken oft, alles wäre so harmlos wie eine männliche Beschneidung.

Es ist genau die tragende, zweieinhalb Minuten lange Sequenz aus dem Video, das wir Waris Dirie im Hamburger Atlantic-Hotel zu treuen Händen anvertraut hatten. Sie sollte damit Kraft ihres Ehrenamtes als Sonderbotschafterin der UNO einen Termin für uns bei der Afrikanischen Union arrangieren!

Nur dreierlei wurde geändert: die Musik, die Hinweise auf das Copyright und Szenen, auf denen TARGET erkennbar war.

Nach einigen Bildern von Somalia und Waris, die, eine Träne abwischend, im Flugzeug zu sehen ist, folgt Werbung für ihr Parfüm und ihre Bücher. Dafür habe ich das Verbrechen nicht dokumentiert! Wir sind fassungslos. Welcher Methoden bedient sich Rüdigers großes Idol Waris Dirie?!

Thomas Reinecke, unser Kameramann und selbst besonders betroffen, versucht uns dennoch zu trösten. »Wenn es nicht so traurig wäre, könnte man es auch als Kompliment sehen, wenn nicht einmal Waris Dirie besseres Material hatte und ungefragt das unsere genommen hat. Es spricht für die Qualität unserer Arbeit.«

Als jedoch der Manager der Waris Dirie Foundation auf unser empörtes Veto hin den Film zwar unverzüglich vom Netz nimmt, aber sich offenhält, ihn jederzeit wieder online zu setzen, bemühen wir das Landgericht Hamburg. Das stellt in einer Güteverhandlung fest, dass die von Waris Dirie gegründete Waris Dirie Foundation die Aufnahmen unerlaubt und zweckentfremdet auf ihrer Internetseite verwendet hat, um unter anderem damit ihre Parfums und Bilder zu bewerben. Sie wird zur Unterlassung und zu einer Spende an TARGET verpflichtet.

Beim Staatspräsidenten von Mauretanien

Wenn alles so bleibt, wie es ist,
wird nichts mehr so sein, wie es war.
Gesehen im Hamburger Abendblatt

Dienstag, 14. März 2006, 15 Uhr.

Endlich ein Termin beim Staatspräsidenten Ely Ould Mohamed Vall, Chef des Staates Mauretanien. Genauer Titel: »Präsident des Militärrates für Justiz und Demokratie«. Was uns bei seinem Vorgänger Taya nicht gelungen war, nun ist es doch noch zustande gekommen. Wir möchten den Präsidenten bitten, das schon lange vorbereitete Gesetz gegen Verstümmelung kraft seiner Autorität und seines Amtes per Dekret durchzubringen. Das kann er machen, denn ein Parlament gibt es zurzeit nicht. Wenn es dann einmal gewählt ist, könnte es die Entscheidung bestätigen. Oder ablehnen.

Staatspräsident Vall genießt in der westlichen Welt einen guten Ruf. Er sei offen für Fortschritt und Demokratie. Er hatte sich im Herbst 2005 unblutig an die Spitze geputscht, als sein Vorgänger Taya zur Beerdigung des Königs von Saudi-Arabien geflogen war.

Vall ist ein großer schlanker Mann, dem nicht nur eine hohe Intelligenz nachgesagt wird, sondern auch Humor. In solchen Kreisen eine erwähnenswerte Seltenheit.

Zwei Tage vor meinem Termin erfahre ich, dass der Präsident das Gesetz längst verfügt hat. Per Dekret am 20. Dezember 2005. Also vor knapp zwei Monaten.

Ich höre mich um. Bis auf sehr wenige Insider scheint

davon niemand Kenntnis zu haben. Nicht einmal in diplomatische Kreise ist es vorgedrungen. Ich rufe meinen Ansprechpartner im Vorzimmer des Präsidialamtes an. Er bestätigt das Gerücht.

»Das Dekret vom 5. 12. wurde am 20. 12. 2005 verfügt. Es trägt die Nummer 015-2005.«

In Artikel 12 heißt es:

Wer einem Kind weiblichen Geschlechts an den genitalen Organen durch Infibulation, Betäubung oder andere Mittel Schaden zufügt oder sich auch nur mit der Absicht trägt, wird mit einer Gefängnisstrafe von drei Jahren und einer Zahlung von 160000 bis 300000 Ougiyas (300 Ougiya = 1 Euro) bestraft, wenn diesem daraus ein Schaden/Nachteil entstanden ist.

Die Strafe wird auf vier Jahre Gefängnis erhöht, wenn es sich bei dem Täter um ein Mitglied der Ärzteschaft oder anderes medizinisch geschultes Personal handelt.

Was nun? Den Termin absagen?

Das will ich mir und den hilfreichen Vermittlern dieser so schwer erkämpften Begegnung nicht antun. Und mich nur dafür bedanken, dass der Präsident den epochalen Schritt im Gegensatz zu seinem Vorgänger so schnell gewagt hat? Das ist mir zu wenig.

Ich entschließe mich, neben dem Dank die Bitte vorzutragen, es nun auch öffentlich bekannt zu machen und dann konsequenterweise auch alle internationalen Resolutionen gegen FGM zu unterzeichnen. Denn Mauretanien zählte zu den wenigen der 28 afrikanischen Verstümmelungsländer, die diesen Schritt bisher nicht vollzogen haben. Staaten, wo FGM unbestraft auf offener Straße praktiziert werden könnte und jemand, der sich dagegen auflehnt, bestraft werden könnte.

Wir sind pünktlich zur Stelle. Thomas als Filmer und ich. Da wir angemeldet sind, kommen wir mit unserem Mietwagen nebst Chauffeur unbehelligt ohne nähere Kontrolle durch die zwei Sperren. Nicht einmal ein Bodycheck nach Waffen wird vorgenommen. Vertrauen und Gastfreundschaft sind stärker als Sicherheitsbedenken.

Ich habe einen eleganten schwarzen Anzug mit feinen dunkelblauen Streifen an, ein weißes Hemd, Krawatte und eine Kopfbedeckung, die ich dem afghanischen Staatspräsidenten Karsai nachempfunden habe. Reverenz an diplomatische Gepflogenheiten. Kaum erkenne ich mich im Spiegel noch selbst. Es ist 32 Grad warm, ich bin umständebedingt aufgeregt und entsprechend schwitze ich. Aber ich habe ja gelernt, zu leiden ohne zu klagen, ertrage den Schweiß und danke Karsai, dass sein Hut so gearbeitet ist, dass er dem Schweiß auf meinem Haupt nicht freien Lauf lässt, sondern ihn auffängt. Solange man ihn nicht lüftet.

In einer Ledermappe habe ich zwei angemessene (?) Präsente: ein sehr gutes Schweizer Offiziersmesser und ein Exemplar meines Buches über die Fahrt mit dem Baumstamm von Mauretanien nach Brasilien. Mit persönlicher Widmung in Arabisch.

Im Palast ist es angenehm kühl. Wir atmen auf. Der weiße Marmor verstärkt das Gefühl der Kühle und verleiht ihr gleichzeitig den Hauch von Vornehmheit.

Ohne Umstände werden wir ins dritte Stockwerk gefahren. Und wenige Minuten später begrüßt uns der Präsident in seinem großen, teppichgedämpften Empfangssaal. Maître Bal, unser Ansprechpartner und eine Dolmetscherin sind dabei. Thomas und das staatliche Fernsehen dürfen die Begrüßung filmen. Dann müssen sie raus.

Das Gespräch dauert dreißig Minuten. Der Präsident wirkt sympathisch und interessiert.

Beim Staatspräsidenten von Mauretanien Ely Ould Mohamed Vall

»Schauen Sie ihm fest in die Augen!«, hatte man mir geraten. Das tue ich. Konzentriert hört er zu. Dass er das Gesetz auf den Weg gebracht hat, spricht im Grunde schon für sich. Von der UN-Resolution, einem Maputo-Protokoll und anderen weiß er nichts. Er befragt Maître Bal. Der bittet mich, diesbezüglich mit seinem Büro in Kontakt zu bleiben. Vall versteht es, mir das Gefühl zu geben, die Resolution sofort und hier unterschrieben zu haben, wenn ich sie doch nur dabeigehabt hätte.

»Die Schwierigkeit in Mauretanien ist die Verbreitung der Gesetze. Das Land ist groß. Kaum irgendwo gibt es eine Zeitung. Für die Verbreitung des Gesetzes bedarf es der Mitwirkung aller staatlichen und privaten Institutionen.«

Damit auch TARGET sich einbringen könnte, vermittelt er mir noch für denselben und nächsten Tag mehrere Gespräche. Sie werden minutiös eingehalten. Ein kurzes Interview mit dem staatlichen Fernsehen, Gespräche mit dem Minister für Religion, der Staatssekretärin für Frauenfragen und dem Generalmufti und Imam der großen saudischen Moschee, Ahmed Lemrabott.

Durch das Dolmetschen geht die Hälfte der Gesprächszeit mit dem Präsidenten verloren. Ich will die mir gewährten Augenblicke aber keinesfalls überschreiten und fasse mich deutsch kurz. Dabei vergesse ich prompt die Übergabe der Präsente. Ich gebe sie Maître Bal. Der beruhigt mich in einer Mail:

»… Ihr Besuch in Mauretanien war ein großer Erfolg. Alle Gesprächspartner waren sehr zufrieden. Die Geschenke habe ich dem Präsidenten weitergereicht. Sie haben ihn sehr berührt. Wir schätzen uns glücklich, Herrn Reinecke und Sie kennengelernt zu haben.«

Abends können wir uns den Auftritt mehrfach im Fernsehen anschauen. In Arabisch, Französisch und etlichen Wiederholungen.

Besonders viel Zeit lässt sich der Generalmufti. Meinem Wunsch nach Verkündung des neuen Gesetzes beim Freitagsgebet könne er leider nicht entsprechen. Das sei nicht üblich. Und Unübliches lässt sich nicht erbitten.

»Aber bei allen anderen Versammlungen oder Gebeten können Sie mir solche Anliegen öffentlich vortragen, und dann *muss* und dann *werde* ich Ihnen sogar antworten.«

Immerhin entspricht er meiner Bitte nach einer Fatwa, die seinen Standpunkt zum Thema FGM verdeutlichen soll. Zitat:

> Fatwa 012/27 für TARGET:
>
> 15 Safar 1427 (= 15.03.2006 n.Chr.)
>
> … Die Vornahme der Beschneidung bei Frauen war in der Vergangenheit gesetzlich nicht verboten, da eine alte Lebensweisheit besagte, die Beschneidung bewirke ein schöneres Aussehen und erhöhe den Genuss für den Ehemann …

Falls Erfahrungen aus der modernen Medizin zeigen, dass die Beschneidung keinen Nutzen hat und vielmehr eine Qual bedeutet, wird die Beschneidung aufgrund einer Vorschrift nach islamischem Recht, die besagt, dass »Schaden abzuwenden und Nutzen zu stiften« ist, gesetzlich verboten.

Möge Gott alle Menschen erfolgreich in den Dingen sein lassen, die sein Wohlgefallen finden.

Ahmed Ben Lemrabott
Großmufti und Imam der Großen Moschee
Nouakchott

Beschneiderinnen-Projekt

Ein Kluger bemerkt alles.
Ein Dummer macht über alles eine Bemerkung.
Heinrich Heine

»Ich habe sieben Verstümmlerinnen eingeladen zu einer Besprechung mit jungen Leuten. Sie wissen, dass das Beschneiden in Mauretanien nun unter Strafe steht. Angeblich haben sie sogar schon vor zwei Monaten eingesehen, dass ihr Handwerk den Mädchen schadet, und damit aufgehört. Jetzt wissen sie nicht, wie sie ihre Familien ernähren sollen.« Ein junger Mauretanier namens Mohamed Lemine hat das Treffen organisiert. Er hat zum Schutz der Mädchen sogar eine eigene kleine Menschenrechtsorganisation ins Leben gezaubert.

Mohamed Lemine ist bei der Geheimpolizei tätig und jener junge Mann, der uns den Termin mit dem Staatspräsidenten gemacht hat. Also vertrauen wir ihm und gehen mit. Wir nennen ihn Lemming, weil er so quirlig ist.

Es ist Spätnachmittag. Die Versammlung findet in einem leeren Schulraum nach Schulschluss statt. Die etwa dreißig Teilnehmer sind vor allem junge Menschen. Die Verstümmlerinnen sind zwischen 28 und sechzig Jahre alt. Sie sitzen in den ersten Reihen.

»Warum habt ihr aufgehört?«, frage ich sie.

»Weil wir eingesehen haben, dass es für die Mädchen nicht gut ist«, antwortet Hama, die Sprecherin. Sie mag 55 Jahre alt sein, ist immer noch eine sehr gut aussehende Frau. Beim Betrachten ihrer Hände läuft mir allerdings eine Gänsehaut über den Rücken, wenn ich mir vorstelle, wie sie damit die Mädchen zerstört hat.

Sie seien alle ohne Mann, Witwen oder geschieden, aber gesegnet mit vielen Kindern. Mindestens vier. Eine hat neun.

Wie viele Mädchen sie im Laufe ihrer Tätigkeit beschnitten haben, wissen sie nicht.

»Wir können weder rechnen noch schreiben. Heute sitzen wir zum ersten Mal in einer Schule. Wegen des Gesprächs mit dir.«

»Wie viele Mädchen sind euch bei der Operation schon gestorben?«

Eigentlich kann ich mir die Frage ersparen. Ich kenne die Antwort und prompt kommt sie wie erwartet.

»Noch nie ein Einziges.«

Als unser Lemming nachhakt, geben sie zögernd zu, dass es doch das eine oder andere Todesopfer gegeben hat. Nicht gleich bei der Operation, aber später.

»Meist lag es aber an den Müttern. Sie haben die Mädchen nicht sauber gehalten.«

Müßig, darüber zu diskutieren. Alle sind sie selbst beschnitten. Keine weiß etwas von sterilem Arbeiten oder Infektionsgefahr. Aus Gründen der Sparsamkeit verwenden sie die Rasierklinge mehrfach. Aids jubiliert.

»Aber wir waschen sie jedes Mal ab«, erklärt Hama und ist sichtbar stolz auf ihre Sorgfalt.

Es fällt mir schwer, ihnen zu glauben, dass sie ihren Beruf wirklich und endgültig aufgegeben haben. Dennoch finde ich es bewundernswert, dass sie sich der öffentlichen Diskussion stellen. Und ich weiß, dass sie nicht aus böser Absicht beschneiden oder aus Sadismus, sondern weil es zu ihrer Tradition gehört(e).

Da kommt mir eine Idee.

»Was könntet ihr denn außer Beschneiden, um euch Geld zu verdienen?«

Die Antworten kommen zaghaft. »Kochen, nähen, färben, putzen.« Nicht mehr, nicht weniger.

»Würde es sich lohnen, Kleider zu nähen und sie zu verkaufen?«

»Auf jeden Fall.«

»Wer von euch besitzt eine Nähmaschine?«

Staunende Gesichter. Niemand besitzt solchen Schatz.

»Was kostet eine Maschine? Eine, an der nichts kaputtgehen kann, eine mit Hand- oder Fußbetrieb?«

»Das wissen wir nicht. So was stand in unserem Leben nie zur Debatte.«

Niemand kennt die Preise.

»Könntet ihr euch vorstellen, gemeinsam eine Schneiderinnenkooperative zu gründen, wenn wir euch zwei Maschinen kaufen? Ein Gemeinschaft arbeitsloser Beschneiderinnen, die sich ihr Geld ab jetzt mit Nähen verdienen?«

Große Aufregung. Ich verstehe mein eigenes Wort nicht mehr.

»Kannst du das noch mal sagen. Wir haben dich nicht verstanden.«

Ich wiederhole die Frage. Die Resonanz: grenzenloses Staunen. Wo eben noch Perspektivlosigkeit herrschte, sieht man nun strahlende Gesichter. Alle reden durcheinander. Vielleicht machen sie bereits erste Hochrechnungen. Aber wie das, wenn sie doch eigentlich gar nicht rechnen können?

»Lasst uns morgen erneut treffen. Dann gründen wir euren Arbeitskreis.«

Selbst Lemming staunt. Ab heute ist er King. Denn er hat uns hierhergekarrt. Nun lassen wir uns von ihm zurückchauffieren in die Stadt zum Markt. Wir erwerben zwei handbetriebene Singer-Maschinen, *made in China*, zwanzig Riesenrollen Garn, zwei Schneiderscheren und zehn Ballen bunter Stoffe.

Die Frauen sind dann nicht nur pünktlich, sie sind schon seit zwei Stunden da und haben sich richtig auf-

Nähmaschinen für ehemalige Verstümmlerinnen

wendig in Schale geworfen. Erwartungsvoll sitzen sie auf dem Fußboden eines kleinen Hauses. Sie sehen so bunt aus wie unsere Stoffballen. Aber die haben wir noch im Auto versteckt.

Lemming hat Getränke gekauft. Es riecht nach Feierlichkeit. Sogar zwei Reporter hat er aufgetrieben. Wir verlesen den Vertrag.

»… alle sieben sind gleichberechtigt … jede darf die Maschinen zu gleichen Anteilen nutzen … der verarbeitete Stoff muss an die Kooperative zurückgezahlt werden, um neuen Stoff zu kaufen … es wird ein Arbeitsplan erstellt … eine Vertrauensfrau gewählt, die die Nutzung koordiniert … ihr wird eine Kassiererin zur Seite gegeben. Sie ist für den Neukauf der Stoffe zuständig … beide verwalten die Kasse gemeinsam … über die Kasse wird Buch geführt … Mohamed Lemine ist Schiedsrichter in Streitfällen … wer weiter verstümmelt, scheidet ersatzlos aus der Kooperative aus …«

Das war's.

Sie treten an zur Unterschrift. Tatsächlich kann keine

einzige ihren Namen schreiben! Mühsam malen sie einen oder zwei Kringel oder Wellenlinien. Alle sieben Unterschriften zusammen kann man auf der Fläche eines Mokkalöffelchens unterbringen.

Da noch nie jemand mit Maschinen gearbeitet hat, haben wir auch gleich einen Schneider mitgebracht. Selbst der hat sich in Schale geworfen, denn wir haben ihm einen Zehntagejob angeboten. Er wird die Frauen zehn Tage lang gemeinsam unterweisen. Bis jede sich gleich gut angeleitet fühlt. Der Schneider bekommt seinen Lohn jeweils nach geleisteter Arbeit. Tag für Tag. Zug um Zug. Das Geld vertrauen wir dem Lemming an.

Alles in allem hat das »Projekt« nicht mehr als 500 Euro gekostet.

Ob es den Frauen tatsächlich eine Wende bringen wird, muss die Zukunft zeigen. Im Moment ist die Stimmung grandios. Sie haben sofort einen Arbeitsraum ausfindig gemacht, schleppen bereits alles hinüber, wollen unmittelbar anschließend die erste Unterrichtsstunde nehmen. Hama will den Verkauf leiten. Sie ist die überzeugendste Rednerin. Das hat sie auch bei den Diskussionen hinreichend bewiesen.

»Ihr habt ja gar nichts getrunken«, stelle ich zum Abschied überrascht fest. Dachte ich doch, die leckeren Flaschensäfte wären für sie eine Kostbarkeit.

Hama schaut schuldbewusst zu Boden, so als wage sie kaum, darauf zu antworten. Vielleicht ist es für sie ausländisches Teufelszeug.

»Wir möchten dich fragen, ob wir die Säfte mitnehmen dürfen nach Hause. Unsere Kinder haben so was noch nie getrunken.«

Thomas greift spontan in seine Hosentasche, zieht einen Geldschein hervor und ordert gleich noch einen ganzen Kasten Mango- und Orangensaft.

Ein viertel Jahr später erreicht uns eine Mail vom Lemming. Eine von denen, die lange nachwirken. Denn es ist eine besonders beglückende Nachricht. Ihr zufolge war der Schneider ein Glücksgriff. Er hat die Frauen nicht nur gelehrt, dass es ein Kleid ergibt, wenn man zwei handtuchartige Stoffteile seitlich zusammennäht und oben eine Öffnung für den Kopf belässt. Er hat ihnen gezeigt, wie man mit raffinierten Zuschnitten, dekorativen Schmuckbändern, verschiedenfarbigen Stoffen, Tüll, Knöpfen und Schleifen besonders attraktive und begehrenswerte Mode machen kann. Die Folge: die Kleidchen finden reißenden Absatz. Lemming in seiner Mail: »Die Frauen haben eine Ausstellung in der Stadt organisiert und ihre gesamte Kollektion verkauft! Hama erkundigt sich, ob man nicht einen winzigen Laden anmieten sollte.«

Februar 2007. Ein Jahr nach Gründung der kleinen Initiative erreichen uns Fotos und eine beglückende Mail von Vertrauensmann Mohamed Lemine aus Nouakchott. »Der Laden läuft gut, die Maschinen rattern ununterbrochen. Die Frauen haben auch noch einen Lebensmittelverkauf aufgezogen und den Vertrag mit euch um einen Passus erweitert. Wie ich Euch kenne, ist es in Eurem Sinne. Deshalb habe ich die Änderung gebilligt. Aushilfe eingestellt, welche die Kranke mit Geld und Lebensmitteln versorgt.« Und während wir vor Freude an die Decke springen, entgeht uns fast ein Nachsatz. »Wenn Ihr demnächst zur Inspektion vorbeischaut, möchten Euch 25 weitere Verstümmlerinnen um die gleiche Hilfe bitten.«

Annette hat sofort eine Idee. »Das ist so vorbildlich realisierte Selbsthilfe durch unsere kleine Hilfestellung und ein solch vorbildlicher Teamgeist, dass wir den Frauen nicht nur eine finanzielle Anerkennung geben sollten, sondern auch schnellere, fußbetriebene Maschinen.«

Gesagt, getan.

Amina V

Der Mensch schuldet dem Kind das Beste,
was er zu geben hat.
UNO-Deklaration zum Schutz des Kindes

Juni 2006

Nach dem Besuch der Krankenstation in Farasdega haben wir noch etwas Besonderes vor: Wir werden wieder zu Amina fahren. Lange habe ich das Mädchen nun nicht mehr gesehen. Jetzt soll sie auf eine weiterführende Schule nach Addis.

Ali Mekla hat sich zwischenzeitlich immer wieder bei Amina gemeldet. Er ist inzwischen hauptberuflicher Projektmanager für TARGET in Äthiopien. Anders war unser Krankenwagenprojekt nicht mehr zu managen. Zu viel ist es, was man organisieren kann, um die Fahrende Krankenstation zu optimieren. Zu viel gibt es immer wieder, was die Behörden fordern. Und noch immer weiß die eine Behörde oft nicht, was die andere verlangt. Schon gar nicht, auf welchem Wege und mit welchen Papieren man eine Genehmigung für irgendetwas bekommt. Überheblichkeit und Bürokratie in Vollendung. Und Zeit ohne Ende. Wir hingegen haben davon immer viel zu wenig. Wie gut, dass Ali sich entschloss, hierher zurück in seine Heimat zu kommen. Und dann noch in der Mission, seinem Volk helfen zu können.

Auch in Sachen Amina hat er wunderbare Arbeit geleistet. In vielen Gesprächen hat er ihren Vater davon überzeugt, dass seine Tochter hier in der Wüste keine weitere Schulbildung erwarten kann. Und das von uns Befürchtete bleibt aus: Vater Abdallah weigert sich nicht mehr. Und noch besser: Er willigt nicht nur ein, ist begeistert, seine Tochter nach Addis in eine höhere Schule gehen zu lassen. Auch Freundin Fatuma, deren Familie wir ebenfalls unterstützen, soll mitkommen dürfen. Sie ist jetzt 14 Jahre. Auf dieser unserer Reise wollen wir die Umsiedlung nach Addis arrangieren.

Vieler Vorbereitung bedarf es hierzu nicht. Ali hat in der Hauptstadt die Afarfrau Saadia gefunden, die mit ihrer 15-jährigen Tochter Rihana in einer guten Wohngegend lebt. Sie ist Witwe. Ihr Mann war ein angesehener Architekt. Sie schlägt sich durchs Leben mit einer bescheidenen Rente und der Vermietung zweier Räume. Zur Zeit werden sie als Büro genutzt. Das Entscheidende für uns ist, dass Saadia als Afarfrau die Sprache der Mädchen spricht und Amharisch, die Amtssprache des Landes. Sie kennt die Stammeskultur, weiß um die Schwierigkeiten des Wüstenlebens. Ali kennt sie näher und vertraut ihr.

Eine zweite, ältere Tochter studiert in England. Uns zeigt das, dass man im Hause Saadias um den Wert der Bildung weiß. Hier haben die Mädchen Zukunft.

Die Familie ist tief gläubig. Das ist für die Eltern unserer Mädchen entscheidend.

Pflegemutter Saadia überzeugt uns sofort: ihre liebevolle zurückhaltende Art, ihr pieksauberes Haus, die modern-traditionell gekleidete Tochter Rihana, deren beider sofortige Bereitschaft, die beiden Mädchen aufzunehmen.

Ali hatte den beiden Frauen von unserer Arbeit hier in Äthiopien erzählt und von unserem Einsatz gegen Verstümmelung. Beide, Mutter und Tochter, waren sehr beeindruckt. Beide sind selbst verstümmelt. Beide sollen unseren Mädchen bei der Bewältigung der anstehenden Probleme durch die Verstümmelung beistehen. Beide sind dazu bereit.

Saadia und Rihana versichern uns ihrer Geduld, die beiden Wüstenkinder in das Leben der Großstadt einzuführen, sie hinzuweisen auf die Gefahren, die in allen Formen und überall lauern.

Dann wird überlegt, welche Schule die beste sei. Wir schauen uns mehrere an, vergleichen und entscheiden uns. Zuerst sollen die Kinder in eine einfachere Schule, um in Englisch zu lernen und vorbereitet zu werden auf eine höhere Schule, in der nur noch in Englisch unterrichtet wird. Zum jetzigen Zeitpunkt wären sie damit absolut überfordert.

Zusätzlich sollen sie Nachhilfe in Englisch und Mathematik bekommen. Rihana will dann mit den beiden nur noch Englisch sprechen. Also beste Startbedingungen für unsere Schützlinge.

Mutter und Tochter stehen zum Abschied am Tor und winken. Saadia umarmt mich. »Ich freue mich so, was ihr für unser Volk tut, und wenn ich nicht Witwe wäre, würde ich die Kinder gern kostenlos betreuen.«

Wir hätten sie knutschen können.

Und nun sitze ich wieder in Assayta in »unserem« Hotel mit den immer gegenwärtigen Meerkatzen, den unangenehmen Ammoniakdüften aus Richtung Toilette und schaue auf den Awash-Fluss, das Idyll Afrika am Rande der Kleinstadt. Dunkle Menschen mit entblößten, schweißglänzenden Oberkörpern durchqueren das brusthohe Wasser und balancieren auf dem Kopf irgendwelche Produkte, die sie heute, Dienstag, auf dem Markt verkaufen wollen.

In einem Abstand von nicht mehr als zehn Metern schauen zwei Krokodile aus dem Wasser. Nur die Augen und Nasenlöcher sind zu sehen. Sie tauchen ab, sie tauchen auf. Alles in Zeitlupe. Manchmal kommen sie zum Wärmetanken ans Ufer. Mich erschreckt ihre Größe. Sie sind drei Meter lange Kampf- und Kraftmaschinen. Ich möchte den Fluss dort nicht durchqueren.

Wenn wir Glück haben, sehen wir ein Flusspferd. Sie sind scheu. Tagsüber wagen sie sich nicht ans Ufer. Sie beschrän-

Aminas Abschied vom kleinen Bruder

ken sich darauf, im Fluss zu »grasen«. Er ist stellenweise voller Wasserpflanzen, die sie mit ihren Riesenmäulern in sich reinschaufeln.

Es ist heißester Sommer. Juli. Heute, wenn die Hitze nachlässt, so gegen 17 Uhr, werden wir zu Amina gehen. Ich bin unruhig. Wie wird Amina alles aufnehmen? Werden die Eltern sie nach Addis begleiten?

»Amina freut sich sehr auf Addis«, berichtet uns Ali. »Sie war bei meinem letzten Besuch richtig gesprächig.«

Und schließlich stehen wir vor ihr. Sie hat sich festlich angezogen. Ohne Scheu kommt sie auf mich zu.

»Negasé, Amina – guten Tag. Meritó – wie geht es dir?«, spreche ich sie an. Sie lächelt schüchtern. Wie schön ist es, ihre Hand in der meinen zu spüren.

»Gut«, sagt sie. Ich muss meine Ohren spitzen, so leise spricht sie.

»Jo tarigé, kennst du mich noch?«, frage ich weiter.

»Ja, ich kenne dich noch. Ich habe ja Bilder von dir.«

Mit meinem Afaraf bin ich dann aber auch schon am Ende. Wie gern würde ich alle Sprachen der Welt können. Leider bleibt dieser Wunsch im Alltagsviel auf der Strecke. In solchen Momenten bedauere ich das sehr.

Die Mutter kommt mir offen und herzlich entgegen. Lange drückt sie meine beiden Hände. Der Vater wie immer sehr ernst. Verbissen versucht er, mit einem zerfaserten Ästchen seine Zähne in Schuss zu halten. Eigentlich kenne ich ihn gar nicht anders.

Auch die Großmutter kommt mir entgegen. Sie scheint wieder gesund und munter zu sein und nimmt regen Anteil am Leben. Die Frauen geben mir das Gefühl, keine Fremde zu sein, sondern zu ihnen zu gehören.

Amina bereitet unter der Aufsicht der Mutter für uns Bunna zu, jenen von der Bohnenernte bis zum fertigen Kaffee hier selbst gemachten Kaffee. Es ist eine Zeremonie, die uns immer wieder begeistert. Noch ist sie etwas ungeschickt, aber stolz reicht sie erst Rüdiger, dann mir ein Tässchen des duftenden Getränks.

Fatuma, das Mädchen, das mit Amina zur Schule gehen soll, ist nicht da. Wir hören, dass sie schon länger verreist sei. Folglich besucht sie auch nicht die Schule.

»Das habe ich befürchtet«, überrascht uns Ali, »sie war schon einmal verreist, als ich sie besuchen wollte, obwohl es während der Schulzeit war. Und bei meinem letzten Besuch war sie schon sehr herausgeputzt. Ich habe gehört, dass ihr Vater sie unbedingt verheiraten will.«

Obwohl der Vater weiß, dass unsere Geldzuwendung an den regelmäßigen Schulbesuch des Mädchens gebunden ist und er das Geld braucht, handelt er gegen unsere Abmachung. Und das zum wiederholten Mal. Wir beenden die Unterstützung. Wohl fühlen wir uns mit der Entscheidung nicht.

»Da könnt ihr nichts machen. Fatumas Vater ist eben so. Er begreift die Bedeutung der Bildung für Mädchen nicht. Er hat bisher nur mitgemacht, weil er den kleinen finanziellen Monatsbeitrag von euch kriegt. Und das Mädchen möchte wohl auch heiraten.« Ali kennt sein Volk. Er hat einen anderen Vorschlag.

»Lasst uns den Vater von Aminas bester Freundin fragen. Er ließ schon bei meinem letzten Besuch durchblicken, dass er seine Tochter aus ganzem Herzen gern mit nach Addis geben würde. Er ist einer der wenigen, der sein Mädchen von sich aus in die Grundschule geschickt hat.«

Das halten wir für eine gute Lösung. Wir möchten Amina nicht allein in die Großstadt geben. Eine gute Freundin ist wie ein Stück Heimat. Zusammen werden sie sich viel wohler fühlen.

»Die Mädchen sind übrigens gleich alt und wirklich gute Freundinnen. Und beide heißen Amina.«

Amina und Amina. Wir müssen sie nummerieren wie die vielen Mohammeds in Arabien oder die vielen Josefs in Bayern.

Also werden wir vorstellig bei den Eltern von Amina II und lernen das Mädchen persönlich kennen. Sie wirkt ernst und zurückhaltend. Als wir sie fragen, ob sie sich den Umzug nach Addis vorstellen könne, macht sie einen Freudensprung.

»Warst du denn schon einmal in Addis?«, frage ich sie.

»Tss.« Mit erhobenem Finger und schüttelndem Kopf verneint sie. War wohl eine dumme Frage von mir. Ich kann mir eben nicht vorstellen, dass eine zwölfjährige noch nie den Wüstensand verlassen hat, dass sie einfach von jetzt auf sofort ihre Familie mit den ihr völlig fremden Menschen verlassen möchte und dass sie sich auf eine unbekannte Stadt freut.

Dienstag ist Markttag und wir wollen für die Kinder noch Kleidchen kaufen. Wie immer, wenn wir in Afrika sind, macht mich die Menge der von auch deutschen Organisationen gesammelten und hier an Unterhändler containerweise verkauften Altkleiderberge nachdenklich. Die von gut meinenden Menschen gespendeten Kleider werden hier zu solchen Spottpreisen an Einheimische verkauft, dass keine ansässige Schneiderin eine Chance hat, Konkurrenz zu machen. Somit sind unsere deutschen Kleiderspenden eine Ursache für mehr Armut und Abhängigkeit dieser Menschen. Ganz abgesehen davon, dass die Kleider lange nicht so schön an den dunklen Körpern aussehen wie deren eigene traditionelle und farbenfrohe Stoffe und Gewänder.

Auf dem Rückweg zeigt uns Ali die Verteilerstelle des USA-Weizenmehls. Auch Säcke mit den EU-Sternen sind zu sehen. Tonnenweise lagert das Mehl hier. Lange Reihen von Lasteseln warten geduldig darauf, beladen zu werden. Säckeweise und kostenlos wird es an alle Familien verteilt.

»Damit machen die mein Land kaputt«, schimpft Ali. »Die Menschen erleben plötzlich, dass sie auch ohne einen

Handstreich zu tun, Essen bekommen. Warum sollen sie sich da noch anstrengen in der Hitze?«

Diese fragwürdigen Getreidespenden wunderten uns schon in Mauretanien. Auch dort kamen fast täglich hoch beladene LKW in die Orte. Wir empfinden diese Art der Versorgung ohne Gegenleistung der Empfänger, und sei sie noch so gering, als entwürdigend. Sie macht die Menschen abhängig. Wir fragen uns auch, welches Politikum dahintersteckt.

Ich suche das Gespräch mit Amina I und ihrer Mutter. Die Augen des Mädchens strahlen, wenn wir über Addis sprechen. Sie habe sich ganz fest vorgenommen, viel zu lernen, erzählt sie. Für uns ist diese Reaktion für ein Menschenkind, das in solch aussichtsloser Situation aufwächst, eine überraschende Denkweise.

»Sie ist zielstrebig und lernt gern. Immer schon«, bestätigt die Mutter.

Die Großmutter nickt dazu still. »Ich habe Vertrauen zu euch. Wir kennen euch nun schon lange. Vielleicht kann Amina später unserem Volk helfen.«

In Deutschland hatte ich mir überlegt, was mir als Mutter guttun würde, wenn ich in ihrer Situation wäre. Ich entschied mich für ein aufklappbares Medaillon und klebte ein Foto von Amina hinein.

»Jetzt habe ich Amina an meinem Herzen!«, flüstert sie. Ich kann nachempfinden, wie schwer es einer Mutter fällt, ihre einzige Tochter in die Fremde und fast unerreichbare Ferne fortzugeben. Dazu noch in eine solch turbulente Riesenstadt wie Addis.

Sie erzählt auch von ihrer Hoffnung, dass Amina mit einer Ausbildung besser für die Eltern sorgen könne, wenn diese alt geworden sind. Sie sähen darin eine Chance auch für sich.

Sie haben es begriffen! Ich könnte jubeln.

Dann ist es Abend. Der letzte Abend vor der großen Reise in die riesengroße Stadt Addis. Vierzehn Stunden wird die

Fahrt dauern. Sechshundert Kilometer. Wir haben ein Schaf spendiert. Es gibt ein Abendessen im engsten Familienkreis für die beiden Aminas.

Ganz früh am nächsten Morgen holen wir die Mädchen ab. Beide haben eine kleine Plastiktüte mit ihren drei Habseligkeiten. Viel benötigten sie bislang nicht. Zwei Kleidchen und gut.

Der Abschied fällt nicht ganz leicht. Mitreisen werden deshalb Aminas Vater und die 22-jährige Schwester von Amina II. Die Familien sollen sicher sein, dass ihre Kinder gut aufgehoben sind in Addis. Sie sollen die neue Familie mit eigenen Augen kennenlernen. Nur so haben wir die Garantie, dass böse Zungen, die es auch in einem Wüstendorf gibt, die Eltern nicht verunsichern. Eine davon könnte Hassan gehören, für den wir die Unterstützung eingestellt haben.

Viele, viele Hände winken uns nach. Es ist ein richtiges Ereignis für die Menschen hier. Fast wie im Märchen vom Aschenputtel.

Die Fahrt ist spannend. Die Kinder staunen, was es alles außerhalb des Dorfes zu sehen gibt: Paviane, Strauße, viele Autos, ein sprudelnder Wasserhahn, Bonbons kaufen. Und essen in einer Gaststätte. Die Mädchen wundern sich über die Blumenpracht, laufen barfuß zum ersten Mal über weichen, sattgrünen Rasen ohne die Gefahr, sich Dornen einzutreten.

Was sie essen wollen, wissen sie nicht. Aber sie wissen, was sie trinken möchten: eine Cola. Was auch sonst. Da muss ich doch lachen. Kinder sind eben überall Kinder.

Dass es für Amina I die erste Cola ihres zwölfjährigen Lebens ist, ahne ich nicht. Amina II hatte ihr immer davon vorgeschwärmt, nachdem sie selbst zweimal den Rest einer Cola getrunken hatte, den ein Verwandter in seinem Glas zurückgelassen hatte.

Zum Horrorerlebnis wird der erste Besuch einer Toilette mit Wasserspülung. Die ältere Schwester von Amina II hatte

Unsere beiden Wüstenmädels beim Schuldirektor in Addis Abeba

die Mädchen begleitet und das Wunder vorgeführt. Laut schreiend waren sie aus der Toilette gestürzt. Sie waren sich sicher, von den »Wassermassen« fortgespült zu werden.

Das lärmende, pulsierende und jetzt »winterkalte« Addis mit Temperaturen von nur 20 Grad ist für unsere beiden Mädchen verwirrend. Sie wissen nicht, wo sie zuerst hinschauen sollen. Zum ersten Mal sehen sie, dass es Häuser gibt, die zwei und mehr Stockwerke haben. Gebäude, die nicht aus Gras und Lehm und Stöcken gebaut sind wie die Hütten ihrer Wüstenheimat. Aus dem fahrenden Auto erhaschen sie Blicke auf vielseitige Verkaufsauslagen, die kein Ende zu nehmen scheinen. Und überall sind Massen von Menschen.

Bei Saadia, der Pflegemutter, ist es angenehm still. Leise begrüßt sie »ihre« neuen Töchter, streichelt ihnen über den Kopf und bittet uns alle ins Wohnzimmer. Vier gemauerte gekalkte Wände, helle Möbel und kein Stäubchen auf dem piecksauberen Fußboden. Kein Fussel auf dem Teppich. Keine Spur vom bekannten, überall durchdringenden Wüstenstaub ihres Heimatdorfes. Keine neugierig lärmenden Nachbarn. Hier werden die beiden Kinder zum ersten Mal so etwas wie Privatsphäre erfahren. Sie werden zum ersten Mal in ihrem Leben geregelte Mahlzeiten bekommen, zur Erledigung der Hausaufgaben an einem Tisch sitzen und lernen, dass Ordnung und Sauberkeit lebenswichtig sind.

Als »unsere« Amina ein Bonbonpapier einfach vor die Tür wirft, wie sie es von zu Hause gewohnt ist, zeigt ihr Rihana gleich, dass es einen Mülleimer gibt. Kleine Mädchen, ihr werdet noch viel lernen müssen.

Der nächste Tag ist Einkaufstag. Rihana geht mit den zwei Nomadenmädchen los – und zurück kommen zwei todschicke Stadtmädels. Verwandlung pur. Wir staunen nicht schlecht, als beide Aminas ganz klar sagen, dass sie Jeans möchten. Woher kennen die das bloß? So angezogen, geht es zur Schulanmeldung. Sogar der Direktor ist entzückt von unseren beiden Wüstentöchtern im modernen Outfit.

Zeit für Muße bleiben Rüdiger und mir kaum. Unser Flug zurück nach Deutschland zwingt zum Abschied. »Unsere« Aminas finden wir fröhlich lachend in dem Minikaufladen von Saadia. Er ist kaum größer als ein Bauchladen und hat eine kleine Öffnung zur Straße hin. Nachts wird sie mit Gitter und Holzbrett verschlossen. Standen die Mädchen in Assayta so gut wie noch nie vor einem Laden, um etwas zu kaufen, so stehen sie nun erstmals dahinter und fühlen sich als Herrinnen über ein Paradies aus Bonbons, Zahnbürsten und Saftpulver. Ihr Glück ist spürbar. Keine Zeit für Heimweh.

Zum Abschied hat Rüdiger noch eine Überraschung für unsere Schützlinge. Er hat sie gut verpackt. Aufgeregt öffnen die Mädchen die Verschnürung. Was sie da sehen, können sie gar nicht fassen. Es ist für jedes Mädchen ein eigener Gebetsteppich. Beim Entrollen purzeln viele Bonbons heraus.

»So einen hat nicht einmal mein Vater«, freut sich Amina I und streichelt fasziniert die weiche Wolle.

»Ich kenne kein Mädchen in meinem Dorf, das einen eigenen Teppich hat! Dazu noch einen solch schönen!«

Amina II betrachtet vor allem die eingewebte schwarze Kaaba auf dem großen Heiligen Platz in Mekka.

»In welcher Richtung liegt Mekka eigentlich?«, will sie sogleich von der Pflegemutter wissen und breitet den Teppich entsprechend aus.

Vater Abdallah, der zurück zu seiner Familie fahren muss, kaut verlegen auf seinem Zahnbürstenast. Der Ast ist längst Teil seiner Person. Nie sehen wir ihn ohne. Aber auch selten haben wir jemanden getroffen, der ähnlich perfekte Zähne hat. Zum ersten Mal erleben wir, dass er lachen kann. Sogar bis über beide Ohren. Spontan drückt er Rüdiger an sich. Das war genau das richtige Abschiedsgeschenk.

»Allahu akbar! Allah ist groß!«, ruft er erstaunt und wiederholt es sogar noch mehrfach.

»Ihr werdet die zwei in einem halben Jahr nicht wiedererkennen«, prophezeit er uns.

Er ist sichtlich stolz. Er wird zu Hause viel zu erzählen haben. Keiner kann ihm jetzt mehr sagen, die Mädchen würden »verdorben«, alles hat er mit eigenen Augen gesehen. Schwer fällt mir der Abschied von »unseren« beiden Aminas. Gut ist es, die beiden hier bei Saadia und Rihana zu wissen, bei dem freundlichen Schuldirektor und den schulischen Perspektiven für die zwei. Wie viel Hoffnung ist mit den Mädchen verbunden: Eltern, die eine Chance sehen, wir, die wir diese Chance gern geben möchten. Unsere Fürsorge und Liebe wird sie begleiten. Und glücklich sollen sie werden, vor allem glücklich. Inshallah.

Die Ulema-Konferenz in der Al-Azhar von Kairo

Wer nichts verändern will,
verliert auch das,
was er bewahren möchte.
Gustav Heinemann

»Ihre Idee der Verkündung in Mekka ist sehr gut. Aber ganz nüchtern betrachtet, wird es schwer werden, die Saudis von der Qualität und Chance für den Islam zu überzeugen. Warum holen Sie Mekka nicht einfach nach Hamburg?«

Mekka nach Hamburg?

Uns stockt der Atem. Zunächst denke ich mal wieder, der Dolmetscher hat falsch übersetzt. Aber nein. Die Rückfrage klärt das. Genau das hat der Grand Sheikh gesagt.

»Der Islam ist ja nicht nur Mekka. Der Islam, das sind viele hundert Gelehrte in aller Welt. Es gibt sie auch in Deutschland. Mekka ist zwar wichtig, aber in erster Linie doch nur ein geografisches, ein ideelles Zentrum. Zumindest ebenso wichtig ist die Al-Azhar in Kairo.«

Wir sind zu Gast im Hause des mauretanischen Grand Sheikhs Hamden Ould Tah, Generalsekretär der Mauretanischen Ulema*, des Mannes, der uns die zweite Fatwa ausgestellt hat, der zur Pressekonferenz eigens nach Hamburg angereist war, der uns gestattet hat, am siebtgrößten Heiligtum des Islam unser Transparent zu spannen. Der Mann, in dessen Auftrag wir die Karawane durchgeführt haben.

* Gelehrter

»Wenn es Ihnen gelingt, die, sagen wir mal zehn bedeutendsten Männer nach Hamburg oder nach Berlin einzuladen, und diese Männer erklären die Verstümmelung zur Sünde, wird sich das wie ein Buschfeuer in ganz Afrika – was sage ich? – in der ganzen Welt verbreiten.«

Ich habe mich wieder gefangen. »Meinen Sie, dass zehn genug sind? Müsste man nicht aus jedem Verstümmelungsland einen einladen?«

Der Sheikh schmunzelt. »Je mehr, desto länger dauern die Diskussionen und desto schwieriger ist es, auf einen Nenner zu kommen. Lieber nur eine Handvoll, aber dafür Erste Klasse.«

Die Idee lässt uns keine Ruhe mehr. Kaum kann ich noch schlafen. Wer sind diese wichtigen Autoritäten? Wie komme ich an die Namen? Hamden Ould Tah weiß es auch nicht aus dem Stegreif. Er will sich Gedanken machen, hat immerhin schon einen Rat. »Bevorzugen Sie Männer aus Ländern, die eine lange Tradition mit dem Islam haben. Auch, wenn dort womöglich nicht verstümmelt wird. Zum Beispiel Marokko, Pakistan und Saudi-Arabien. Aber natürlich vor allem Ägypten. Wegen *Al-Azhar.*«

Nun, solche Koryphäen zu ermitteln dürfte kein Hindernis sein. Ich frage beim Auswärtigen Amt, ich frage das Deutsche Orient-Institut, ich frage alle Muslime, die ich kenne. Niemand kann mir spontan die gewünschte Antwort geben. Alle wollen sich umhören. Es dauert und dauert. Und ich denke daran, dass alle elf Sekunden ein weiteres Mädchen verstümmelt wird.

Resultat nach einem halben Jahr: null.

Wo liegt bloß die Schwierigkeit? Ich selbst kenne bereits fünf, die ich gern dabeihätte. Das wären zum einen der Großsheikh Dr. Yusuf al-Qaradawi in Katar. Er ist auch in Europa sehr bekannt, weil er täglich Auftritte im arabischen Fernsehen hat. Dann denke ich an den Gelehrten

Bah Mohamed El Bechir aus Mauretanien. Oder Sheikh Abdoul Rahman Bashier aus Dschibuti. Ihn hat unser Ali Mekla empfohlen als einen ebenfalls fernseherfahrenen und redegewandten Mann und vor allem als überzeugten Gegner jeder Verstümmelung. Desgleichen Sheikh Nourbardo Jourhan aus Somalia. Dschibuti und Somalia – zwei der Länder, wo pharaonisch verstümmelt wird. Da sind solche Männer geradezu Lichtgestalten.

Und last not least Professor Zakzouk, Religionsminister aus Ägypten, der Mann, der uns den Zugang zum Großsheikh der Al-Azhar vermittelt hatte.

Uns ist jedoch von vornherein klar, dass wahrscheinlich kein Einziger dieser Geistlichen unserer Einladung Folge leisten wird. Wir sind zu gering, wir sind »Westler«. Zwei überzeugende Gründe, unsere Einladung gleich in den Papierkorb zu werfen.

»Ich werde den Minister noch einmal um Rat bitten«, sage ich zu Annette. »Er hat uns damals so viel Mut gemacht und weitergeholfen. Ich halte ihn für den richtigen Partner.«

Die Deutsche Botschaft in Kairo beschafft uns erneut einen Termin. Pünktlich stehen wir auf den Orientteppichen im Hause des Obersten Rates für Islamische Angelegenheiten in der Shaar'a Nabataat in Kairo.

Ein gewisser Professor Muhammad Shama klärt im Vorgespräch, worum genau es uns geht. Shama lehrt Deutsch an der Al-Azhar-Universität, war ein Studienkollege des Ministers in Deutschland und ist sein enger Berater und Vertrauter. Er begleitet ihn auf vielen Auslandsreisen.

Ob sich der Minister noch an uns erinnert?

»Salaam alaykum!«, schallt es uns da bereits entgegen. Und mit offenen Armen betritt er den Raum. Shama erklärt ihm unser Anliegen auf Arabisch, ich schiebe fehlende Auskünfte in Deutsch nach. Kaum habe ich Zeit, das kleine Gastgeschenk zu übergeben. Es ist das in Kürze erscheinende opulente Buch *Der Islam* des großen Religionsphilosophen Hans Küng, ein Vorabexemplar. Ich habe es gelesen und bin davon überzeugt, dass es für Deutsch sprechende führende Muslime auf jeden Fall interessant sein wird. Zumal Küng, genau wie Minister Zakzouk, ein moderater Religionsmann ist, der sich engagiert für das Miteinander der Religionen.

»Eine sehr interessante Idee, die Sie da mal wieder haben! Wissen Sie noch, als Sie beide vor zwei Jahren schon einmal hier auf demselben Sofa saßen?«

Wir sind perplex. Und da dachten wir eben noch, er könne sich womöglich nicht an uns erinnern!

»Damals sagte ich Ihnen, gehen Sie zum Großsheikh. Ihn haben Sie ja dann kennengelernt. Kennen Sie eigentlich schon den Großmufti von Al-Azhar?«

Natürlich nicht.

»Dann bringe ich Sie diesmal mit dem Großmufti zusammen. Er ist der oberste Richter. Er ist genau der richtige Mann für dieses Anliegen.«

Schon bedient er sein Handy und genauso schnell ist der Mufti am Apparat. Das Gespräch ist kurz. Eigentlich nur ein Satz. Also Absage? Unsere Blicke verraten unsere Frage auch ohne Worte.

»Er ist gerade in einem Gebet. Um zwei soll ich noch einmal anrufen. Ich gebe Ihnen dann Nachricht ins Hotel.«

Arabien. Die Spontaneität ermutigt mich, meine wichtigste Frage loszuwerden.

»Könnten Sie sich vorstellen, die Konferenz in Berlin zu leiten? Etwas Besseres kann ich mir nicht vorstellen.«

»Da bin ich schon wieder der völlig falsche Mann. Wenn der Mufti die Konferenz auch für interessant hält, macht er es selbst. Sie müssen ihn unbedingt kennenlernen. Ein ganz anderer Typ als ich. So richtig mit Bart und Tracht. Nicht so wie ich in Hemd und Anzug und ohne Bart.«

Gestenreich und lachend unterstreicht er seine Worte, deutet den Bart an und die Kopfbedeckung. Er macht uns neugierig auf den Großmufti.

Und schließlich stehen wir vor ihm: Seine Eminenz Prof. Dr. Ali Gom'a. Ein großer stattlicher Mann, Jahrgang 1952, Autor vieler Schriften und Bücher. Er begrüßt mich mit kräftigem Händedruck und direktem Blick in die Augen. Sogar Annette reicht er die Hand. Vertrauen auf Anhieb. Professor Shama dolmetscht.

»Ihr Ziel ist also, wie der Minister mir schon am Telefon gesagt hat, eine Konferenz höchstrangiger islamischer Gelehrter einzuberufen mit dem Ziel, jegliche Form von Weiblicher Genitalverstümmelung zur Sünde zu erklären?«

»Ja. Oder können Sie selbst den Brauch kraft Ihres Amtes und Ihrer Persönlichkeit zur Sünde erklären? Verbindlich für alle Muslime. Ich bin überzeugt, dass dann die anderen, zum Beispiel die Christen, gezwungen wären, nachzuziehen.«

»Da muss ich Sie zunächst mal enttäuschen. Ich kann nicht einfach irgendetwas zur Sünde erklären. So geht das nicht. Es muss sichergestellt sein, dass selbst die Beschädigung der Klitoris für die Frau einen körperlichen oder seelischen Schaden darstellt. Das wird von vielen Medizinern bestritten. Aber dann, wenn wir anerkannte Fachleute finden, die versichern, dass auch jede Form der Verletzung der Klitoris einen Schaden darstellt, dann kann ich es per Fatwa als Sünde einstufen. Denn kein Moslem darf einen anderen ohne Grund verletzen. Bei Unklarheiten, so sagt der Koran in Sure 16, Vers 43: ›Falls ihr von etwas keine Ahnung habt, informiert euch bei Wissenschaftlern!‹ Wir brauchen also einen angesehenen Mediziner, der klipp und klar sagt, dass das so ist. Am besten gleich mehrere.«

Wir rutschen ganz aufgeregt auf unseren Plätzen hin

Beim Großmufti der Al-Azhar, Professor Doktor Ali Gom'a

und her. Hieß das doch mit anderen Worten, dass der Großmufti der Konferenz zustimmte?!

Ich flüstere Annette meinen Rückschluss zu. Dazu nutzen wir die Dolmetscherpausen. »Das merkte man doch schon gleich von Anfang an. Er wusste ja, weshalb wir kommen und hätte uns niemals empfangen, wenn er dagegen wäre.«

Annette und ihre Intuition ...

Der Mufti fährt fort. »Auch zur Würde des Menschen bezieht der Koran klar Stellung. In Sure 17, Vers 70 heißt es: ›WIR haben allen Kindern Adams bereits Würde gewährt. WIR haben sie vor vielen von denen, die WIR erschaffen haben, eindeutig bevorzugt.‹ Und da bei den Verstümmelungen sehr viele Mädchen umkommen, ist auch Sure 5/32 zu berücksichtigen. ›Wenn einer jemanden tötet, jedoch nicht wegen Mordes oder weil er auf der Erde Unheil stiftet, so ist es, als hätte er die Menschen alle getötet. Und wenn einer jemanden am Leben hält, so ist es, als hätte er die gesamte Menschheit am Leben erhalten.‹«

»Hätten Sie einen solchen Mediziner?«, komme ich zurück auf das Thema mit den Wissenschaftlern. »Ich denke, es muss ein Araber sein. Ihm wird man mehr vertrauen als einem Fremden.«

»Das mag sein. Ich schlage vor, Sie bringen zwei aus Deutschland und ich zwei aus Ägypten.«

»Kennen Sie solche Mediziner, die das so klar sagen werden?«

»Natürlich. Davon gibt es viele.«

Mir gehen die verschiedenen Fatwas durch den Kopf, die uns islamische Gelehrte bereits gegeben hatten. »Beschneidung nein«, lauteten die Formulierungen im Allgemeinen. So weit so gut. Doch dann immer wieder die Einschränkung »… es sei, ein Arzt hält sie für notwendig.« Damit wird dann alles wieder relativiert. Armut lässt jede Hemmschwelle fallen. Für fünf Euro wäre es bei jedem Mädchen ›notwendig‹.

»Wie kommen Sie eigentlich auf Berlin?«, unterbricht der Mufti meine Gedanken.

»Weil es meine Hauptstadt ist. Dort kenne ich mich aus, kann alles optimal organisieren, habe Zugang zu den Medien, und bestimmt wird unser Bundespräsident Horst Köhler die Schirmherrschaft für eine solche Konferenz übernehmen.«

»Da haben Sie sicher recht. Aber stellen Sie sich vor, wir erreichen mit der Konferenz wirklich unser Ziel. Alle geladenen Wissenschaftler einigen sich darauf, den Brauch als Körperverletzung einzustufen und zur Sünde zu erklären. Meinen Sie nicht, dass es dann überzeugender wäre, wenn ein solcher Beschluss hier aus der Al-Azhar, aus Kairo käme statt aus Berlin?«

Ich muss erst mal einen Schluck Tee trinken. Prompt verschlucke ich mich. »Sagen Sie damit, Sie wären einverstanden, die Konferenz auch hier in den geschichtsträchtigen, renommierten Hallen der Al-Azhar durchzuführen?«

»Das halte ich für viel besser. Und sicherlich kann man hier auch die Sicherheit der Gäste problemlos garantieren.

Ich werde in den Hotels und bei den Fluglinien nachfragen lassen, ob man für einen solchen Anlass nicht Vorzugspreise bekommen kann und so weiter.«

Das Verbot gegen FGM aus der Al-Azhar! Etwas Besseres kann uns nicht widerfahren. Mir kommt es so vor – sehr vager Vergleich –, als würde der Bundestag in Berlin ein Gesetz beschließen, das der Bundespräsident dann der Form halber als Letzter absegnet. Auf unseren Fall übertragen: die Al-Azhar beschließt das Gesetz und Mekka als wünschenswerter formaler Schlusspunkt.

Nach nur vierzig Minuten sind wir uns einig. TARGET kommt für die gesamten Kosten auf. Der Großmufti übernimmt die Schirmherrschaft! Professor Shama wird sich um ein Hotel und Preisnachlass kümmern, man wird die Einladung formulieren, man wird die Gästeliste schreiben.

Meine Fantasie ist sogleich einen Saltosprung weiter. Wenn wir wirklich zu diesem historischen, sensationellen und selbst für den Islam einmaligen Beschluss kommen sollten, müsste man dieses Gremium gleich bitten, sich zu einer Dauereinrichtung zu etablieren. Zu einem *Höchsten Islamischen Rat*, der sich alljährlich trifft, um stellvertretend für alle Muslime und den Islam zu sprechen, wenn es darum geht, Kriminellen Paroli zu bieten, die den Islam für ihre egoistischen, politischen und verbrecherischen Ziele missbrauchen.

Nur wenige Tage später folgt bereits der Vorschlag des Mufti für den Einladungstext. Besser, prägnanter, kürzer hätte ihn niemand formulieren können.

Im Namen Gottes, des Erbarmers und Barmherzigen!
Eminenz,

Friede sei mit Ihnen, die Gnade Gottes und sein Segen!

Um die Haltung des Islam zum Schutz des Menschen, zum Verbot von Aggression in jeglicher Form und zur Achtung der Würde und Ehre des Menschen, insbesondere der Frau, bekannt zu machen, wurde beschlossen, in Kairo / Arabische Republik Ägypten unter der Schirmherrschaft Seiner Eminenz Prof. Dr. Ali Gom'a, ägyptischer Großmufti, am 22. und 23. November 2006 eine Konferenz unter dem Motto

»Internationale Konferenz von Wissenschaftlern zur Weiblichen Genitalverstümmelung«

abzuhalten. Aufgrund Ihrer Kenntnisse, Ihres Ranges sowie Ihrer herausragenden Stellung auf internationalem Niveau, ist es uns eine Ehre, Sie einzuladen, an dieser Konferenz teilzunehmen und über das Hauptthema der Veranstaltung, die düstere Wirklichkeit der Genitalverstümmelung von Frauen in Staaten, die diese Praxis anwenden, zu referieren.

Reisekosten und Unterkunft werden komplett von der Konferenzleitung übernommen.

Wir erbitten Ihre prinzipielle Zustimmung bis zum 1. Juli 2006. Ihre Abhandlung unter Angabe des Themas sollte uns bis zum 1. Oktober 2005 vorliegen. Thema können rechtliche, praktische oder medizinische Aspekte sein.

Vielen Dank.

Mit freundlichen Grüßen

Der Einladungstext ist also formuliert. Er könnte verschickt werden. Da kommen uns Bedenken. Nur so auf einem Blatt Papier – das scheint uns plötzlich zu stillos. Wie sehen wohl Einladungen aus, die von Minister zu Minister verschickt werden? Noch nie haben wir ein solches Dokument, einen solchen »Wertgegenstand« gesehen. Aber bestimmt sieht er nicht aus wie unser Erstentwurf. Dessen sind wir sicher. Wir rufen unseren Designer Jochen Querbach an. Brainstorming.

»Das sollte auf beigefarbenem Karton stehen. Nein, lieber auf islamgrünem«, überlegt er.

»Nehmen wir als Absender TARGET?«

»Nein. Lieber *Pro-Islamische Allianz.*«

»Und die Schrift in Gold?«

»Ja, aber sie muss eingestanzt werden. Halbrelief.«

»Wegen der internationalen Bedeutung sollten wir sie auch in Englisch schreiben.«

»Und in Französisch. Viele islamische Länder waren früher französische Kolonien.«

»Dann werden es mehrere Seiten. Die erfordern einen Buchdeckel.«

»Genau. So richtig repräsentativ mit Messingecken, in A4-Format und Goldstanzung.«

Buchbinder Hugo Hagen aus Offenburg muss wieder ran. Jener Mann, der uns damals schon den prachtvollen Ledereinband für die Unterschriftenblätter der Pro-Islamischen Allianz kostenlos gemacht hatte.

»Geht das? Wie lange dauert das? Oder ist das überdimensioniert?«

»Keinesfalls. Und alles kein Problem. Gebt mir eine Woche. Bei der geringen Auflage ist jedes Stück eine Einzelanfertigung. Für diesen tollen Anlass mache ich euch das umsonst.«

Die Buchdeckel gehen in Arbeit. Da fällt mir siedend heiß ein, dass arabische Bücher von hinten aufgeschlagen werden. Allah sei Dank noch im letztmöglichen Moment.

Unsere »Hausdruckerei« Vollmer und End in Kappel-Grafenhausen legt ebenfalls eine Sonderschicht ein. Sie druckt die DIN-A-3 großen Blatteinlagen auf edlem Papier in dunklem Grün. Gefaltet ergeben sie A 4. Auch sie entstehen in Einzelarbeit, auch sie müssen umgeschrieben werden. Lesbar von hinten nach vorn.

Schließlich haben wir die Prachtstücke in der Hand. Wir arrangieren die Bogen in die Buchdeckel, binden alles mit Goldkordel. Die Messingecken blinken vor Freude.

Obwohl nur sechs Seiten stark, fühlen wir uns wie Autoren eines eigenen Buches, das soeben druckfrisch vom Verlag eingetroffen ist. Annette kann sich gar nicht sattsehen.

»Gut, dass wir ein paar mehr gemacht haben. Das sind kostbare Geschenke für unsere engsten Mitstreiter.«

Schlägt man ein Exemplar auf, arabisch von hinten, so schaut man auf Seite 1. »Im Namen Allahs, des Gnädigen und Barmherzigen!«, steht dort geschrieben.

Dann, jeweils dreisprachig, »Internationale Konferenz von Wissenschaftlern zur Weiblichen Genitalverstümmelung«. Bewusst steht da nicht »gegen« Weibliche Genitalverstümmelung. Das Gegen soll ja erst erarbeitet werden.

Und darunter schließlich »Einladung«.

Blättert man um, blickt man auf Seite 3. Da prangt halbseitig der ägyptische Staatsadler und der Text »Unter der Schirmherrschaft Seiner Eminenz des Großmufti von Al-Azhar, Prof. Dr. Ali Gom'a, Arabische Republik Ägypten«.

Auf den Seiten 4 und 5 folgt der Einladungstext. Das Arabische steht links und ganzseitig. Franzosen und Engländer müssen sich eine Seite teilen.

Seite 6 ist leer und auf Seite 7 bitten wir um Antwort bis zum 1. Juli an zwei Anschriften. Nämlich an unseren Kontaktmann in Kairo und an uns. Weil doppelt besser hält.

Nun wird es Zeit für den Versand. Und prompt stehen wir vor einem erneuten Hindernis. Dachten wir noch, unsere Botschafter könnten die Einladungen in den jeweiligen Ländern problemlos an die Gäste überreichen lassen, hatten wir die Rechnung ohne das »Protokoll« gemacht.

Auf meine Mail ans Auswärtige Amt heißt es in der Antwort:

»Uns ist jedoch nicht ganz klar geworden, welche Rolle TARGET bei einer solchen Konferenz spielen würde.

Gerade vor dem Hintergrund ausgeprägter antiwestlicher Ressentiments, haben wir Zweifel, ob es ratsam ist, wenn eine westliche Organisation den Eindruck erwecken würde, sie hätte Rechtsgelehrte zusammengebracht, um eine bestimmte Meinung zu verbreiten. Auch wenn Weibliche Genitalverstümmelung keine islamische Praxis ist, so ist sie doch in Teilen der islamischen Welt, so in Ägypten, stark verbreitet ... bemerkenswert ist, dass muslimische Gelehrte bislang sehr zurückhaltend mit Äußerungen zum Thema waren. Der Ansatz, innerislamische Kräfte gegen diese Praxis zu mobilisieren, ist sicher richtig.«

Nachfragen zeigen die Schwierigkeiten auf. »Weil Sie Deutsche sind und weil die Konferenz in Kairo stattfindet.«

Dass wir die Initiatoren und Finanziers sind, spielt bei dieser Entscheidung keine Rolle. »Es sei denn, sie machten die Veranstaltung in Berlin.«

Aber das scheidet nun aus. Al-Azhar ist allererste Wahl. Das Argument des Großmufti, ein dermaßen bedeutsamer Beschluss hätte eine ganz andere Bedeutung, käme er aus der Al-Azhar, ist unwiderlegbar das beste.

Wir schreiben Heidemarie Wieczorek-Zeul an, Ministerin für wirtschaftliche Zusammenarbeit. Sie ist uns seit jenem Vorfall in Dresden ein fester Begriff als engagierte Kämpferin gegen FGM. Und wir sollen uns nicht täuschen.

Im Gegensatz zu der Note des Auswärtigen Amtes, ist ihre Antwort ein echter »Aufrichter«. Sie macht Hoffnung.

»… Ich stimme mit Ihnen überein, dass es sinnvoll ist, maßgebliche islamische Autoritäten zu einer Konferenz einzuladen, die die Unvereinbarkeit von Weiblicher Genitalverstümmelung mit dem Islam herausstellen und in die entsprechenden Gebiete kommunizieren soll.

Das Gutachten, das am Ende der von Ihnen geplanten Konferenz stehen und von einer der renommiertesten theologischen Lehranstalten in der islamischen Welt ausgegeben werden soll, *kann in seiner religionspolitischen Bedeutung und hinsichtlich der mittelfristig zu erwartenden positiven Folgen für die Unversehrtheit junger Frauen und Mädchen in vielen Teilen der muslimischen Welt kaum hoch genug eingeschätzt werden* … empfiehlt sich ein gezieltes und gleichermaßen sensibles Vorgehen …

Angesichts der Bedeutung der Konferenz bin ich bereit, eine Kofinanzierung in Betracht zu ziehen …

Gerne lasse ich auch ein persönliches Grußwort an die Konferenz durch eine deutsche Vertreterin verlesen.«

Dann handschriftlich: »Mit freundlichen Grüßen und Dank für Ihr Engagement Ihre Heidemarie Wieczorek-Zeul!«

Momente des Glücks und der Hoffnung. Unkonventionell, schnell, klar. Und mehr als erwartet. Vielleicht findet die Ministerin eine Lösung, die Einladungen doch noch durch unsere Botschafter überreichen zu lassen. Ihre Mitarbeiter versuchen ihr Bestes. Doch es geht nicht. Es heißt, zu viel Deutschland wäre garantiert kontraproduktiv.

Parallel wenden wir uns an den Bundespräsidenten Horst Köhler. Ob er dem Wunsch des Großmufti entsprechen könnte, ein Grußwort oder gar eine Videobotschaft an die Konferenzteilnehmer zu verfassen.

Um TARGET vorzustellen, füge ich dem Schreiben eine Mappe voller Referenzen bei: unsere Jahresschreiben, mehrere große Zeitungsberichte, den Brief der Ministerin, den Hinweis auf mein Bundesverdienstkreuz am Bande ausdrücklich wegen des »Dialogs mit dem Islam« ...

Nach sechs Wochen die Antwort.

»... Bundespräsident Horst Köhler dankt Ihnen herzlich für Ihren Brief vom 10. Mai 2006. Er hat mich gebeten, Ihnen zu antworten ...

... Der Bundespräsident schätzt die Arbeit nichtstaatlicher Organisationen und begrüßt auch die Initiative, die Sie mit Ihrer Konferenz ergriffen haben. Unseres Erachtens liegt die Stärke Ihrer Konferenz gerade darin, dass sie aus der Zivilgesellschaft kommt – und so auch von der muslimischen Welt wahrgenommen werden sollte. Wir schlagen daher vor, auf ein Grußwort des Bundespräsidenten zu verzichten. Dafür bitte ich um Verständnis.

Ich verbleibe mit guten Wünschen für den Erfolg Ihrer Arbeit und mit freundlichen Grüßen

David Schwake, Oberregierungsrat, Referat 22«

Okay, denken wir schließlich, wenn Politprofis wie das Auswärtige Amt und der Bundespräsident die gleichen Befürchtungen haben, müssen wir nachgeben. Annette zwackt den Absagen etwas durchaus Vorteilhaftes ab. »Zumindest werden der Bundespräsident und das Auswärtige Amt die Konferenz mit erhöhter Wachsamkeit verfolgen. Quasi von höchster Warte aus. Und wenn sie so endet, wie wir es uns alle wünschen, ist das Resultat umso mehr das Ergebnis *unseres* Einsatzes, und niemand kann dann behaupten, ohne ihn wäre es nicht zustande gekommen. Du weißt ja, Erfolge haben immer viele Väter, Misserfolge hingegen nur einen einzigen.«

So ganz mögen wir uns dennoch nicht mit dem Ausscheiden des Weges über die Botschaften abfinden, zumal inzwischen zwei von ihnen die Einladungen überbracht hatten. Das geschah, noch bevor die Ablehnung des Auswärtigen Amtes vorlag. Bis dahin schien alles so unkompliziert, kooperativ und Nerven schonend zu funktionieren.

So kommen zu den üblichen Schwierigkeiten noch die des Versands hinzu. Die Zeit drängt. Ich werde hibbelig. Man kann derart hochrangige Autoritäten wie unsere Gäste nicht erst zwei Monate vorher einladen. Da bedarf es eines größeren Spielraums, wenn selbst ich Kleinbürger manchmal Termine habe, die zwei Jahre im Voraus vereinbart werden. Und manche sogar zehn Jahre. Mein achtzigster Geburtstag nämlich.

Gestern hat uns die Hiobsbotschaft aus dem Auswärtigen Amt erreicht. Heute sitzen wir dem deutschen Botschafter Dr. Claas Knoop in Addis Abeba gegenüber, und die Weisung hat Gültigkeit. Zwar muss er uns für Äthiopien nicht mehr helfen – da haben wir unseren Projektleiter Ali Mekla Dabala, und die Einladung ist überbracht –, aber für Dschibuti hätten wir seine Unterstützung gut gebrauchen können. Seit einiger Zeit gehört das kleine Land am Horn von Afrika in seinen Zuständigkeitsbereich, und der dort erwählte Gast ist besonders wertvoll. Mit ihm könnten wir drei Fliegen mit einer Klappe schlagen. Er hat die erforderlichen Kontakte zu unseren Gästen in Somalia und Eritrea. Dort herrschen Misswirtschaft, Chaos und Buergerkrieg, und Vokabeln wie Infrastruktur, Post oder DHL müssten längst aus deren Lexika gestrichen werden. Vielleicht einmal ein zukünftiges Projekt.

Dr. Knoop weiß dennoch Rat. Er steht uns besonders wohl gesonnen gegenüber. Vielleicht, weil unsere bisherige Arbeit in Äthiopien, die Fahrende Krankenstation bei den Afar, ihn überzeugt hat. Er lässt uns teilhaben an seinem großen Erfahrungsschatz. Jeder Rat ist Gold wert. Und dann erfährt man, dass auch ohne DHL und die gute Post vieles läuft, weil für die Einheimischen der betroffenen Länder die Grenzen ohnehin nur bedingt existieren. Mit nächtlichen Karawanen, auf Schleichwegen, im Krückstock eines Behinderten und per Buschtrommel lösen wir das Problem schließlich auf unsere Weise.

Ali Mekla findet wieder einmal die treffenden Worte: »Nach Dschibuti, Eritrea und Somalia kannst du sogar eine Leiche durch den Zoll transportieren. Die werden dich bei Entdeckung höchstens überrascht fragen: ›Was, diesmal nur eine?‹«

Irgendwann sind alle Einladungen raus. Offiziell per Botschaften, informell auf Kurierwegen, per DHL, privat oder per »Einschreiben mit Rückantwort«.

Und prompt treffen auch die ersten Zusagen ein. Bei Gästen, deren Reaktionen ausbleiben, wird vom Muftiamt in Kairo nachgehakt.

Ich nutze die Sommerpause, um erneut nach Kairo zu fliegen und die erforderlichen Vorbereitungen zu klären. Das ist nicht eben wenig. Da sind Verträge mit dem Hotel abzuschließen, der Sicherheitsdienst ist zu konsultieren, der Konferenzraum auf seine Eignung zu überprüfen. Funktioniert das Simultandolmetschersystem? Wo ist Raum für die Medienvertreter? Wer kümmert sich um die Bewirtung während der Konferenz? Wer ist zuständig für ein Unterhaltungsprogramm nach Feierabend? Welche Medien werden von ägyptischer Seite eingeladen? Darf man drinnen wie draußen Transparente spannen, die von der Versammlung der Gelehrten verkünden? Wie soll der Text formuliert werden? Toll wäre auch ein unübersehbares Transparent mit einem Riesendankeschön im Falle des positiven Abschlusses. Ein Feuerwerk? Wann sollte eine gemeinsame Vorabpresseerklärung verteilt werden? Oder verzichtet man darauf? Aus meiner Sicht wäre der Verzicht eine entgangene Chance, die historische und internationale Bedeutung der Konferenz einer größtmöglichen Öffentlichkeit bewusst zu machen.

Ich versetze mich in die Überlegungen unserer Partner in der Al-Azhar. Wie stünden sie da, wenn wir durch voreilige nicht abgesprochene Pressemitteilungen Probleme auslösten? Wie, wenn wir nicht zahlten? Absolutes gegenseitiges Vertrauen und Konsens sind angesagt. Wir dürfen nichts dem Zufall überlassen, dürfen keinen Fehler begehen. Nichts soll dieses Vertrauen in uns erschüttern.

Weitere Fragen. Welche Airline könnte uns finanziell entgegenkommen bei den Flugpreisen? Kann ich die Lufthansa dazu bewegen? Oder Egypt Air? Die Tickets sind der höchste Kostenpunkt in unserer Kalkulation. Unsere Gäste sind Männer und Frauen im Ministerrang. Da verbietet es sich, sie auf Sardinenformat in der Economyclass zusammenzuquetschen. Und alles andere ist sauteuer.

Sind Geschenke empfehlenswert für den Fall, dass die Konferenz mit dem gewünschten Ergebnis endet? Ich plädiere wieder für antike dekorative Schwerter mit einem goldenen Schriftzug auf der Scheide, der an diesen Tag erinnert. Säbel haben sich in der Vergangenheit bestens bewährt. Andrerseits sind Schwerter Kriegswaffen, sind im Zusammenhang mit dem Islam in Verruf gekommen und somit in unserem Falle deplaziert.

Wer schreibt die Namensschilder? Sollen sie in Arabisch und Englisch sein? Gibt es schon einen Programmablauf, eine protokollarische Sitzordnung? Wer wird worüber reden? Darf ich als Fremder auch sprechen oder halte ich mich lieber zurück? Wie begrenzen wir die Redezeiten? Wo wäre Annettes Platz? Haben wir den Segen des Staatspräsidenten Hosni Mubarak? Wird die Muslimbruderschaft ein solches Treffen gutheißen? Ist ein abschließender Ausflug an die Pyramiden möglich? Können wir auch dort ein Gruppenfoto mit Transparent machen?

Uns brummt der Kopf, denn alles lastet auf Annette und mir. Wir können nicht auf einen Mitarbeiterstab zurückgreifen wie Großinstitutionen.

Viele Fragen lassen sich per E-Mail klären. Aber ebenso viele nur vor Ort. Persönliche Präsenz ist wichtig. Sie festigt nicht nur das gegenseitige Vertrauen. Bestimmte Orte muss ich mit den Augen des Veranstalters begutachten. Ein Dienstleister hat einfach einen anderen Blickwinkel als der Veranstalter.

Kurzum: Der Großmufti und der Religionsminister haben uns ihr Vertrauen geschenkt. Wir möchten es rechtfertigen. Unter allen Umständen.

Oft fragen wir uns, warum der Großmufti, der Religionsminister und alle Beteiligten uns überhaupt vertrauen? Wie sollen unsere Partner wissen, dass wir unseren ganzen Ehrgeiz in das Projekt stecken? Ohne jegliche Spur Hinterlist. Ausschließlich zum Wohl der Mädchen und Frauen?

Am liebsten hätte ich alles bereits mehrere Monate vorher perfekt erledigt und mir einen Tag Urlaub gegönnt. Einen Tag pro Jahr, wohlverstanden. Ich bin kein Raffi. Oder wäre das zu viel verlangt? Jedenfalls wäre es ein Novum in meinem Leben. Bisher hatte ich mir tariflich stets nur null Tage zugebilligt. Mein Normalfall. Genau wie der 18-Stunden-Tag und die Siebentagewoche. Mein Urlaub findet während der Aktionen statt. Action und Stress sind für mich Urlaub in Vollendung.

Als Annette von meinem Eintagurlaubsprojekt hört, hat sie sogleich die richtigen Befürchtungen.

»Um Himmels willen! Bis du in die Gewerkschaft eingetreten? Du und Urlaub? Womöglich am Strand liegen? Da hättest du doch keine ruhige Minute. Du würdest im Schatten liegen mit Stift und Kladde und dich zuplanen mit nächsten Projekten.«

Sie hat gut reden. Sie ist 47. Aber ich mit meinen 71 muss die Restzeit ökonomischer nutzen. Sonst ist sie um. Dann liege ich irgendwo in der letzten Kiste und ärgere mich schwarz.

Also: Kladde raus und notiert. Weiter geht's.

Oft werde ich gefragt, wie ich von den muslimischen Männern behandelt werde. Ob sie mich genauso bewillkommnen wie Rüdiger. Oder ob sie mich ignorieren oder gar diskriminieren. Ob ich sie als frauenfeindlich erlebt hätte. Ob ich mich nicht beleidigt fühle, wenn sie mir »nicht einmal die Hand« geben.
Da kann ich nur umfassend mit »nein« antworten.

Vielleicht liegt es am ehesten daran, dass ich in anderen Kulturkreisen nicht erwarte, deutsche Gepflogenheiten anzutreffen. Dann könnte ich gleich daheim bleiben. Im Gegenteil: Ich bin neugierig auf das andere und freue mich zu erleben, wie andere ihr Leben gestalten. Es macht für mich den Reiz einer Reise aus. Ich lerne zu vergleichen und kann mich dann privat immer noch entscheiden, ob ich Anregungen aus der anderen Welt in die meine aufnehme.

Grundsätzlich bereite ich mich auf das besuchte Land, auf den besuchten Gast vor. Ob Deutschland oder Arabien. Ob Bischof oder Sultan. Bücher darüber gibt's zuhauf. Dazu kommen unsere lebenslang gesammelten Erfahrungen, Rüdigers langjährigen Kontakte zum Islam und ein natürlicher Respekt vor den Besuchten. Also kleide ich mich bei diesen Reisen entsprechend und garantiert anders, als beim Besuch »unserer« Waiapí-Indianer im Regenwald von Brasilien. Oder zuhause in Schleswig-Holstein.

Immer überlege ich mir sehr gut, wie ich mich kleide. Rücksicht auf Empfindlichkeiten des bereisten Landes und der Gastgeber ist eigentlich eine Selbstverständlichkeit. Ich möchte ja zu den Menschen hin und nicht schon mit unpassender Kleidung eine Mauer zwischen uns aufbauen. Ich hüte mich aber, die traditionelle Kleidung grundsätzlich zu übernehmen, weil auch das falsch verstanden werden kann und ich mich sehr fremd darin fühlen und bewegen würde. Lachen ist gut, aber sich lächerlich machen ist eine andere Sache.

In Arabien trage ich einen langen Rock und keine körperbetonte Oberbekleidung, um den Kopf einen Schal. Denn wie man in den Wald, pardon, in die Oase reinruft, so schallt es bekanntlich zurück.

So ausgestattet gelang es mir bisher immer, mit Respekt und größtmöglicher Offenheit empfangen zu werden, von Frauen wie von Männern.

Zum Beispiel bei unserer Konferenz in Dschibuti. Sultan Humad lädt zum Essen ein. Für mich wieder ein spannender Moment. Werde ich mit den Frauen in einem anderen Raum essen, getrennt von den Männern? Oder kann ich als einzige Frau mit allen Männern und Rüdiger gemeinsam an der großen Teppich-Tafel teilnehmen?

Sultan Humad übertrifft meine Erwartungen um vieles. Er weist mir höchstpersönlich den Ehrenplatz an seiner Seite zu. Er verwöhnt mich unablässig. Er dreht den Ventilator in meine Richtung, füllt mein Glas immer wieder mit eis-gekühltem Wasser und bietet mir von allen Speisen die besten Happen an. Und die Auswahl ist gigantisch. Die großen Platten würden sich biegen, wenn sie nicht auf dem ebenen Boden stünden. Vielleicht bin ich ihm für orientalischen Geschmack auch zu dürr, und er mästet mich deshalb?

Diese Form der Gastlichkeit erleben wir immer wieder, überall. Auch dort, wo die Platten nicht so groß sind und nicht so üppig gefüllt. Für mich ist die Achtung der Männer vor mir als Frau immer wieder eine neue und angenehme Erfahrung, die ich in Deutschland nicht so selbstverständlich mache.

Die Begegnungen mit den hochrangigen Geistlichen des Islam sind sehr unterschiedlich. Einerseits begegne ich westlich aufgeschlossenen und westlich geprägten Sheikhs, die mir die Hand reichen, mich ansprechen und mich wie selbstverständlich in die Gespräche einbeziehen. Und andere wahren anderthalb Meter Abstand, legen ihre rechte Hand aufs Herz und verneigen sich. Nie gehe ich von mir aus auf einen Mann zu. Immer warte ich das Verhalten meines Gegenübers ab. Nie habe ich deren Zurückhaltung als Diskriminierung emp-

funden. Im Gegenteil. Die Verneigung mit der Hand auf dem Herzen drückt für mich viel mehr aus, als ein dahingesagtes »Hallo, freut mich, Sie kennenzulernen.« Sie drückt für mich Achtung aus, Respekt und Wahrung der Privatsphäre.

Ich bin selbstbewusst genug, um es nicht als Beleidigung zu werten, wenn Männer mich nicht anschauen. Denn jeder Augen-Blick könnte schon eine erste vage intime Annäherung bedeuten. Und sie lässt sich leicht steigern mit Händedruck und Wangenkuss. Im Islam ist solche körperliche Begrüßung Eheleuten und der Familie vorbehalten. Würde ich mich anders verhalten, würde ich mich selbst abstempeln in die käufliche Richtung.

Großsheikh Hamden Ould Tah in Mauretanien gehört zu jenen Männern, die sich höflich verneigen, mich dann aber gleichwertig mit Rüdiger ins Gespräch einbeziehen, um mir auszudrücken, dass sie meinen Part in unserem gemeinsamen Kampf sehr wohl zu schätzen wissen.

Der Großmufti von Al-Azhar wiederum begrüßt mich per Handschlag, konzentriert sich dann aber in erster Linie auf das Gespräch mit Rüdiger. Taktvollerweise lasse ich deshalb eventuelle Fragen von mir über Rüdiger weitergeben. Nie hatte ich mit solchen Regeln Schwierigkeiten. Als ich mich beim Abschied mit der Hand auf dem Herzen vor ihm verneige, meine ich, Erleichterung und Freude bei ihm über diese meine Geste der Hochachtung zu spüren – das Mindeste, das wir unseren Gesprächspartnern schulden.

Der Durchbruch

Friede ist dort,
wo Gerechtigkeit ist.
Josef Viktor Stummer

Der Tag rückt näher. Der Herzinfarkt auch. Nichts läuft komplikationslos. Annette hatte es befürchtet. Nur zwei Organisatoren, sie und ich, sind zuwenig. Wir bräuchten einen ganzen Planungsstab, der alles koordinieren könnte. So bleibt uns nichts, als den 24-Stunden-Tag zu verlängern. Auf 35. Doch auch das reicht nicht. Ich bin bis zuletzt auf Vortragstour und stehe nur fernmündlich zur Verfügung und nicht zum Leerräumen der Tische mit all den Anträgen, Anfragen, Ansinnen. Die Vorträge ließen sich leider nicht mehr verschieben. Langfristige Verträge aus Zeiten, als die Konferenz noch nicht zur Debatte stand.

Ständig vibriert das Handy in der Brusttasche. Annette nonstop. »Sheikh Nourhan aus Somalia ist von islamistischen Rebellen in Mogadischu eingeschlossen. Er kommt nicht raus.« Nourhan ist einer unserer Traumdelegierten. Er hat es doppelt schwer. Er ist blind und auf einen Begleiter angewiesen. Nun ist er auch noch gefangen.

»Unserem Gelehrten aus Eritrea wird die Ausreise verweigert.«

»Sheikh Qaradawi aus Qatar hat noch immer kein Ticket.«

Zum Glück ist Sheikh Qaradawi wohlhabend genug, das Ticket vorzuschießen. Wir werden es ihm später erstatten.

»Der Sheikh vom Tschad kauft sich sein Ticket auch selbst.«

»In Djibuti ist unerwartet ein ranghoher Politiker gestorben. Unser Gast Sheikh Bashier kann unmöglich ausreisen. Er muss die Trauerfeierlichkeiten leiten.«

Während ich Annette jeweils antworte, nutzt sie die Pausen ökonomisch, um sich einen dreifachen Espresso mit zwei Thomapyrin-Tabletten in den Kopf zu schütten und einen Lidschlag Schlaf zu nehmen. Das Nickerchen reichte für einen Albtraum. »Du bist mit dem Auto verunglückt. Ich muss die Konferenz alleine durchziehen. Stell dir vor, wir würden beide verunglücken – so kurz vorm Ziel...«

Dass wir das Ziel erreichen, steht für uns inzwischen fest. Alle Vorzeichen stehen auf »positiv«. Auf jeden Fall reden wir es uns ein und lassen kein Argument der vielen Skeptiker gelten. Zu erhaben über alle Zweifel sind die Gäste, die der Mufti und wir eingeladen haben. Dennoch: wir müssen fit und am Leben bleiben. Ein Unglück können wir uns nicht erlauben. Annettes Kurztraum ist uns ein Wink des Schicksals. Ab sofort fahren wir nicht mehr gemeinsam Auto, sondern jeder in seinem eigenen Wagen. Sinnvolle Spritvergeudung. Sollten dennoch des Geschickes Mächte unserem Aktivismus per Tod Einhalt gebieten, muss Klaus Denart weitermachen Er muss die Konferenz zu Ende bringen. Wenn sie abgesagt werden müsste, ließe sie sich womöglich nie wiederholen. Klaus ist Mitbegründer TARGETs. Er kennt die islamische Mentalität. Er respektiert dessen Grundwerte genauso wie wir, ist dem Islam zu Dank verpflichtet wie ich. Neben Annette ist er mein wichtigster Berater.

Dennoch drängt sich immer wieder die Frage auf, warum die Uhr ausgerechnet jetzt doppelt so schnell läuft wie normal? Dabei hatte ich der Physik immer volles Vertrauen entgegen gebracht. Doch nun enttäuscht sie uns. Kann es überhaupt noch hektischer werden?

Roman, Annettes Sohn, lässt den Optimisten raushängen. »Doch, doch, Ihr zwei, macht Euch keine Sorgen. Es kann, es *kann*!«

Momente, in denen man überdenkt, ob solche Frohnatur wirklich der richtige Mann ist, um uns als Fotograf nach Kairo zu begleiten.

Zum Glück klappt die Kommunikation mit dem Mufti-Büro jetzt hundertprozentig. Hasan, deutschstämmiger Moslem aus Berlin, bringt preußische Zuverlässigkeit in die Amtsstuben. Mail um Mail fliegt Annette auf den Tisch.

»Die Transparente sind in Arbeit. Der Mufti hat entschieden, den Text auch in Deutsch, also in drei Sprachen aufzudrucken. Es sei schließlich Eure Idee und Finanzierung. Da sei das geradezu Ehrensache.«

Wir sind begeistert. Bei unserer letzten Begegnung hatte Mufti Ali Gom'a auch darauf bestanden, die Transparente vom hauseigenen Künstler gestalten zu lassen. »Der Bedeutung der Konferenz angemessen, können die Spruchbänder nicht aus billiger Baumwolle sein. Die werden aus wertvollem Kunststoff gefertigt.«

Bei der Gelegenheit sprechen wir auch das Thema der Gastgeschenke an. »Araber lieben Schwerter«, empfehle ich die Hiebwaffen. Wie früher meine warmen Semmeln. Dabei habe ich den Hintergedanken, selbst einen Säbel abzusahnen, denn ich liebe die Klingen ebenfalls.

»Das mag sein,« weiß der Mufti. »Aber sie symbolisieren vor allem Krieg. Davon wollen wir uns deutlich distanzieren.« Bei Allah! Wann werde ich denn endlich auch einmal so weitsichtig? Nie.

Er schlägt Stickereien vor, wie man sie vor der alten Azhar anfertigt und feilbietet. Motive mit Silber- und Goldfäden auf schwarzen Samt gestickt, gerahmt in Messing und Silber. Das Motiv: ein Mufti überreicht einer Orientalin den Doktorhut, die Doktorwürde. Darüber ein Text aus dem Koran: »Gott schuf Mann und Frau gleichberechtigt.«

Zwei befreundete Zeichner in Schleswig-Holstein liefern im Handumdrehen eine umsetzbare Zeichenvorlage. Die Sticker lassen die Nadeln glühen. Für ein Muster und dessen Autorisierung bleibt keine Zeit mehr.

Als wir die Werke endlich in Augenschein nehmen können – einen Tag vor der Konferenz – ist es zu spät. Die Gesichter der beiden Menschen sind zu Fratzen verstickt. So wären die Bilder kein Geschenk, sondern eine Beleidigung für jeden Beschenkten. Wir müssen darauf verzichten.

Auch das erste Transparent muss geändert werden. Der beauftragte Künstler hat seine künstlerische Freiheit übertrieben. Er hat Hasans deutsche Formulierung »Unter der Schirmherrschaft…« eigenmächtig umgewandelt in »Unter die Behütung…«

»Das stand so im Lexikon«, gibt er sich verantwortungsbewusst. Jetzt verzweifelt sogar Hasan.

20. November 2006. Wir landen in Kairo. Wir – das sind Klaus Denart und Roman als Fotografen, Rosemarie Denart als Stenografin, Thomas Reinecke als Kameramann, Svend Boettger als Tonmann, Annette und ich als Nervenbündel.

Der Shuttle-Bus holt einen Gast nach dem anderen am Airport ab und bringt ihn ins *Hilton Ramses* am Nil in der Innenstadt.

Hasan lässt das Taxi einen Umweg fahren, vorbei an der Mufti-Residenz. Und dort prangt unübersehbar unser Transparent. Quer vorm Muftipalast, an allerprominentester Stelle. Unser Herz flattert gleich mit vor Stolz, Freude und Aufregung. In drei Sprachen, links und rechts gerahmt vom TARGET-Logo und dem der Pro-Islamischen Allianz, verkündet es das Ereignis.

Internationale Gelehrten-Konferenz über
das Verbot der Verstümmelung des weiblichen
Körpers durch Beschneidung.

Unter der Schirmherrschaft des Mufti
Prof. Dr. Ali Dschum'a
Azhar Congress Center, Cairo,
22. und 23. November 2006

Die verschiedenen Schreibweisen *Ali Gom'a* oder *Ali Dschum'a* haben ihre Ursache darin, dass das arabische G manchmal wie das deutsche G, manchmal aber wie dsch ausgesprochen wird. Oder das U wie O. Wenn das hier variiert, handelt es sich nicht um Druckfehler. Wir wollen auch niemandem ein O für ein U vormachen. Das Porto für angedachte Reklamationen kann man sich also sparen. Oder man kann es spenden. TARGETs Kontonummer befindet sich praktischerweise im Anhang.

Das Hilton hat uns einen fairen Preis gemacht. Genau wie Lufthansa. Unsere Gäste reisen in der Business Class an. Wir zahlen den Preis der Economy Class. Für Würdenträger ihres Ranges verbietet sich das Formatieren auf Quetsch- und Stapelwerte der Economy Class. Man könnte es uns als Körperverletzung auslegen.

Lufthansa gebührt noch aus anderem Grunde Lob. Durch die Schwierigkeiten in einigen der Herkunftsländer unserer Gäste, haben unsere Ansprechpartnerinnen bei der Lufthansa in Stuttgart eine wahre Virtuosität im Umbuchen vollbracht und unendliche Geduld bewiesen. Ihnen an dieser Stelle ein Extradank!

22. November 2006. 7 Uhr. Nur noch drei Stunden bis zum Konferenzbeginn. Wir müssen uns splitten. Nur dann ist die restliche Arbeit noch zu bewältigen.

Das Azhar Congress Center (ACC) liegt im Universitätsviertel des Stadtteils Nasr City, Siegesstadt. *Nomen est* hoffentlich *omen*, denken wir unwillkürlich. Um 10 Uhr soll die Konferenz beginnen. Wir bereiten die Geschenke vor: die Urkunden für die Ehrenmedaillen, die Pressemappen, ein paar Naschereien auf jeden Platz, Schreibblöcke, Kugelschreiber, unser druckfrisches Buch »Karawane der Hoffnung«.

Thomas und Svend suchen sich die besten Positionen für ihre Kameras. Auch andere Sender treffen ein und konkurrieren um Perspektiven.

Ich kontrolliere, ob der Service vereinbarungsgemäß vorbereitet ist. Ob er alkoholfreie Aperitifs aufgebaut hat, ob die Blumengestecke da sind, die Teppiche ausgerollt und der Springbrunnen springt. Ich kann mich beruhigen. Alles ist vorbereitet. Die VIP-Lounge lädt zum In-die-Sesselplumpsen ein, der Kaffee zum Gedankensortieren, der Gebetsraum zur Besinnung.

Zuletzt checken Annette und ich uns gegenseitig. Annette mit weißer langärmeliger Bluse, feingestreifter dunkler Jacke und bodenlangem dunklen Rock. Über den Haaren ein durchsichtiger schwarzer Seidenschal, einmal um den Hals geschlungen.

Ich, völlig ungewohnt und partnerlookig, ebenfalls in dunklem Tuch, ebenfalls mit feinen hellen Streifen, dazu die (nach Annettes Ansicht) passende Krawatte und auf barem Haupte eine anthrazitfarbene Kopfbedeckung. Die habe ich mir beim afghanischen Staatspräsidenten Karsai abgeschaut. Allerdings ist die Seine aus apartem Lammfell, während ich mich mit rauem Filzstoff begnüge. Annette wertet das mal wieder anders. »Oh, hast du dein Bäckerschiffchen schwarz gefärbt?«

Um 9 Uhr treffen die Sicherheitskräfte ein. Uniformierte und zivile Polizei, hochrangige und unauffällige, männliche und weibliche. Hohe Sicherheitsstufe, versteckte Maschinenpistolen. Überall erwartungsvolle Spannung. Sie ist sicherlich erforderlich. Denn immerhin werden gleich die allerhöchsten Repräsentanten des sunnitischen Islam eintreffen. Über ihnen rangiert niemand mehr in der

Glaubenshierarchie. Sie sind die höchsten. Von unser aller Schöpfer einmal abgesehen.

Um Punkt zehn öffnet sich die Tür der VIP-Lounge, und die hohen Gäste, umgeben von einem Pulk von Journalisten, begeben sich gemachen Schrittes zum Saal. Dort stehen Annette und ich erwartungsvoll am Portal.

Allen voran unser Schirmherr. Ihm folgen der Großsheik der Azhar Prof. Dr. Mohamed Tantawi, Religionsminister Prof. Dr. Hamdi Mahmoud Zakzouk, der frühere Großmufti Nasr Farid Wasil und er: Sheikh Prof. Dr. Yusuf Qaradawi, höchstrangiger Gelehrter aus Qatar. Flüstert ein Journalist Annette zu: »Wie habt ihr *den* denn hierher bekommen?«

Ich begrüße jeden Gast mit Handschlag. Annette verneigt sich dezent, mit der rechten Hand auf dem Herzen. Der Großmufti reicht ihr sogar demonstrativ die Hand. Eine besondere und verbindliche Geste, der sich die anderen anschließen. Ich höre Annettes Herz klopfen, was ich sicher meinen Hörgeräten zu verdanken habe.

Im weiteren Gefolge die religiösen Repräsentanten verschiedener afrikanischer Länder, gekleidet in wunderschöne Landestrachten. Unsere ausländischen Gäste. Schließlich noch viele mir nicht bekannte islamische Theologen, persönliche Gäste des Mufti und – überall seitlich – die unübersehbaren Leibwächter. Bilder wie aus Tausendundeiner Nacht. Alles strahlt Würde, Hochachtung, Respekt aus.

Mir wird die Ehre zuteil, unter dem großen Konferenztransparent am Tisch der Eröffnungsdelegation zu sitzen. Das sind Prof. Dr. Muhammad Shama. Er leitet die Konferenz. Er ist Dozent an der deutschen Fakultät der Universität, spricht perfekt Deutsch und ist sowohl ein Vertrauter des Muftis als auch des Religionsministers. Seine Frau Renate ist Berlinerin.

Dann folgen der Mufti, der Großsheikh, der Religionsminister und Moushira Khattab, Generalsekretärin des Nationalen Komitees für Kinder und Mütter sowie Sonderbotschafterin der First Lady des Landes, Frau Suzanne Mubarak. Schließlich meine Wenigkeit.

Möglichst unauffällig schaue ich mit schrägstem Seitenblick die Reihe der hohen Prominenz an, die Elite des Islam, und staune fassungslos. Ich kann es nicht begreifen, was Annette und mir in diesem Moment geschenkt wird. Dieses unerhörte Vertrauen. Ich glaube zu träumen.

Was geht jetzt in Annette vor? Sie sitzt in der ersten Reihe, nur zwei Meter neben Sheikh Qaradawi und Nasr Farid Wasil, dem früheren Mufti sowie unseren Gelehrten, den Ärzten und vielen weiß-rot behüteten Gelehrten der Azhar-Universität. Die Atmosphäre ist hoheitsvoll, erwartungsgeladen.

Endlich sitze ich. Hinter mir liegt ein Vorbereitungsmarathon, wie ich ihn nur meinem größten Feind wünsche. Jetzt kann ich erst mal loslassen. Prof. Shama beginnt mit der Eröffnungsrede. Ich sehe den Großmufti, ich sehe den Großsheikh, den Religionsminister von Ägypten und Moushira Khattab. Daneben Rüdiger. Mit seinem Käppi. Und über allen das große Transparent in drei Sprachen. Mit dem Logo von Azhar, dem Logo von TARGET und dem Logo unserer Pro-Islamischen Allianz. Das ist der Moment, in dem ich wahrnehme, in dem mir klar wird, wo wir sind, und was hier gerade geschieht – und das mit uns. Wir zwei Leute. Das ist für mich mit einem Mal so unfassbar, so unglaublich, wie soll ich diesen Moment des Erkennens ausdrücken? Mein Herz beginnt zu klopfen, meine Hände werden kalt. Wir sind hier, im Zentrum des geistigen Islam – mit den höchsten Vertretern der Azhar – mit den höchsten muslimischen Gästen aus Qatar, aus Mali, dem Tschad, aus Mauretanien, aus Äthiopien und Ägypten. Wir, der Bäcker Rüdiger und die Arzthelferin Annette, aus einem kleinen Dorf in Schleswig-Holstein. Und alle sind gekommen, um über unser größtes

Herzblut-Anliegen zu sprechen, die Beendigung der grausamen Verstümmelung der Mädchen, der eigenen Mädchen. Hier, unter sich, unter den Ulemas und nur mit ihnen soll eine klare Antwort für die Welt gefasst werden. Und Rüdiger sitzt oben dabei. Das ist ein überwältigender Moment, mit dem ich niemals gerechnet habe. Mir kommt nur ein Gedanke: wir haben es geschafft, wir haben es wirklich geschafft! Wir haben es bis in diese höchste islamische Ebene geschafft. Eine Welle von Dankbarkeit durchflutet mich, und mir kommt der Gedanke, ob es Vergleichbares auch in den christlichen Kirchen geben könnte: eine islamische Menschenrechtsgruppe kommt in den Vatikan zum Papst und will mit ihm über ein Problem sprechen, was die Kirche zum Wohle der Gläubigen verändern könnte. Und der Papst lädt diese Gruppe ein, mit ihm und den Kardinälen im Vatikan unter seiner Schirmherrschaft eine Konferenz einzuberufen. Unvorstellbar. Es wäre schön, wenn so etwas nicht unmöglich wäre.

Sheikh Qaradawi ist zweifellos ein besonders umworbener Gast. Keiner lässt es sich nehmen, ihm persönlich die Hand zu drücken. Sein Bekanntheitsgrad begründet sich unter anderem darauf, dass er auf Al-Gezirah eine tägliche Sendung hat. Jeder fernsehguckende Moslem der Welt kennt ihn. Für Muslime gilt er als das »Wandelnde Lexikon des Islam«. Sein Wort hat vor allem in Afrika hohe Bedeutung.

Für den Westen ist er eher eine Reizgestalt. Er gilt als der Mann, der den Karikaturenstreit mit Dänemark ausgelöst hat. Dass Prof. Dr. Yusuf Qaradawi unserer Einladung gefolgt ist, hat uns besonders geehrt. Seine Gegenwart ist für die Konferenz von hoher Bedeutung. Noch im Juli 2001 verkündete seine Homepage zum Thema FGM: »Wer seine Töchter damit schützen will, dem ist es erlaubt. Wer darauf verzichtet, macht sich nicht strafbar.«

Die ersten Reden beginnen. Der Mufti macht deutlich,

dass es an der Zeit sei, den Brauch der Weiblichen Genitalverstümmelung abzuschaffen. Dazu seien zwei grundsätzliche Fragen zu klären. Erstens: sind die Überlieferungen, denen zufolge der Prophet die Beschneidung angeordnet hat, als authentisch einzustufen oder nicht? Dazu mögen die Gelehrten heute ihre Meinung äußern. »Kommen wir zu der Entscheidung, dass sie nicht authentisch sind, muss zweitens geklärt werden, ob jegliche Form der Verstümmelung für die Frau schädlich ist oder nicht. Denn im Zweifelsfalle, so gebietet es der Koran, befragt die Wissenschaftler. Dazu sind fünf höchstrangige Experten aus drei Ländern eingeladen worden. Überlassen wir diese Entscheidung jedem einzelnen Gläubigen, besteht die Gefahr, dass jeder von ihm befragte Arzt einen Grund nennen wird, die Beschneidung zu empfehlen, weil er daran verdient.«

Für Heiko Flottau, Ägypten-Korrespondent der Süddeutschen Zeitung, ist das der Moment, wo er die Versammlung offenbar bereits verlassen hat, wenn er überhaupt anwesend war. Für ihn steht fest, dass auch diese Konferenz enden wird wie alle vorangegangenen der letzten zwanzig Jahre, wenn die Theologen die letzte Entscheidung und damit die Verantwortung den Ärzten überließen. Und die nutzten natürlich jede Gelegenheit zu lukrativen Nebeneinnahmen.

So war es tatsächlich bisher. Heiko Flottau überhört, dass *wir* angetreten sind, das zu ändern. Nicht jeder Dorfarzt soll das entscheiden dürfen, sondern hier an höchster Stelle sollen Fachleute, hochkarätige und unbestechliche Mediziner für ihre korruptionsanfälligen Kollegen in aller Welt sprechen und entscheiden. Klipp und klar.

Doch so ist in der Süddeutschen Zeitung, wohlgemerkt nach!! der Konferenz am 27.11.2006 zu lesen – da lag die großartige Fatwa längst vor – »Eine zaghafte Kampfansage. In Ägypten beginnen Gelehrte, den grausamen Brauch der Beschneidung an Frauen zu diskutieren, doch der Weg zum Verbot ist noch weit.«

Im Text heißt es dann »Doch kaum hatte er gesprochen, suchte der Großmufti Zuflucht in den üblichen Schlupflöchern, die viele Männer in Ägypten finden, wenn es um die weibliche Sexualität geht. »In seltenen Fällen«, sagte Gom'a, die von »Ärzten zu definieren seien«, könne die weibliche Beschneidung erlaubt werden.«

Gut, dass ich den Bericht erst später zu lesen bekomme. Er hätte mich stark deprimiert. Annette macht er fassungslos: »Der Journalist hat keine Ahnung, wie sehr er damit den gefährdeten Mädchen schadet. Das ist ganz übler Journalismus. Und eine grobe Verletzung journalistischer Sorgfaltspflicht. Der gibt den Ärzten und Eltern ja wieder einen Freibrief, alles beim Alten zu belassen. Hat er überhaupt ein Gewissen?«

Annette war bei Verstümmelungen dabei. Sie kämpft wie eine Löwin und lässt sich nicht aufhalten. Für sie ist dieser Bericht ein Schlag ins Gesicht der Konferenzteilnehmer, die eine solche bahnbrechende Wende in der brutalen Thematik erwirkt haben.

Zurück zur Konferenz, zurück in die ehrwürdigen Hallen von Al Azhar. Großsheikh der Azhar, Prof. Dr. Tantawi, spricht. Für ihn sind alle diesbezüglichen Überlieferungen nicht authentisch. Ein klares Wort. Vor drei Jahren hatte er ähnliche Formulierungen bereits in Annettes Kamera gesprochen. Es waren die Worte des Großsheiks, die uns dann in Mauretanien und Djibuti die Türen der Verantwortlichen geöffnet und sie klare Entscheidungen haben fällen lassen.

Religionsminister Zakzouk ist der dritte Redner. Er erklärt der Hörerschaft, warum er uns Fremden von Anfang an Vertrauen geschenkt hat. »Sie haben seit sechs Jahren in vorbildlicher und nie dagewesener Weise dem Islam vertraut und mit ihm als Partner zusammen gearbeitet. In manchen Ländern haben sie mit ihrer Arbeit einmalige Erfolge errungen.«

Einem Journalisten, der Zakzouk später befragt haben will, warum er uns Fremden sein Vertrauen schenke, soll er gesagt haben: »Wir *schenken* ihnen kein Vertrauen, wir *schulden* es ihnen.«

Und bei nüchterner Analyse unserer Glückssträhne und des Wohlwollens mit allen Muslimen, die wir seit der TARGET-Gründung erfahren haben, war die Begegnung mit Minister Zakzouk eine ganz besonders wertvolle. Sie war sogar die entscheidende. Ohne ihn wäre diese Konferenz niemals zustande gekommen. Denken wir an ihn, empfinden wir eine kaum in Worte zu fassende Dankbarkeit. Wenn die Konferenz positiv endet, dann ist das vor allem sein und des Mufti Verdienst.

Jetzt spricht Moushira Khattab. Sie ist die persönliche Botschafterin der Präsidentengattin Suzanne Mubarak. Und sie ist die Generalsekretärin des Nationalen Komitees für Kinder und Mütter. »Wir alle wissen, dass viele Menschen in Ägypten eher dem folgen, was die islamischen Rechtsgelehrten sagen und nicht dem, was die Ärzte sagen. Deshalb darf man die Frage nicht mehr den Ärzten überlassen. Die Entscheidung muss von der Azhar kommen. Und zwar eindeutig und unmissverständlich. Ich weiß, dass die gestellte Aufgabe nicht leicht ist, denn wir kämpfen gegen Jahrtausende alte Sitten und Traditionen. Deshalb hilft uns nur eine kristallklare Entscheidung, die Ärzten und anderen Befürwortern der Beschneidung keine Chance mehr lässt, das Verbrechen zu rechtfertigen.«

Dann bin ich an der Reihe. Ich beginne Arabisch, bitte nach zehn Sätzen, in Deutsch weitermachen zu dürfen, weil mein Arabisch eine Zumutung für die Hörer werde. Das wird wohlwollend abgenickt. Ich beginne deutsch. Da versagt die Simultananlage. Prof. Shama rettet die Situation. Geistesgegenwärtig springt er mir zur Seite und liest meinen arabischen Text zuende. Für alle Fälle hatte Annette ihn ohnehin allen Delegierten in drei Sprachen auf die Sitze gelegt.

Ich bedanke mich für das unermessliche Vertrauen, als Fremder mit solch schwierigem Anliegen hier auftreten zu dürfen. Ich erinnere daran, dass ich hier nur stehe, weil ich vor vielen Jahren dem Islam verpflichtet wurde durch dessen hohe Gastfreundschaft, die mir zweimal das Leben rettete. Eine Ethik, die ich in keiner anderen Kultur gefunden habe.

»Lange habe ich überlegt, *wie* ich mich bedanken könnte. Wenn der Islam durch islamistische Terroristen zu einer kriminellen Organisation herabgewürdigt wurde, habe ich überall in der Welt von meinen positiven Erfahrungen berichtet und darauf hingewiesen, dass es religiösen Extremismus auch bei den Christen gegeben hat und gibt.«

Dann berichte ich davon, dass Annette und ich Augenzeugen der Verstümmelungen geworden sind und es dringend an der Zeit sei, allen Männern klarzumachen, dass männliche und weibliche Beschneidungen keinen Vergleich dulden. »Wir Männer an diesem Tisch sind alle beschnitten. Wir wissen, dass wir keinerlei Einbußen unserer Gefühle haben. Das ist bei Frauen entschieden anders. Sie werden nicht nur ihres Gefühlszentrums beraubt, sondern auch ihrer Ehre, ihrer Würde. Und laut Koran ist jeglicher Schaden, der anderen grundlos zugefügt wird, verboten.«

Ich erkläre dem Gremium auch, woher wir das Geld für diese Konferenz haben. »Es sind rund zehntausend Menschen in Europa, die mit uns den Glauben an die positiven Kräfte des Islam teilen und soviel gespendet haben, dass wir diese Konferenz durchführen konnten. »Darunter sind sogar viele junge Mädchen, Kinder noch, die ihren »Schwestern« in Afrika mit ihrem Taschengeld helfen möchten. Heute ist dieser Tag, den wir mit der Hoffnung verbinden, eine Wende herbeizuführen. Zum Wohle der Frauen, des Islam und zur Ehre Gottes!«

Wir am Vorstandstisch haben unsere Reden gehalten. Pause. Gebet. Mittagessen. Diskussionen auf den Fluren.

Dann geht es weiter. Sheikh Qaradawi (80) ist an der Reihe.

Gleich mit den ersten Sätzen wird er seinem Image als Hardliner gerecht. »Schon der Titel dieser Konferenz ist falsch!«, wettert er. »Denn er nimmt das Resultat, das wir erarbeiten wollen, ja bereits vorweg.«

Und ohne Luft zu holen, geht es weiter. »Warum muss da erst eine deutsche Menschenrechtsorganisation kommen, um solche bedeutende Zusammenkunft zu arrangieren? Das wäre Aufgabe der Azhar gewesen.«

Aber schließlich bestätigt auch er, dass sämtliche Überlieferungen, die die Beschneidung von Frauen betreffen, als »schwach« eingestuft werden müssen.

»Der Islam schätzt die Frau sehr hoch. Und zwar als Frau, als Weib, als Tochter, als Mutter, als Mitglied der Gesellschaft. Im Koran gibt es keinen Text, in dem die Beschneidung von Männern **und** Frauen gefordert werden. Beschnittene Frauen können nicht zufrieden gestellt werden. Die Frau muss in ihrer Natur so bleiben, wie Gott sie geschaffen hat. Beschneidung ist eine Veränderung und Schändung der Natur.«

Qaradawi fährt fort, dass es einige Gelehrte gäbe, die Beschneidung erlaubten. »Wenn aber klar ist, dass der Eingriff zu Schaden führt, muss er verboten werden.«

Das ist Balsam für unsere blankliegenden Nerven, denn noch haben wir seine Homepage-Erklärung aus dem Jahre 2001 im Kopf, wo er die Entscheidung den Eltern der Mädchen überließ.

Dann sind die Mediziner an der Reihe. Und einer ist besser als der andere. Niemand nimmt ein Blatt vor den

Mund. Das Verbrechen wird klar benannt. Es fallen Vokabeln, die man bisher in diesem Hause nie gehört haben wird. Dramen werden spürbar, die das Leiden der wehrlosen kleinen Mädchen und Frauen und die Trostlosigkeit der Ehen verdeutlichen. Lebenslanges Leid. Grausamste Folter.

Professor Kentenich aus Berlin informiert über die gewaltige Palette der Folgeleiden, die Beschneidungen aller Art nach sich ziehen. Das ist oft nicht einmal den betroffenen Frauen klar. Ihn haben wir kennengelernt durch eine Titelgeschichte im Deutschen Ärzteblatt zu genau diesem Schwerpunktthema. Als wir ihn um diesen Vortrag baten, sagte er spontan zu.

Das Fazit seiner Ausführungen: »Kein einziges Argument rechtfertigt die Beschneidung, und sei es »nur« das Anritzen der Klitoris. Alle Typen der Weiblichen Genitalverstümmelung können zu chronischen körperlichen und psychischen Komplikationen, Problemen während der Schwangerschaft und Geburt und volkswirtschaftlichen Problemen führen.« Dann zählt er sie im Einzelnen auf. Eine lange Liste des Schreckens. Sie gleicht den Fallbeispielen zu Beginn dieses Buches.

Der zweite von uns engagierte Arzt ist Prof. Dr. Yusuf Lukman von der Universitätsklinik in Addis Abeba. Als Gynäkologe und als Augenzeuge kennt er die Folgeleiden aus erster Hand. Alle Frauen, die zu ihm kommen, sind verstümmelt. Beinahe hätte er seinen Auftritt verpasst. Kurz vorm Abflug stellte er fest, dass sein Pass nicht mehr gültig war. Nur durch Intervention des Mufti hat die ägyptische Botschaft in Addis Abeba dann Gnade vor Recht walten lassen und ihm ein Blitzvisum erteilt. Er kommt direkt vom Flugzeug in den Saal gestürzt.

Auch mit ihm landen wir einen Volltreffer. Dass er Probleme klar benennt, wussten wir. Er hatte unseren Filmemachern Heike Mundzeck (Autorin und Regisseurin) und Thomas Reinecke (Begleiter auf vielen Reisen, Kameramann und Produzent) drei Monate zuvor ein starkes Interview für unseren gemeinsamen *ARTE*-Film »Feldzug gegen ein Tabu« gegeben. Doch mit seinem Vortrag überbietet er sich selbst.

Dabei beginnt er ganz »harmlos«. »Alles, was ich hier sage, entspricht der Wahrheit. Ich schulde das meiner Berufsehre, meiner persönliche Ehre, und ich berufe mich auf den von mir geleisteten hippokratischen Eid. Ich bin in keiner Weise westlich indoktriniert. Ich stehe hier als Augenzeuge eines gigantischen Verbrechens der Menschheit gegen die Frauen.«

Man vertraut ihm hier. Er hat eine braune Haut. Die ist in Afrika glaubwürdiger als eine weiße, als zum Beispiel meine eigene überbelichtete blasse Hülle.

»Das Beschädigen der Klitoris kann man nur dann mit der Männlichen Beschneidung vergleichen, wenn man dem Mann die Eichel abschneidet. Die Pharaonische Verstümmelung gleicht der Amputation des gesamten Penis. Die Frau hat von Natur aus nicht nur ein Sexualverlangen. Sie hat auch ein Sexualrecht. Dessen wird sie beraubt. Weibliche Genitalverstümmelung raubt ihr den von Gott gegebenen Genuss. Sie wird ihn nie erleben.«

Lukman berichtet von Dramen, belegt sie mit Fotos. Niemand vermag sich der Wirkung seiner Rede zu entziehen. Dann kommt er zum Schluss.

»Wenn mein Beitrag helfen konnte, den Brauch zu beenden, hat mein Leben eine nicht mehr zu überbietende Erfüllung gefunden.«

Man denkt, alles sei gesagt. Dann kommen die ägyptischen Ärzte zu Wort. Und jeder Einzelne lässt nicht den geringsten Zweifel daran, dass jede Form von Frauenbeschneidungen eine Körper- und Seeleschädigung der Frau darstellt. Dr. Ahmed: »Der Schutz von Mutter und Kind stehen im Islam an allererster Stelle. Keine Beschneidung hat irgendeinen Nutzen. Sie richtet ausschließlich Schaden an. Es gibt kein Mädchen auf der Welt, das eine Beschneidung benötigt. Es ist nicht moralisch, ein Organ des Körpers einfach zu beseitigen. Man will damit das sexuelle Verlangen und den Orgasmus der Frau verhindern. Dabei sollte der Wunsch nach Sexualität nicht vermindert werden. Die Frau und ihr Verlangen sollten bleiben, wie Gott es geschaffen hat. Es ist gegen jedes Gesetz, einem kleinen Mädchen so etwas anzutun. Weibliche Genitalverstümmelung ist zu verdammen. Sie ist eine kriminelle Tat. Ärzte dürfen sich daran ebenso wenig beteiligen wie an Folter oder dem Abhacken von Extremitäten.«

Bei solch offener Klarheit aller Worte steigt unsere Hoffnung auf ein unanfechtbares Votum der theologischen Elite am Ende der Konferenz. Ein Verbot ohne Schlupflöcher für Traditionalisten, Verharmloser und Weggucker.

Ein Sitznachbar bemerkt meine Unruhe. »Machen Sie sich keine Sorgen. Sie haben den Großmufti auf Ihrer Seite. Und der hat erst kürzlich wieder ganz klar Stellung bezogen. In einem Fernsehauftritt wurde er von einem Journalisten gefragt, ob der seine Tochter beschneiden lassen soll oder nicht. ›Ich will aber keine langen Sätze und Erklärungen von Ihnen hören, sondern eine klare Antwort‹, hat der ihm gesagt. Und wissen Sie, was der Mufti geantwortet hat? ›Das kann ich nicht. Ich gebe Ihnen *drei* Antworten: Erstens: Nein! Zweitens: Nein! Drittens: Nein!‹«

Sheikh Hissein Hassan Abakar aus dem Tschad ist an der Reihe. Man spürt seine Erschütterung ob des Gehörten. Seine Augen sind feucht. »Bei Gott! Ich habe das alles nicht gewusst, ich habe es doch nicht gewusst. Es ist wirklich dieses fatale Schweigegebot. Bei uns wird zu 100% verstümmelt. Ich werde in mein Land zurückkehren und gegen diesen Brauch Front machen. Das verspreche ich hier vor Ihnen als Zeugen. Die Konferenz ist jetzt schon für mich nicht nur ein hundert-, sondern ein zweihundertprozentiger Erfolg. In mir hat TARGET einen neuen Verbündeten.«

Der Sheikh gönnt sich eine Atempause. Als Zuschauer ist man hin- und hergerissen zwischen seinen Worten der Betroffenheit und seiner beeindruckenden Erscheinung. Er ist, wie alle Gelehrten, in malerische Landestrachten gehüllt. Sheikh Hissein am Rednerpult, im Hintergrund die Prominenz des Islam – das Bild geht später durch die Medien um die Welt.

Diese Solidarität tut uns gut. Wir spüren sie bei jedem der Männer am Rednerpult. Und dennoch wagen wir nicht, uns der Illusion eines Erfolges hinzugeben. Zu groß wäre die Enttäuschung. Immer noch sitzt uns eine Restangst im Nacken.

In einer anschließenden Gesprächsrunde versichert er: »Wenn es TARGET möglich ist, lade ich Annette und Rüdiger ein, die nächste Konferenz bei mir zu machen. Ich werde sämtliche Großmuftis der betroffenen afrikanischen Länder einladen, um ihnen den Beschluss weiterzugeben. Gebt mir Filmmaterial an die Hand, und ich werde meine Sendezeit im Landesfernsehen für diese Sache nutzen.«

Haji Imam Mahammadou Diallo aus Mali tritt ans Rednerpult.

»Vor wenigen Jahren habe ich gewagt, den Brauch in Mali öffentlich anzuprangern. Die Folge: ich wurde meines Amtes als Mufti enthoben und mit Mord bedroht. Das Verbrechen wurde geleugnet. Ich wurde als Agent des Westens gebrandmarkt, der die malische Kultur in Verruf und Schande über das Land bringen will. Zwei Wochen musste man mich unter Polizeischutz stellen.«

Sheikh Hissein Abakar springt auf. »Bruder im Glauben! Dann ist es bei euch ja noch verheerender als bei mir.

In diesem Falle verzichte ich dir zuliebe auf die Konferenz bei mir im Tschad. Wir machen sie bei dir in Mali.«

Bewegende Momente. Hier werden Seelen entblößt, Geisteshaltung auf höchstem Niveau offenbart, Freundschaften fürs Leben geschlossen. Hier wird beispielhafter Islam praktiziert, der auch Gegnern Respekt und Bewunderung abnötigt. Hier treffen wir Menschen, vor die ich mich im Falle einer Bedrohung genauso als lebender Schutzschild stellen würde, wie sie es vor dreißig Jahren für mich getan haben.

Diesmal bin ich es, der Annettes Hand zerdrückt. Das bedeutet: klar, wir machen die Konferenz in Mali. Vielleicht in Timbuktu, dem lehmgestampften Weltkulturerbe. Dort wollte ich ohnehin schon immer hin. Ich springe auf. »In Ordnung, Brüder im Glauben! Ihr könnt euch auf uns verlassen.«

So schnell fallen bei TARGET Entscheidungen. Vorteil der Mikro-Organisation mit Einzelkämpferstatus. Mit nur sieben Mitgliedern.

Gerührt nimmt Imam Diallo das Angebot zur Kenntnis.

»Ich werde zurückkehren nach Mali und werde meinen Gegnern zurufen: Ihr habt geleugnet, dass dieser Brauch existiert. Ihr habt mir vorgeworfen, ich sei vom Westen gekauft. Ihr habt mir unterstellt, Mali mit Schande zu überhäufen. Jetzt frage ich euch: glaubt ihr, auch der Mufti von Ägypten ist gekauft? Glaubt ihr, der Großsheikh von Azhar ist gekauft? Glaubt ihr, der Religionsminister von Ägypten ist gekauft? Und glaubt ihr gar, Sheikh Qaradawi ist gekauft? Eher muss ich mich jetzt fragen, wer euch gekauft hat.«

Er schließt kurz die Augen. »Auf deren Gesichter bin ich gespannt. Sie werden mir jede Antwort schuldig bleiben.«

Das nutzt Imam Ball Mohamed El Bechir, unser Mann aus Mauretanien, für seinen Auftritt.

»Den Einwand der schädlichen *Einmischung des Westens* in unsere Kultur hört man immer wieder. Dabei sollten wir uns erinnern, dass es ursprünglich die arabische Kultur war, die von Ägypten aus um die ganze Welt gegangen ist. Die Araber waren es ursprünglich, die sich in die anderen Kulturen eingemischt haben. Die damit konfrontierten Menschen haben jedoch verstanden, das Gute dieser importierten Kultur zu nutzen und weiter zu entwickeln, wie sich die gesamte Menschheit ständig weiterentwickelt. Da bleibt es nicht aus, dass nun einiges davon wieder zu uns zurückkehrt. Wir sollten in der Lage sein, selbst herauszufinden, was davon gut und was schlecht ist und nicht pauschal alles als schlecht verdammen. Und Beschneidung ist schlecht. Ohne Einschränkung. Sie zerstört den weiblichen Körper und seine Seele.«

23.11.2006, zweiter Konferenztag.

Sheikh Mohamed Darassa meldet sich zu Wort. Er ist Erster Vorsitzender des Obersten Rates für Islamische Angelegenheiten des Afar-Volkes, unser Mann aus Äthiopien. Die Leser kennen ihn aus vorangegangenen Kapiteln.

Darassa hat unterm Arm etwas in eine Decke Gehülltes. Unbeholfen legt er es unter dem Rednerpult ab. Er ist aufgeregt. Fast fällt es ihm hin.

»Vor vier Jahren kamen Rüdiger und Annette zu meinem Volk, den Afar in Ostäthiopien. Sie haben eine Konferenz mit allen unseren Clanführern veranstaltet, um ebenfalls über diesen Brauch zu reden. Nach zwei Tagen der Diskussionen stand unser Beschluss fest. Wir haben den Brauch zur Sünde wider islamische Ethik erklärt. Seither ist er bei uns weitgehend abgeschafft. Dort, wo er weiterhin praktiziert wird, erteilen wir letzte Aufklärung. TARGETs Konferenz hat eine positive Wende von historischer Dimension bei uns eingeleitet. Ich möchte euch, verehrte Anwesende, nicht nur ermutigen, den gleichen Mut zu beweisen bei eurer Entscheidung. Ich möchte meine Anwesenheit hier nutzen, die beiden Deutschen für diese Initiative in aller Öffentlichkeit zu würdigen.«

Mühsam hantiert er unter dem Rednerpult an seinem Deckenbündel. Ali Mekla springt ihm hilfreich zur Seite. Drei Bilderrahmen kommen zum Vorschein. Aha, denken wir, Fotos von damals.

»Im Namen meines Sultans Ali Mirah Hanfary, der aus gesundheitlichen Gründen heute nicht persönlich anwesend sein kann, möchte ich die beiden Deutschen bitten, zu mir zu kommen.«

Das tun wir. Im Saal ist es mucksmäuschenstill. Irgendwo im Licht der Scheinwerfer nehme ich Thomas, unser Lebendstativ, wahr. Noch immer wuchtet er die schwere Kamera auf seiner Schulter durch die von Zuschauern verengten Gänge. Schwerstarbeit. Irgendwann wird der Kerl nicht mehr seine Kamera, sondern eine schiefe Schulter davontragen.

»Entschuldigt,« wendet er sich an uns, »wenn ich das jetzt nicht ganz richtig formuliere. Denn noch nie zuvor in unserer Stammesgeschichte haben wir etwas Vergleichbares getan. Wir möchten euch beide zu Ehrenbürgern unseres Volkes ernennen. Es ist unser Dank für alles das, was ihr für uns getan habt. Ihr wart es, die das Ende der Verstümmelung eingeleitet habt, ihr habt uns eine Fahrende Krankenstation geschickt, die seit einiger Zeit ununterbrochen im Einsatz ist. Und ihr habt die Patenschaft für zwei unserer Mädchen und ihre Familien übernommen. Ihr habt unser »vergessenes« Volk in die Gegenwart, in das Licht der Öffentlichkeit geführt.«

Dann überreichen er und Ali Mekla uns die drei gerahmten Urkunden. In Deutsch, in Arabisch, in Afaraf. »Ihr seid nun Afar. Annette heißt ab jetzt bei uns Kulsuma und Rüdiger Safir Al-Islam, Botschafter des Islam.«

Wir stehen da und sind keines Wortes mehr fähig. Nicht einmal Annette bringt Nennenswertes zustande.

Und das will was heißen. Nichts außer nassen Augen, einem Dankeschön und einer Umarmung des großen Darassa und des großen Ali. Nur Annette darf mal wieder nicht.

Wie kann man uns so »überfallen«? Das sage ich Ali auch. Allerdings leise. »Hättest du uns nicht auf diesen Moment vorbereiten können? Wie sollen wir dir als Projektmanager noch jemals trauen, wenn du vor uns solche Geheimnisse hast?«

Noch manch andere Rede wird gehalten. Kein einziger Referent ist *für* die Fortsetzung der Beschneidung. Als Letzter ergreift Imam Tarafa Baghajati das Wort. Er ist Imam, stammt aus Syrien, lebt nun in Wien. Er vertritt seine Islamische Glaubensgemeinschaft (www.derislam.at).

Er möchte mit seinem Beitrag auch Vorurteile korrigieren, die der Islam in Europa erfährt. »Islam bedeutet für den »Westen« Gewalt, Einschränkung der Kunst, der Meinungs- und Pressefreiheit, die Anwendung von Körperstrafen, Jihaad, Scharia, Zwangsehen und neuerdings vor allem das Thema der Weiblichen Verstümmelung.«

Letztes, so Tarafa, würde zwar nicht direkt dem Islam angelastet, wohl aber würden islamische Gelehrte kritisiert, weil sie sich zu wenig *dagegen* aussprächen, es stillschweigend duldeten und es tabuisierten und damit unterstützten.

»Vor den großen Sommerferien sind mehrere Musliminnen an uns herangetreten, dieses Thema öffentlich zu machen. Das haben wir getan. Die Tagung hat hohe Wellen geschlagen. Kontroverse Wellen. Konservative Frauen aus Verstümmelungsländern beklagten die Diskussion. Man wolle doch nur dem Westen gefallen, argumentierten sie. Musliminnen aus Ländern, denen der Brauch fremd ist, beklagten, sich rechtfertigen zu müssen für etwas, das eigentlich völlig unislamisch sei, aber der Religion angelastet würde.

Wir machten Befürwortern und Gegnern klar, dass der Islam den Schutz des menschlichen Körpers gebiete und das Recht der Frau auf eine gesunde erfüllte Sexualität. Und unter Berücksichtigung aller theologischer Beweisführungen stellten wir eindeutig fest, dass FGM und Islam nichts miteinander zu tun hätten.«

Sogar für die anwesenden Europäer sei es überraschend gewesen, mit welcher Offenheit man über Sexualität gesprochen habe. Dann Tarafa Baghajatis Schlusssatz.

»Die Verflechtung der Welt in dieser globalisierten Zeit macht die Rolle der muslimischen Minderheit in Europa sowohl als ›Botschafter‹ des Islams als auch als Brückenbauer zwischen Orient und Okzident immer wichtiger. Deshalb ist diese Konferenz in der hochangesehenen Azhar von so hervorragender Bedeutung. Ich wünsche mir von dieser Veranstaltung, dass sie einen Meilenstein setzt.«

Inzwischen ist es 15:25 Uhr. Man will sich zurückziehen zur Beratung.

Annette beugt sich zu mir rüber. »Jetzt müssen wir den Film zeigen!«

Eigentlich hatte ich ihn gleich nach meiner Rede zeigen wollen. Thomas hatte ihn vorbereitet im Beamer und wartete auf mein Signal. Aber Prof. Shama, der Konferenzleiter, hatte eine bessere Idee. »Ihr Film muss unmittelbar vor der Klausursitzung gezeigt werden. Dann sind die Eindrücke frischer und wirksamer. Warten Sie bis morgen.«

Ich gehe ans Mikrofon. Imam Tarafa übersetzt meine Worte. »Bevor Sie nun Ihre Entscheidung treffen, möchte ich Ihnen noch einmal mit Hilfe eines Dokumentarfilmes verdeutlichen, worüber Sie zu entscheiden haben. Der Film dauert drei Minuten. Ihn zu ertragen, erfordert viel Kraft.«

Einige Männer stehen auf und verlassen den Saal. Zum Glück niemand von den Entscheidungsträgern. Also »Film ab!«

Annette und ich sitzen nebeneinander. Ihre Anspannung ist spürbar und überträgt sich auf mich. Ihre Hände sind zu Fäusten geballt. Wir haben die Szene schon oft gesehen, und noch niemals hat sie uns unberührt gelassen. Jedes Mal lässt sie uns das Wasser in die Augen schießen. Der Film zeigt den Verrat der Gesellschaft und das Verbrechen Pharaonischer Verstümmelung an der achtjährigen Fatuma aus Äthiopien. Da sitzt sie und freut sich auf den »größten Tag ihres Lebens«. Dann die plötzliche Skepsis, gefolgt von Angst, weggepeitscht von höchster Panik, ihr Schrei, ein markerschütternder Schrei. Wie ein Todesschrei.

Hier bricht die Szene ab. Der Schrei gellt in die Schwärze des ausklingenden Filmes. Es ist mucksmäuschenstill im großen Konferenzsaal der Azhar. Es ist der Moment, für den Annette damals durchgehalten und den Film gedreht hat. Nun ist der Augenblick da.

Da springt ein Mann auf. Er mag 60 Jahre alt sein. In der Hand eine Gehhilfe. Damit fuchtelt er wie wild in der Luft herum. Ich verstehe die Worte nicht, aber Tonfall und Gestik verraten einen gewaltigen Zornesausbruch. Alle TV-Kameras schwenken augenblicklich zu ihm. Ein Eklat.

Dolmetscherin Heba ist flink wie ein Mauswiesel neben mir. »Er sagt, es sei eine Schande, den Film hier zu zeigen. Das sei westliches Machwerk, um den Islam und die Azhar in Verruf zu bringen. Der Brauch existiere nicht…«

Gottseidank ist der Mann kein Entscheidungsträger. Er war früher Angestellter der Universität.

Ich spüre nur noch, wie mein Puls mein Gehirn zuhämmert und springe auf, dränge mich neben ihn. Solchen Schwachsinn darf er nicht unwidersprochen in die Kameras schreien. Ich möchte ihn am Jackett packen. Jemand verhindert das. Ich fauche ihn an. »Bist du taub oder blind oder nur dumm? Hast du nicht gehört, was die

Gelehrten ohne Einschränkung hier erzählt haben? Hast du keine Tochter? Oder bist du nur zu feige, der Wahrheit ins Gesicht zu blicken? Möchtest du lieber, dass man solche Filme nicht zeigt und weiterhin täglich 8000 Mädchen das erleiden müssen, was du aus Feigheit und Unbelehrbarkeit leugnest? Willst du behaupten, alle, die hier gesprochen haben, sind Lügner?«

Ich möchte jetzt zwei Münder gleichzeitig haben, so viel will ich ihm an den Kopf schreien. Ich möchte handgreiflich werden. Bei diesem Thema hat meine Dialogbereitschaft enge Grenzen. Wieder einmal disqualifiziere ich mich als geduldiger Verhandlungspartner.

Bodyguards drängen uns höflich auseinander. Ich bebe vor Zorn, kann keinen Satz mehr ruhig formulieren. Thomas knallt mir sein Objektiv mitten vors Gesicht. »Was war da gerade los, Rüdiger?« Blöde Frage. Er hat es doch selbst erlebt. Aber er steht auf lebensnahe Reportagen. Die kann er haben. »Wenn der Typ nicht so alt gewesen wäre, 60, und die Bodyguards uns nicht auseinandergezerrt hätten, hätte ich ihm gern bewiesen, was TARGET bedeutet. Nämlich, ein Ziel nicht nur diplomatisch anzusteuern, sondern jederzeit auch kämpferisch.« Ich vergesse immer wieder, dass ich selbst nun bereits auf die 80 zumarschiere. Da sollte man eigentlich vernünftiger und ruhiger werden.

Die Klausursitzung hinter verschlossenen Türen hat begonnen. Der Schreier verschafft sich währenddessen Luft auf dem Gang. Zuschauer versuchen, ihn zu beruhigen. Er sieht nichts ein. Typ Holocaustleugner.

Ich gehe vor der mit Holzgittern verzierten geschlossenen Tür auf und ab. Dahinter beraten nun die Ulemas. In meinem Kopf hämmert es zum Aus-der-Haut-fahren. Ich bete: »Gott, Du Gott allen Seins, der Du die Menschen in wunderbarer Weise geschaffen hast, gib Ihnen Deine Weisheit, gib Ihnen Deinen Geist, damit sie in rechter Weise entschei-

den. Lass es nicht zu, dass die Mädchen weiterhin diese Folter erdulden müssen. Lass es nicht zu. Sei da, sei mitten drin. Hinter dieser Tür. Und bewege die Herzen.«

In mir schreit alles. Jetzt wird entschieden. Wir können nichts mehr tun. Wir müssen loslassen. Es ihnen, den Entscheidungsträgern des Islam überlassen. Kurz vor dem Beginn der Klausurberatung wollte ich unseren Film zeigen. Mir war mit einem Mal klar: für heute habe ich diese Filmaufnahmen damals gemacht. Heute werde ich mein Versprechen den gequälten Mädchen gegenüber, denen ich nicht helfen konnte, einlösen. Ich wollte, dass diese Männer wissen, worüber sie heute und hier entscheiden. Jeder sollte sehen und hören, was da mit ihren Töchtern geschieht. Die Bilder kann ich bis heute nicht aushalten, ohne dass Tränen kommen.

Jetzt kommen mir wieder die Tränen, hier vor den verschlossenen Türen. Dieses Aushalten, ohne etwas tun zu können, macht mich fast verrückt. Keiner kann mich ablenken, nicht einmal Rüdiger oder Roman. Was, wenn die Ulemas keine Entscheidung für die Mädchen fällen, was, wenn kein klares, verbietendes Wort von der Religion komm? Dann weiß ich zum ersten Mal, seit wir für die Mädchen kämpfen, nicht, wie es weitergehen könnte. Dann weiß ich den nächsten Schritt nicht mehr!

23. November 2006, 16:33 Uhr. Das entspricht dem 2.11.1427 im Islamkalender.

Professor Muhammad Shama betritt des Rednerpult. Wir versuchen, seine Mimik zu deuten. Die Gesichtszüge verraten nichts. Was sagen seine Augen? Hoffentlich deute ich das nicht falsch! Denn meine eigenen Augen sind feucht. Die von Annette auch. Unter ihrem langen Schal fassen wir uns an den Händen. Jetzt, in diesem wichtigsten Moment für uns, dem Moment, dem wir lange und mit aller Kraft entgegengegangen sind, brauchen wir unseren gegenseitigen Halt.

Und dann kommt Satz um Satz. Wir hören Satzfragmente wie »Verbot von Missbrauch des weiblichen Körpers«, »Gott hat den Menschen mit Würde ausgestattet«, »ererbte Unsitte...von einigen Moslems übernommen, ohne textliche Grundlage im Koran respektive einer authentischen Überlieferung des Propheten«, »fügt der Frau physische und psychische Schmerzen zu«, »**Verstößt gegen einen der höchsten Werte des Islam**, nämlich dem Menschen keinen Schaden zufügen zu dürfen«, »als strafbare Aggression gegen das Menschengeschlecht erachtet«, »die Lehren des Islam...verbiete, dem Menschen irgendeinen Schaden zuzufügen«, »Anstrengungen auf die Aufklärung ...konzentrieren«, »unbedingte Pflicht der Medien und Bildungseinrichtungen, über die Schäden aufzuklären«.

Und schließlich: »Die Konferenz fordert die Legislativ-Organe auf, ein Gesetz zu verabschieden, das den Praktizierenden diese grausame Unsitte untersagt und sie als **Verbrechen** deklariert.«

In diesem Moment verleihe ich dem Großmufti bereits den edelsten aller Friedensnobelpreise, die je vergeben wurden. Und es wirbeln irre Pläne durch meinen Kopf, wie TARGET diese Nachricht jetzt hinter die letzte Düne der Sahara tragen wird, in die entfernteste Moschee, zum letzten Nomaden. »So unmöglich es auch erscheinen mag: jetzt werden wir die gesamte Sahara umgraben«, flüstere ich Annette noch zu.

Dann springe ich erneut auf, eile ans Mikrofon. Wieder hilft mir Tarafa. »Danke Islam! Ich danke euch allen! Dieser Tag wird eine Wende in der Religionsgeschichte einleiten. Ihr habt dem Islam ein Denkmal gesetzt!«

Auch Annette muss ihre Erleichterung zum Ausdruck bringen. Sie erinnert an die Mädchen von Afrika und bedankt sich bei Allah für diese weise Entscheidung, die den Mädchen hoffentlich bald ein unbeschwertes Leben ermöglicht. Ich könnte sie dafür knutschen. Aber da kommen schon die Frauen, die den Beschluss ebenso fieberhaft erwartet hatten, und wollen ihr die Hand schütteln. Sie umarmen sie und möchten sich so bei ihr für unsere Arbeit bedanken. Ich weiß, dass das für Annette ein wunderschöner Moment ist und überlasse sie ihren neuen Freundinnen.

Anderntags die letzte Privataudienz bei Seiner Eminenz, dem Großmufti Prof. Dr. Ali Gom'a. Im Beisein der SPIEGEL-Korrespondentin Amira El Ahl (die einzige von allen Korrespondenten, die bis zum Schluss dabeigeblieben ist) unterzeichnet er den Beschluss und erhebt sie damit in den Rang einer Fatwa, eines Rechtsgutachtens. Verbindlich für alle Muslime. Annette bittet, ein Schlusswort sprechen zu dürfen. Sie dankt dem Mufti vor allem im Namen der Millionen von betroffenen Mädchen und Frauen.

»Ich hätte ihn am liebsten umarmt,« gesteht sie mir hinterher. Wäre es möglich gewesen, ich hätte es ihr von Herzen gegönnt.

In unser Gästebuch schreibt der Mufti:

»Im Namen Allahs, des Gnädigen und Barmherzigen!
Einen herzlichen Dank an die deutsche Organisation TARGET für ihre aufrichtigen Bemühungen zur Lösung gesellschaftlicher Probleme und ihren Beitrag bei dieser »Internationalen Sharia-Konferenz«.
Die Gelehrten haben eine klare und deutliche Entscheidung gegen die Praktiken, insbesondere die so genannte »Beschneidung« getroffen, die den weiblichen Körper verstümmeln.

Wir wünschen der Organisation viel Erfolg!«

Ich versuche ein letztes Schlusswort.

»Wir werden den Beschluss jetzt hinaustragen in die Wüste und in die Welt. Jeder soll davon erfahren. Auch die Entscheidungsträger anderer Religionen, für die der Islam eine Vorreiterrolle übernommen hat. Der Beschluss ist der wichtigste Schritt auf dem Wege zum Ende des Brauchs. Und dann, wenn er von allen Imamen in allen Moscheen verkündet werden wird, werden wir Sie vorschlagen für den Friedensnobelpreis, weil er den größten Bürgerkrieg beendet, den sich die Menschheit je ausgedacht hat. Die Gesellschaft gegen die Frauen, ein Krieg seit 5000 Jahren. Ein Krieg mit täglich 8000 Opfern, zwei Millionen pro Jahr.«

Die Formulierung ›Bürgerkrieg‹ fand ich einen griffigen Vergleich. Aber die Journalistin Nina Gladitz hat es später noch einprägsamer formuliert. »Das macht von Anbeginn bis heute eine Gesamtopferzahl von zehn Milliarden Frauen!!! Bei gegenwärtig sechs Milliarden Menschen auf der Erde bedeutet das die fast zweimalige Schändung der gesamten Menschheit.«

Zahlen, welche die Dimension des Verbrechens anschaulich verdeutlichen.

Auf dem Flughafen steht Heba Afifi, unsere quicke Dolmetscherin. Sie lebt davon, Touristen die Stadt zu zeigen. Ein gut bezahlter Job wie der, uns zwei Tage als Dolmetscherin zur Seite zu stehen, ist die Ausnahme. Sie muss mit jedem Piaster rechnen.

»Ich möchte euch noch sagen, dass euer Film mein Leben verändert hat. Ich selbst bin nicht beschnitten, und im allgemeinen wird das Thema hier totgeschwiegen. Ich habe von diesem Schrecken nichts gewusst. Ich werde jetzt jedem davon erzählen und meinen Beitrag leisten, euer Ziel zu erreichen.«

Sie drückt uns ihr gesamtes Honorar von 150 Euro in die Hand. »Nehmt es für TARGET. Ich schlage mich schon irgendwie durch.« Weg ist sie.

Die Karawane zieht weiter

Der Schakal heult,
die Karawane zieht weiter.
Anonym

Januar 2007

Noch immer purzeln täglich über 150 Mails auf unseren Bürotisch hier in Rausdorf. Die Reaktionen vieler vieler Menschen aus aller Welt sind umwerfend. Mails wie: die schönste Nachricht des Jahres 2006 / das schönste Geschenk unter dem Weihnachtsbaum / wir fielen uns nach dem Lesen Eures Rundschreibens weinend in die Arme. Und viele Male »danke«, tausend mal getippt, »einmalig, riesig«, respektvoll, sensibel, strategisch klug, seitenweise Zuspruch. Oder Komplimente, aus Zeitschriftenbuchstaben zusammengeschnippelt und geklebt, – all diese Resonanzen *tun uns unglaublich gut. Zeigen sie doch, wie viele Menschen das gleiche Ziel ersehnen und uns Mut machen, den Weg weiterzugehen.*

Wenn dankbare Mails aus Ägypten, aus Frankreich, aus den USA und Saudi-Arabien kommen, wissen wir, dass es sich zu kämpfen lohnt. Wenn Bürgermeister, katholische und evangelische Pfarrer, wenn Amnesty, (I)NTACT, Menschen für Menschen, World Vision, wenn ausländische Menschenrechtsorganisationen wie die französische Organisation Internationale de la Frankophonie, sogar das UN-Hochkommissariat für Menschenrechte in Genf und unsere Bundesministerin Heidemarie Wieczorek-Zeul gratulieren und bei der Fortsetzung der Arbeit ihre Hilfe anbieten, sogar Ghaddafis Sohn Seif el-Islam, dann wissen wir, dass wir den rechten Weg gegangen sind. Wir sind einfach nur glücklich. Glücklich für die Mädchen in Afrika.

Zitate aus dem Schreiben der Bundesministerin:

»Der Erfolg, den diese Konferenz für unseren gemeinsamen Kampf zur Beendigung der weiblichen Genitalverstümmelung bedeutet, kann in der Tat kaum hoch genug eingeschätzt werden. Sie haben damit zugleich auch demonstriert, was die kenntnisreiche kulturell sensible und beharrliche Arbeit von engagierten Einzelpersonen in diesem Kampf erreichen kann. Dazu gelten Ihnen und Ihren Mitstreiterinnern und Mitstreitern meine herzlichsten Glückwünsche… Deshalb würde ich mich freuen, wenn wir uns bei Gelegenheit über Ihre Eindrücke aus Kairo und das, was jetzt zu tun ist, persönlich austauschen könnten.«

Von den Publizisten schenkt das Hamburger Abendblatt der Konferenz eine besondere Würdigung. Chefredakteur Menso Heyl und sein Chefkorrespondent Thomas Frankenfeld widmen dem Erfolg nicht nur ihre Titelgeschichte »Islam-Gelehrte verdammen Beschneidung von Mädchen«, sondern auch die ganze ›*Seite Drei*‹ und einen Kommentar. Im Talk mit KERNER kommt die Konferenz erstmals auch als Film mit bewegten Bildern rüber.

Amira El Ahls Bericht erscheint zwei Wochen später im SPIEGEL unter dem Titel »In schönstem Ebenmaß«. Spätestens von ihr und nun auch auf der aktuellen Homepage von Sheikh Qaradawi aus Qatar zum Resultat der Konferenz, konnte der Kairo-Korrespondent der Süddeutschen, Heiko Flottau, dann erfahren, dass sich der Mufti *nicht* in Schlupflöcher zurückgezogen hat. Fairerweise sind die Chefredakteure der Süddeutschen aber einverstanden, unseren Leserbrief, in dem wir Flottau drastisch widersprechen, zu veröffentlichen. Und über Weihnachten »schenkt« uns Charlotte Frank, Politik-Redakteurin der Süddeutschen, sogar ein halbseitiges Portrait »An das Unmögliche glauben«. Letzten Endes also »süddeutsche« journalistische Fairness.

Den endgültigen Abschluss unter den »ersten Teil« unserer »Karawane der Hoffnung« setzen Heike Mundzeck und Thomas Reinecke mit dem TV-Film »Feldzug gegen ein Tabu«. Es ist Heike Mundzecks Geduld zu verdanken, dass ARTE/ZDF den Film nicht nur genommen, sondern ihm sogar den bestmöglichen Sendeplatz eingeräumt haben. Und zwar im Abendprogramm am 6. Februar 2006, dem 4. *Internationalen Tag gegen Weibliche Genitalverstümmelung*. Sie werden belohnt mit einer doppelthohen Sehbeteiligung. Fast 100% über der üblichen Quote. Nicht nur in Deutschland, sondern auch in Frankreich.

Auch auf den Film hin erreichen uns Glückwünsche. Und Verrisse. Doch wenn man hinschaut, von wem sie kommen, sind sie eindeutige Komplimente.

Allen gemein ist, dass die Autoren selbst noch gar nichts vorzuweisen hätten, das den Opfern geholfen und dem Brauch entgegengewirkt hätte.

Stattdessen kompensieren beispielsweise Fadumo Korn und Fana Asefaw für ›Forward‹ ihre eigene Erfolglosigkeit gegen FGM mit seitenlangen Abhandlungen darüber, dass man nicht »Verstümmelung« sagen soll, sondern »Beschneidung«. Und das, obwohl »Verstümmelung« die internationale Bezeichnung der UNO und der Afrikanischen Union ist.

Und eine gewisse Mary Kreutzer (DIE PRESSE) suggeriert sogar im ARTE FORUM, dass ich mich mit reaktionären Islamisten der Moslembruderschaft verbündet habe. Sie kommt zu dem Fazit: »Ich hoffe, dass Leute wie Nehberg und seine Islamistenfreunde in der Bedeutungslosigkeit verschwinden. Jedoch: es sieht nicht danach aus.« Da hat sie voll und ganz Recht.

Als DVD ist eine verlängerte und etwas veränderte Filmversion auch im Handel oder über *thomas.reinecke@t-online.de* erhältlich. Thomas Reinecke, als dem Produzenten und seiner Partnerin Tima von der

Wense danken wir an dieser Stelle für ihren unentwegten selbstlosen Einsatz. Über Monate hinweg, bei Tag und Nacht. Nie war ihnen etwas zu viel. Stunden, Tage und Wochen schenkten sie TARGET im Vertrauen auf die Realisierung der gemeinsamen Vision. Nie ging es ihnen um Profit. Bei diesem Film haben sie eindeutig zugesetzt. Und dennoch war immer noch Zeit für eine liebe Bemerkung, einen persönlichen Satz, einen kleinen Scherz.

Vor allem wissen wir die extreme psychische Belastung aller Beteiligten beim Schnitt der Verstümmelungsszenen zu würdigen. Immer wieder mussten sie die Bilder ertragen, timen und neu arrangieren, bevor sie sendefertig waren. Laien können sich das vielleicht nicht vorstellen. Die Szenen sind nicht einmal ohne Ton erträglich, und die Cutterinnen mussten sich viertelstündlich abwechseln.

An dieser Stelle deshalb auch noch einen Extradank an unsere Filmautorin Heike Mundzeck in Form einer winzigen Anekdote. Die Geschichte passierte, als sie uns bei Dreharbeiten in Äthiopien begleitete, wo wir ihre Geduld und ihr Durchhaltevermögen zu würdigen lernten.

Ihre Arbeit vor Ort wurde über den Dreh hinaus schnell zum Kampf ums eigene nackte Überleben, zu einem Kampf zwischen zwei Fronten. Da war einerseits die Konzentration auf das Drehbuch. Ständig war es Veränderungen ausgesetzt. Denn alle Augenblicke ergaben sich ungeplante Szenen, die sofort wahrgenommen, festgehalten und in den Film eingeordnet werden mussten.

Das ist leichter gesagt als getan. Denn parallel musste sie sich der Hitze und Fliegen erwehren. Und nicht nur das. Neben den Insekten griffen Sand, Gerüche, Bakterien, Viren und Keime an. Mit jeder Staubwolke kamen neue Myriaden heimtückischer Krankheitserreger angeweht. Allerorten lauerte die Gefahr, gegen die die mitgebrachten Medikamente womöglich keine Chance hatten. Der allgemeine Durchfall war der beste Beweis für das Versagen herkömmlicher Medizin. Selbst ihrem Mineralwasser in Flaschen zum Zähneputzen und Duschen mochte sie nicht mehr trauen. Das ließ sie sich zwar nicht anmerken, aber diese tiefe Sorge prägte ihr Unterbewusstsein. Das wurde unvermittelt deutlich, als sie Thomas eine Regieanweisung gab. Es ging darum, den genauen »Time Code« einer gefilmten Szene zu notieren. Filmideen und Überlebenswillen kollidierten und sie sprudelte ihre Worte heraus, munter wie das Mineralwasser in ihren Flaschen: »Notieren Sie von dieser Szene bitte unbedingt den Keimtod!«

Spaß beiseite. Time Code oder Keimtod. Hauptsache, Heike und Thomas haben die Keime überlebt.

2008.

Nun gilt es, den Beschluss zu verbreiten. Nicht nur bis hinter die einsamste Saharadüne, sondern bis ins ferne Indonesien. Jeder Imam muss von dem Beschluss erfahren, in jeder Moschee muss er verkündet werden. Das wollen wir in zwei Schritten realisieren. Der erste ist eine Weltgipfelkonferenz mit den jeweils höchsten Gelehrten der 35 Länder, in denen der Brauch praktiziert wird. Unser Schirmherr, Großmufti Prof. Dr. Ali Gom'a, wird die Geistlichen auf die in der Azhar errungene Fatwa einschwören. Wir hoffen, dass alle Delegierten mitziehen. Unser hochgestecktes Ziel ist eine *ultimative Konferenz*, nach der keine weitere mehr erforderlich werden darf.

Schritt zwei wäre dann die Verteilung unseres »Goldenen Buches«. Es enthält die Fatwa von Kairo, wichtigste Zitate der prominenten Redner, Entkräftungen der haarsträubenden Argumente »für« Verstümmelung und Fotos von der Konferenz. Der Text ist in Arabisch, Französisch, Englisch und Deutsch. Für Analphabeten gibt es vier Zeichnungen.

Das Besondere des kleinen Büchleins ist seine hochwertige Aufmachung: Kunstleder, Goldprägung, Magnetverschluss, künstlerische Seitengestaltung. Seine Absegnung erhält es durch ein Vorwort des Muftis Ali Gom'a. Insgesamt also ein Kleinod, das Besitzerstolz wecken wird, das niemand fortwerfen wird.

Millionenfach soll es dann in die Länder gebracht und im Rahmen einer Feierstunde in die Verantwortlichkeit des jeweils höchsten Geistlichen übergeben werden. Der wird es in sämtliche Moscheen verteilen mit der Anweisung an die Imame, den Inhalt zu verkünden. Scheinbar eine Sisyphosarbeit, aber nicht für uns. Denn wir sind nicht mehr allein. Längst haben sich viele prominente und kapitalstarke Partner gemeldet, die bei Herstellung, Druck und Verteilung mitwirken wollen. Es sind Einzelpersonen, Firmen und der große TARGET-Förderkreis, die sich das Vertrauen in die positiven Kräfte der Religion und unsere Strategie bewahrt haben. Zu gegebener Zeit wird davon noch ausführlich zu berichten sein. So hat mein Piper Verlag bereits spontan und unentgeltlich die aufwändigen Vorbereitungen übernommen und die Druckvorlagen geschaffen. Ein Papiergroßhändler will das wertvolle Papier, eine Großbinderei die Bindungen sponsern. Bundesministerin Heidemarie Wieczorek-Zeul hat den Transport der Bücher in die Hauptstädte in Aussicht gestellt.

Sobald das alles unter Dach und Fach ist, sobald der erste LKW mit der kostbaren Ware vor unserer Haustür in Rausdorf vorfährt, wird davon in der Neuauflage dieses Buches ausführlicher zu reden sein.

Hier als Kostprobe das Vorwort unseres Schirmherrn, Seiner Eminenz des Großmufti von Ägypten, Prof. Dr. Ali Gom'a. Sein uns damit bekundetes Vertrauen macht uns glücklich und demütig zugleich.

Im Namen Allahs, des Allerbarmers, des Allbarmherzigen!

Lobrede

Brüder und Schwestern!

Im Bewusstsein meiner Verantwortung als Mufti Ägyptens und ausgehend von meinem Glauben an den Islam, der jede Tat, die dem menschlichen Körper Schaden zufügt, voll und ganz verbietet, war ich damit einverstanden, dass die Internationale Gelehrten-Konferenz über das »Verbot der Verstümmelung des weiblichen Körpers durch Beschneidung« unter meiner Schirmherrschaft veranstaltet wurde.

Die Konferenz fand schließlich am 01. und 02.11.1427, entsprechend dem 22. und 23.11.2006, statt. Auf ihr trafen eine ganze Reihe von Islam-Forschern und Gelehrten zusammen sowie Ärzte mit höchster Fachkompetenz.

Nach eingehenden Erörterungen fassten die Konferenzteilnehmer den Beschluss, dass die Verstümmelung des weiblichen Körpers durch Beschneidung überhaupt nicht vom Islam ist, da sie ja dem weiblichen Körper Schaden zufügt, wie es auch die Ärzte ausdrücklich bestätigten. Sie ist deshalb vom Islam her rechtsverbindlich verboten, zumal der Gesandte Allahs Muhammad (Allah segne ihn und schenke ihm Wohlergehen!) gesagt hat: »Schaden erleiden und Schaden zufügen gibt es im Islam nicht.«

Ich bin der festen Überzeugung, dass das vorliegende, von Herrn Rüdiger Nehberg verfasste Büchlein über den Hergang der Konferenz unter den Muslimen in Afrika und weiteren Ländern der islamischen Welt auf Akzeptanz stoßen und dem Konferenzbeschluss Folge geleistet wird, so dass man von dieser üblen Sitte ablässt.

Möge Allah uns allen Erfolg in allem Guten für unsere Gemeinschaft und für die Menschheit insgesamt verleihen!

Prof. Dr. Ali Gom'a
Mufti Ägyptens, Februar 2007

Eröffnungsrede von Muhammad Abdelghani Shama, Berater des Ministers für Religiöse Stiftungen

(Auszug)

Die Grundprinzipien der Forschungsarbeiten dieser Konferenz drehen sich um einen wichtigen Punkt, und zwar die Verehrung der Frau und die Gewährleistung ihres psychischen und physischen Schutzes. Meine Damen und Herren, der Hadith sagt: »Wer die Frauen würdigt, ist menschenwürdig und wer sie beleidigt, ist gemein«. Unsere Religion verlangt, dass wir die Frau würdigen und unsere Tradition fordert uns auf, dass wir sie schützen und verteidigen. Aus diesem Grund war Dr. Ali Gom'a, Großmufti von Ägypten, damit einverstanden, dass diese Konferenz unter seiner Schirmherrschaft abgehalten wird.

Gott sagt: »Und wenn ihr mit einem Gruß gegrüßt werdet, so grüßt mit einem schöneren wieder oder erwidert ihn.« (Sure: Nissa, Vers 86). Wir begrüßen die Menschenrechtsorganisation TARGET und danken ihr für ihre materielle Unterstützung zur Realisierung dieser Konferenz und für ihre besonderen Aktivitäten in den Entwicklungsländern, um das Leben der einfachsten Menschen, Armen und Bedürftigen zu erleichtern sowie für ihre große Mühe, das Leiden der betroffenen Menschen zu lindern.

Wir bedanken uns herzlich für ihre hervorragende Leistung.

Gott sagt: »Wahrlich, diejenigen, die glauben, und die Juden, die Christen und die Sabäer, wer an Gott und den Jüngsten Tag glaubt und Gutes tut – diese haben ihren Lohn bei ihrem Herrn und sie werden weder Angst haben noch werden sie traurig sein.« (Sure: 2, Vers 62)

Die Fatwa von Al-Azhar
Kairo, 25.11.2006

Im Namen Gottes des Barmherzigen, des Allerbarmers

Die Internationale Konferenz der Gelehrten bezüglich des Verbots von Missbrauch des weiblichen Körpers wurde am 1. und 2. der Dhul-Qi'da 1427 nach der Hijdra, entsprechend dem 22. und 23. 11. 2006, in den Konferenzräumlichkeiten der Al-Azhar Universität abgehalten. Eine Anzahl von Forschungsarbeiten wurde vorgetragen. Nachdem Wissenschaftler und islamische Gelehrte sowie Fachleute und Aktivisten von zivilgesellschaftlichen Organisationen aus Ägypten, Europa und Afrika angehört wurden, werden folgende Empfehlungen bekannt gegeben:

1. Gott hat den Menschen mit Würde ausgestattet. Im Koran sagt Gott: »Wir haben die Kinder Adams gewürdigt«. Daher wird von Gott jeglicher Schaden verboten, der Menschen zugefügt wird, unabhängig von gesellschaftlichem Status und Geschlecht.

2. Weibliche Genitalbeschneidung ist eine ererbte Unsitte, die in einigen Gesellschafen praktiziert wird und von einigen Muslimen in mehreren Ländern in Nachahmung übernommen wurde. Dies ohne textliche Grundlage im Koran, respektive einer authentischen Überlieferung des Propheten.

3. Die heutzutage praktizierte weibliche Genitalbeschneidung fügt der Frau physische und psychische Schäden zu. Daher müssen diese Praktiken unterbunden wer-

den, in Anlehnung an einen der höchsten Werte des Islams, nämlich dem Menschen keinen Schaden zuzufügen – gemäß dem Ausspruch des Propheten Mohammad, Friede und Segen Gottes sei mit ihm: »Keinen Schaden nehmen und keinem anderen Schaden zufügen«. Vielmehr wird dies als strafbare Aggression erachtet.

4. Die Konferenz appelliert an die Muslime, diese Unsitte gemäß den Lehren des Islams zu unterbinden, da jene verbieten, dem Menschen in irgendeiner Form Schaden zuzufügen.

5. Ebenso fordern die Teilnehmer der Konferenz die internationalen und regionalen Institutionen und Einrichtungen auf, ihre Anstrengungen auf die Aufklärung und Unterrichtung der Bevölkerung zu konzentrieren. Dies betrifft insbesondere die hygienischen und medizinischen Grundregeln, die gegenüber der Frau eingehalten werden müssen, sodass diese Unsitte nicht weiter praktiziert wird.

6. Die Konferenz erinnert die Bildungseinrichtungen und die Medien daran, dass sie die unbedingte Pflicht haben, über die Schäden dieser Unsitte aufzuklären und deren verheerende Konsequenzen für die Gesellschaft aufzuzeigen, um zur Eliminierung dieser Unsitte beizutragen.

7. Die Konferenz fordert die Legislativorgane auf, ein Gesetz zu verabschieden, welches den Praktizierenden diese schädigende Unsitte der Weiblichen Genitalbeschneidung untersagt und sie als Verbrechen deklariert, unabhängig davon, ob es sich bei den Praktizierenden um Täter oder Initiator handelt.

8. Des Weiteren fordert die Konferenz die internationalen Institutionen und Organisationen auf, in allen Regionen Hilfe zu leisten, in denen diese Unsitte praktiziert wird, um somit zu ihrer Beseitigung beizutragen.

Unterschrift:

Prof. Dr. Ali Gom'a
Großmufti Al-Azhar
25.11.2006

Hilfe für mein Volk

Von Ali Mekla Dabala, TARGETs Projektmanager für Äthiopien

Der einzige Mist, auf dem nichts wächst,
ist der Pessimist.
Gehört auf Radio Niedersachsen

Beinahe wäre ich Rüdiger schon viel früher begegnet. Nämlich 1977, als er mit seinen Freunden Klaus Denart und Horst Walther meine Heimat, die Danakilwüste in Äthiopien durchquerte. Damals sind sie nur 24 Kilometer östlich meines Geburtsortes Konaba-Awuu mit ihren Kamelen und zwei Afarführern vorübergezogen. Nicht weit davon war es auch, am Vulkan Ertale, wo sie überfallen und ausgeraubt wurden. Ich weiß nicht mehr, ob ich davon gehört habe, denn damals gab es viele Geschichten von Überfällen. Es herrschte Krieg zwischen Äthiopien und Eritrea. Auch mein Volk, die Afar, befand sich im Aufstand gegen das kommunistische Regime in Addis Abeba. Nirgends war man sicher. Unsere Väter waren damals damit beschäftigt, die Täler uneinnehmbar zu machen. Überall in den zerklüfteten Bergen wurden Schutzwälle aus Steinen errichtet, hinter denen sie mit ihren Maschinenpistolen und Panzerfäusten auf eindringende Gegner lauerten. Das wussten unsere Feinde. Deshalb beschränkten sie sich darauf, hin und wieder ein paar Bomben abzuwerfen.

Vielleicht habe ich Rüdigers kleine Karawane zumindest gesehen. Denn zu jener Zeit zog auch ich Tag für Tag durch die Berge, und Karawanen gab es unendlich viele. Die meisten waren jedoch Salzkarawanen. Sie zogen, scheinbar unbeeindruckt vom Krieg, in endlosen Linien von den Assale-Salzflächen durch unser Tal hinauf ins Hochland. Sie versorgen es mit Salz. Die Karawanen gibt es schon seit Hunderten von Jahren. Auch heute noch. Sie brauchen sechs Tage.

Ob ich Rüdiger nun gesehen oder von ihm gehört habe oder nicht, ist egal. Eines weiß ich mit Bestimmtheit. Es ging mir nicht annähernd so gut wie ihm. Er hatte sein obligatorisches Müsli dabei und Datteln, während ich allenfalls morgens ein Stück Brot und einen Lederbeutel voll Wasser in die Hand gedrückt bekam. Damit musste ich den ganzen Tag klarkommen. Ich war damals zehn Jahre alt und Ziegenhirte. Von morgens bis abends trieb ich unsere vierzig Familienziegen auf endlos langen Bergpfaden von Grashalm zu Grashalm und abends wieder zurück nach Hause. Alle Tage wieder, auf immer neuen und weiteren Wegen. Denn wo ich gestern war, war heute noch nichts nachgewachsen.

Mir ging es da wie den kleinen Mädchen, die das tägliche Brennholz sammeln mussten. Immer weiter führten sie ihre Wege. Es war durchaus keine Seltenheit, dass sie einen Tag lang unterwegs waren für eine Rückenlast voll Holz. Daran muss ich heute immer denken, wenn ich in Deutschland sehe, was Menschen an Holz auf den Sperrmüll werfen. Am liebsten würde ich alles einsammeln und meinem Volk schicken.

Und wehe mir, wenn da mal eine Ziege fehlte! Dann setzte es eine gewaltige Tracht Prügel, und ich musste auf der Stelle zurück in die Dunkelheit der Nacht und sie suchen, bevor die Hyänen sie fanden. Meist aber waren die Hyänen schneller. Dann bekam ich noch eine Tracht Prügel.

Als ich 14 war, nahm die Bedrohung durch die kämpfenden Truppen zu. Mit meinem Onkel Sheikh Muktar bin ich 1980 nach Dschibuti geflohen. Das war damals der einzig sichere Ort. Von dort kam ich 1989 auf verschlungenen Wegen nach Deutschland, und zwei Jahre später schenkte mir jemand Rüdigers Buch *Überleben in der Wüste Danakil.* Daher kenne ich seine Müsli-Geschichte. Ich hab mich halb schiefgelacht. Aus Angst, die abendlichen Gastgeber könnten ihm alles wegessen, hatte er Schweinchen auf die Beutel gemalt und den hungrigen Leuten großzügig davon angeboten. Aber bevor sie richtig zugreifen konnten, hatte er sie gewarnt. »Das ist eine getrocknete Nahrung aus Schweinefleisch. Darfst du die als Muslim essen?« Natürlich durften sie nicht, und so blieb Rüdiger das Müsli erhalten.

Und dann entdeckte ich drei Passagen in seinem Buch, die nicht den Tatsachen entsprachen. Da stand fest, irgendwann rufe ich den Typ an und weise ihn darauf hin. Ich hatte auch schon die Telefonnummer seiner Konditorei in Hamburg erkundet. Da sah ich bei mir in Osnabrück seine Vortragsplakate hängen. So lernten wir uns kennen.

Als er mich Braunhäutigen unter all den Bleichgesichtern an der Eintrittskasse entdeckte, kam er gleich auf mich zu.

»Hey, bist du Äthiopier?«

Ich sagte: »Ich bin sogar Afar!«

»Dann kommst du umsonst rein.«

Und ehe ich mich versah, hatte er mir nicht nur einen Ehrenplatz zugewiesen, sondern stellte mich während des Vortrages sogar dem Publikum vor. Ich war hin und weg und vergaß fast, dass ich ihn auf die Fehler in seinem Buch hinweisen wollte. Aber beim anschließenden Tee fiel es mir dann wieder ein.

»Du hast da geschrieben, dass die Afar Feinden den Penis abschneiden, um heiraten zu können. Ich kenne diese Storys. Man erzählt sie im ganzen Land. Es mag heute noch sieben Männer geben, die so was überlebt haben. Es sind Verbrechen, die unter Todfeinden überall passieren. Aber sie sind keinesfalls eine Afar*tradition.*«

»Und was noch?«, fragte er.

»Dann hast du geschrieben, dass man euch irgendwo eine Frau angeboten hätte. Das kann sein. Aber es war niemals ein ernst gemeintes Angebot. Es war ein Scherz, den man gern mit einem Gast treibt.«

Und zu guter Letzt bestritt ich damals, dass die Afarmänner ihre genital verstümmelten Frauen in der Hochzeitsnacht mit dem Dolch öffnen würden. Ich konnte mir das nicht vorstellen. Nie hatte ich davon gehört. Dann zeigte mir Rüdiger seine so genannten »unzumutbaren Dokumentaraufnahmen der Verstümmelung«. Ich war geschockt.

So lernten wir uns kennen. Es waren Sympathie und Hochachtung auf Gegenseitigkeit. Vom ersten Moment an. Vor allem, als er mir dann Näheres von der Gründung seiner Menschenrechtsorganisation, dem Projekt gegen Weibliche Genitalverstümmelung und seiner Strategie erzählte.

»Ich will den Brauch mit der Kraft des Islam beenden.«

Zuerst dachte ich, spinnt der? Aber als er mir sein Konzept näher erläuterte, war ich begeistert. Ich spürte sogleich, dass das keine Utopie war. Was Rüdiger sich da ausgedacht hatte, war so realistisch und so fundiert, dass ich keine Sekunde am Erfolg zweifelte. Ich dachte sogar, das muss tatsächlich erst ein Fremder, ein Freund des Islam den Muslimen vorschlagen. Einer von uns käme nicht einmal auf die Idee. Auf der Stelle sagte ich ihm jede Unterstützung zu. Er nannte die Begegnung eine *Fügung*. Ich habe anschließend erst einmal im Lexikon nachschlagen müssen, was das ist. Nun weiß ich wieder eine Vokabel mehr.

»Dann kannst du gleich beginnen. Dein Sultan Ali Mirah Hanfary hat Annette und mir gestattet, alle eure Clanführer zu einer Konferenz zusammenzutrommeln. Hast du nicht Lust mitzukommen, das zu organisieren und den Dolmetscher zu machen?«

So begann unsere Zusammenarbeit. Aber nicht einmal im Traum hätte ich mir damals vorstellen können, dass diese Begegnung mein Leben von Grund auf verändern würde. Zunächst beschränkte sich die Zusammenarbeit noch auf sporadische Aktivitäten. In unbezahlten Urlauben organisierte ich die Einladungen und Konferenzen. Zum Beispiel die bei den Afar in Äthiopien, dann die in Dschibuti, demnächst eine weitere in Eritrea. Ich sah für mich eine Chance, meinem Volk und meiner Religion auf eine nie gekannte Weise zu helfen.

Ich hatte mir viel erhofft, aber ich war nüchtern genug, auch mit vielen Misserfolgen zu rechnen. Denn ich wusste von Konferenzen zu dem Thema in exklusiven Politikerkreisen im Hilton und im Sheraton in Addis Abeba. Aber nie haben die dort erzielten Beschlüsse je mein Volk erreicht. Weder akustisch noch geistig. Vor allem interessiert mein Volk auch gar nicht, was andere über sie beschließen. Bei uns gilt nur, was wir selbst entscheiden. Das Stammesgesetz. Es dominiert alles andere.

Dass die Wüstenkonferenzen dann meine kühnsten Träume sogar noch toppen würden, hätte ich niemals gedacht. Man muss sich das einmal vorstellen! Seit fünftausend Jahren wird das Thema Weibliche Genitalverstümmelung gemieden, wie der Sünder den Döner-Grillmeister in der Hölle meidet. Und plötzlich geschieht das Unglaubliche. Man spricht nicht nur erstmals in aller Öffentlichkeit darüber, sondern erklärt den Brauch sogar zur Sünde!

Entscheidend für das schnelle Umdenken waren TARGETs Bilder von den Verstümmelungen. Nie hatten unsere Männer geahnt, dass das Beschneiden der Frauen so schrecklich ist. Wie sollten sie auch? Pharaonische Verstümmelung wird von Frauen praktiziert. Männer waren ja nie dabei. Sie saßen irgendwo und rauchten ihre Zigaretten. Wenn sie dann ihre Töchter schreien hörten, dachten sie, alle Kinder schreien, wenn man ihnen etwas antut. Auch die Jungen schreien, wenn sie beschnitten werden. Oder wenn sie geimpft werden. Und Frauen jammern ja sowieso immer. Sie sind von Natur wehleidiger. Das war die allgemeine Meinung. Was aber Frauen wirklich durchmachen und dass das Klagen hundert Gründe hat, wurde auch mir erst auf der Konferenz in Assayta richtig klar, als Frauen plötzlich ihre Zurückhaltung aufgaben und der geschockten Versammlung erzählten, welche vielfältigen und grauenhaften Folgen die Verstümmelung für sie hat. Im Gegensatz zum Mann. Bei ihm ist nach vier Wochen wieder alles wie vorher. Bei den Frauen ist der Schmerz mit der Operation nicht beendet. Sie ist der Beginn, und die Folgeleiden währen ein ganzes Leben. Vergleichen kann man die männliche Beschneidung mit der weiblichen nur dann, wenn man den Mann komplett entschwanzt und die verbleibende Öffnung nicht verheilen lässt, indem man mit einem rostigen Nagel darin herumrührt.

Ich vergesse nie den Moment, als Sheikh Darassa in Assayta und Sultan Humad in Dschibuti zu mir kamen und unabhängig voneinander sagten, wie wichtig es gewesen sei, die Bilder der Verstümmelung gesehen zu haben. Der eine verglich es mit dem Schlachten von Tieren, der andere mit Mordversuchen.

Einmal hörte ich, wie Annette in Deutschland gefragt wurde, wie es ihr überhaupt möglich war, solche Szenen zu filmen, warum sie nicht eingegriffen und das Mädchen gerettet habe. »Ich hätte das verhindert«, meinte der Fragende. »Ich wäre mit dem Kind unterm Arm davongelaufen.«

Dazu kann ich nur sagen, dass solche Kritiker europäisch denken. Sie waren nie vor Ort. Annette wäre niemals lebend davongekommen. Dann hätte es allenfalls einen Toten mehr gegeben und große diplomatische Konflikte zwischen Deutschland und Äthiopien. Nicht einmal ich als Afar hätte das Mädchen retten können. Ich kann mir Annettes Gewissenskonflikt gut vorstellen. Soll sie mit dem Mädchen davonlaufen, auch wenn sie es letztlich nicht retten kann und vielleicht selbst getötet wird? Oder hält sie trotz der unvorstellbaren Grausamkeit durch und schafft der Welt ein Dokument, mit dem Entscheidungsträger zum Umdenken gezwungen werden, und damit nicht *einem* Mädchen, sondern *Millionen* geholfen wird? Ich denke, eine Antwort erübrigt sich, und der Erfolg TARGETs spricht für sich.

Zurück zur Gegenwart. Trotz der Erklärung des Brauchs zur Sünde durch den Obersten Rat für Islamische Angelegenheiten der Afar, ist der Beschluss noch nicht überall sofort befolgt worden. Das höre ich von den Menschen, das weiß ich durch unsere Ärztin. Ich glaube, dass man das auch nicht erwarten darf. Man muss Geduld haben und immer wieder nachhelfen. Unsere Ärztin Steffi hatte dazu neulich einen passenden Vergleich. »Wie lange schon kämpft man in der westlichen Welt gegen das Rauchen! Jeder weiß, dass Rauchen letztlich tödlich ist, aber kaum einer hört deshalb damit auf. Dasselbe mit gesunder Ernährung.«

Dabei ist der Brauch der Verstümmelung ja noch viel älter und somit viel verwurzelter als das Rauchen in Europa. Da stehen fünftausend Jahre gegen fünfhundert Jahre. Verglichen damit hätten die Raucher noch 4500 Jahre Zeit zum Umdenken. Sofern sie dann noch leben.

Als TARGET nach dem positiven Ende der ersten Wüstenkonferenz meinem Volk eine Fahrende Krankenstation schenkte und Annette und Rüdiger ihre »Patenkinder« Amina I und Amina II nach Addis umsiedelten, um ihnen eine bessere Ausbildung und Zukunft zu sichern, ergab sich für mich unerwartet die Chance, meine Mitarbeit auszuweiten. Mein Nebenjob wurde zur Haupttätigkeit.

Ali zurück bei seiner Mutter

Ich wurde Projektleiter für die TARGET-Projekte in Äthiopien. Für mich ist das die absolute Erfüllung. Ich kann mein Hobby zum Beruf machen. Wie Rüdiger und Annette es getan haben. Wir alle merken, dass ich manches ganz anders bewegen kann, als es TARGET oder ein Fremder je könnte. Das hat eine einfache Ursache. Ich bin ein Afar. Ich bin einer von meinem Volk. Ich habe dort heute noch meine Familie, meinen Clan. Ich kenne die Empfindlichkeiten meiner Leute, ihre Schwächen, und ich kenne ihre Stärken. Ich kann ganz anders auf sie eingehen als jeder Fremde, dem immer eine letzte Spur Misstrauen entgegengebracht wird, auch wenn er noch so sehr mit ihnen befreundet ist. Man braucht bei uns Geduld. Wie überall in Afrika.

Besonders auf Rüdiger muss ich aufpassen. Er ist ein Macher. Er ist ungeduldig. Er hat eine Idee, und schon gestern möchte er sie ausgeführt haben. Das geht nicht bei uns, und oft muss ich seine Ungeduld bremsen. Hektik ist kontraproduktiv. Dann übersetze ich einfach so, wie ich es für besser halte. Aber immer im Sinne seiner Vision. Ich denke, wir beide bilden eine tolle Symbiose (auch dieses Wort habe ich aus dem Lexikon. Man soll ja lernfähig bleiben).

Trotz seiner Ungeduld ist Rüdiger für mein Volk längst einer der Ihren. Ein Afar. Das ist das Höchste, was man einem Fremden als Kompliment antun kann. Er ist ein Afar, auch wenn er nicht unsere Sprache spricht. Infolge seiner Schwerhörigkeit kann er sie nicht mehr lernen. Aber zum Sprechen hat er ja schließlich mich. Ansonsten verständigt er sich mit seinen Gesten, mit seinen Blicken und mit seinen Taten. Er hat aus Erfahrung höchsten Respekt vor unserer kargen harten Lebensweise und unserem Glauben an den einzigen, einzigartigen und gemeinsamen großen Schöpfer, der das gesamte Universum geschaffen hat. Rüdiger und Annette haben meinem vergessenen Volk schon jetzt ein kleines Denkmal gesetzt.

Und das revanchiert sich. So hat soeben (2006) unser Afar-Gesundheitsminister Awal Wagris TARGET ein unverhofftes Geschenk gemacht. In TARGETs Einsatzgebiet wird eine kleine neue Klinik entstehen. TARGET erhält davon einen Teil zur freien Verfügung und hat somit auch in meiner Heimat direkt ein neues Hauptquartier.

Abschließend sei gesagt, dass dies das erste Mal ist, dass ich in Deutsch einen Bericht verfasst habe. Dafür habe ich drei Tage gebraucht. Rüdiger war das bestimmt zu lange. Er drängelt schon wieder. Ich soll das Manuskript für ein neues Theaterstück lektorieren. Ein Landsmann von mir hat es geschrieben. Es handelt von FGM, soll in möglichst vielen Dörfern aufgeführt werden und die Bevölkerung weiter aufklären. Danach kommt das Büchlein unserer Dolmetscherin Ebadi an die Reihe. Sie dolmetscht für die Ärztin Steffi und will per Buch mit einfachen Worten meine Landsleute Hygiene lehren, bessere Ernährung und sie aufklären über die Folgen der Verstümmelung.

Noch nie habe ich so viele verschiedene Aufgaben zu erledigen gehabt. Noch nie habe ich mich so wohl gefühlt. Mein ganzes Leben ist wie Urlaub.

Ali Mekla Dabala, Herbst 2006

Wunsch an unsere Leserinnen und Leser

In diesem Buch haben wir Sie ein Stück mitgenommen in unser kunterbuntes, abenteuerliches und erfüllendes Leben. Gegenwärtig arbeiten wir an zwei Projekten. Vielleicht mögen Sie mitmachen?

DAS GOLDENE BUCH

Wie erwartet, hat sich die sensationelle Fatwa aus der Azhar, die Mädchenverstümmelung zu einem Verbrechen wider höchste Werte des Islam erklärt hat, gar zu Sünde und Teufelswerk, nicht von selbst um die Welt verbreitet. Zu lange war es »normal«, Mädchen dieser Schändung zu unterwerfen, es sogar »Sünde« war, es nicht zu tun. Zu tief sitzt die Scham, über dieses heikle Thema zu sprechen. Deshalb haben wir, in enger Zusammenarbeit mit der Azhar, die theologischen Auslegungen der islamischen Führungselite und die medizinischen Aspekte, die zu der von TARGET initiierten historischen Fatwa vom 24. November 2006 führten, in DAS GOLDENE BUCH geschrieben. Es ist, seinem Inhalt entsprechend, bewusst wertvoll gestaltet: Kunstleder, Magnetverschluss, Goldschnitt, Goldprägung, Fotos, Zeichnungen, mehrsprachig. Es soll auch noch nach drei Generationen von der Größe der Islamführung verkünden, die zu diesem Thema den Mut aufgebracht hat, eine lebenslang vertretene Meinung komplett zu revidieren. Ägyptens Großmufti Prof. Dr. Ali Gom'a hat das Werk mit einem Vorwort geehrt. Großmufti Hamden Ould Tah aus Mauretanien hat es beurteilt als »des Islam würdig« und gab ihm einen »Ehrenplatz« neben seinem Koran.

Für die Buchgestaltung hat unser kleines Opus sogar den renommierten Designpreis *reddot* erhalten. Irgendwann soll es, abhängig von der Finanzierung, kostenlos und vier Millionen mal in die geschätzten vier Millionen Moscheen der 35 Länder verteilt werden. Als Predigtgrundlage für die Imame (Vorbeter). Es wird noch erweitert um eine GOLDENE DVD. Auf ihr sind die namhaften Gelehrten zu sehen und zu hören.

Das Buch ist nicht im Handel erhältlich.

In Mauretanien, Djibuti und Äthiopien haben Verteilung und Predigten bereits begonnen. Bei einigen Verkündungen waren wir persönlich anwesend. Momente wie in 1001 Nacht, wo Märchen und Visionen wahr werden.

Als nächstes sind die Verteilung in Mali und Somaliland geplant. Der Sudan will schätzungsweise 250 000 Exemplare.

Geburtshilfestation

Parallel zu dem globalen Vorhaben wollen wir unser lokales Projekt *Fahrende Krankenstation* beim Volk der Afar in der Danakilwüste in Äthiopien um eine *Geburtshilfestation* erweitern. Das Grundgebäude haben wir vom äthiopischen Staat kostenlos erhalten. Es muss nur den Anforderungen angepasst werden. Aber diese Chance wollen wir nutzen, um dann auch Operationen durchführen zu können. Zum Beispiel Kaiserschnitte. Das konnten wir mit unserem mobilen Hospital nicht. Bisher mussten wir die schlimmsten Fälle jeweils ausfahren in ein weit entferntes Krankenhaus.

Infolge der früher in diesem Gebiet üblichen Pharaonischen Verstümmelung ist eins der großen Probleme die extrem hohe Todesrate bei Geburten. Dicke Narben und fehlende Elastizität des Gewebes machen Geburten unmöglich.

Was uns bestärkt, dieses Projekt in Angriff zu nehmen, ist auch das spontane Angebot des Berufsverbandes deutscher Frauenärzte, uns kontinuierlich und kostenlos mit Fachärzten zu unterstützen.

Darüber hinaus haben wir weitere Verbündete gefunden. Der *Dachdeckerverband Nordrhein* will uns die Dächer liefern und die Firma KACO in Neckarsulm die Solaranlage.

Vielleicht mögen auch Sie, liebe Leserin, lieber Leser, uns zur Seite stehen. Interessenten können sich auf unserer Homepage informieren (www.target-nehberg.de). Vielleicht mögen Sie sogar bei uns Förderer werden. Den Jahresbeitrag legen Sie selbst fest. Ab 15 Euro.

Wir würden uns jedenfalls sehr glücklich schätzen, Sie als Verbündeten zu gewinnen, denn nur gemeinsam sind wir stark genug, die Aufgaben zu bewältigen. Gemeinsam für die Mädchen Afrikas!

Rüdiger und Annette Nehberg

Mitmachen als TARGET-Förderer?

Erfolg steigt erst dann zu Kopfe,
wenn der nötige Hohlraum vorhanden ist.
Karl Kraus

Wie wir arbeiten, mag das vorliegende Buch verdeutlicht haben.

Wer die Arbeitsweise unterstützenswert findet, ist herzlich eingeladen mitzumachen.

Insbesondere ist uns unser Förder-Kreis wichtig. Der Mindestbeitrag ist mit 15 Euro im Jahr gering gehalten. Damit auch schon junge Menschen sich engagieren können.

Wer möchte und kann, mag gern mehr geben.

Aber natürlich ist jede Spende immer willkommen.

Alle Informationen, Spendenmöglichkeiten und Formulare finden Sie auf unserer *Homepage*

www.target-human-rights.com

Sie können uns auch mit Ihrem Fachwissen unterstützen.

Oder mit besonderen Spender-Aktionen.

Beispiele dafür finden Sie auf unserer Homepage.

Kontakt:

TARGET e.V.
Poststr. 11
22946 Trittau
Tel. 0049-(0)4154-794 888
Fax 0049-(0)4154-794 889

Oder in Rausdorf
Tel. 0049-(0)4154-99 99 40
E-Mail: contact@target-human-rights.de
Homepage: www.target-human-rights.com

Konto Deutschland:
Sparkasse Holstein, Empfänger TARGET,
Kto.-Nr. 50 500, BLZ 213 522 40
BIC-Code (SWIFT): HSHNDEH1HOL
IBAN: DE 16 2135 2240 0000 050 500

Konto Schweiz:
Postfinance, Empfänger TARGET, 40-622117-1,
BIC: POFICHBEXXX
IBAN: CH29 0900 0000 4062 2117 1

Achtung: Wenn Sie eine Spendenbescheinigung wünschen, denken Sie bitte daran, uns Ihre Anschrift mitzuteilen.

Danke für jede Spende!

Was ist FGM?

Die Abkürzung steht für den englischen Begriff *Female Genital Mutilation*, auf Deutsch *Weibliche Genitalverstümmelung.* FGM ist die international übliche Bezeichnung für diese Praxis, die – je nach regionaler Sitte – an Säuglingen, Mädchen jeden Alters und (seltener) an bereits erwachsenen Frauen praktiziert wird.

Als Weibliche Genitalverstümmelung werden laut Definition der WHO sämtliche Eingriffe bezeichnet, bei denen ein Teil der äußeren weiblichen Geschlechtsteile entfernt wird – oder sogar sämtliche äußeren Geschlechtsteile. Dabei ist es unerheblich, ob dies aus kulturellen(traditionellen), relgiösen oder anderen Gründen geschieht.

Die WHO unterscheidet vier Arten der Weiblichen Genitalverstümmellung:

Typ I:
Entfernen der Klitorisvorhaut, wobei auch ein Teil der Klitoris oder die gesamte Klitoris mit entfernt werden kann.

Typ II:
Entfernen der Klitoris, wobei auch ein Teil der kleinen (inneren) Schamlippen oder sogar die gesamten kleinen Schamlippen entfernt werden kann.

Typ III:
Entfernen eines Teils oder sämtlicher äußeren Genitalien sowie das Vernähen oder anderweitiges Verschließen der Scheidenöffnung – die so genannte Infibulation.

Typ IV:
Hierunter sind all die Manipulationen aufgeführt, die nicht unter die Typen I bis III fallen – auch solche, die hier nicht aufgeführt sind. Hierzu zählen unter anderem: das Einritzen, Durchbohren oder Dehnen der Klitoris und/oder der Schamlippen; Ausbrennen der Klitoris und des umliegenden Gewebes; das Abschaben von Gewebe, um die Scheidenöffnung herum oder Einschnitte in die Vagina (Scheide); das Einbringen von ätzenden Substanzen oder Kräutern in die Scheide, um entweder Blutungen herbeizuführen oder die Scheide zu verengen.

Weitere Informationen finden Sie auf unserer Homepage!

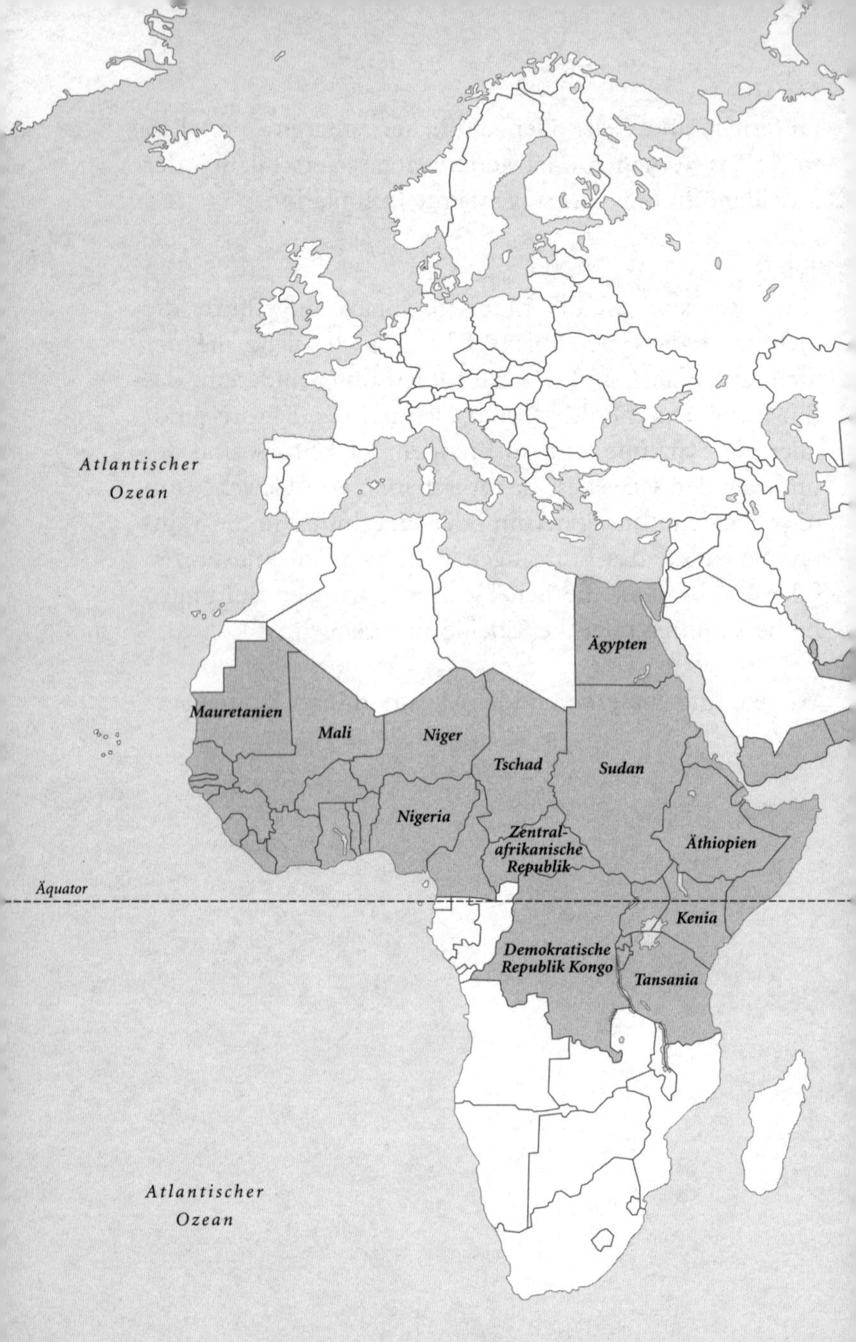

Länder, in denen Weibliche Genitalverstümmelung praktiziert wird
Quelle: amnesty international, Stand: 2004

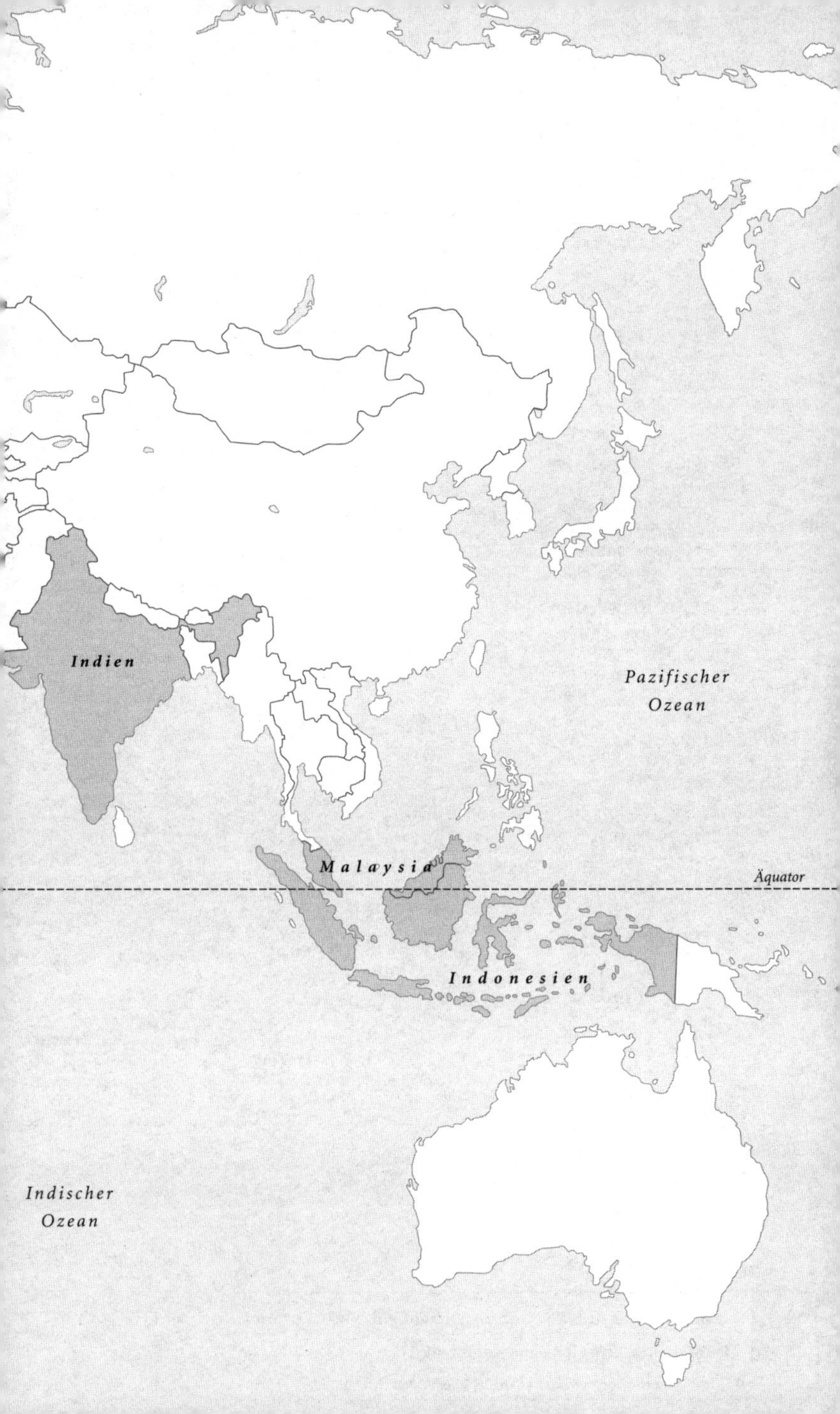
Indien
Pazifischer
Ozean
Malaysia
Äquator
Indonesien
Indischer
Ozean

Atlantischer Ozean
Mauretanien
25%
Mali
94%
Niger
Niger
20%
Gambia
Senegal
20%
90%
50%
Guinea
99%
Guinea-Bissau
Burkina Faso
77%
Benin
50%
Nigeria
50%
Sierra Leone
90%
Elfenbeinküste
60%
Ghana
30%
Liberia
60%
Kamerun
20%
Togo
12%
Atlantischer Ozean
Länder, in denen Weibliche Genitalverstümmelung praktiziert wird
90% Häufigkeit von Verstümmelung in Prozent
Quellen: amnesty international, UNICEF, Stand: 2004 / Senegal 1998

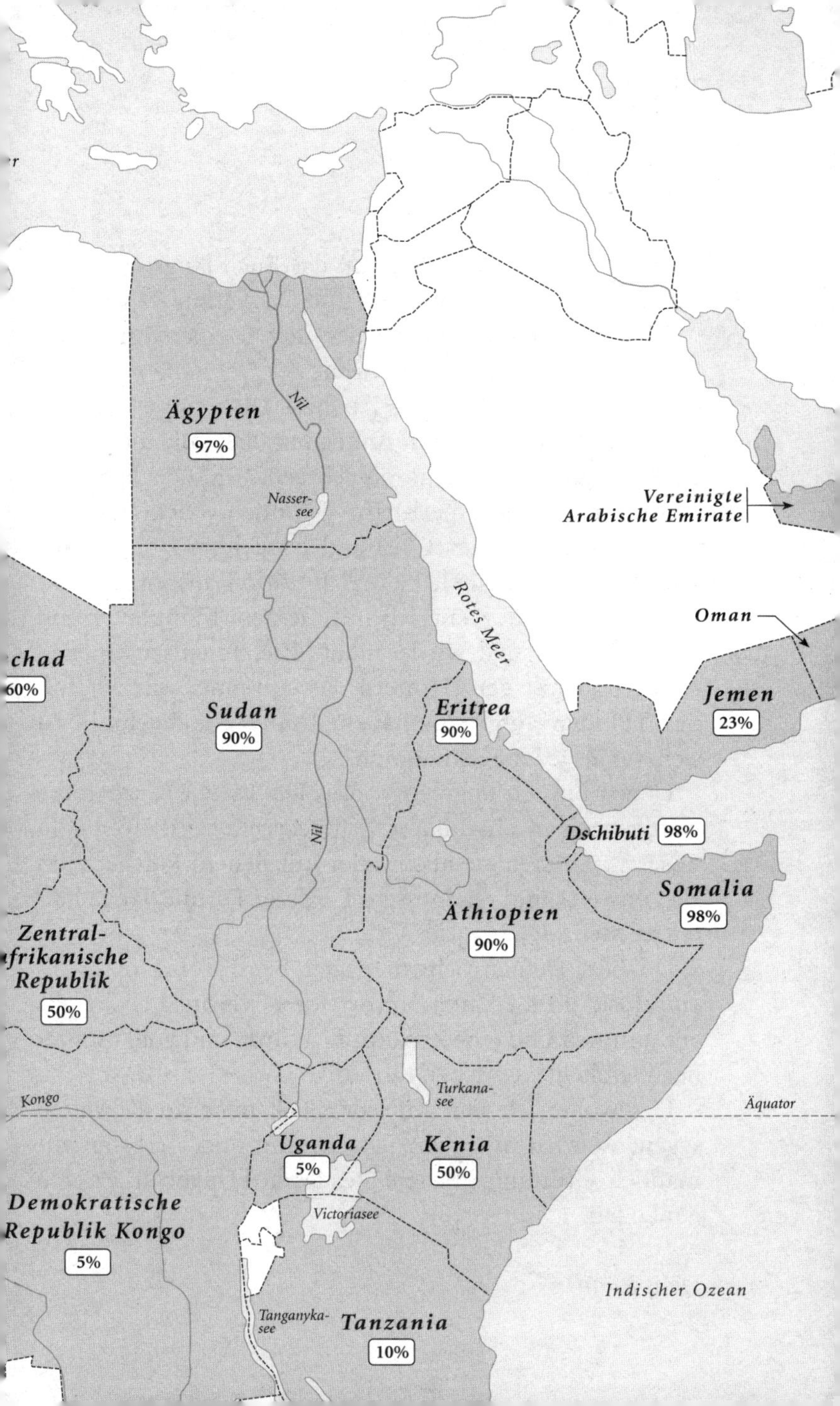
Ägypten
97%
Nil
Nasser-
see
Vereinigte
Arabische Emirate
Rotes Meer
Oman
chad
60%
Sudan
90%
Eritrea
90%
Jemen
23%
Nil
Dschibuti
98%
Somalia
98%
Äthiopien
90%
Zentral-
frikanische
Republik
50%
Turkana-
see
Kongo
Äquator
Uganda
5%
Kenia
50%
Demokratische
Republik Kongo
5%
Victoriasee
Indischer Ozean
Tanganyka-
see
Tanzania
10%

Nachwort

Liebe Annette,

diesen Text liest Du erst, wenn das Buch längst gedruckt ist. Sofern der Verlag mitzieht und Diskretion wahrt.

Ich finde es dringend an der Zeit, Deinen Anteil am Gelingen der gesamten *Karawane der Hoffnung* noch einmal explizit zu würdigen. Du hast Dich physisch, psychisch und seelisch von Anbeginn über alle normalen Leistungsgrenzen hinaus eingebracht. In Dir habe ich meine ideale Kampfpartnerin gefunden. Nicht ich, Du bist TARGETs »guter Geist«, der mich mit diplomatischem Geschick, Intellekt und Intuition anspornt, lenkt und zurückpfeift, wenn ich mit meinem Kampfeifer und der Ungeduld mal wieder übers Ziel hinauszuschießen drohe und mit dem Hintern das einrenne, was wir mit den Händen aufgebaut haben. Dein »Bauchgefühl« ist sicherer als jeder Seismograph.

Längst bin ich überzeugt, dass Du TARGET, wenn die Natur mich in absehbarer Zeit recyceln wird, weiter in unserem Sinne auch allein oder mit neuem Partner zum Ziel powerst und dass unsere Förderer Dir die Treue halten werden.

Du hast Deinen Schwur gegenüber Fatuma mehr als eingelöst. Ihre Töchter werden dem Verbrechen bereits entkommen und eine Zukunft in Würde und vollkommener Weiblichkeit erleben dürfen.

Das wollte ich Dir auf jeden Fall noch zu Lebzeiten sagen, weil ich mit meinen 73 Lenzen und Herbsten allmählich Ordnung in mein Restleben bringen muss. Ich danke Dir.

Dein *Rüdiger*